西南民族大學中央高校基本科研業務費專項資金項目（2018SZD14）
中國語言文學博士一級學科建設經費資助出版

西南民族大學優秀學術文庫

《山海經》專名研究

賈雯鶴　著

中国社会科学出版社

圖書在版編目(CIP)數據

《山海經》專名研究/賈雯鶴著. —北京：中國社會科學出版社，2020. 3

ISBN 978 - 7 - 5203 - 5998 - 6

Ⅰ. ①山… Ⅱ. ①賈… Ⅲ. ①歷史地理—中國—古代②《山海經》—專名學—研究 Ⅳ. ①K928. 626

中國版本圖書館 CIP 數據核字(2020)第 026485 號

出 版 人 趙劍英
責任編輯 陳肖静
責任校對 劉 娟
責任印製 戴 寬

出 版 中國社會科學出版社
社 址 北京鼓樓西大街甲 158 號
郵 編 100720
網 址 http://www.csspw.cn
發 行 部 010 - 84083685
門 市 部 010 - 84029450
經 銷 新華書店及其他書店

印 刷 北京明恒達印務有限公司
裝 訂 廊坊市廣陽區廣增裝訂廠
版 次 2020 年 3 月第 1 版
印 次 2020 年 3 月第 1 次印刷

開 本 710×1000 1/16
印 張 22
插 頁 2
字 數 284 千字
定 價 108.00 元

目　録

第一章　緒論

第一節　選題緣起

《山海經》專名研究是先秦專書詞彙研究的一項重要課題，而專書詞彙研究是漢語歷史詞彙研究的基礎性工作。蔣紹愚先生曾經指出："研究漢語歷史詞彙，對於我們研究漢語的發展歷史，以及繼承我國古代的文化遺產，都是有很重要的意義。但是，我們對漢語歷史詞彙的研究做得還非常不夠。第一，對漢語各個歷史時期的詞彙的面貌，還處在若明若暗的狀態。先秦和西漢詞彙的研究，前人給我們打下了一定的基礎，但是還有不少問題需要進一步搞清楚。至於東漢以下，就以往的研究來説，幾乎可以説是空白。近年來有不少學者致力於六朝到明清的詞語研究，取得了很大的成績，但總的來説，還是處於初始階段。第二，對於漢語歷史詞彙的系統的、理論的研究，則顯得更加薄弱。"相比較而言，蔣先生認爲第一項工作顯得更加突出和迫切，他説："首先要對從先秦直到明清的各個歷史時期的詞語一個一個地搞清楚，對漢語各個時期的詞彙的面貌有一個比較清晰的了解。"[①] 正如蔣先生所言，要想

① 蔣紹愚：《古漢語詞彙綱要・前言》，北京大學出版社 1989 年版。

對整個漢語歷史詞彙的面貌有一個全面的了解，就必須首先對各個歷史時期的詞語一個一個地搞清楚，對漢語各個時期的詞彙的面貌有一個比較清晰的了解。換言之，首先要做的是專書詞彙研究，對專書中的詞一個一個地搞清楚。然後在此基礎上再做斷代詞彙研究，以期對一個時期的詞彙的面貌有一個比較清晰的了解。在斷代研究的基礎上，我們纔能展示和勾勒出漢語歷史詞彙的整體面貌來。因此，專書詞彙研究是漢語歷史詞彙研究的最基礎性的工作。猶如“適堂壇之必循其階，而不可以躐等”[①] 一樣，我們必須首先從專書詞彙研究做起，這纔是漢語歷史詞彙研究的正途。

在漢語詞彙各個時期的斷代研究中，先秦時期無疑應該占據十分重要的地位，因爲它是漢語詞彙産生和發展的一個重要階段。按照王寧先生的看法，漢語詞彙的積累大約經歷過三個階段，即原生階段、派生階段與合成階段。原生階段是漢語詞彙的原始積累階段；派生階段是漢語詞彙積累最重要的階段，在這一階段裏，派生造詞逐漸成爲占主導地位的造詞方式，漢語由已有的舊詞大量派生出單音節的新詞，並促進了漢字的迅速累增，而周秦時代是漢語詞彙派生的高峰；合成階段是在兩漢以後，合成造詞取代了派生造詞，成爲漢語主要的造詞方式，漢語同時由單音詞爲主逐漸轉變爲雙音詞爲主。[②] 可見，先秦時期是漢語詞彙積累的高峰。正因爲這個時期産生和積累了大量的漢語詞彙，與此相應，以五經、諸子爲代表的先秦文獻典籍也大量的出現了。

宋永培先生認爲，先秦文獻是憑借先秦時期特定歷史階段的語言詞義，來記載人們的生産、生活、經歷的歷史事件、風俗習慣、典章制度和思想觀念。宋先生將“這種表述先秦時期歷史文化内容，至今保存在

---

① 戴震：《古經解鉤沈・序》，載《戴震集》，湯志鈞校點，上海古籍出版社 1980 年版，第 192 頁。

② 王寧：《訓詁學原理》，中國國際廣播出版社 1996 年版，第 146—148 頁。

五經、諸子經籍文獻中的詞義”，稱爲“先秦文獻詞義”。而先秦文獻詞義是影響後代漢語詞義發展演變的源頭：

> 後代漢語詞義不斷發生著體現各個時代内容的演變。這種演變往往可以從先秦文獻詞義中找到發生的源頭與發展的脈絡。這種演變詞義與先秦文獻詞義是一脈相承的。……先秦詞義在影響後代詞義的發展演變時，並非衹是對個别詞義施加零散的、表面的影響，而是從整體規模上系統地、深刻地發揮著制約或影響的作用。①

由此可以看出先秦漢語詞彙研究的重要性。因爲源不清則流不明，只有將源頭上的先秦文獻詞義搞清楚了，纔能對後代的漢語詞義有更加透徹的理解。

或許正是基於以上的認識，先秦專書詞彙研究引起了大家的重視，如張雙棣先生《呂氏春秋詞彙研究》② 和毛遠明先生《左傳詞彙研究》③ 就分别對先秦重要典籍《呂氏春秋》和《左傳》的詞彙做了較爲全面的研究，爲開展先秦專書詞彙研究起到了推動作用。與此同時，我們還看到，對於先秦專書中的專有名詞，人們尚未做全面而深入的探討。趙振鐸先生在爲管錫華博士《〈史記〉單音詞研究》一書所作的《序》中稱：

> 《史記》裏面有衆多的專有名詞，其中人名、地名除了漢族的以外，還有非漢族的人名和地名。從地名學姓氏名號學的角度研究它們，應該説是一個新的課題。④

---

① 宋永培：《〈説文〉與上古漢語詞義研究》，巴蜀書社 2001 年版，第 1、10 頁。

② 張雙棣：《呂氏春秋詞彙研究》，山東教育出版社 1989 年版。

③ 毛遠明：《左傳詞彙研究》，西南師範大學出版社 1999 年版。

④ 趙振鐸：《〈史記〉單音詞研究・序》，載管錫華《〈史記〉單音詞研究》，巴蜀書社 2000 年版。

由此我們想到，先秦專書專名研究何嘗不是一個新的課題、新的領域呢？更何況對先秦專書專名的研究本來就十分薄弱。

《山海經》作爲戰國時期的作品，雖然篇幅不大，只有三萬餘字，但是專名卻十分豐富，多達 2138 個。可以説《山海經》就是一部以專名爲中心，主要對專名進行描寫的典籍。儘管《山海經》有著如此豐富的專名資料，但除了對其中的一個或一些專名有零星單篇的研究外，至今無人對其專名進行全面的專題研究。有鑒於此，我們選擇《山海經》作爲研究對象，準備對其中的專名進行全面的考察，並對相關的理論問題進行探討。

第二節　本課題的目的與任務

《山海經》專名研究作爲先秦專書專名研究的一項課題，其研究對象顯而易見就是《山海經》一書中的 2138 個專有名詞，即專名。本課題以《山海經》文獻語言材料爲依據，結合歷代的注疏以及相關的先秦兩漢典籍文獻和小學專書，借鑒前賢時修專名研究的理論、方法和研究成果，對《山海經》的專有名詞進行全面地考察，力圖探尋其命名之義，或者説得名之由。换言之，就是對專名進行源義探求。最後在專名探源的基礎上歸納總結《山海經》專名命名原則及規律，並探討專名的結構和專名的名實關係。

根據研究的目的，本書需要完成的任務主要包括以下幾個方面：

一、通過專名含義的探討，確定《山海經》專名的標準，在此基礎上全面清理《山海經》的專名，並對《山海經》專名的類别進行劃分；

二、著重考察《山海經》中的部分專名，探求它們的命名之義；

三、在具體考證的基礎上，歸納總結《山海經》專名命名的方式、原則及規律；

四、探討專名的結構，以及專名的名實關係。

第三節　本課題采用的理論與方法

對於專名，學者有兩種截然不同的看法。一派認爲專名並非皆有來源，如朱駿聲《説文通訓定聲》的“凡例”中說：“凡山水國邑及姓氏之類，皆托其字爲表識，無關本誼，故注亦不詳。”① 在這部書的正文裏，他在“假借”（指意義無關的同音借用字）一欄裏專門辟出了“托名標識字”一項，把他所説的“山水國邑及姓氏之類”的專名列入此項。這就説明，他認爲專名僅有標識作用，起碼是山水國邑姓氏之類是沒有什麼本誼與來源的。王先謙《釋名疏證補》的“序”中說：“文字之興，聲先而意後。動植之物，字多純聲，此名無可釋者也。”② 則是認爲專名中的動植物之名是無義可尋的。

另一派則認爲專名皆有來源。章太炎先生《國故論衡·語言緣起説》認爲：“語言者，不馮虛起。呼馬而馬，呼牛而牛，此非恣意妄稱也，諸語言皆有根。……一實之名，必與其德若與其業相麗，故物名必有由起。”③ 黃侃先生亦認爲：“名物須求訓詁，訓詁須求其根，字之本義既明，又探其聲、義之由來，於是求語根之事尚焉。《呂氏春秋》云：‘物自名也，類自召也。’蓋萬物得名，各有其故，雖由約定俗成，要非適然偶會，推求其故，即求語根之謂也。”④ 對於程瑤田《釋蟲小記》所説“簡冊之陳言，固有存人口中之所亡，而其在人口中者，雖經數千百年，有非兵燹所能劫，易姓改物之所能變，則其能存簡冊之所亡者，亦固不少”，黃侃先生認爲：“此説直以今世方言本之遠古，明乎此，則

---

① 朱駿聲：《説文通訓定聲》，武漢古籍書店 1983 年版，第 15 頁。

② 王先謙：《釋名疏證補》，上海古籍出版社 1984 年版，第 5 頁。

③ 章太炎：《國故論衡疏證》，龐俊、郭誠永疏證，中華書局 2008 年版，第 166—168 頁。

④ 黃侃：《文字聲韻訓詁筆記》，上海古籍出版社 1983 年版，第 197 頁。

今語之名物皆有所由來，即今語之訓詁亦無不有所由來。程氏此言，雖爲《爾雅》物名而發，其勛績正不獨在《爾雅》矣。”[1] 黃侃先生雖然主張“萬物得名，各有其故”，“今語之名物皆有所由來”，但認爲並非所有的名物都能探求其來源。用黃先生的話説，就是“惟名詞之字，不易推得本原，亦由名物之孳乳，自來解者甚少耳。”[2] 他將這些不易推得本原之字稱爲“絕緣之字”，並且主張：“治小學者，除絕緣之字不可推究外，餘必反覆撢研，以求其本始也。”[3]

陸宗達、王寧先生對兩派的觀點有非常透徹的辨析，他們説：

> 所謂“托名標識”，從詞的社會約定性來説，是有一定道理的。有些山水國邑及姓氏，往往是當時當地人所定，定時雖有來源，但開始只包含少數人或小範圍内人的一種意圖，待到它爲整個社會所接受，這種來源便毫無意義了，僅僅剩下一種標識作用。既然這些名稱所指的對象如此確定，達到了“至於無別然後止”的地步，使用它的人便無需再去追究那些少數人或小範圍内人們的意圖了。尤其在長期的流傳中，言遷字變，更加失去本義，就記錄的文字説來，認爲是“托名標識”，也可以説得過去。但是，從研究詞義的角度，提到理論的高度來説，這種説法就不夠徹底了。首先，名物是有來源的，在給一個專名定名時，完全沒有根據、沒有意圖幾乎是不可能的。雖然定名有偶然性，名與實決非必然的切合，但人們爲一物定名時，一定與對這一事物的觀察、認識有聯繫，因而在不同程度上有源可尋。其次，探尋名物的來源，往往與希望了解古人對一些事物的認識從而進一步研究古人的科學與思想分不開。同

---

① 黃侃：《文字聲韻訓詁筆記》，上海古籍出版社 1983 年版，第 197 頁。

② 黃侃：《黃侃論學雜著》，上海古籍出版社 1980 年版，第 10 頁。

③ 黃侃：《文字聲韻訓詁筆記》，上海古籍出版社 1983 年版，第 9 頁。

> 時，也可通過名物的推源進一步研究詞義發展的規律，並非僅僅遊戲式地去猜測命名的意圖。所以，以“托名標識”來阻絕了名物探源的通路，在詞義學上是不徹底的，甚至是有害的。相對説來，“絕緣無佐證”的説法就更科學一些。①

可以看出，雖然有些專名不易推求其來源，有“托名標識”的作用，但從理論的高度來看，一切專名皆有來源，則可以確定。陸宗達、王寧先生對專名在理論上高屋建瓴的論述，爲我們清掃了在專名理論認識上的誤區。

關於專名研究的理論已如上述，那麼專名研究的方法又是什麼呢？陸宗達、王寧先生在《訓詁與訓詁學》一書中將推求名物來源的方法歸納爲三點：

一、名物的來源要從它的形狀、用途等方面去推尋；

二、專名的由來往往與非術語的一般詞語有關；

三、聲音是探求名物來源的重要線索，所謂“貫以聲音，求其條例”，即是此意。

同時，他們認爲：“在這三點中，第三點，也就是運用‘因聲求義’的方法，又是一個最根本的途徑。”②

需要指出的是，陸、王二先生在論述中，“名物”和“專名”往往雜出未分。可以看出，他們認爲“名物”和“專名”的概念是一致的，這一點在後面還要論及，茲不贅述。因此，諸家所論，即使是就名物而言，也完全適用於專名。

本課題的研究同樣是以上述的三點爲基本方法，尤其重視“因聲求義”的方法。

---

① 陸宗達、王寧：《訓詁與訓詁學》，山西教育出版社 1994 年版，第 70—71 頁。

② 同上書，第 71—72 頁。

要之，本課題就是以章太炎、黃侃、陸宗達、王寧、宋永培等先生經過實踐，已經總結出來的比較成熟的理論與方法爲基本的理論與方法。當然，在具體的研究過程中，我們還借鑒了其他學者很多行之有效的理論與方法，在這裏就不一一列舉了。

第四節　本課題的研究價值

王寧先生在爲劉興均博士《〈周禮〉名物詞研究》所作的《序》中說：

> 解釋一個專有名稱，必須名、實同步考察，源、流一並弄清，所以，這一課題涉及多方面的領域，是一個詞源學、訓詁學、文化學甚至科技史等學科的交叉課題，難度是比較大的。[①]

王先生雖然是就《周禮》而言，但實際上也可視作對專書專名研究總的要求。由此看來，本課題屬於多學科、邊緣性的交叉研究，需要緊密結合語言、文化、歷史、考古、文物、民俗等相關學科，涉及的範圍相當廣泛。因此，囿於個人的學力，要很好地完成這項課題，的確有很大的難度。

雖然本課題的研究難度很大，但是我們仍然希望竭盡所能來完成它，主要因爲它是一個非常具有學術開拓價值的課題。首先，到目前爲止，還無人對《山海經》專名做過全面的研究，我們的研究無疑具有開創性。雖然"創始者難爲功"[②]，甚至可能不成功，但它卻是一件具有

---

① 王寧：《〈周禮〉名物詞研究・序一》，載劉興均《〈周禮〉名物詞研究》，巴蜀書社2001年版。

② 章學誠：《校讎通義通解》，王重民通解，傅傑導讀，田映曦補注，上海古籍出版社2009年版，第44頁。

挑戰意義的工作。其次，由於本課題是在做多學科、邊緣性的交叉研究，因而可以突破單學科固有的研究模式，形成新的研究方法，而新的研究方法易於形成新的學術見解。最後，本課題的研究可以揭示出《山海經》專名的命名方式、原則及規律。

我們相信本書的寫作既有助於開拓漢語詞彙研究的領域，同時，其成果也可以填補先秦專書詞彙研究的某些學術空白。

第二章　《山海經》概述

第一節　《山海經》簡介

《山海經》是先秦時期的一部重要典籍，班固《漢書・藝文志》著錄爲“《山海經》十三篇”，並將其列爲“數術略”中“形法”類之首①。全書篇幅不大，不到三萬一千字②，包括《山經》和《海經》兩個部分③。

《山經》分爲《南山經》《西山經》《北山經》《東山經》《中山經》

---

① 陳國慶編：《漢書藝文志注釋彙編》，中華書局 1983 年版，第 221 頁。

② 《四部叢刊》影印明成化刊本《山海經》，於“山海經目總十八卷”下有“本三萬九百十九字，注二萬三百五十字，總五萬一千二百六十九字”的字數統計（《山海經》，《四部叢刊》初編縮本，商務印書館 1936 年版，第 2 頁），郝懿行《山海經箋疏》認爲：“此《玉海》所校也。今校經三萬八百二十五字，注二萬三百八十三字，總五萬一千二百八字。”（郝懿行：《山海經箋疏》，台北藝文印書館 2009 年版，第 595 頁）當代學者張岩先生據袁珂先生的《山海經》校本，重新對《山海經》的正文作了計數，結果是 30902 字（張岩：《〈山海經〉與古代社會》，台北文化藝術出版社 1999 年版，第 258—260 頁）。諸家所統計，雖各有不同，但出入不大，都不到三萬一千字。

③ 《山海經・南山經》“南山經之首”，畢沅注云：“《山海經》之名，未知所始。今案《五臧山經》是名《山經》，漢人往往稱之。《海外經》已下當爲《海經》，合名《山海經》，或是向、秀所題，然《史記・大宛傳》，司馬遷已稱之，則其名久也。”（畢沅：《山海經新校正》，《二十二子》，上海古籍出版社 1986 年版，第 1338 頁）袁珂先生對畢氏的《海經》擬名與將《山海經》分爲《山經》和《海經》兩個部分表示贊同（袁珂：《山海經全譯・前言》，貴州人民出版社 1991 年版，第 1 頁）。並且，袁先生《山海經校注》就分爲“山經柬釋”和“海經新釋”兩個部分（袁珂：《山海經校注・序》，上海古籍出版社 1980 年版）。茲從畢、袁所分。

五個部分，故《山經》又稱作《五臧山經》（或作《五藏山經》，臧、藏爲古今字①）。

《海經》分爲《海外經》《海内經》《大荒經》三個部分。《海外經》包括《海外南經》《海外西經》《海外北經》《海外東經》四個部分；《海内經》包括《海内南經》《海内西經》《海内北經》《海内東經》四個部分；《大荒經》包括《大荒東經》《大荒南經》《大荒西經》《大荒北經》《海内經》五個部分。

如果稍微留意的話，就會發現《山海經》的篇章結構與衆不同。除《大荒經》以下五篇外，其方位展開順序不是大家習知的東、南、西、北，而是南、西、北、東。這是怎麽回事呢？原來，《山海經》作爲主記山川道里的地理書，其方位順序與我國早期地圖的方位順序是一致的。從出土資料來看，早期地圖的方向並非同現在的地圖那樣“上北下南”，而是有“上南下北”的，“例如平山中山王墓出土的《兆域圖》，馬王堆漢墓出土的《地形圖》、《駐軍圖》、《禹藏圖》和《陰陽五行》的插圖等等，它們就都是以‘上南下北’爲正”②。又如銀雀山漢墓出土的竹簡本《孫子兵法》中的“黄帝伐赤帝”篇，如果簡序整理無誤的話，可以看到，黄帝討伐四帝的順序依次是南、東、北、西③。其方向仍然是上南下北，和《山海經》的南、西、北、東相比，只不過是左旋和右旋的差異。考慮到以行軍布陣爲主的兵法和地圖的密切關係，可以認爲竹簡本《孫子兵法》這種順序應當與地圖有關。同樣，《山海經》的這種南、西、北、東的方位順序亦當與“上南下北”的地圖

① 《説文解字·三下·臣部》：“臧，善也。”（許慎：《説文解字》，中華書局1963年版，第66頁）段玉裁《説文解字注》云：“凡物善者，必隱於内也。以從艸之藏爲臧匿字，始於漢末。”（段玉裁：《説文解字注》，上海古籍出版社1981年版，第118頁）

② 李零：《説早期地圖的方向》，載氏著《中國方術續考》，東方出版社2000年版，第272頁。

③ 銀雀山漢墓竹簡整理小組編：《孫子兵法》，文物出版社1976年版，第101頁。

方位有關[①]。

這種獨特的篇章結構安排，可能古經就是如此，劉秀校錄《山海經》時，遵依舊章，未作改動。劉秀《上山海經表》云："侍中奉車都尉光祿大夫臣秀領校祕書言：校祕書太常屬臣望所校《山海經》，凡三十二篇，今定爲一十八篇，已定。"[②] 今傳本亦爲十八篇，表面上看來，今傳本就是劉秀校錄本。實則不然。袁珂先生《山海經校注》於《大荒東經》下云：

> 明《道藏》本目錄，《海內經》第十八之下注云："本一千一百十一字，注九百六十七字。此《海內經》及《大荒經》本皆進在外。""進在外"或作"逸在外"。疑此皆郭璞注語。畢沅云："郭注本目錄下有云：'《海內經》及《大荒經》本皆進在外。'案此經末又無建平校進欵識，又不在《藝文》十三篇之數，惟秀奏云：'今定爲十八篇。'詳此經文，亦多是釋《海外經》諸篇，疑即秀等所述也。"郝懿行云："據郭此言是此以下五篇皆後人所述也，但不知所自始，郭氏作注亦不言及，蓋在晉以前，郭氏已不能詳矣。今考本經（《海外》、《海內》各經——珂）篇第，皆以南西北東爲敍，兹篇以後，則以東南西北爲次，蓋作者分别部居，不令雜廁，所以自别於古經也。又《海外》、《海內經》篇末皆有'建平元年四月丙戌'已下三十九字，爲校書欵識，此下亦並無之。又此下諸篇，大抵本之《海外、內》諸經而加以詮釋，文多淩雜，漫無統紀，蓋本諸家記錄，非一手所成故也。"畢、郝之説近是。唯謂《荒經》以下五篇爲詮釋《海外、內》各經文字，尚有未協。蓋兹五篇古本别

① 張步天：《〈山海經〉"南西北東"順序辨》，《益陽師專學報》1998 年第 3 期；葉舒憲：《〈山海經〉的方位模式與書名由來》，載苑利主編《二十世紀中國民俗學經典・神話卷》，社會科學文獻出版社 2002 年版，第 364—373 頁。

② 《宋本山海經》，國家圖書館出版社 2017 年版，第 10—11 頁。

> 行，成書當不在《山經》及《海外、内》各經之後。以未經整理，故文多淩雜無統紀。然乃愈見其古樸，確屬劉秀校書時“進在外”或“逸在外”者，謂爲“秀等所述”則誣矣。[①]

可見，《大荒經》以下五篇原本不在劉秀校進本《山海經》之列。因此《大荒經》的方位順序與其他諸篇不同，究其原因，應該是經過了後人的改動、調整。其改動、調整的時間，當是在劉秀之後、郭璞之前。

實際上，《山海經》不僅與地圖頗有關聯，而且與圖畫有關。根據文獻典籍的記載，《山海經》最初是有圖的。

晉代詩人陶淵明《讀〈山海經〉十三首》第一云：“泛覽周王傳，流觀《山海圖》。”[②] 可見，陶淵明還看到過《山海圖》。爲《山海經》作注的郭璞應該也曾見過《山海圖》，這從《山海經》郭璞注中就可見出。

《山海經·海外南經》：“羽民國在其東南，其爲人長頭，身生羽。”郭璞注：“能飛不能遠，卵生，畫似仙人也。”（頁228）

《海外南經》：“讙頭國在其南，其爲人人面有翼，鳥喙，方捕魚。”郭璞注：“畫亦似仙人也。”（頁231）

《海外南經》：“厭火國在其國南，獸身黑色，生火出其口中。”郭璞注：“言能吐火，畫似獼猴而黑色也。”（頁233）

《海外南經》：“狄山，……爰有熊、羆、文虎、蜼、豹、離朱、視肉。”離朱，郭璞注：“今圖作赤鳥。”（頁246—247）

郭璞引圖畫作注，可見其亦能見到《山海圖》。凡此都足以證明《山海經》最初是和圖相配而行的[③]。正因爲《山海經》是和圖相配而

① 袁珂：《山海經校注》，巴蜀書社1993年版，第389—390頁。案：本書所引《山海經》及郭璞注、楊慎注、郝懿行疏、吳任臣注、吳承志注、汪紱注、王念孫校，除注明者外，皆據此本，下不再出腳注，但於引文後括注頁碼。

② 龔斌：《陶淵明集校箋》（修訂本），上海古籍出版社2011年版，第354頁。

③ 蕭兵：《楚辭文化》，中國社會科學出版社1990年版，第443—445頁。

行，所以《山海經》的正文顯得十分簡略。古人可以見圖知意，今人見不到圖畫，難免有語焉不詳之嘆。

根據考古發現，先秦的文字大都書于竹、帛，而圖畫雖然有畫在竹簡上的，如睡虎地秦簡《日書》就在文字間插有少量的圖，但是這些圖非常粗簡。要想畫真正的畫圖，當時只能用帛[①]。古本《山海圖》之所以失傳，可能與圖畫繪製在帛上有關。帛爲絲織品，不易保存，故而失傳[②]。

上面我們對《山海經》的内容和《山海圖》作了介紹，下面我們再談談《山海經》的書名問題。

《山海經》的書名容易讓人產生誤解，以爲是人們將它奉爲經典，故有是稱，猶如《詩經》《易經》《書經》等稱“經”一樣。實則不然，《山海經》之“經”並非經典之謂。對此，袁珂先生《山海經校注》有詳細論證：

> 《山海經》之“經”，乃“經歷”之“經”，意謂山海之所經，初非有“經典”之義。《書·君奭》：“弗克經歷。”注：“不能經久歷遠。”此“經歷”連文之最早者也。《孟子·盡心下篇》：“經德不回。”注：“經，行也。”猶與“經歷”之義爲近。至於由“常”、“法”之“經”引申而爲“經典”之“經”乃較晚矣。《史記·大宛傳》稱“《禹本紀》《山海經》所有怪物，余不敢言之”，《山海經》之名見於載籍者始此。以好奇如司馬遷者，尚以此書與《禹本紀》（已佚）同列而謂“不敢言之”，其在彼眼光中爲過於荒怪之書可知。則《山海經》乃其固有之名，非後人亦非史公以其重要而特尊之爲“經”也。考先秦典籍之稱經者唯墨家書，《莊子·天下篇》：

---

① 李學勤：《東周與秦代文明》，上海人民出版社 2007 年版，第 270 頁。

② 李學勤：《失落的文明》，上海文藝出版社 1997 年版，第 205—206 頁。

"苦獲、已齒、鄧陵子之徒，俱誦《墨經》。"是其證。今《墨子》篇目中有《經》與《經説》，墨書之稱經蓋有由矣。然孫詒讓《墨子閒詁》猶謂此數篇爲"戰國之時，墨家别傳之學，不盡墨子之本恉"。《管子》書前九篇亦稱"經言"，以下各篇，稱"外言"、"内言"、"短語"、"區言"、"雜篇"等，似已具經傳並收之體例，然猶未逕以"經"名。儒家書如《詩》《書》《易》《禮》《春秋》等，雖後世均特尊之爲"經"，而在稱引《山海經》之太史公書中，則尚未著"經"字（見《史記·太史公自序》）。《莊子·天運篇》雖有"孔子謂老聃曰：丘治《詩》《書》《禮》《樂》《易》《春秋》六經"語，然説者多謂是後人所羼，殆不足憑信。觀乎此，則《山海經》尤以其中成書較早之《五臧（藏）山經》（約成于戰國時代）之稱"經"，其非"經典"而只是"經歷"之意，亦可以明矣。求其内證，可得而言者凡四：

一、古《山經》於每篇末尾，但云"右西經之山，凡若干山、若干里"，或"東經之山，凡若干山、若干里"，所謂"西經"、"東經"者，決當是"經歷"之義而非"經典"之義，本甚明白。迨經劉秀校錄整理，於每篇之首加"西山經"、"東山經"等標題，後人不明古誼，遂因劉秀之題，妄於"山"下加"志"字，成爲"東經之山志，凡若干山、若干里"等等，遂模胡而不甚可解，"經歷"之義始晦而"經典"之義轉著。幸《西山經》末有"右西經之山，凡七十七山、一萬七千五百一十七里"一條，偶遺落未加"志"字，尚得略窺古書本貌。郝懿行於下注云："案山下脱志字。"其實原無"志"字，非"脱"也。

二、"《南山經》之首曰䧿山"，《文選·頭陁寺碑文》注引此無"經"字，無"經"字是也。"《南山經》之首"云云，非著書人應有之語而係尊經者之語，文亦杆格難通。若"南山之首"則明白曉暢而立言得體。推而論之，已下“南次二經”、“南次三經”等，均當是“南次二山”、“南次三山”等。改“山”爲“經”，自當是劉秀校錄此書時所爲。亦有改而未盡者，如“中次一十一山經”，於劉秀體例本當作“中次一十一經”，此“山”字即係删改而未盡者。

三、《山經》末有“禹曰：天下名山經，五千三百七十山，六萬四千五十六里，居地也”云云，劉昭注《後漢書·郡國志》引此經則作“名山五千三百五十，經六萬四千五十六里”，“經”爲“經歷”之“經”，其義尚顯，迨移上成爲“名山經”，“經典”之義遂著而“經歷”之義則晦矣。清郝懿行著《山海經箋疏》，於“名山經”下特加注云“經，言禹所經過也”，以其卓識，猶知此“經”之義爲“經歷”，恐人誤解爲“經典”，故注以闡明之，可知以此爲“經歷”而不以爲“經典”者蓋鮮矣。如郝所注，則“經”字當屬下讀，而爲“天下名山，經五千三百七十山……”。

四、《海外南經》《海外西經》等原來篇首標題，亦均僅作“海外自西南陬至東南陬者”、“海外自西南陬至西北陬者”……，云“自某所至某所”，猶均是“經歷”之義，迨校錄者題以“海外南經”、“海外西經”等字樣，“經歷”之義始晦而“經典”之義著矣。（頁 222—224）

袁先生謂《山海經》之“經”非“經典”之義，可謂確論。然謂“經”爲“經歷”之義，作爲書名，頗感不協。章學誠《文史通義》卷一“經解中”云：

孟子曰：“行仁政必自經界始。”地界言經，取經紀之意也。是以地理之書，多以經名，《漢志》有《山海經》，《隋志》乃有《水

> 經》，後代州郡地理，多稱《圖經》，義皆本於經界，書亦自存掌故，不與著述同科，其於六藝之文，固無嫌也。[①]

章氏所說“經”爲“經界”之義，作爲書名，較之“經歷”之義，更顯允當[②]。所謂經界，就是疆界、界限的意思。《孟子・滕文公上》：“夫仁政必自經界始，經界不正，井地不鈞，穀祿不平。”趙岐注：“經，亦界也。必先正其經界，勿侵鄰國，乃可鈞井田，平穀祿。”焦循疏云：“趙氏以此經界即各國之疆界。”[③] 正經界之事歷來爲治理國家之要務，即《漢書・食貨志上》所云：“理民之道，地著爲本。故必建步立晦，正其經界。”[④] 這或許也是《山海經》《水經》等地志圖經產生的原因之一。

綜上述，我們可以明白，《山海經》書名的含義就是指山海的經界。

第二節　《山海經》的作者與作時

正如《孟子・萬章下》所說：“頌其詩，讀其書，不知其人可乎？是以論其世也。”[⑤] 因此，專書研究的首要任務是確認所要研究文獻的作者及其產生時代。

一　《山海經》的作者

《山海經》的作者，從文獻典籍的記載來看，不外是禹和益。具體

---

① 葉瑛：《文史通義校注》，中華書局 1985 年版，第 102—103 頁。

② 葉舒憲：《〈山海經〉的方位模式與書名由來》，載苑利主編《二十世紀中國民俗學經典・神話卷》，社會科學文獻出版社 2002 年版，第 373—380 頁。

③ 焦循：《孟子正義》，《諸子集成》第 1 冊，上海書店 1986 年版，第 205—206 頁。

④ 王先謙：《漢書補注》，中華書局 1983 年版，第 505 頁。

⑤ 焦循：《孟子正義》，《諸子集成》第 1 冊，上海書店 1986 年版，第 428 頁。

説來，又可分爲三種不同的看法。

（一）《山海經》爲禹所作

張華《博物志》卷六《文籍考》云：“太古書今見存有《神農經》、《山海經》，或云禹所作。”范寧注：“《太平御覽》卷六百十八引‘存’下有‘者’字，‘《山海經》’下復有‘《山海經》’三字，宜據補。”①

酈道元《水經注》卷十“濁漳水”云：“禹著《山經》。”②

劉知幾《史通》卷十《雜述》云：“神農嘗藥，厥有《本草》；夏禹敷土，實著《山經》。”③

《隋書經籍志》卷二云：“蕭何得秦圖書，故知天下要害。後又得《山海經》，相傳以爲夏禹所記。”④

（二）《山海經》爲益所作

王充《論衡·别通篇》云：“禹、益並治洪水，禹主治水，益主記異物，海外山表，無遠不至，以所聞見，作《山海經》。”⑤

趙曄《吳越春秋·越王無余外傳》云：“（禹）遂巡行四竇，與益、夔共謀。行到名山大澤，召其神而問之，山川脈理，金玉所有，鳥獸昆蟲之類，及八方之民俗，殊國異域，土地里數，使益疏而記之，故名之曰《山海經》。”⑥

劉秀《上山海經表》云：“禹别九州，任土作貢；而益等類物善惡，著《山海經》。皆聖賢之遺事，古文之著明者也。”⑦

羅泌《路史·後紀十二》云：“（禹）遂周行天下，主名山川，以利於民。山川里脈，土地所宜，風炁所生，畢究其政。草木企走，蜚動蟲

① 范寧：《博物志校證》，中華書局 2014 年版，第 72、77 頁。
② 陳橋驛：《水經注校釋》，杭州大學出版社 1999 年版，第 184 頁。
③ 浦起龍：《史通通釋》，《四部精要》第 11 册，上海古籍出版社 1993 年版，第 956 頁。
④ 長孫無忌等：《隋書經籍志》，叢書集成初編本，中華書局 1985 年版，第 59 頁。
⑤ 黄暉：《論衡校釋》，中華書局 1990 年版，第 597 頁。
⑥ 周生春：《吳越春秋輯校匯考》，上海古籍出版社 1997 年版，第 105 頁。
⑦ 《宋本山海經》，國家圖書館出版社 2017 年版，第 11 頁。

魚，俾益疏之，因爲《岳瀆》、《山海》二經。”[①]

（三）《山海經》爲禹、益所作

顔之推《顔氏家訓》卷六《書證》云：“《山海經》，夏禹及益所記。”[②]

雖然《山海經》的作者有禹、益之異，但在諸家心目中，它是產生於禹、益治理洪水之時，則可定矣。

對此，後世的學者有信有疑。畢沅《山海經新校正·序》云：“《山海經》作於禹、益，述於周秦，其學行於漢，明於晉，而知之者，魏酈道元也。《五藏山經》三十四篇，實是禹書。禹與伯益主名山川，定其秩祀，量其道里，類别草木鳥獸。今其事見於《夏書·禹貢》《爾雅·釋地》，及此經《南山經》以下三十四篇。……是故知此三十四篇爲禹書無疑也。”[③] 郝懿行《山海經箋疏·敍》亦云：“《五臧山經》五篇，主於紀道里、説山川，真爲禹書無疑矣。”[④] 可見，畢沅、郝懿行都認爲《山海經》的《山經》部分是禹時之作。

梁玉繩《史記志疑》卷三十五“大宛列傳第六十三”卻舉出了《山海經》本文記載的很多禹、益時代之後的人物：“《海外南經》有‘文王’；《海外西經》有‘丈夫國’，注謂‘殷太戊使王孟采藥至此’；《大荒東經》有殷王亥；《大荒西經》言‘湯伐桀’。”[⑤] 顯而易見，梁氏不相信禹、益是《山海經》的作者。

那麽，爲何有這麽多的人卻相信《山海經》的作者爲禹、益，並形之於記載呢？這固然和《山海經》的實際作者爲了顯示其書來源古老，

---

① 羅泌：《路史》，《四部備要》綫裝本，中華書局，第 4 頁 b。案：綫裝書各卷頁碼自爲起迄，並且一頁包含正面和反面，此以“a”指正面，“b”指反面，下同。又《四部備要》綫裝本爲中華書局於 1924—1931 年陸續出版，此書無出版年月，故未注出。

② 王利器：《顔氏家訓集解》，上海古籍出版社 1980 年版，第 438 頁。

③ 畢沅：《山海經新校正》，《二十二子》，上海古籍出版社 1986 年版，第 1334 頁。

④ 郝懿行：《山海經箋疏》，台北藝文印書館 2009 年版，第 601 頁。

⑤ 梁玉繩：《史記志疑》，叢書集成初編本，商務印書館 1937 年版，第 1382 頁。

故意託名[1]於禹、益有關；同時，也因爲《山海經》多述山川道里，易與禹、益治理洪水發生聯繫有關。《尚書·禹貢》："禹敷土，隨山刊木，奠高山大川。"僞孔傳："奠，定也。"[2] 即高山大川皆爲禹所奠定。《山海經》託名於禹，豈不宜矣！

上面我們對《山海經》的作者問題作了討論，可以看出，僅就目前的資料來看，已很難確知《山海經》的作者究竟是誰。

二 《山海經》的作時

對於《山海經》的產生時代，學者大都根據文獻本身和語言風格來判定。

蒙文通先生《略論〈山海經〉的寫作時代及其產生地域》是較早一篇根據文獻本身來探討《山海經》產生時代的論文。經過論證，他認爲《山海經》並非一時之作，其中《大荒經》部分的寫作時代最早，大致在西周前期；《海内經》部分稍晚，在西周中期以前；《五藏山經》部分最晚，但也在公元前四世紀以前。[3]

袁珂先生《〈山海經〉寫作的時地及篇目考》則認爲《山海經》三個部分以《大荒經》四篇和《海内經》一篇成書最早，大約在戰國初年或中年；《五藏山經》和《海外經》四篇稍遲，是戰國中年以後的作品；《海内經》四篇最遲，當成於漢代初年。[4]

裘錫圭先生《談談地下材料在先秦秦漢古籍整理工作中的作用》一

---

① 託名之習，先秦兩漢之時頗有之。如班固《漢書·藝文志》"諸子略"中的"農家"著錄"《神農》二十篇"，自注云："六國時，諸子疾時怠於農桑，道耕農事，託之神農。""小説家"著錄"《黄帝説》四十篇"，自注云："迂誕依託。"（陳國慶編：《漢書藝文志注釋彙編》，中華書局1983年版，第154、161頁）皆可爲證。

② 阮元等校刻：《十三經注疏》，中華書局1980年版，第146頁。

③ 蒙文通：《略論〈山海經〉的寫作時代及其產生地域》，載氏著《巴蜀古史論述》，四川人民出版社1981年版，第170—177頁。

④ 袁珂：《〈山海經〉寫作的時地及篇目考》，載氏著《神話論文集》，上海古籍出版社1982年版，第10—20頁。

文較爲籠統地認爲"《山海經》的主要部分和《堯典》大概是在戰國時代成書的"，但卻保存了見於甲骨文中的四方神名和四方風名以及商先公"王亥"等來源很古的寶貴資料。①

蒙、袁二先生從文獻本身考察《山海經》的時代，得出的結論頗有差異。事實上，如果不是有意模仿的話，最能反映一個作品時代的應該是其語言風格。當然，《山海經》並不存在有意模仿的問題。假如能將二者結合起來進行考察，其結論應該更爲可靠。衛聚賢先生《山海經的研究》主要就是從語言中的語法和文獻兩方面入手來考察《山海經》的產生時代。衛先生認爲《山海經》的語法特點有二：

> （一）數目中無"又"字
>
> "凡十山，二千九百五十里。"（《南山經》）
>
> "凡十九山，二千九百五十七里。"（《西山經》）
>
> "凡二十五山，五千四百九十里。"（《北山經》）
>
> "凡十二山，三千六百里。"（《東山經》）
>
> "凡十五山，六千六百七十里。"（《中山經》）
>
> 它裏邊不作"十又九山""二十又五山"，作"十九山""二十五山"，少一個"又"字，它是戰國中年的作品。
>
> （二）介詞多一"以"字
>
> "自太行之山以至於無逢之山。"（《北次三經》）
>
> "自樕螽之山以至於竹山。"（《東山經》）
>
> 它裏邊不作"自……至於……"，作"自……以至於……"，多一個"以"字，它是戰國中年的作品。

① 裘錫圭：《古代文史研究新探》，江蘇古籍出版社 1992 年版，第 48 頁。

衛先生首先從《山海經》的語法特點判斷其是戰國中年的作品。其次，他再從《山海經》與同時期文獻遞衍借鑒之間的相互關係考察其時代，從而認爲：

> 《山海經》的作期，在《穆天子傳》後，《魯語》《晉語》《周書》《莊子》《楚辭》《呂氏春秋》《淮南子》前。按《穆天子傳》是西元前408年後的作品，《魯語》《晉語》是西元前336年前的作品，是《山海經》的作期在西元前408後336年前這七十二年中間。折中計算是西元前372年左右，即戰國中年作品。[①]

衛先生從語言和文獻兩方面都證明《山海經》是“戰國中年作品”。

那麽，上面提到的《山海經》的兩個語法特點是否就是戰國中期文章特有的現象呢？著名語言學家洪誠先生《讀〈周禮正義〉》一文認爲：

> 從語法看，文獻中凡春秋以前之文，十數與零數之間皆用“有”字連之，戰國中期之文即不用。《尚書》《春秋經》《論語》《儀禮》經文、《易・繫辭傳》皆必用。《穆天子傳》以用爲常。《王制》《莊子》不定。《左傳》《國語》以不用爲常。《山海經》中之《五臧山經》不用。《孟子》除論述與《尚書》有關之事而外亦不用。[②]

可見洪先生亦認爲戰國中期之文，十數與零數之間已不用“有”字連之。《山海經》中之《五臧山經》不用，則《山經》的上限當爲戰國中期。

---

① 衛聚賢：《山海經的研究》，載氏編《古史研究》第二集上册，商務印書館1934年版，第2—17頁。

② 洪誠：《讀〈周禮正義〉》，載《洪誠文集》，江蘇古籍出版社2000年版，第206頁。

王暉先生《古文字中計數使用“又”字的演變及其斷代作用考》一文詳細考察了古文字中計數使用“又”(或“有”)字的發展演變情況,認爲:“凡是作品中均用‘又’或‘有’的,其時代不會晚於戰國中期前段(前390—前340);凡是作品中全不用‘有’的,其時代不會早於戰國前期。”[①] 從而印證了衛、洪二先生的説法。

此外,王建軍先生《從存在句再論〈山海經〉的成書》一文主要從《山海經》全書所表現出來的鮮明而獨特的語用風格入手,全面考察了《山海經》的所有處所存在句的構型特點和分佈情況。認爲《大荒經》以下五篇產生時代最早,它和《海外》諸經大致成於戰國;《山經》部分内容成於戰國,大部分爲秦漢人所增補;《海内》諸經則爲秦漢之作。[②] 王先生所論大致不差,唯謂“《山經》部分内容成於戰國,大部分爲秦漢人增補”,則猶有可商之處。因爲《山經》之文,先秦典籍已多所稱引。僅就《呂氏春秋·本味》而言,稱引《山經》之文就達八處之多。

(一)《呂氏春秋·本味》:“肉之美者:猩猩之唇,獾獾之炙。”[③]

《山海經·南山經》:“又東三百里曰青丘之山,……有鳥焉,其狀如鳩,其音如呵,名曰灌灌。”灌灌,郭璞注:“或作濩濩。”(頁7—8)郝懿行疏:“《呂氏春秋·本味篇》云:‘肉之美者,獾獾之炙。’高誘注云:‘獾獾,鳥名,其形未聞。獾一作獲。’今案:獾與灌、獲與濩俱字形相近,即此鳥明矣。”[④] 可知《本味》之“獾獾”即《南山經》之“灌灌”。

---

① 王暉:《古文字中計數使用“又”字的演變及其斷代作用考》,《陝西師大學報》1991年第2期。

② 王建軍:《從存在句再論〈山海經〉的成書》,《南京師大學報》2000年第2期。

③ 陳奇猷:《呂氏春秋校釋》,學林出版社1984年版,第741頁。案:本節所引《本味》,除注明者外,皆據此本,並見此頁,下不再出注。

④ 郝懿行:《山海經箋疏》,台北藝文印書館2009年版,第12—13頁。

（二）《本味》："醴水之魚，名曰朱鼈，六足，有珠百碧。"

《東山經》："又南三百八十里，曰葛山之首，無草木。澧水出焉，東流注于余澤，其中多珠蟞魚，其狀如胏而有目，六足有珠，其味酸甘，食之無癘。"（頁128）郝疏："《呂氏春秋》作'朱鼈'，郭氏《江賦》作'䲖蟞'，是經文珠朱、蟞鼈竝古字通用。"[①] 可知《本味》之"朱鼈"即《東山經》之"珠蟞"。

（三）《本味》："雚水之魚，名曰鰩，其狀若鯉而有翼，常從西海夜飛，游於東海。"

《西山經》："又西百八十里，曰泰器之山。觀水出焉，西流注于流沙。是多文鰩魚，狀如鯉魚，魚身而鳥翼，蒼文而白首赤喙，常行西海，遊于東海，以夜飛。其音如鸞雞，其味酸甘，食之已狂，見則天下大穰。"（頁52）郝疏以"觀水""文鰩魚"即《本味》之"雚水""鰩"[②]。

（四）《本味》："菜之美者，崑崙之蘋。"

《西山經》："西南四百里，曰昆侖之丘，……有草焉，名曰蕒草，其狀如葵，其味如蔥，食之已勞。"（頁55—56）郭璞即引《本味》文以作注[③]，可知郭氏以"蕒草"即《本味》之"蘋"。段玉裁《説文解字注》於"蕒"字下云："蕒、蘋古今字"[④]，亦可知二者實一。

（五）《本味》："和之美者：陽樸之薑，招搖之桂。"

《南山經》："《南山經》之首曰䧿山。其首曰招搖之山，臨于西海之上，多桂。"（頁1）郭璞即引《本味》文以作注[⑤]，可知二者爲一。

（六）《本味》："水之美者：……沮江之丘，名曰搖水。"

《西山經》："又西三百二十里，曰槐江之山，……爰有淫水，其清

---

① 郝懿行：《山海經箋疏》，台北藝文印書館2009年版，第162頁。
② 同上書，第67頁。
③ 同上書，第73—74頁。
④ 段玉裁：《説文解字注》，上海古籍出版社1981年版，第25頁。
⑤ 郝懿行：《山海經箋疏》，台北藝文印書館2009年版，第5頁。

洛洛。”（頁 53）槐江之山，郝疏：“《呂氏春秋·本味篇》云：‘水之美者，沮江之丘，名曰搖水。’疑沮江即槐江。”爰有淫水，其清洛洛，郭注：“水留下之貌也。淫音遙也。”郝疏：“陶潛《讀山海經詩》云‘落落清瑤流’，是洛洛本作落落，淫本作瑤，皆假借聲類之字。陳壽祺曰：‘淫無遙音，經文淫字必傳寫之譌。’當是也。瑤水即瑤池，《史記·大宛傳》贊云：‘《禹本紀》言昆侖上有醴泉、瑤池’，《穆天子傳》云：‘西王母觴天子于瑤池’是也。《呂氏春秋·本味篇》又作‘搖水’，竝古字通用。郭注‘留’當爲溜或流字。”[①] 淫水，宋本、《四部叢刊》本、畢沅校本、《百子全書》本《山海經》並作“滛水”[②]，淫當爲滛字之形譌，猶如《方言》卷十：“媱、愓，遊也。”戴震注：“媱多訛作婬，曹毅之本不誤。”[③] 堪爲之比。滛、瑤、搖並音近字通。可知“槐江之山”“淫（滛）水”即《本味》之“沮江之丘”“搖水”。

（七）《本味》：“水之美者：……高泉之山，其上有涌泉焉，冀州之原。”

《中山經》：“又東南五十里，曰高前之山。其上有水焉，甚寒而清，帝臺之漿也，飲之者不心痛。”（頁 204）郝疏：“《呂氏春秋·本味篇》云：‘水之美者，高泉之山，其上有涌泉焉。’即此。泉、前聲同也。”[④]《左傳·昭公二十二年》：“晉箕遺、樂徵、右行詭濟師，取前城。”[⑤]《水經注·伊水》引服虔云：“前讀爲泉，周地也。”[⑥] 可爲郝說之證。

---

① 郝懿行：《山海經箋疏》，台北藝文印書館 2009 年版，第 68、71 頁。

② 《宋本山海經》，國家圖書館出版社 2017 年版，第 46 頁；《山海經》，《四部叢刊》初編縮本，商務印書館 1936 年版，第 14 頁；畢沅：《山海經新校正》，《二十二子》，上海古籍出版社 1986 年版，第 1345 頁；《百子全書》，浙江古籍出版社據 1919 年上海掃葉山房本影印 1998 年版，第 1185 頁。

③ 揚雄：《輶軒使者絕代語釋別國方言》，郭璞注，戴震疏證，叢書集成初編本，商務印書館 1937 年版，第 195 頁。案：此下簡稱《方言》。

④ 郝懿行：《山海經箋疏》，台北藝文印書館 2009 年版，第 262 頁。

⑤ 杜預：《春秋經傳集解》，上海古籍出版社 1988 年版，第 1488 頁。

⑥ 陳橋驛：《水經注校釋》，杭州大學出版社 1999 年版，第 278 頁。

（八）《本味》："果之美者：沙棠之實。"高誘注："沙棠，木名也。崑崙山有之。"

《西山經》："西南四百里，曰昆侖之丘，……有木焉，其狀如棠，黃華赤實，其味如李而無核，名曰沙棠，可以禦水，食之使人不溺。"（頁55—56）郭璞亦引《本味》文作注[①]，可知二者實一。

《山經》爲《呂氏春秋·本味》所稱引者，幾乎遍及《山經》各篇，因此，《山經》成書至遲應在《呂氏春秋》之前。換言之，其下限當爲戰國末年。

萬羣所作《從漢語史角度看〈山海經〉的成書年代》一文通過全面考察《山海經》中的基本詞彙、語法特點，根據有斷代價值的語言現象在漢語史中所屬的歷時點，來探討《山海經》的成書年代。認爲《山經》成書年代最早，在戰國中晚期，處於《墨子》至《呂氏春秋》成書之間。《海經》成書在戰國末秦漢初，在《荀子》成書之後，《淮南子》成書之前。《荒經》成書也在戰國末秦漢初，與《韓非子》成書時間接近。[②]

綜合以上所論，我們認爲《山經》爲戰國中晚期的著作，可無疑義。而《海經》部分或認爲成於漢代初年，未免下推過晚。

張永言先生《訓詁學簡論》在論及《爾雅》采自書本的材料時說："《釋水》云'河出崑崙虛'，此取《山海經》之文也。"並於此下作注云："《山海經·海內西經》：'海內昆侖之虛，在西北帝之下都。'《水經注·河水一》引《山海經》：'崑崙墟在西北，河水出其東北隅。'"[③]《爾雅·釋水》此條采自《海內西經》，而《爾雅》的成書年代，據何九盈先生的看法，是戰國末年[④]，則《海內西經》猶在此前。

無獨有偶，《呂氏春秋·本味》所謂："水之美者：三危之露，崑

① 郝懿行：《山海經箋疏》，台北藝文印書館2009年版，第73頁。
② 萬群：《從漢語史角度看〈山海經〉的成書年代》，《中國典籍與文化》2013年第2期。
③ 張永言：《訓詁學簡論》，華中工學院出版社1985年版，第77頁。
④ 何九盈：《中國古代語言學史》，廣東教育出版社2000年版，第19頁。

崙之井”，實亦本之於《海内西經》之文。《海内西經》：“海内昆侖之虚，……面有九井，以玉爲檻。”（頁344—345）郝疏即引《本味》作注[①]，可知二者實一。因此，《海内西經》當在《吕氏春秋》之前。

雖然我們未能遍考《海内經》四篇被稱引的情况，但從《爾雅》《吕氏春秋》已經稱引其中的《海内西經》來看，似亦足以説明《海内經》四篇成書的下限當爲戰國末年。

其實，前引劉秀《上山海經表》云：“禹别九州，任土作貢；而益等類物善惡，著《山海經》。皆聖賢之遺事，古文之著明者也。”[②] 明確指出《山海經》屬於“古文”。漢代所謂的“古文”是指漢代以前的古文字，以别於當時通行的篆隸體“今文”。王國維先生《戰國時秦用籀文、六國用古文説》一文，認定“古文”屬戰國時山東六國系統的文字[③]。劉秀作爲當時的校書總管，得以親見中秘藏書，其説應該可信。因此，《山海經》既屬“古文”本，它的成書下限毫無疑問應在秦統一山東六國之前。

上面我們對《山海經》的作時作了考察，知道《山海經》並非一時之作。其上限當是戰國初年或中年，下限當是戰國末年。要之，《山海經》爲先秦文獻，可無疑矣。雖然《山海經》在流傳過程中，可能有後人的踵事增華，這在其他先秦文獻中，亦不鮮見，但正如《顔氏家訓》卷六《書證》所云：“或問：‘《山海經》，夏禹及益所記，而有長沙、零陵、桂陽、諸暨，如此郡縣不少，以爲何也？’答曰：‘史之闕文，爲日久矣；加復秦人滅學，董卓焚書，典籍錯亂，非止於此。……皆由後人所羼，非本文也。”[④] 顔之推以爲“長沙”等地名爲“後人所羼，非本文也”，甚是。長沙、零陵見於《海内經》：“南方蒼梧之丘，蒼梧之淵，

---

① 郝懿行：《山海經箋疏》，台北藝文印書館2009年版，第350頁。

② 《宋本山海經》，國家圖書館出版社2017年版，第11頁。

③ 王國維：《觀堂集林》，中華書局1959年版，第305—307頁。

④ 王利器：《顔氏家訓集解》，上海古籍出版社1980年版，第438頁。

其中有九嶷山，舜之所葬，在長沙零陵界中。”（頁 521）“在長沙零陵界中”一句，蒙文通、袁珂先生並以爲是後人釋語羼入經文者[①]。又《逸周書·王會解》：“路人大竹，長沙鼈”[②]，可見長沙本爲先秦地名。諸暨不見於今本《山海經》，徐鯤云：“‘諸暨’當爲‘餘暨’，《海内東經》云：‘浙江出三天子都，在其東，在閩西北入海，餘暨南。’”[③] 實際上，桂陽、餘暨皆見於《海内東經》末尾“岷三江首”以下一段文字。這段文字與全書體例頗多不合，畢沅云：“自‘岷三江首’已下，疑《水經》也。《隋書·經籍志》云：‘《水經》二卷[④]，郭璞注。’《舊唐書·經籍志》云：‘《水經》二卷，郭璞撰。’此《水經》，隋、唐二志皆次在《山海經》後，又是郭注，當即此也。”[⑤] 畢説甚是，袁珂先生亦從之[⑥]，則此段文字爲羼入的郭注《水經》，可無疑矣。由此可見，《顔氏家訓·書證》所謂“長沙”等地名皆爲後人羼入之文，亦可見顔氏所論極是。因此，《山海經》縱有後人羼入之文，仍無妨其爲先秦文獻。

第三節　《山海經》研究史略

《山海經》的研究，和其他先秦文獻相比，無論是古代還是現代，都顯得比較薄弱。其中一個重要原因是人們對《山海經》性質、作用的

---

① 蒙文通：《略論〈山海經〉的寫作時代及其產生地域》，載氏著《巴蜀古史論述》，四川人民出版社 1981 年版，第 177—178 頁；袁珂：《〈山海經〉寫作的時地及篇目考》，載氏著《神話論文集》，上海古籍出版社 1982 年版，第 11 頁；袁珂：《山海經校譯》，上海古籍出版社 1985 年版，第 304 頁。

② 黄懷信、張懋鎔、田旭東：《逸周書彙校集注》，上海古籍出版社 2007 年版，第 893—894 頁。

③ 王利器：《顔氏家訓集解》，上海古籍出版社 1980 年版，第 438—439 頁。

④ 疑二卷當爲三卷之誤，今本作三卷，見長孫無忌等《隋書經籍志》，叢書集成初編本，中華書局 1985 年版，第 55 頁。

⑤ 畢沅：《山海經新校正》，《二十二子》，上海古籍出版社 1986 年版，第 1379 頁。

⑥ 袁珂：《山海經校注》，巴蜀書社 1993 年版，第 384 頁。

認識，長期遊移不定，令人無可適從。

《山海經》一名首見於《史記·大宛列傳》，但司馬遷卻認爲其不足采信，他說："言九州山川，《尚書》近之矣，至《禹本紀》《山海經》所有怪物，余不敢言之也。"[①] 然而讓司馬遷始料不及的是，據《後漢書·循吏列傳》記載，漢明帝永平十二年，皇帝令王景治理河水，並且賜予他《山海經》《河渠書》《禹貢圖》以作治水之參考，後來王景治水取得了成功[②]，其中作治水參考之用的《河渠書》就是司馬遷《史記》中的"八書"之一。看來，《山海經》一書非盡可以虛妄視之，尤其是在山川道里等關於地理記載的方面，可以說與《尚書·禹貢》《史記·河渠書》等庶幾近之，同其功效。但是，素有"良史"之稱的司馬遷對《山海經》所下的斷語，還是得到了大多數人的贊成，並且對後人對《山海經》的理解和判斷產生了極大的影響。另一位著名史學家班固在《漢書·張騫傳》中說："至《禹本紀》《山經》所有，放哉!"如湻注："放蕩迂闊，不可信也。"[③] 和司馬遷的判斷殊無二致。職是之故，在《漢書·藝文志》中，《山海經》被列在數術略的形法類中，與《宮宅地形》《相人》《相六畜》等看相、看風水之書爲伍[④]。無怪乎王充在《論衡·談天篇》中徑謂："禹之《山經》，淮南之《地形》，以察鄒子之書，虛妄之言也"，"《禹紀》《山海》《淮南·地形》，未可信也。"[⑤]

迨至北魏酈道元注《水經》，對《山海經》時時加以稱引，使得人們又開始注意到《山海經》在地理學方面的價值。因此，《隋書·經籍志》把它改列在史部的地理類[⑥]。此後的《舊唐書·經籍志》《新

① 司馬遷：《史記》，中華書局點校本 1959 年版，第 3179 頁。
② 王先謙：《後漢書集解》，中華書局 1984 年版，第 863—864 頁。
③ 王先謙：《漢書補注》，中華書局 1983 年版，第 1228 頁。
④ 陳國慶編：《漢書藝文志注釋彙編》，中華書局 1983 年版，第 221—224 頁。
⑤ 黃暉：《論衡校釋》，中華書局 1990 年版，第 475、478 頁。
⑥ 長孫無忌等：《隋書經籍志》，叢書集成初編本，中華書局 1985 年版，第 55、60 頁。

唐書·藝文志二》《崇文總目·地理類》等並從之[①]。儘管如此，這並沒有改變《山海經》一書在學者心目中固有的認識，他們還是和司馬遷等人的判斷一樣，認爲其恢怪不經，不足憑信。例如唐杜佑的《通典·州郡四》就説："《禹本紀》《山海經》不知何代之書，詳其恢怪不經，宜夫子刪詩書以後尚奇者所作，或先有其書，如詭誕之言，必後人所加也，若《古周書》《吴越春秋》《越絕書》諸緯書之流是矣。"[②] 陸德明《經典釋文·序錄》説："言多詭誕，或似《山海經》，或類占夢書。"[③] 將《山海經》和占夢書之類等量齊觀，可見一斑。

到了明代，胡應麟《少室山房筆叢·四部正訛下》就直截了當地説："《山海經》，古今語怪之祖。"[④] 影響所及，故清初紀昀在《四庫全書總目》中説："書中序述山水，多參以神怪，故《道藏》收入太元部競字號中。究其本質，實非黃老之言，然道里山川，率難考據。案以耳目所及，百不一真。諸家竝以爲地理書之冠，亦爲未允。核實定名，實則小説之最古者爾。"於是，《山海經》又被列在子部的小説家類了[⑤]。清末，張之洞《書目答問》著錄了《山海經》畢沅校本和郝懿行《山海經箋疏》，並將它們列在史部的古史類中[⑥]。

從上面的引述看來，古代學者對《山海經》性質的判斷，經歷了一個不斷變化和發展的過程。無疑，這或多或少影響到學者們對其價值作用的準確認識，再加之儒家提倡的"不語怪、力、亂、神"[⑦]，因此，

---

① 劉昫等：《舊唐書》，中華書局點校本 1975 年版，第 2014 頁；歐陽修、宋祁：《新唐書》，中華書局點校本 1975 年版，第 1504 頁；王堯臣等：《崇文總目》，叢書集成初編本，商務印書館 1937 年版，第 87 頁。

② 杜佑：《通典》，王文錦等點校，中華書局 1988 年版，第 4562 頁。

③ 吴承仕：《經典釋文序錄疏證》，中華書局 1984 年版，第 161 頁。

④ 胡應麟：《少室山房筆叢》，上海書店出版社 2001 年版，第 314 頁。

⑤ 紀昀：《四庫全書總目》，《四部精要》第 10 册，上海古籍出版社 1993 年版，第 677 頁。

⑥ 范希曾編：《書目答問補正》，上海古籍出版社 1983 年版，第 116 頁。

⑦ 《論語·述而》文，見劉寶楠《論語正義》，《諸子集成》第 1 册，上海書店 1986 年版，第 146 頁。

《山海經》在相當長的時期內，乏人問津，研究者寥寥。直到晉代，郭璞纔第一次全面爲它作注。

郭璞（276—324），字景純，河東聞喜人。生於晉武帝咸寧二年，卒於明帝太寧二年。郭璞博學多識，尤精文字訓詁，曾爲《穆天子傳》《爾雅》《方言》等典籍作注。由於郭氏學識精深，加之距離先秦時代較近，《山海經》的很多古言古義，其尚能作出正確理解和注釋。因此，《山海經》的郭注顯得彌足珍貴，可以這樣説，如果沒有郭注的話，今人在對《山海經》理解的正確性上，將大打折扣。對此，郭氏也頗爲自信，其《注山海經敍》云："此書跨世七代，歷載三千，雖暫顯於漢而尋亦寢廢。其山川名號，所在多有舛謬，與今不同，師訓莫傳，遂將湮泯。道之所存，俗之所喪，悲夫！余有懼焉，故爲之創傳，疏其壅閡，闢其茀蕪，領其玄致，標其洞涉。庶幾令逸文不墜於世，奇言不絕於今，夏后之跡，靡栞於將來；八荒之事，有聞於後裔，不亦可乎。夫蘙薈之翔，叵以論垂天之凌；蹏涔之遊，無以知絳虯之騰；鈞天之庭，豈伶人之所躡；無航之津，豈蒼兕之所涉：非天下之至通，難與言《山海》之義矣。"[①] 郭璞自云其爲《山海經》"創傳"，可見其前尚無人爲《山海經》作注。

郭璞除對《山海經》作注外，還有《山海經圖讚》二卷[②]，以四言銘文的形式對《山海經》的諸多事物作了概述，對我們理解《山海經》亦有助益。

然而，自此以後，千餘年間，《山海經》研究者幾若絕跡。唯一可以提及者，就是南宋朱熹。其《記山海經》云："予嘗讀《山海》諸篇記諸異物飛走之類，多云'東向'，或云'東首'，皆爲一定而不易之

① 郝懿行：《山海經箋疏》，台北藝文印書館 2009 年版，第 594 頁。

② 長孫無忌等：《隋書經籍志》，叢書集成初編本，中華書局 1985 年版，第 56 頁；劉昫等：《舊唐書》，中華書局點校本 1975 年版，第 2014 頁。

形。疑本依圖畫而爲之，非實紀載此處有此物也。古人有圖畫之學，如《九歌》《天問》皆其類。"[①] 可見朱熹已經注意到《山海經》文字與圖的關係，但謂文字"本依圖畫而爲之"，未免本末倒置。其《楚辭辯證》云："大抵古今說《天問》者，皆本此二書（案：指《山海經》和《淮南子》）。今以文意考之，疑此二書本皆緣解此《問》而作。"[②] 朱熹認爲《山海經》因《天問》而作，顛倒因果，誤同上說。《四庫全書總目》謂其"不然"[③]，可謂知言。

到了明清，《山海經》纔迎來了研究史上的一個高潮。首先是明代楊慎的《山海經補注》，此書雖然篇幅不大，僅有一卷，但在學風普遍空疏的明代，楊氏卻能去除浮言，重視考證，已開清代樸學之風，實屬難能可貴。明代另一位學者王崇慶，有《山海經釋義》十八卷，《圖》二卷，但成就並不高。《四庫全書總目》認爲"是書全載郭璞注，崇慶間有論説，詞皆膚淺，其圖亦書肆俗工所臆作，不爲典據"[④]。實際上，王氏的有些注釋頗爲精當，袁珂先生謂《山海經釋義》"對《山海經》研究還是有相當貢獻的"[⑤]，可謂平情之論。

清代學者對《山海經》的研究，不僅在數量上，而且在質量上都遠遠超邁了前代。清初吳任臣有《山海經廣注》十八卷，"是書因郭璞《山海經注》而補之，故曰廣注。於名物訓詁、山川道里，皆有所訂正。雖嗜奇愛博，引據稍繁，……然掎摭宏富，多足爲考證之資。"[⑥] 汪紱有《山海經存》九卷，全書原缺卷六卷七，即《海外》四經和《海内》四經兩個部分，後來刻印時以畢沅校正本補録經文及郭璞注，並節采畢

① 《朱熹集》，郭齊、尹波點校，四川教育出版社 1996 年版，第 3715 頁。

② 朱熹：《楚辭集注》，上海古籍出版社 1979 年版，第 192 頁。

③ 紀昀：《四庫全書總目》，《四部精要》第 10 冊，上海古籍出版社 1993 年版，第 677 頁。

④ 同上書，第 689 頁。

⑤ 袁珂：《中國神話史》，上海文藝出版社 1988 年版，第 390 頁。

⑥ 紀昀：《四庫全書總目》，《四部精要》第 10 冊，上海古籍出版社 1993 年版，第 677 頁。

説以足之[①]。汪氏注文和郭注混在一起，只有和郭注互相比勘，纔能看出何者是他的見解，頗失著書體例。其注釋不多，間有可采之處[②]。

此後的乾嘉時代是我國傳統學術研究的最高峰，學者遍注羣籍，大都取得了很高的成就，就《山海經》而言，這時期出現了研究《山海經》的著名學者畢沅和郝懿行。

畢沅（1730—1797），字纕蘅，號秋帆，江南鎮洋人。畢氏經史、小學、金石、輿地之學，無不貫通，有《釋名疏證》《呂氏春秋新校正》等著作。畢氏著《山海經新校正》十八卷，其《序》稱“校注此書，凡閱五年。自經傳、子史百家、傳注、類書所引，無不徵也。其有闕略，則古者不著，非力所及矣”[③]。既可見其用力之勤，又可見其對是書甚爲自信。其書偏重於地理考證和名物訓詁方面，尤其是作者對《山海經》關於地理記載的部分，有的還進行了實地踏勘，將文獻和實地考察很好地結合起來，因此取得了較高的學術成就。孫星衍認爲“其考證地理則本《水經注》，而自九經箋注、史家地志、《元和郡縣志》、《太平寰宇記》、《通典》、《通考》、《通志》，及近世方志，無不徵也”；又謂畢氏“開府陝西，假節甘肅，粵自崤函以西，玉門以外，無不親歷”[④]，可謂得其情實矣。

郝懿行（1757—1825），字恂九，号蘭皋，山東棲霞人。郝氏爲小學名家，長於文字、訓詁之學，曾著《爾雅義疏》十九卷，是乾嘉學術的代表人物之一。郝氏在吳任臣和畢沅兩家校注的基礎上，著《山海經箋疏》十八卷，《訂譌》一卷，其《敍》云：“此經師訓莫傳，遂將湮泯。郭作傳後，讀家稀絕，途徑榛蕪。迄於今日，脱亂淆譌，益復難

---

① 汪紱：《山海經存》第六卷，杭州古籍書店據清光緒二十一年樵立雪齋原本石印本影印 1984 年版，第 1 頁 a。

② 袁珂：《中國神話史》，上海文藝出版社 1988 年版，第 393—396 頁。

③ 畢沅：《山海經新校正》，《二十二子》，上海古籍出版社 1986 年版，第 1335 頁。

④ 同上書，第 1387 頁。

讀。……今世名家則有吳氏、畢氏。吳徵引極博，汎濫於羣書；畢山水方滋，取證於耳目。二書於此經，厥功偉矣。至於辨析異同，栞正譌謬，蓋猶未暇以詳。今之所述，並採二家所長，作爲《箋疏》。箋以補注，疏以證經。卷如其舊。別爲《訂譌》一卷，附於篇末。計創通大義百餘事，是正譌文三百餘事，凡所指擿，雖頗有依據，仍用舊文，因而無改，蓋放鄭君康成注經不敢改字之例云。"[①] 可見其立論謹嚴，發明獨多，自謂"創通大義百餘事，是正譌文三百餘事"，驗之全書，實非自誇之詞。對此，古今學者皆給予了極高評價。阮元《刻〈山海經箋疏〉序》云："郭景純注于訓詁地理，未甚精徹，然晉人之言，已爲近古。吳氏《廣注》，徵引雖博，而失之蕪雜。畢氏校本，于山川考校甚精，而訂正文字，尚多疏略。今郝氏究心是經，加以箋疏，精而不鑿，博而不濫，粲然畢著，斐然成章。"[②] 袁珂先生《山海經校注·序》亦云："舊來注此書者，有晉郭璞，明王崇慶，清吳任臣、汪紱、畢沅、郝懿行諸家。然郭尚虛玄，王病迂膚，吳閎博而曼衍，汪小成而疏略，畢目光所矚，耑在山川古今異同。惟郝通才卓識，多所發明，後來居上，冠於諸家。"（頁 1）皆列諸家之短，以揚郝疏之長，然平心而論，實非夸飾之詞。因此，郝疏是《山海經》舊注中當之無愧的翹楚。

清末，尚有一些學者對《山海經》進行過研究。俞樾有《讀山海經》一卷，收在《春在堂全書·俞樓襍纂》中。孫詒讓《札迻》卷三亦有關於《山海經》郭注及《圖讚》的札記。二者篇幅都不大，但率多精義，尤以後者爲甚。此外，吳承志有《山海經地理今釋》六卷，閒有可采之處。至此，傳統意義上的《山海經》研究告一段落。

現代學術意義上的《山海經》研究始於 20 世紀初葉。首先，學者對《山海經》的價值與作用有了不同的認識。針對古人認爲《山海經》

---

① 郝懿行：《山海經箋疏》，藝文印書館 2009 年版，第 603—604 頁。

② 同上書，第 1—2 頁。

爲誕妄之作的看法，劉師培先生在《讀書隨筆·〈山海經〉不可疑》中說："觀《山海經》一書，有言人面獸身者，有言獸面人身者，而所舉邦國草木，又有非後人所及見者，謂之不知可也，謂之妄誕不可也。"[①]表現出一種非常審慎的態度，可以視作對《山海經》價值、作用認識轉折的一個標誌。此後，學者逐漸認識到《山海經》巨大的學術價值，並給予了極高的評價。日本學者小川琢治《山海經篇目考》云："中國《山海經》一書，中國人向視爲荒唐無稽之談，然其價值遠比向認爲金科玉律之地理書《禹貢》爲可靠，其於中國歷史及地理之研究爲唯一重要之典籍。"[②] 可謂推崇備至。徐旭生先生《讀山海經札記》亦謂《山海經》"從史料觀點來看，爲我國有很高價值書之一，而有此等價值者，恐尚不及十部也"[③]。二人雖然都是從史學的價值來評價《山海經》，但古人早有"六經皆史"之説[④]，因此《山海經》的價值不容低估。

或許正是因爲對《山海經》價值、作用認識的提高，學者們開始從多種角度對《山海經》進行全面研究，發表了大量的關於《山海經》的研究論文，出版了多種學術專著。其中，袁珂先生的《山海經校注》無疑是最值得重視的研究成果。《山海經校注》以郝懿行《山海經箋疏》爲底本，在廣參舊注的基礎上，博采衆家之長，兼收並蓄，斷以己意，是《山海經》研究的集大成之作。是書1980年由上海古籍出版社出版，之後袁先生又續有增補修訂，並於1993年由巴蜀書社重新出版。較之前者，後者不僅篇幅增加了約三分之一，而且前者之疏失，亦頗有訂正。因此，本書即以巴蜀書社出版的《山海經校注》爲主要工作底本。

---

① 劉師培：《劉申叔遺書》，江蘇古籍出版社1997年版，第1950頁。

② 轉引自何觀洲《〈山海經〉在科學上之批判及作者之時代考》，《燕京學報》1930年第七期。

③ 徐旭生：《讀山海經札記》，載氏著《中國古史的傳説時代》（增訂本），科學出版社1960年版，第293頁。

④ 葉瑛：《文史通義校注》，中華書局1985年版，第1頁。

第三章　專名的含義與專名的確定

既然要對《山海經》專名進行研究，我們就應該首先明白專名的含義，其次，應該確定專名所包括的範圍。這既是爲我們確立明白清晰的研究對象，也是進一步研究的基礎。

第一節　專名的含義

專名又叫專有名詞或專有名稱，它與普通名詞相對，是名詞的一個特殊類別。《簡明不列顛百科全書》給“專名”下的定義是：

> 專名 names 用來指稱個别（真實的或臆想的）實體的詞或詞組。專名與普通名詞相對，直接指明某一實體，而不是某類實體中的一個。研究專名的意義、起源和演變等的科學稱作專名學（onomastics 或 onomatology），它涉及語言、地理、文化和歷史等多方面問題。①

① 中國大百科全書出版社《簡明不列顛百科全書》編輯部譯編：《簡明不列顛百科全書》第九卷，中國大百科全書出版社 1986 年版，第 541 頁。

這可以算是西方學術界對“專名”含義的一種代表性看法。那麼我國學者對“專名”含義的看法又是怎樣的呢?

在我國,“專名”一詞的出現,管見所及,最早見於東漢朱穆《崇厚論》:“夫以韓、翟之操,爲漢之名宰,然猶不能振一貧賢,薦一孤士,又況其下者乎!此禽息、史魚所以專名于前,而莫繼于後者也。”[①]三國吳臧均《乞收葬諸葛恪表》云:“昔欒布矯命彭越,臣竊恨之。不先請主上,而專名以肆情,其得不誅,實爲幸耳。”[②]《後漢書·皇后紀上·章德竇皇后》:“梁貴人者,梁竦之女也。少失母,爲伯母舞陰長公主所養。年十六,建初二年,亦與中姊俱選入掖庭爲貴人。四年生和帝。后養爲己子,欲專名外家,而忌梁氏。”[③]這裏的“專名”用作動詞,即專享名利、專擅名勢之義,並非專有名詞的意思。此後相當長的時期内,“專名”都是用作專享名利、專擅名勢之義。

明清之際的顧炎武在《天下郡國利病書·陝西上》云:

> 涇州庠生王寧《窮汭記》:汭水紀于《禹貢》,《廣韻》:“汭音儒”,《説文》:汭从水从内,訓曰兩水合流之謂也。又曰小水入大水之名。質其實,雍、豫二州有專名之者,有通名之者。專名者以義也,通名者以類也。以類通名,如會于渭汭,東過洛汭是也。蓋渭自鳥鼠而東逝,涇出笄頭而北來,二水至高陵而匯于河,經龍門東注豫州。洛由熊耳東北入河,既皆小水入大水,且兩流合爲一。

---

① 嚴可均:《全後漢文》卷二十八,載氏編《全上古三代秦漢三國六朝文》,中華書局1958年版,第630頁;又見《後漢書》卷四十三《朱穆傳》(王先謙:《後漢書集解》,中華書局1984年版,第515頁)。

② 嚴可均:《全三國文》卷七十三,載氏編《全上古三代秦漢三國六朝文》,中華書局1958年版,第1445頁;又見《三國志·吳書·諸葛恪傳》(盧弼:《三國志集解》,中華書局1982年版,第1126頁)。

③ 王先謙:《後漢書集解》,中華書局1984年版,第157頁。案:《漢語大詞典》“專名”條以此爲始見書證(羅竹風主編:《漢語大詞典》第2卷,漢語大詞典出版社1988年版,第1272頁),不確,即使和《三國志》相比,《後漢書》的作期亦在其後。

以故不曰涇渭而曰渭汭，不曰河洛而曰洛汭。由是推之，則凡諸州之水，類於是者皆不拘於定名，而得通稱爲汭也。以義專名者，涇屬渭汭是也，汭在華亭城東三里，乃兩水合流，而其北源西出小隴山之馬峽，俗呼北河。南源西出隴山之仙姑峪，俗呼南河。北河環朝那山前，蓋山有古朝那王廟，其西北有湫，東去縣東三里，而別稱爲雨山。南源環王母山，山巔有古王母宫，東去四里，別稱爲儀山，俗呼爲回頭山，儀州實以是名也。儀、雨兩山南北對峙，豁開如門，故兩水合而東流，名之曰汭也。又二水交流而下，亦專名爲汭也。①

這裏的“專名”是專門命名的意思。雖然仍是用作動詞，但它和“通名”對舉，並且文章中已經提出了“專名者以義也，通名者以類也”的看法，和我們今天所認識的專有名詞的含義幾乎一致，只不過一是動詞，一是名詞而已。可以相信，這時應該已經有專有名詞之義的“專名”了。

之後，專有名詞之義的“專名”就在文獻中頻繁出現、屢見不鮮了。段玉裁在爲戴震《答段若膺論韻》所加的案語云：“軌非車轍之專名。”② 程瑤田《果臝轉語記》云：“果臝、蒲盧肖物形而命之，非一物之專名矣。”③《釋蟲小記・螟蛉蜾臝異聞記》云：“夫螟蛉也，而豈有專名乎?”④ 紀昀《四庫全書總目》卷一〇九於“數術類相宅相墓之屬”後云：“考《漢志》有《宫宅地形》二十卷，列於形法，其名稍近。然形法所列，兼相人相物，則非相宅相地之專名，亦屬假借。”⑤ 阮元

① 顧炎武：《天下郡國利病書》，《四部叢刊》三編第 23 冊，上海書店 1985 年版，第 89 頁。
② 《戴震集》，湯志鈞校點，上海古籍出版社 1980 年版，第 92 頁。
③ 《程瑤田全集》第三冊，陳冠明等校點，黄山書社 2008 年版，第 502 頁。
④ 同上書，第 281 頁。
⑤ 紀昀：《四庫全書總目》，《四部精要》第 10 冊，上海古籍出版社 1993 年版，第 521 頁。

《浙江圖考上》云：“然則浙江者，乃岷山導江之委，即由吳江、石門、仁和、海寧至餘姚入海數百里内之地之專名也。”[①] 諸家所用的“專名”就是專有名詞之謂了。雖然專有名詞之義的“專名”的出現已經是相當晚近的事情，但我們認爲專名的觀念在先秦時期就已經產生。

《荀子·正名》云：“故萬物雖衆，有時而欲徧舉之，故謂之物。物也者，大共名也。推而共之，共則有共，至於無共然後止。有時而欲徧舉之，故謂之鳥獸。鳥獸也者，大別名也。推而別之，別則有別，至於無別然後止。”[②] 其中後一句“有時而欲徧舉之”之“徧”，王念孫《讀書雜誌·荀子第七》認爲：“此‘徧’字當作‘別’，與上條不同。上條以同爲主，故曰‘徧舉之’。此條以異爲主，故曰‘別舉之’（下文皆作‘別’）。鳥獸不同類，而鳥獸之中，又各不同類。推而至於一類之中，又有不同（若雉有五雉，雇有九雇。牛馬毛色不同，其名亦異之類）。故曰‘鳥獸也者，大別名也。推而別之，別則有別，至於無別然後止’也。今本作‘徧舉’，則義不可通，蓋涉上條‘徧舉’而誤。”[③] 俞樾《諸子平議·荀子三》亦認爲：“上文云：‘故萬物雖衆，有時而欲徧舉之，故謂之物。物也者，大共名也。’既有大共大別之不同，而上云‘徧舉之’，此亦云‘徧舉之’，不可通矣。疑此‘徧’字乃‘偏’字之誤。上云‘徧舉之’，乃普徧之義，故曰大共名也；此云偏舉之，乃一偏之義，故曰大別名也。偏與徧形似，因而致誤。”[④] 王、俞二氏都看出後一“徧舉”爲字之誤，可謂目光如炬，然以俞氏以“徧”爲“偏”字之誤爲是，王先謙、梁啟雄並從之[⑤]。

---

① 阮元：《揅經室集》，鄧經元點校，中華書局 1993 年版，第 266 頁。

② 梁啟雄：《荀子簡釋》，中華書局 1983 年版，第 314 頁。

③ 王念孫：《讀書雜誌》第 11 冊，萬有文庫本，商務印書館 1930 年版，第 95 頁。

④ 俞樾：《諸子平議》，上海書店 1988 年版，第 281 頁。

⑤ 王先謙：《荀子集解》，《諸子集成》第 2 冊，上海書店 1986 年版，第 279 頁；梁啟雄：《荀子簡釋》，中華書局 1983 年版，第 314 頁。

由此可見，出於“偏舉”之需要，則有大共名，出於“偏舉”之需要，則有大别名。大共名下，“推而共之，共則有共，至於無共然後止”，則當有共名或小共名；大别名下，“推而别之，别則有别，至於無别然後止”，則當有别名或小别名。可以看出，共名實際上相當於通名，别名相當於專名。共名與别名之别，實際上就是通名與專名之别。因此，共名和别名概念的提出，正是專名觀念已經產生的體現。

此外，專名大致相當於我國傳統語言學所謂的“名物”。名物在早期一般是指草木鳥獸蟲魚等自然界的生物的名稱，亦即《周禮·地官·大司徒》所謂：“以天下土地之圖，周知九州之地域、廣輪之數，辨其山林川澤丘陵墳衍原隰之名物。”[①] 所涉及的範圍比較狹窄，可以稱之爲狹義的概念。當代學者的看法卻與之不同，如陸宗達、王寧先生在《訓詁與訓詁學》一書中談到名物時就認爲：從詞義學的觀點來看，名物講的是一些專名的詞義。這種專名的特殊性在於，它所指的對象範圍比較特定（就概念來説，就是外延很小）而特徵比較具體（就概念來説，就是内涵較大）。《荀子·正名》説：“有時而欲偏舉之，故謂之鳥獸；鳥獸也者，大别名也，推而别之，别則有别，至於無别然後止。”[②] 這段話就是對名物問題最好的説明。從這個意義上説，車馬、宫室、衣服、星宿、郡國、山川以及人的命名也是一種别名，也應屬名物之列。名物不僅就詞義的專和别來説，有它的特殊性，另一方面，它又相當於後來的專門術語。古代在沒有成熟的生物學、天文學、地理學、民俗學、建築學……之前，便已有了與這些科學有關的事物，而在“雅言”（即普通標準語）中爲這些事物所定的名稱，實際上便成爲一種固定的

① 孫詒讓：《周禮正義》，王文錦、陳玉霞點校，中華書局1987年版，第689頁。

② 這段話的意思是説，對物名有時需個别舉出，就是别名。鳥和獸是大别名，鳥、獸之中還可以分出小類，互相區别，如獸中有虎、豹、熊、鹿……，虎已是小别名，又可分成各種虎，都有專名，一直分到不能再分爲止。——原注

科學術語。[①] 據此，宋永培、端木黎明先生在《中國文化語言學辭典》中爲“名物”所下的定義就是：“範圍比較特定、特徵比較具體的專名。即草木、鳥獸、蟲魚、車馬、宮室、衣服、星宿、郡國、山川及人的命名，相當於後來的生物、天文、地理、建築等科學的術語。”[②] 王寧、謝棟元、劉方先生的《〈説文解字〉與中國古代文化》一書亦云：“名物是指個别事物的專名，這種專名的特殊性在於，它所指的對象範圍比較具體。從邏輯學角度看，名物概念的外延很小，内涵較大。”[③] 即已明確指出了名物就是專名。與狹義概念的名物相比，這可以稱作廣義概念的名物。廣義概念的名物實際上就是專名。諸位先生認爲廣義概念的名物應包含草木、鳥獸、蟲魚、車馬、宮室、衣服、星宿、郡國、山川及人的命名，可見範圍極其廣泛，這爲我們確定《山海經》專名所應包含的範圍提供了理論依據。因此，我們確定的《山海經》專名，既包括草木、鳥獸、蟲魚之名，又包括人名、地名、礦物名等。

從上面的引述可以看出，我國學者對專名的認識與西方學者有同有異。相同的是，他們都認爲專名是指個别實體中特定而又具體的名稱。不同的是，我國學者認爲，無論是共名和别名，還是通名和專名，它們都不是一成不變的，而是可以不斷下分，即《荀子·正名》所謂“共則有共，至於無共然後止”，“别則有别，至於無别然後止”。或者認爲它們只是相對而言，在一定條件下可以相互轉化，即如梁啟雄在《荀子簡釋》中所説：“‘物’是‘共而又共至於無共’的大共名。‘小母雀’‘小公狗’是‘别而又别至於無别’的兩個小别名。在‘大共名’和‘小别名’中間有：‘生物’‘動物’‘鳥獸’‘雀狗’四級名，這四級名對‘大共名’是别名，對‘小别名’是共名，是相對的、因對大對小的不同隨

① 陸宗達、王寧：《訓詁與訓詁學》，山西教育出版社 1994 年版，第 68 頁。

② 宋永培、端木黎明：《中國文化語言學辭典》，四川人民出版社 1993 年版，第 115 頁。

③ 王寧、謝棟元、劉方：《〈説文解字〉與中國古代文化》，遼寧人民出版社 2000 年版，第 173 頁。

時而轉變。”[①] 換言之，如果專名或別名是用來指稱唯一事物的詞，共名或通名是用來指稱相同事物的詞的話，當相同事物的集合被當作一個單元看待時，也可以被視爲專名。蔣禮鴻、任銘善先生《古漢語通論》將“同類事物共有的名稱叫做公名，同類中一種或個別事物特有的名稱叫做專名”，並舉例認爲“在語言運用中，公名和專名往往可以轉化”[②]。所謂公名，實際上就是共名。

其實，“不斷下分”論和“相互轉化”論只不過是看問題的角度不同而已，實質仍然是一樣的。舉例來看，如蟲類中有蛇，蛇下面又可分爲青蛇、赤蛇、黑蛇、黄蛇等。前者認爲蟲類與蛇，蛇與青、赤、黑、黄蛇之間只是别名之間的層級不同，是不斷下分的結果；後者認爲蛇相對蟲類而言是别名，相對青、赤、黑、黄蛇而言則是共名，是可以轉化的。

我國學者關於專名獨特的認識和理論無疑對本書具有重要的指導意義，它爲我們確定《山海經》的具體專名同樣提供了理論依據。

第二節　專名的確定

上面我們對中外學者關於專名的認識和理論做了考察，爲《山海經》專名的確定提供了理論依據。但這只是總的原則，在具體專名的確定中，我們認爲主要應該解決兩個方面的問題：一是詞與非詞的區分；二是專名與非專名的區分。實際上，這兩個方面的問題搞清楚了，也就明確了專名所應包括的範圍。

一　詞與非詞的區分

雖然我們在前面引用《簡明不列顛百科全書》爲“專名”所下的定

---

① 梁啟雄：《荀子簡釋》，中華書局 1983 年版，第 314 頁。

② 蔣禮鴻、任銘善：《古漢語通論》，浙江教育出版社 1984 年版，第 75—76 頁。

義中，認爲專名是“用來指稱個別（真實的或臆想的）實體的詞或詞組”，即專名既可以是詞，又可以是詞組。《山海經》專名產生在上古時代，這時還極少出現以詞組爲事物命名的現象。但是《山海經》還是出現了“禹攻共工國山”“鯀攻程州之山”等少量的複雜專名，如果不算“山”這個類名的話，“禹攻共工國”“鯀攻程州”可以算是主、謂、賓齊全的完整的句子。這是《山海經》專名中“以事命名”的特殊例子，而且都有“山”“丘”之類的類名等明顯標誌，判斷起來並不困難。除了這幾個特殊的“以事命名”的專名外，其他的專名都是詞，而非詞組。因此，區分詞與非詞就成了我們確定專名首先應該解決的問題。

那麽，怎樣區分詞與非詞呢？劉興均《〈周禮〉名物詞研究》認爲詞與非詞的區分包括兩個方面：一是詞與比它小的單位——語素的區分；二是詞與比它大的單位——詞組的區分[①]。我們認爲專名作爲一種特殊的詞類，在詞與非詞的區分上，同樣需要把詞與字（主要指語素）、詞與詞組區分開來。

對於詞和字（指語素）的區分，張永言先生《詞彙學簡論》說：“詞能跟別的同樣的單位組成句子，構成聯貫的有意義的言語。詞素雖然也是有意義的語言單位，但是它不能獨立，它是以詞的組成部分的資格進入詞的，一般不能在詞之外單獨在言語裏出現。這就是詞和詞素的主要區別。”[②] 文中所說的詞素，實際上就是語素。

對於詞和詞組的區分，很多學者都提出了自己的看法。早在20世紀50年代，張世祿先生在《詞彙講話》一文中就專門談到了“詞和詞組的分別”問題。張先生主要是從詞組的構成和詞的產生的關係來説明詞和詞組的區別的，他認爲常用的詞組，往往經過凝結作用或縮減作用，轉變作詞，而這正是詞的產生的重要方法之一，也是語言本身發展

---

① 劉興均：《〈周禮〉名物詞研究》，巴蜀書社2001年版，第23頁。

② 張永言：《詞彙學簡論》，華中工學院出版社1982年版，第35頁。

的重要趨勢之一。因此，根據這種發展的觀點來看詞組構成和詞的產生的關係，再進而明確詞和詞組的分別的話，則可以從以下三方面來加以説明。

（一）從實際生活當中來看意義的特殊化的現象。詞和詞組，在意義上比較起來，詞是有它的特殊的豐富的内容，而很多詞組，往往只是泛泛地一種意義和意義的結合，表達不出這種特殊的意義。所以，從一個詞組凝結作一個詞的過程，也就是意義的特殊化的過程。

（二）從語言組織當中來看定型化的現象。詞和詞在詞組當中的連接是比較自由的、分散的，不像一個詞裏各個部分之間的那樣有凝固性，詞和詞組的分別，從組織本身的性質來看，詞是定型化了的，它的各個部分是固定不能分離的，而詞組並不是這樣。所以從一個詞組凝結作一個詞的過程，也就是語言組織定型化的過程。因此，凡是有顯著的定型化的現象的，不論發展成熟的程度怎樣，都可以劃入詞的範圍；否則，就是詞組了。

（三）從聲音形式當中來看雙音化的現象。漢語詞彙的發展有很顯著的雙音化的現象，雙音化的現象，一方面是從單音詞擴充作雙音，一方面又是從多音的詞語縮減作雙音。從詞組轉變作詞，就是按著雙音化的趨勢來縮減的。因此，我們可以根據意義特殊化和組織定型化兩種現象觀察的結果，再來觀察形式上雙音化的趨勢，也可以看出一些詞組經過縮減和凝結的作用，轉變成爲詞，就可利用這種形式上的標準來區分詞和詞組。①

張先生所總結的區分詞和詞組的方法和原則，對我們確定專名極有幫助。如他主張以是否定型結構來區分詞和詞組，我們在確定專名時，不僅以《山海經》本文爲限，有時還看它在其他的先秦文獻中的情況來

---

① 張世禄：《張世禄語言學論文集》，學林出版社 1984 年版，第 295—301 頁。

判定其是否已經成爲固定結構。

總之，我們在區分詞與非詞時，要從語素、意義、結構等多方面去綜合考察，全面衡量，力爭做出合乎實際的判斷。

二　專名與非專名的區分

根據前面對專名含義和範圍的考察，我們在區分專名和非專名時，應該堅持以下標準。

（一）專名必須與人物或事物相關。就是説要和草木、鳥獸、蟲魚、車馬、宫室、衣服、星宿、郡國、山川以及人物等的命名有關。實際上，這主要是區分專有名詞和普通名詞。

（二）專名必須是指一種具體而特定的個别實體的詞。這主要是區分專名與共名。當然，專名與共名的區分，正如我們在前面已經指出的一樣，都是相對而言的。因此，我們在確定《山海經》專名時，既包括金、玉，又包括金、玉的下位詞，即黄金、白金、赤金和水玉、白玉、蒼玉、玄玉等。

（三）同類别的專名應該具有區别性特徵。就是説同屬於一個類别的專名應該具有能夠相互區别的特徵。這種區别性特徵往往是指顔色、質地、用途等方面的差異。以《山海經》專名而言，如青石、玄石主要是顔色上的不同，文玉石、磁石主要是質地上的不同，跌石、箴石主要是用途的不同。

我們在區分專名與非專名時，並不是孤立地以某一條標準來做判定，而是將以上三條標準聯繫起來進行綜合考察。只有這樣，我們確定的專名纔有可靠的基礎，結論纔更有可信度。

第四章 《山海經》專名概述

第一節 《山海經》專名的確定

第三章我們對專名的含義和怎樣確定專名做了探討，這爲進一步確定《山海經》的專名提供了理論與方法。毫無疑問，我們將根據這些理論與方法來確定《山海經》的專名。同時，《山海經》文本的特殊表述方式也有助於專名的確定。

首先，《山海經》中的很多專名本身就帶有“山”“水”“鳥”“木”“國”等類名，對這類專名的確定可以説並不費力。

其次，即使其他專名沒有類名的明顯標誌，但我們仍然可以根據《山海經》的特殊表述方式比較容易地做出判定。

一　以“有×焉，其狀如××，其名曰××”或“名曰××”爲基本表述方式。

1.《南山經》：“有草焉，其狀如韭而青華，其名曰祝餘。”（頁 1）

2.《南山經》：“有木焉，其狀如穀而黑理，其華四照，其名曰迷穀。”（頁 1）

3.《南山經》：“有獸焉，其狀如禺而白耳，伏行人走，其名曰狌狌。”（頁 1）

4.《南山經》：“有魚焉，其狀如牛，陵居，蛇尾有翼，其羽在魼下，其音如留牛，其名曰鯥。”（頁 5）

5.《南山經》：“有鳥焉，其狀如鳩，其音若呵，名曰灌灌。”（頁 7）

6.《中山經》：“有神焉，其狀如人而二首，名曰驕蟲。”（頁 164）

很明顯，“其名曰”或“名曰”後面爲此物的名稱，“有×焉”之“×”爲此物的類别。

二 以“有×，曰××”或“有×焉，名曰××”爲基本表述方式。

1.《南山經》：“其南有谷，曰育遺。”（頁 20）

2.《西山經》：“有蛇焉，名曰肥𧔥。”（頁 25）

3.《西山經》：“其上有木焉，名曰文莖。”（頁 27）

4.《中山經》：“其中有鳥焉，名曰鴒。”（頁 150）

5.《中山經》：“有獸焉，名曰𤢕。”（頁 156）

6.《中山經》：“其上有石焉，名曰帝臺之棋。”（頁 170）

7.《中山經》：“有草焉，名曰棃。”（頁 179）

很明顯，“曰”或“名曰”後面爲此物的名稱，“有×”或“有×焉”之“×”爲此物的類别。

三 以“××之水出焉，其中多××”或“其中有××”爲基本表述方式。

1.《南山經》：“麗麿之水出焉，而西流注于海，其中多育沛。”（頁 1）

2.《西山經》：“灌水出焉，而北流注于禺水，其中有流赭。”（頁 28）

很明顯，“其中多”或“其中有”後面爲專名。

四 以“××之山，其上多××，其下多××”“其陽多××，其陰多××”或“其中多××”爲基本表述方式。

1.《南山經》：“又東五百里，曰成山，四方而三壇，其上多金、玉，其下多青雘。”（頁 14）

2.《南山經》:“又東四百里，曰虖勺之山，其上多梓、枏，其下多荆、杞。”（頁 15—16）

3.《西山經》:“又西二百里，曰翠山，……其陽多黄金、玉，其陰多旄牛、䴥、麝。”（頁 37）

4.《西山經》:“西南二百里，曰鳥危之山，其陽多磬石，其陰多檀、楮，其中多女牀。”（頁 42）

很明顯，“其上多”“其下多”“其陽多”“其陰多”或“其中多”後面爲專名。

五 以“其×有××”“其×多××”或“×多××”爲基本表述方式。

1.《西山經》:“其草有萆荔。”（頁 26）

2.《西山經》:“其獸多蔥聾。”（頁 27）

3.《西山經》:“其鳥多䳋。”（頁 27）

4.《西山經》:“獸多猛豹，鳥多尸鳩。”（頁 32）

5.《西山經》:“其木多檀、楮。”（頁 44）

6.《中山經》:“其獸多豹、虎，多閭、麋、麖、麂，其鳥多白鷮，多翟，多鴆。”（頁 183）

7.《中山經》:“其草多𧃒、韭，多葯、空奪。”（頁 190）

很明顯，“其×有××”“其×多××”或“×多××”後面爲此物的名稱，前面爲此物的類别。

因此，根據《山海經》的特殊表述方式，我們能比較容易地確定專名及其類别。

確定《山海經》專名的類别和數量時，我們還遇到“異物同名”“異所同名”“一物異名”“一名異文”和“省稱或加助字”等現象，怎樣處理，這關係到歸類和計數的是否準確。因此，我們要先行對這些問題做出解釋和説明。

一 異物同名（即同名異指，就是不同的事物而有相同的名稱。）

（一）肥遺，既是鳥的名稱，又是蛇的名稱。

1.《西山經》：“又西七十里，曰英山，……有鳥焉，其狀如鶉，黃身而赤喙，其名曰肥遺。”（頁 28）

2.《北山經》：“又北百八十里，曰渾夕之山，……有蛇一首兩身，名曰肥遺。”（頁 94）

（二）䶂，既是獸的名稱，又是鳥的名稱。

1.《西山經》：“又西七十里，曰羭次之山，……有獸焉，其狀如禺而長臂，善投，其名曰䶂。”（頁 30—31）

2.《北山經》：“又北三百五十里，曰梁渠之山，……有鳥焉，其狀如夸父，四翼、一目、犬尾，名曰䶂。”（頁 100）

（三）櫟，既是鳥的名稱，又是木的名稱。

1.《西山經》：“又西三百五十里，曰天帝之山，……有鳥焉，其狀如鶉，黑文而赤翁，名曰櫟。”（頁 34）

2.《西山經》：“西二百五十里，曰白於之山，上多松、柏，下多櫟、檀。”（頁 71）

（四）蠻蠻，既是鳥的名稱，又是獸的名稱。

1.《西山經》：“《西次三經》之首，曰崇吾之山，……有鳥焉，其狀如鳧，而一翼一目，相得乃飛，名曰蠻蠻。”（頁 45—46）

2.《西山經》：“又西二百里，至剛山之尾，洛水出焉，而北流注于河。其中多蠻蠻，其狀鼠身而鱉首，其音如吠犬。”（頁 73）

（五）蕃，既是草的名稱，又是鳥的名稱。

1.《西山經》：“《西次四經》之首曰陰山，……其草多茆、蕃。”（頁 69）

2.《北山經》：“又北三百五十里，曰涿光之山，……其鳥多蕃。”（頁 84）

（六）棃，既是草的名稱，又是木的名稱。

1.《中山經》："又東南十里，曰太山。有草焉，名曰棃。"（頁 179）

2.《中山經》："又東南一百二十里，曰洞庭之山，……其木多柤、棃、橘、櫾。"（頁 216）

實際上，這些相同的名稱分别指的是不同的事物，因此我們把它們分别算作不同的專名，歸屬於不同的類别。

二　異所同名（就是不同的處所而有相同的名稱。這主要是就山名和水名而言。）

（一）靈山，共有三處。

1.《中山經》："又東北三百里，曰靈山，其上多金、玉，其下多青雘，其木多桃、李、梅、杏。"（頁 186）

2.《大荒西經》："有靈山，巫咸、巫即、巫肦、巫彭、巫姑、巫真、巫禮、巫抵、巫謝、巫羅十巫，從此升降，百藥爰在。"（頁 453—454）

3.《海内經》："有靈山，有赤蛇在木上，名曰蝡蛇，木食。"（頁 508）

（二）甘水，共有三處。

1.《中山經》："《中次四經》釐山之首，曰鹿蹄之山，其上多玉，其下多金。甘水出焉，而北流注于洛，其中多泠石。"（頁 155）

2.《海内西經》："開明北有視肉、珠樹、文玉樹、玗琪樹、不死樹。鳳皇、鸞鳥皆戴瞂。又有離朱、木禾、柏樹、甘水、聖木曼兑，一曰挺木牙交。"（頁 350—351）

3.《大荒東經》："東海之外大壑，少昊之國。少昊孺帝顓頊于此，棄其琴瑟。有甘山者，甘水出焉，生甘淵。"（頁 390）

雖然這些山或水分處不同的地方，但它們不但同名，而且同屬一個類别，因此我們把它們只算作同類中的一個專名。

三　一物異名（就是相同的事物而有不同的名稱。）

（一）蠻蠻和比翼鳥同屬一物

1.《西山經》："《西次三經》之首，曰崇吾之山，……有鳥焉，其狀如鳧，而一翼一目，相得乃飛，名曰蠻蠻。"郭注："比翼鳥也，色青赤，不比不能飛，《爾雅》作鶼鶼鳥也。"（頁 45—47）

2.《海外南經》："比翼鳥在其東，其爲鳥青、赤，兩鳥比翼。"吳任臣注："即蠻蠻也。"（頁 227）

（二）陸吾和開明獸同屬一物

1.《西山經》："西南四百里，曰昆侖之丘，是實惟帝之下都，神陸吾司之。其神狀虎身而九尾，人面而虎爪；是神也，司天之九部及帝之囿時。"（頁 55—56）

2.《海内西經》："昆侖南淵深三百仞。開明獸身大類虎而九首，皆人面，東嚮立昆侖上。"袁珂先生認爲開明獸即神陸吾（頁 349—350）。

雖然這些不同的名稱指的是相同的事物，但它們的命名之義並不相同。之所以會出現相同的事物而有不同的名稱，是因爲對相同的事物會有不同的認識，不同的認識導致了不同的名稱。因此我們把它們算作不同的專名。

四　一名異文（就是相同的專名因爲異文的關係而有不同的形體。）異文的原因又各有不同，大致可以分爲以下三種情況。

（一）音近、音轉的原因

1. 虖池和虖沱

(1)《北山經》："又東三百七十里，曰泰頭之山。共水出焉，南注于虖池。"虖池，郭注："呼佗二音。"（頁 109—110）

(2)《北山經》："又北百八十里，曰白馬之山，其陽多石、玉，其陰多鐵，多赤銅。木馬之水出焉，而東北流注于虖沱。"虖沱，郭注："呼佗二音。"袁珂注："經文虖沱，宋本作虖池，即上文泰頭之山虖池

是也，郭注並云：‘呼佗二音。’”（頁 114）

2. 相柳和相繇

（1）《海外北經》：“共工之臣曰相柳氏，九首，以食于九山。相柳之所抵厥[①]，爲澤谿。禹殺相柳，其血腥，不可以樹五穀種。禹厥之，三仞三沮，乃以爲衆帝之臺。在昆侖之北，柔利之東。相柳者，九首人面，蛇身而青。不敢北射，畏共工之臺。臺在其東。臺四方，隅有一蛇，虎色，首衝南方。”（頁 279—280）

（2）《大荒北經》：“共工之臣名曰相繇，九首蛇身，自環，食于九土。其所歍所尼，即爲源澤，不辛乃苦，百獸莫能處。禹湮洪水，殺相繇，其血腥臭，不可生穀，其地多水，不可居也。禹湮之，三仞三沮，乃以爲池，羣帝因是以爲臺。在昆侖之北。”相繇，郭注：“相柳也，語聲轉耳。”（頁 489）

兩相對照，相柳即相繇，可謂到眼即辨。

3. 周饒國和焦僥國

《海外南經》：“周饒國在其東，其爲人短小，冠帶。一曰焦僥國在三首東。”（頁 243）

4. 三苗國和三毛國

《海外南經》：“三苗國在赤水東，其爲人相隨。一曰三毛國。”（頁 235）

《山海經》的《海外四經》和《海内四經》部分頗多“一曰”之例。《海外南經》：“南山在其東南。自此山來，蟲爲蛇，蛇號爲魚。一曰南

---

① 袁珂先生以“厥”字屬下讀，黄永年先生校點的《山海經》亦同（《山海經》，黄永年校點，新世紀萬有文庫本，遼寧教育出版社 1997 年版，第 50 頁），均未妥。抵厥，郭注：“抵，觸；厥，掘也，音撅。”（頁 281）厥當即下“禹厥之”之“厥”。禹厥之，郭注：“掘塞之而土三沮滔，言其血膏浸潤壞也。”郝疏：“注滔蓋陷字之訛。”（頁 282）可見抵、厥皆用作動詞。因此，厥應屬上讀。《廣雅・釋言》：“角、抵，觸也。”王念孫《廣雅疏證》云：“《海外北經》云：‘相柳之所抵厥。’郭璞注云：‘抵，觸也。’”（王念孫：《廣雅疏證》，江蘇古籍出版社 1984 年版，第 141—142 頁）亦以厥字屬上讀。

山在結匈東南。”畢沅注云：“凡‘一曰’云云者，是劉秀校此經時附著所見他本異文也。舊亂入經文，當由郭注此經時升爲大字。”[①] 可見這是不同版本之間形成的異文。

（二）義近的原因

1. 昆侖之丘和昆侖之虚

（1）《西山經》：“西南四百里，曰昆侖之丘，是實惟帝之下都。”（頁55—56）

（2）《海内西經》：“海内昆侖之虚，在西北，帝之下都。昆侖之虚，方八百里，高萬仞。”（頁 344—345）

丘、虚二字義近，《説文解字・八上・丘部》：“虚，大丘也。崐崘丘謂之崐崘虚。古者九夫爲井，四井爲邑，四邑爲丘。丘謂之虚。”[②] 可見昆侖之丘和昆侖之虚並無二致。

2. 蒼梧之山和蒼梧之丘

（1）《海内南經》：“蒼梧之山，帝舜葬于陽，帝丹朱葬于陰。”（頁 322）

（2）《海内經》：“南方蒼梧之丘，蒼梧之淵，其中有九嶷山，舜之所葬，在長沙零陵界中。”（頁 521）

兩相對照，蒼梧之山顯即蒼梧之丘。實際上，山、丘二字義近[③]。

可以看出，這主要是專名中的類名因義近而導致的異文。

（三）形近而訛的原因

1. 印澤和卬澤

（1）《北山經》：“又北三百五十里，曰敦頭之山，其上多金、玉，無草木。旄水出焉，而東流注于印澤。”袁珂注：“經文印澤，王念孫、郝懿行並校卬澤，即下文北嚻山卬澤也。汪紱本、畢沅校本亦俱作卬

---

① 畢沅：《山海經新校正》，《二十二子》，上海古籍出版社 1986 年版，第 1369 頁。

② 許慎：《説文解字》（大徐本），中華書局 1963 年版，第 169 頁。案：本書所引《説文解字》，除注明者外，皆據此本。此下簡稱《説文》，亦不再出腳注，但於引文後括注頁碼。

③ 詳見宋永培《〈説文〉漢字體系研究法》，廣西教育出版社 1999 年版，第 123—128 頁。

澤。"（頁 98）

（2）《北山經》："又北三百里，曰北鼂之山，……涔水出焉，而東流注于邛澤。"（頁 99）

印、邛當爲形近而訛。

2. 苟牀之山和苟林之山

（1）《中山經》："《中次五經》薄山之首，曰苟牀之山，無草木，多怪石。"郭注："或作苟林山。"郝疏："下文正作苟林山，《文選・江賦》注引此經亦作苟林山。"（頁 160）

（2）《中山經》："凡薄山之首，自苟林之山至于陽虚之山，凡十六山，二千九百八十二里。"（頁 163）

牀、林當爲形近而訛。

通過上面的考察，《山海經》本文中的異文情況大致如此[①]。我們認爲這些專名只是形體有所差異，但所指相同，因此只能算作一個專名。

五　省稱或加助字

（一）省稱

1. 沃之野和諸夭之野

（1）《大荒西經》："西有王母之山、壑山、海山。有沃之國，沃民是處。沃之野，鳳鳥之卵是食，甘露是飲。凡其所欲，其味盡存。爰有甘華、甘柤、白柳、視肉、三騅、璇瑰、瑶碧、白木、琅玕、白丹、青丹，多銀、鐵。鸞鳳自歌，鳳鳥自舞，爰有百獸，相羣是處，是謂沃之野。"（頁 454—455）

（2）《海外西經》："此諸夭之野，鸞鳥自歌，鳳鳥自舞；鳳皇卵，民食之；甘露，民飲之，所欲自從也。百獸相與羣居。"（頁 267）

---

① 王寧先生在《訓詁原理概説》一文中爲"異文"所下的定義是"指同一文獻的不同版本以及文獻的本文及該書在别處的引文用字的差異"（王寧：《訓詁學原理》，中國國際廣播出版社 1996 年版，第 82—83 頁），這是就一般情況而言。《山海經》因其特殊性，在本文中就形成了大量的異文。

兩相對照，沃之野顯即諸夭之野。沃、夭爲字形之訛，沃之野當爲諸夭之野的省稱。

2. 臷國和臷民之國

(1)《海外南經》："臷國在其東，其爲人黃，能操弓射蛇。"郭注："《大荒經》云：此國自然有五穀衣服。"袁珂注："郭注'《大荒經》'乃《大荒南經》。"(頁 236)

(2)《大荒南經》："有臷民之國。帝舜生無淫，降臷處，是謂巫臷民。巫臷民朌姓，食穀，不績不經，服也；不稼不穡，食也。"郭注："爲人黃色。"(頁 428)

臷國當爲臷民之國的省稱。

3. 深目國和深目民之國

(1)《海外北經》："深目國在其東，爲人舉一手一目，在共工臺東。"(頁 282)

(2)《大荒北經》："有人方食魚，名曰深目民之國，盼姓，食魚。"(頁 494)

深目國當爲深目民之國的省稱。

(二) 加助字

1. 鴈門之山和鴈門山

(1)《北山經》："又北水行五百里，至于鴈門之山，無草木。"(頁 118)

(2)《海内西經》："鴈門山，鴈出其閒。在高柳北。"(頁 340)

鴈門之山和鴈門山相比，只是在別名和類名之間多一"之"字，含義並無實質性的差別。我們將這種現象稱爲加助字。

2. 黑齒國和黑齒之國

(1)《海外東經》："黑齒國在其北，爲人黑，食稻啖蛇，一赤一青，在其旁。"(頁 306)

(2)《大荒東經》："有黑齒之國。帝俊生黑齒，姜姓，黍食，使四

鳥。”（頁 401）

很明顯，黑齒國加助字“之”即爲黑齒之國。

這些專名無論是省稱還是加助字，命名之義都相同，而且都是指稱同一事物，因此我們把它們算作一個專名。

此外，《山海經》還有“三青鳥”這類數名合稱結構的詞，它們是否應算作專名呢？

（1）《西山經》：“又西二百二十里，曰三危之山，三青鳥居之。”（頁 64）

（2）《海内北經》：“西王母梯几而戴勝杖，其南有三青鳥，爲西王母取食。在昆侖虚北。”（頁 358）

（3）《大荒西經》：“有三青鳥，赤首黑目，一名曰大鵹，一名少鵹，一名曰青鳥。”（頁 457）

很明顯，三青鳥是指三隻青鳥的意思，且三隻青鳥有不同的專名。我們認爲“三青鳥”這類數名合稱結構只是對同類事物所作的概括，和我們在前面所確定的專名“是指一種具體而特定的個別實體的詞”的標準不符，因此不能算作專名[①]。

根據上面《山海經》專名確定的標準和原則，我們對《山海經》文本進行了全面分析，確定《山海經》全書專名爲 2138 個。

第二節 《山海經》專名的類别

《山海經》專名的類别是指按照專名種類的不同而做出的區别。這種區别是根據專名所指稱對象的屬性以及這一對象與客觀現實的聯繫與

---

① 劉興均《〈周禮〉名物詞研究》即把數名合稱結構排除在名物詞之外（劉興均：《〈周禮〉名物詞研究》，巴蜀書社 2001 年版，第 29 頁），我們認爲其説可從。

差異，按照類聚羣分、以類相從的原則，劃分爲不同的種類[1]。

我們確定《山海經》專名的類别，主要是依據《山海經》的文本，而《山海經》文本特殊的表述方式也有助於我們對《山海經》專名類别的區分，這一點在前面已經指出來了，兹不再述。同時，我們在確定《山海經》專名的類别時，還參考了《爾雅》《釋名》的分類以及劉興均《〈周禮〉名物詞研究》對名物詞所作的類别劃分[2]。據此，我們可以將《山海經》2138個專名劃分爲“神人名”“郡國名”“山名”“水名”“谷野名”“草名”“木名”“鳥名”“獸名”“蟲名”“魚名”“礦物名”“樂舞名”“食物名”“器物名”“疾病名”“祭祀名”“風名”等18個類别。此外還有9個專名不能確定其類别，只好將它們附入“存疑”一目中。

《山海經》的18類專名與《爾雅》19類、《釋名》27類對照，“郡國名”大致相當於《釋名》的“釋州國”；“山名”大致相當於《爾雅》和《釋名》的“釋丘”“釋山”；“水名”大致相當於《爾雅》和《釋名》的“釋水”；“草名”“木名”“鳥名”“獸名”“蟲名”“魚名”大致相當於《爾雅》的“釋草”“釋木”“釋鳥”“釋獸”“釋蟲”“釋魚”；“樂舞名”大致相當於《爾雅》的“釋樂”和《釋名》的“釋樂器”；“食物名”大致相當於《釋名》的“釋飲食”；“器物名”大致相當於《爾雅》的“釋器”和《釋名》的“釋用器”“釋兵”“釋車”“釋船”；“疾病名”大致相當於《釋名》的“釋疾病”；“風名”和《爾雅》“釋天”中關於“風名”的部分相對應。只有“神人名”“谷野名”“礦物名”“祭祀名”四類不能和《爾雅》《釋名》相對應，這是由《山海經》文本的具體情況決定的。當然，《山海經》專名的類别劃分只是相對的，因爲有些專名實際上可以歸屬於兩類。如“米”“黍”既可算作“食物名”中的“穀物名”，又可算作“祭祀名”

① 劉興均：《〈周禮〉名物詞研究》，巴蜀書社2001年版，第31頁。

② 同上書，第27—29頁。

中的“祭品名”。我們在確定這類專名時，主要是看其在書中首見之例，究竟是作爲“穀物”被描述，還是作爲“祭品”被描述，從而決定其歸屬。

根據前面確立的《山海經》專名確定和類别劃分的原則，我們把《山海經》中的2138個專名按照類别分列於下。

一　神人名

《山海經》中的人物大都是半神半人的形象，我們將這些半神半人的人物的名稱統稱爲“神人名”。“神人名”之稱並非我們的擬名，實際上是采用郭璞注中的提法。《中山經》：“《中次七經》苦山之首，曰休與之山。其上有石焉，名曰帝臺之棋。”郭注：“帝臺，神人名。”（頁170—171）我們覺得用“神人名”來統稱《山海經》中的人物名稱，比較適合。此外，我們把氏族名也歸入此類。“神人名”主要見於《海經》部分，共計223個。

表一①

序號	名稱	篇章	頁碼	釋義
1	飛獸之神	西山經	45	其神皆人面牛身，四足而一臂，操杖以行
2	黄帝	西山經	48	《山海經》中的最高天神，有時省稱爲“帝”
3	a. 鼓 b. 鼓	西山經 海内經	50 527	鍾山山神之子，其狀如人面而龍身。伯陵三子之一
4	欽䲹	西山經	50	郝疏：“《後漢書·張衡傳》注引此經作欽䲹，《莊子·大宗師篇》作堪坏，云：‘堪坏得之，以襲昆侖。’《釋文》云：‘崔作邳。’司馬云：‘堪坏神名，人面獸形。’《淮南子》作欽負。是欽堪、坏負並聲類之字。”

① 專名的排列以見於《山海經》的先後爲序。對於“一名異文”“省稱或加助字”者，只能算作一個專名，按照見於《山海經》的先後順序排列出來。“篇章”指見於《山海經》的篇章。“頁碼”指見於《山海經校注》的頁碼。對於一個專名多次出現者，只計首見篇章和頁碼。“釋義”主要根據《山海經》正文和各家注釋對該專名的描寫或解釋説明。

續表

序號	名稱	篇章	頁碼	釋義
5	葆江	西山經	50	郭璞注："葆或作祖。"《文選·思玄賦》即作"祖江"
6	英招	西山經	53	其狀馬身而人面，虎文而鳥翼，徇于四海，其音如榴
7	后稷	西山經	53	郭璞注："后稷生而靈知，及其終，化形遯此澤而爲之神，亦猶傅説騎箕尾也。"即周民族的始祖
8	離侖	西山經	53	經云："槐江之山……北望諸毗，槐鬼離侖居之。"郭注："離侖，其神名。"
9	有窮鬼	西山經	53	經云："槐江之山……東望桓山四成，有窮鬼居之，各在一搏。"
10	陸吾	西山經	56	其神狀虎身而九尾，人面而虎爪。《莊子·大宗師》作"肩吾"
11	長乘	西山經	59	其神狀如人而犳尾
12	西王母	西山經	59	其狀如人，豹尾虎齒而善嘯，蓬髮戴勝，是司天之厲及五殘
13	a. 白帝少昊 b. 少昊 c. 少暤	西山經 大荒東經 海内經	61 390 529	少昊爲四方天帝中的西方天帝，西方屬白，故稱白帝
14	員神磈氏	西山經	61	主管落日的反影
15	江疑	西山經	64	符惕之山的山神
16	a. 耆童 b. 老童	西山經 大荒西經	65 452	顓頊之子，祝融之父。
17	帝江	西山經	66	其狀如黄囊，赤如丹火，六足四翼，渾敦無面目，是識歌舞
18	蓐收	西山經	66	西方天帝的屬神
19	員神紅光①	西山經	66	郝疏："紅光蓋即蓐收也。"
20	神䰠	西山經	72	郭注："䰠亦魑魅之類也。"畢沅云："《説文》：'䰠，厲鬼也。'《玉篇》：'䰠，丑利切，亦作殃。'義同郭。經作'䰠'，非。"畢説是也
21	炎帝	北山經	111	南方天帝
22	女娃	北山經	111	炎帝之女，化爲精衛

① 《西山經》："又西二百九十里，曰泑山，神蓐收居之。……是山也，西望日之所入，其氣員，神紅光之所司也。"郭注："日形員，故其氣象亦然也。"（頁 66—67）據郭注，標點當如其上，袁珂先生標點即如此。果然，則此神名當爲"紅光"。胡文輝先生《〈山海經〉札記》認爲員字當下屬，作"員神紅光"纔是完整的神名，並與"員神磈氏"同例（載王元化主編《學術集林》卷十，上海遠東出版社 1997 年版，第 222—223 頁）。我們認爲胡説可從。

續表

序號	名稱	篇章	頁碼	釋義
23	熏池	中山經	150	敖岸山之神
24	禹	中山經	151	
25	武羅	中山經	151	青要之山的山神，其狀人面而豹文（紋），小要（腰）而白齒。類似《九歌》的“山鬼”
26	吉神泰逢	中山經	154	和山的山神，其狀如人而虎尾。郭注：“吉猶善也。”
27	驕蟲	中山經	164	其狀如人而二首，掌管螫蟲的首領
28	帝臺	中山經	170	
29	女尸	中山經	171	炎帝之女。死後化爲䔄草
30	天愚	中山經	173	堵山之神
31	䴫圍	中山經	182	其狀如人面，羊角虎爪
32	計蒙	中山經	184	其狀人身而龍首
33	涉䴫	中山經	185	其狀人身而方面三足
34	耕父	中山經	201	豐山之神
35	于兒	中山經	215	其狀人身而身操兩蛇
36	不死民	海外南經	238	
37	a. 羿 b. 仁羿	海外南經 海內西經	241 345	受天帝帝俊所派遣，下地爲民除害的英雄。
38	鑿齒	海外南經	241	郭注：“鑿齒亦人也，齒如鑿，長五六尺，因以名云。”《大荒南經》：“有人曰鑿齒，羿殺之。”
39	帝堯	海外南經	246	
40	帝嚳	海外南經	246	郭注：“嚳，堯父，號高辛。”
41	文王	海外南經	246	即周文王
42	祝融	海外南經	249	南方天帝的屬神
43	a. 夏后啟 b. 夏后開①	海外西經 大荒西經	253 473	
44	形天	海外西經	258	郭璞《山海經圖讚》作“形夭”，即形體夭殘。今本“天”當爲“夭”字之形訛
45	女祭	海外西經	261	
46	a. 女戚 b. 女蔑	海外西經 大荒西經	261 468	戚、薎二字爲字形之訛

① 啟又作開，當是避漢景帝（刘啟）之諱。這種避諱與不避諱於一本書中同時出現，在其他典籍中亦不鮮見。

續表

序號	名稱	篇章	頁碼	釋義
47	女丑之尸	海外西經	262	郝疏："十日並出，炙殺女丑，於是堯乃命羿射殺九日也。"
48	燭陰	海外北經	277	郭注："燭龍也，是燭九陰，因名云。"
49	共工	海外北經	279	《淮南子・天文訓》："昔共工與顓頊爭爲帝，怒而觸不周之山。"
50	a. 相柳氏 b. 相繇	海外北經 大荒北經	279 489	共工之臣，被禹所殺
51	夸父	海外北經	284	
52	帝顓頊	海外北經	291	北方天帝
53	a. 禺彊 b. 禺京	海外北經 大荒東經	295 403	人面鳥身，珥兩青蛇，踐兩青蛇。郭注："字玄冥，水神也。"爲北海海神
54	a. 奢比之尸 b. 奢比尸	海外東經 大荒東經	300 409	"一曰肝榆之尸。"① 獸身、人面、大耳，珥兩青蛇
55	虹虹	海外東經	302	虹即虹字
56	天吳	海外東經	303	八首人面，八足八尾
57	水伯	海外東經	303	即天吳
58	豎亥	海外東經	305	曾測量東極到西極的距離
59	雨師妾	海外東經	311	郭注："雨師謂屏翳也。"
60	句芒	海外東經	314	鳥身人面，乘兩龍。東方天帝的屬神
61	帝舜	海内南經	322	
62	a. 帝丹朱 b. 驩頭	海内南經 大荒南經	322 435	帝堯之子
63	孟涂	海内南經	326	夏后啟之臣
64	貳負	海内西經	335	人面蛇身之神
65	危	海内西經	335	貳負之臣
66	夷人	海内西經	344	
67	巫彭	海内西經 大荒西經	352 453	開明東六巫之一 靈山十巫之一
68	巫抵	海内西經 大荒西經	352 453	開明東六巫之一 靈山十巫之一
69	巫陽	海内西經	352	開明東六巫之一
70	巫履	海内西經	352	開明東六巫之一
71	巫凡	海内西經	352	開明東六巫之一

① 異文以"一曰"形式出現者，於釋文中注明。下同。

續表

序號	名稱	篇章	頁碼	釋義
72	巫相	海内西經	352	開明東六巫之一
73	三頭人	海内西經	353	
74	大行伯	海内北經	359	
75	蟜	海内北經	366	
76	闒非	海内北經	366	郝疏：“《伊尹四方令》云‘正西闒耳。’疑即此。非、耳形相近。”
77	據比之尸	海内北經	366	
78	環狗	海内北經	367	其爲人獸首人身
79	袜	海内北經	367	郭注：“袜即魅也。”郝疏：“魑魅漢碑作褵袜，《後漢書·禮儀志》云：‘雄伯食魅。’《玉篇》云：‘袜即鬼魅也。’本此。”
80	戎	海内北經	367	其爲人人首三角
81	冰夷	海内北經	369	即河伯
82	王子夜之尸	海内北經	372	袁珂注：“日本小川琢治《穆天子傳地名考》謂‘夜’即‘亥’之形訛，疑是。”若果如此，王子夜則爲殷先公之一的王亥，可備一説
83	登比氏	海内北經	373	“一曰登北氏。”舜妻之一
84	宵明	海内北經	373	登比氏二女之一
85	燭光	海内北經	373	登比氏二女之一
86	雷神	海内東經	381	龍身而人頭
87	竫人	大荒東經	395	小人國的人
88	犁䰧之尸	大荒東經	395	人面獸身
89	帝俊	大荒東經	397	《山海經》最顯赫的天神之一，爲日月的父親
90	中容	大荒東經	397	帝俊之子
91	晏龍	大荒東經	398	帝俊之子
92	司幽	大荒東經	398	晏龍之子
93	帝鴻	大荒東經	399	帝俊之子
94	白民	大荒東經	399	帝鴻之子
95	柔僕民	大荒東經	400	
96	黑齒	大荒東經	401	帝俊之子。郭注：“齒如漆也。”
97	折丹	大荒東經	401	四方神中的東方神
98	a. 禺䝞 b. 禺號	大荒東經 大荒北經	403 485	人面鳥身，珥兩黃蛇，踐兩黃蛇。東海之神

續表

序號	名稱	篇章	頁碼	釋義
99	王亥	大荒東經	404	殷先公之一
100	河伯	大荒東經	404	黄河之神
101	搖民	大荒東經	404	戲之子
102	戲	大荒東經	404	帝舜之子
103	鳥	大荒東經	412	四方神中的北方神
104	應龍	大荒東經	413	郭注:"應龍,龍有翼者也。"袁珂注:"《廣雅·釋魚》云:'有翼曰應龍。'郭説本此。"
105	蚩尤	大荒東經	413	武器的發明者,被應龍所殺
106	叔均	大荒南經	420	郭注:"叔均,商均也。"
107	娥皇	大荒南經	422	帝俊妻之一
108	不廷胡余	大荒南經	426	人面,珥兩青蛇,踐兩赤蛇
109	因因乎	大荒南經	426	四方神中的南方神
110	季釐	大荒南經	427	帝俊之子
111	倍伐	大荒南經	427	少昊之子
112	無淫	大荒南經	428	帝舜之子
113	巫载民	大荒南經	428	帝舜生無淫,降裁處,是謂巫载民
114	蜮人	大荒南經	429	即蜮民
115	祖狀之尸	大荒南經	432	方齒虎尾
116	伯服	大荒南經	434	吴任臣注:"《世本》云:'顓頊生偁,偁字伯服。'"
117	昆吾	大荒南經	434	郭注:"昆吾,古王者號。"
118	張弘	大荒南經	435	長臂人
119	鯀	大荒南經	435	
120	士敬	大荒南經	435	鯀妻
121	炎融	大荒南經	435	士敬之子
122	羲和	大荒南經	438	帝俊妻之一,太陽的母親
123	菌人	大荒南經	441	
124	女媧之腸	大荒西經	445	郭注:"女媧,古神女而帝者,人面蛇身,一日中七十變,其腹化爲此神。"
125	石夷	大荒西經	448	四方神中的西方神
126	台璽	大荒西經	449	后稷之弟
127	赤國妻氏	大荒西經	449	
128	始均	大荒西經	452	黄帝之孫

續表

序號	名稱	篇章	頁碼	釋義
129	北狄	大荒西經	452	
130	太子長琴	大荒西經	452	祝融之子
131	巫咸	大荒西經	453	靈山十巫之一
132	巫即	大荒西經	453	靈山十巫之一
133	巫朌	大荒西經	453	靈山十巫之一
134	巫姑	大荒西經	453	靈山十巫之一
135	巫真	大荒西經	453	靈山十巫之一
136	巫禮	大荒西經	453	靈山十巫之一
137	巫謝	大荒西經	453	靈山十巫之一
138	巫羅	大荒西經	454	靈山十巫之一
139	沃民	大荒西經	454	
140	弇兹	大荒西經	459	人面鳥身，珥兩青蛇，踐兩赤蛇
141	a. 嘘 b. 噎 c. 噎鳴	大荒西經 大荒西經 海内經	460 460 534	袁珂注："此噎即上文之嘘，亦即《海内經》之噎鳴。"
142	重	大荒西經	460	老童之子
143	黎	大荒西經	460	老童之子
144	天虞	大荒西經	463	反臂
145	常羲	大荒西經	463	帝俊妻之一，月亮的母親
146	盂翼	大荒西經	464	郭注："盂翼，人姓名。"
147	黄姖之尸	大荒西經	465	
148	南嶽	大荒西經	469	
149	女虔	大荒西經	469	南嶽之妻
150	季格	大荒西經	469	女虔之子
151	壽麻	大荒西經	469	季格之子
152	夏耕之尸	大荒西經	470	
153	成湯	大荒西經	470	
154	夏桀	大荒西經	470	
155	吴回	大荒西經	471	祝融之弟
156	一臂民	大荒西經	472	
157	三面之人	大荒西經	472	顓頊之子
158	靈恝	大荒西經	474	炎帝之孫

續表

序號	名稱	篇章	頁碼	釋義
159	互人	大荒西經	474	靈恝之子。“互”爲“氐”字之訛
160	大人	大荒北經	481	
161	均國	大荒北經	484	大禹之子
162	役采	大荒北經	484	均國之子
163	修鞈	大荒北經	484	役采之子
164	綽人	大荒北經	484	修鞈之子
165	九鳳	大荒北經	486	九首人面鳥身
166	彊良	大荒北經	486	其狀虎首人身，四蹏長肘
167	后土	大荒北經	487	掌管大地之神
168	信	大荒北經	487	后土之子
169	a. 無繼 b. 繼無民	大荒北經 大荒北經	488 497	袁珂注：“‘繼無’王念孫、郝懿行均校作‘無繼’，即上文無繼也。”
170	黄帝女魃	大荒北經	490	旱神
171	風伯	大荒北經	491	風神
172	雨師	大荒北經	491	雨神
173	田祖	大荒北經	491	郭注：“主田之官。《詩（·小雅·大田）》云：‘田祖有神。’”
174	赤水女子獻	大荒北經	495	郭注：“神女也。”吳承志注：“獻當作魃。上文有人衣青衣名曰黄帝女魃，後置之赤水之北，赤水女子魃即黄帝女魃也。此文當本上句之異文，校者兩存之，遂成歧出耳。”可備一説
175	犬戎	大荒北經	495	
176	苗龍	大荒北經	495	黄帝之子
177	融吾	大荒北經	495	苗龍之子
178	弄明	大荒北經	495	融吾之子
179	白犬	大荒北經	495	弄明之子
180	戎宣王尸	大荒北經	495	郭注：“犬戎之神名也。”
181	苗民	大荒北經	498	
182	燭龍	大荒北經	499	即燭陰
183	雷祖	海内經	503	黄帝之妻
184	昌意	海内經	503	黄帝之子
185	韓流	海内經	503	昌意之子

續表

序號	名稱	篇章	頁碼	釋義
186	阿女	海内經	503	韓流之妻
187	柏高	海内經	505	郭注："柏子高，仙者也。"郝疏："據郭注，經文當爲柏子高，《藏經》本正如是，今本脱子字也。"袁珂注："經文柏高，宋本作栢高；王念孫校亦增子字。"
188	鳥氏	海内經	508	鳥首之人
189	大暤	海内經	509	
190	咸鳥	海内經	514	大暤之子
191	乘釐	海内經	514	咸鳥之子
192	後照	海内經	514	乘釐之子
193	巴人	海内經	514	
194	嬴民	海内經	517	鳥足之人
195	延維	海内經	518	人首蛇身，長如轅，左右有首。即委蛇
196	巧倕	海内經	523	郭注："倕，堯巧工也。"
197	相顧之尸	海内經	524	
198	伯夷父	海内經	525	
199	西岳	海内經	525	伯夷父之子
200	先龍	海内經	525	西岳之子
201	氐羌	海内經	525	先龍之子
202	玄丘之民	海内經	525	郭注："言丘上人物盡黑也。"
203	赤脛之民	海内經	525	郭注："厀已下正赤色。"
204	伯陵	海内經	527	炎帝之孫
205	吳權	海内經	527	
206	阿女緣婦	海内經	527	吳權之妻，和伯陵私通
207	延	海内經	527	阿女緣婦之子
208	殳	海内經	527	阿女緣婦之子
209	駱明	海内經	528	黄帝之子
210	白馬	海内經	528	駱明之子，即鯀
211	淫梁	海内經	529	禺號之子
212	番禺	海内經	529	淫梁之子
213	奚仲	海内經	529	番禺之子。郭注："《世本》云：'奚仲作車。'"
214	吉光	海内經	529	奚仲之子

續表

序號	名稱	篇章	頁碼	釋義
215	般	海内經	529	少皞之子，弓矢的發明者
216	三身	海内經	532	帝俊之子
217	義均	海内經	532	三身之子
218	大比赤陰	海内經	532	
219	聽訞	海内經	534	炎帝之妻
220	炎居	海内經	534	聽訞之子
221	節竝	海内經	534	炎居之子
222	戲器	海内經	534	節竝之子
223	術器	海内經	534	共工之子

二 郡國名

《山海經》中的郡國多是指殊方異域之地，和後世所謂的郡國頗有不同。“郡國名”主要見於《海經》部分，共計 128 個。

表二

序號	名稱	篇章	頁碼	釋義
1	a. 流黄 b. 流黄酆氏之國 c. 流黄辛氏	南山經 海内西經 海内經	10 342 515	a. 袁珂注：“國名，即流黄酆氏、流黄辛氏。” c. 郭注：“即酆氏也。”
2	結匈國	海外南經	226	
3	a. 羽民國 b. 羽民之國	海外南經 大荒南經	228 423	其爲人長頭，身生羽
4	a. 讙頭國 b. 驩頭之國	海外南經 大荒南經	231 435	“或曰讙朱國。”
5	厭火國	海外南經	233	
6	三苗國	海外南經	235	“一曰三毛國。”
7	a. 载國 b. 载民之國	海外南經 大荒南經	236 428	其爲人黄，能操弓射蛇
8	a. 貫匈國 b. 穿匈	海外南經 海外南經	237 238	畢沅注：“此作‘穿匈’者，穿、貫音義同。”《淮南子·墬形訓》有穿胸民，高誘注：“胸前穿孔達背。”
9	交脛國	海外南經	238	郭注：“言腳脛曲戾相交，所謂雕題、交趾者也。”

續表

序號	名稱	篇章	頁碼	釋義
10	岐舌國	海外南經	240	郭注："其人舌皆岐。"
11	三首國	海外南經	242	其爲人一身三首
12	a. 周饒國 b. 焦僥之國	海外南經 大荒南經	243 432	"一曰焦僥國。"郭注："其人長三尺，穴居，能爲機巧，有五穀也。"
13	a. 長臂國 b. 張弘之國	海外南經 大荒南經	245 435	郭注："或曰即奇肱人，疑非。"袁珂注："郭説'即奇肱人'，又云'疑非'者，《海外西經》'奇肱之國'，郭注云：'肱或作弘'，肱、弘聲同，古字通用，似此張弘即奇肱矣。然'張'非'奇'也，故郭又云'疑非'也。案此'張弘'實即《海外南經》所記之'長臂國'也。《穆天子傳》卷二云：'天子乃封長肱于黑水之西河。'郭注云：'即長臂人也，見《山海經》。'張、長形音俱近，是張弘即長肱亦即長臂矣。況此張弘'在海上捕魚'，復與長臂國人'捕魚水中'職業相同，二國所處又俱南方，則此張弘之國之爲《海外南經》長臂國，斷無可疑也。"①
14	a. 三身國 b. 三身之國	海外西經 大荒南經	256 422	一首而三身
15	一臂國	海外西經	256	一臂一目一鼻孔
16	奇肱之國	海外西經	257	其人一臂三目
17	a. 丈夫國 b. 丈夫之國	海外西經 大荒西經	262 458	郭注："其國無婦人也。"
18	巫咸國	海外西經	263	
19	a. 女子國 b. 女子之國	海外西經 大荒西經	265 458	郭注："王頎至沃沮國，盡東界，問其耆老，云：'國人嘗乘船捕魚遭風，見吹數十日，東一國，在大海中，純女無男。'即此國也。"
20	軒轅之國	海外西經	266	

① 袁先生以"張弘"即"長臂"，甚是。長、張古字通，《墨子・所染》："范吉射染於長柳朔"，長柳朔，《呂氏春秋・當染》作"張柳朔"；《莊子・山木》："而王長其間"，《釋文》："長本又作張。"（詳見高亨《古字通假會典》，董治安整理，齊魯書社 1989 年版，第 303 頁）又如《史記・張耳陳餘傳》中的"張耳"（司馬遷：《史記》，中華書局點校本 1959 年版，第 2571 頁），河北石家莊小沿村漢墓所出銅璽則作"長耳"（見李學勤《失落的文明》，上海文藝出版社 1997 年版，第 69 頁）。弘與肱通，《海外西經》"奇肱之國"，郭注："肱或作弘。"（頁 257）《史記・仲尼弟子傳》"馯臂子弘"（司馬遷：《史記》，中華書局點校本 1959 年版，第 2211 頁），名臂字子弘，古人名字必相應，則弘顯即肱字。張家山漢簡《引書》亦借"弘"爲"肱"（見李零《中國方術考》，東方出版社 2001 年版，第 363 頁）。並可見弘、肱字通。《説文・三下・又部》："厷，臂上也。从又从古文。厶，古文厷，象形。肱，厷或从肉。"（頁 64）可見，肱，《説文》作厷，古文作厶。弘所从"厶"正爲古文肱字，弘、肱故得通用。

續表

序號	名稱	篇章	頁碼	釋義
21	a. 白民之國 b. 白氏之國	海外西經 大荒西經	270 449	袁珂注："白氏之國，宋本、《藏經》本、毛扆本、吳任臣本氏均作民，作民是也。"案：民、氏二字形近易訛，其例至多，不煩列舉
22	a. 肅慎之國 b. 肅慎氏之國	海外西經 大荒北經	271 480	
23	a. 長股之國 b. 長脛之國	海外西經 大荒西經	272 449	"一曰長腳。"郭注："腳長三丈。"郝疏："長脛即長股也，見《海外西經》。"
24	無䏿之國	海外北經	276	
25	一目國	海外北經	278	一目中其面而居
26	a. 柔利國 b. 牛黎之國	海外北經 大荒北經	279 499	"一云留利之國。"袁珂注："牛黎之國即《海外北經》柔利國也。"
27	a. 深目國 b. 深目民之國	海外北經 大荒北經	282 494	郭注："亦胡類，但眼絕深。"
28	無腸之國	海外北經	283	郭注："爲人長大，腹内無腸，所食之物直通過。"郝疏："《神異經》云：'有人知往，有腹無五藏，直而不旋，食物徑過。'疑即斯人也。"
29	聶耳之國	海外北經	283	郭注："言耳長，行則以手攝持之也。"
30	博父國	海外北經	286	袁珂注："博父國當即夸父國，此處博父亦當作夸父。"
31	拘纓之國	海外北經	288	"一曰利纓之國。"
32	跂踵國	海外北經	288	"一曰大踵。"其爲人大，兩足亦大
33	a. 大人國 b. 大人之國	海外東經 大荒東經	299 393	
34	a. 君子國 b. 君子之國	海外東經 大荒東經	301 398	郭注："亦使虎豹，好謙讓也。"
35	a. 青丘國 b. 青丘之國	海外東經 大荒東經	304 400	
36	a. 黑齒國 b. 黑齒之國	海外東經 大荒東經	306 401	爲人黑，食稻啖蛇
37	玄股之國	海外東經	312	郭注："髀以下盡黑，故云。"
38	毛民之國	海外東經	312	爲人身生毛
39	勞民國	海外東經	313	"或曰教民。"其爲人黑
40	甌	海内南經	316	
41	閩	海内南經	316	
42	桂林	海内南經	318	

續表

序號	名稱	篇章	頁碼	釋義
43	番隅	海内南經	318	
44	伯慮國	海内南經	318	“一曰相慮。”畢沅注：“相字當爲柏字，伯慮一作柏慮也。”
45	離耳國	海内南經	318	郭注：“鎪離其耳，分令下垂以爲飾，即儋耳也。在朱崖海渚中。不食五穀，但噉蚌及藷藇也。”
46	雕題國	海内南經	318	郭注：“點涅其面，畫體爲鱗采，即鮫人也。”
47	北朐國	海内南經	318	
48	湘陵	海内南經	318	
49	梟陽國	海内南經	319	郭注：“其爲人人面長脣，黑身有毛，反踵，見人笑亦笑。”
50	a. 巴 b. 巴國	海内南經 海内經	326 514	
51	丹陽	海内南經	326	
52	a. 氐人國 b. 氐國 c. 互人之國	海内南經 海内西經 大荒西經	330 341 474	袁珂注：“經文互人之國，王念孫校改互作氐，是也。”其爲人人面而魚身，無足
53	匈奴	海内南經	333	郭注：“一曰獫狁。”
54	開題之國	海内南經	333	
55	列人之國	海内南經	333	
56	代	海内西經	341	
57	東胡	海内西經	343	郝疏：“國名也。《伊尹四方令》云：‘正北東胡。’”
58	貊國	海内西經	344	
59	燕	海内西經	344	
60	a. 犬封國 b. 犬戎國	海内北經 海内北經	359 362	袁珂注：“封、戎音近，故犬封國得稱犬戎國。”
61	鬼國	海内北經	364	爲物人面而一目。袁珂注：“即一目國。”
62	林氏國	海内北經	368	郝疏：“《周書·史記篇》云：‘昔有林氏召離戎之君而朝之。’又云：‘林氏與上衡氏爭權，俱身死國亡。’即此國也。”
63	蓋國	海内北經	374	
64	鉅燕	海内北經	374	
65	倭	海内北經	374	
66	朝鮮	海内北經	374	

續表

序號	名稱	篇章	頁碼	釋義
67	列陽	海内北經	374	
68	射姑國	海内北經	375	袁珂注："宋本、《藏經》本、吳寬抄本、吳任臣本、畢沅校本並作'姑射國'，作'姑射國'是也。"
69	埻端	海内東經	379	
70	璽㬇	海内東經	379	
71	大夏	海内東經	380	
72	豎沙	海内東經	380	
73	居繇	海内東經	380	
74	月支之國	海内東經	380	
75	西胡	海内東經	381	
76	吳	海内東經	381	
77	都州	海内東經	382	"一曰郁州。"
78	a. 韓鴈 b. 輚厲	海内東經 海内東經	383 383	畢沅注："輚厲即韓鴈也；輚、韓音相近，鴈、厲字相似。"郝疏："輚厲疑即韓鴈之訛也；輚、韓，鴈、厲並字形相近。"袁珂注："畢、郝之説是也，王念孫、孫星衍校同。"
79	始鳩	海内東經	383	郭注："國名。或曰：鳥名也。"袁珂注："當是國名。"
80	大楚	海内東經	384	
81	少昊之國	大荒東經	390	
82	小人國	大荒東經	395	
83	蔿國	大荒東經	396	
84	中容之國	大荒東經	397	
85	司幽之國	大荒東經	398	
86	嬴土之國	大荒東經	400	郭注："嬴猶沃衍也。"
87	夏州之國	大荒東經	401	
88	蓋余之國	大荒東經	401	
89	困民國	大荒東經	404	
90	有易	大荒東經	404	
91	壎民之國	大荒東經	410	
92	女和月母之國	大荒東經	412	
93	季禺之國	大荒南經	423	

續表

序號	名稱	篇章	頁碼	釋義
94	卵民之國	大荒南經	424	其民皆生卵
95	盈民之國	大荒南經	425	
96	不死之國	大荒南經	425	其國有甘木，食之可以不死
97	季釐之國	大荒南經	427	
98	蜮民之國	大荒南經	429	
99	融姓之國	大荒南經	434	
100	羲和之國	大荒南經	438	
101	淑士	大荒西經	445	
102	西周之國	大荒西經	449	
103	先民之國	大荒西經	451	郝疏："先當爲天，字之訛也。《淮南·墬形訓》海外三十六國中有天民。"袁珂注："郝説是也；王念孫校同。"
104	北狄之國	大荒西經	452	
105	沃之國	大荒西經	454	
106	寒荒之國	大荒西經	468	
107	壽麻之國	大荒西經	469	
108	蓋山之國	大荒西經	472	
109	胡不與之國	大荒北經	480	郭注："一國復名耳，今胡夷語皆通然。"
110	叔歜國	大荒北經	483	
111	北齊之國	大荒北經	483	
112	始州之國	大荒北經	484	
113	儋耳之國	大荒北經	485	
114	中輻	大荒北經	497	
115	賴丘	大荒北經	497	
116	天毒	海内經	501	郭注："天毒即天竺國。"
117	壑市	海内經	502	袁珂注："《水經注·禹貢山水澤地所在》云：'流沙在西海郡北，又逕浮渚，歷壑市之國。'"
118	氾葉	海内經	502	
119	朝雲之國	海内經	503	
120	司彘之國	海内經	503	
121	禺中之國	海内經	508	
122	列襄之國	海内經	508	

續表

序號	名稱	篇章	頁碼	釋義
123	鹽長之國	海内經	508	
124	朱卷之國	海内經	516	
125	長沙	海内經	521	
126	零陵	海内經	521	
127	大幽之國	海内經	525	
128	釘靈之國	海内經	527	其民從厀已下有毛，馬蹏善走

三 山名

《山海經》中的“山名”主要見於《山經》部分，共計575個，是《山海經》專名中數量最多的一類。

表三

序號	名稱	篇章	頁碼	釋義
1	䧿山	南山經	1	郝疏：“任昉《述異記》作雀山，《文選》注王巾《頭陀寺碑》引此經作鵲山。”袁珂注：“《太平御覽》卷五〇引此經亦作鵲山；䧿，古鵲字。”
2	招搖之山	南山經	1	
3	堂庭之山	南山經	2	郭注：“一作常。”袁珂注：“《文選·上林賦》注引此經正作常。”
4	猨翼之山	南山經	3	郝疏：“《初學記》二十七卷引此經作稷翼之山，多白玉。”袁珂注：“王念孫云：‘《一切經音義》九十三引作即翼之山，下文又有即翼之澤。’是也。”
5	杻陽之山	南山經	3	
6	柢山	南山經	4	
7	亶爰之山	南山經	5	
8	基山	南山經	6	
9	青丘之山	南山經	7	
10	箕尾之山	南山經	8	郝疏：“《玉篇》作箕山，無尾字。”
11	柜山	南山經	10	
12	a. 諸毗 b. 諸毗之山	南山經 南山經	10 17	

續表

序號	名稱	篇章	頁碼	釋義
13	a. 長右 b. 長右之山	南山經 南山經	10 11	郝疏："《廣韻》引此經長右作長舌。"畢沅本作"長舌"
14	堯光之山	南山經	12	
15	羽山	南山經	12	
16	瞿父之山	南山經	13	
17	句餘之山	南山經	13	
18	浮玉之山	南山經	13	
19	成山	南山經	14	
20	會稽之山	南山經	14	
21	夷山	南山經	14	
22	僕勾之山	南山經	15	
23	咸陰之山	南山經	15	
24	洵山	南山經	15	
25	虖勺之山	南山經	15	
26	區吳之山	南山經	16	
27	鹿吳之山	南山經	16	
28	漆吳之山	南山經	16	
29	天虞之山	南山經	17	
30	禱過之山	南山經	18	
31	丹穴之山	南山經	19	
32	發爽之山	南山經	20	
33	旄山	南山經	20	
34	非山	南山經	20	
35	陽夾之山	南山經	20	
36	灌湘之山	南山經	21	郭注："一作灌湖射之山。"
37	雞山	南山經	21	
38	令丘之山	南山經	21	
39	侖者之山	南山經	22	
40	禺稾之山	南山經	22	
41	南禺之山	南山經	23	
42	華山	西山經	24	
43	錢來之山	西山經	24	

續表

序號	名稱	篇章	頁碼	釋義
44	松果之山	西山經	25	
45	太華之山	西山經	25	袁珂注："即西岳華山。"
46	小華之山	西山經	26	郭注："即少華山。"
47	符禺之山	西山經	27	
48	石脆之山	西山經	27	
49	英山	西山經	28	
50	竹山	西山經	29	
51	浮山	西山經	30	
52	羭次之山	西山經	30	
53	時山	西山經	32	
54	南山	西山經	32	
55	大時之山	西山經	32	
56	嶓冢之山	西山經	33	
57	天帝之山	西山經	34	
58	皐塗之山	西山經	34	郝疏："《史記·司馬相如傳》索隱引此經作鼻塗。"
59	黄山	西山經	36	
60	翠山	西山經	37	
61	a. 騩山 b. 騩之山	西山經	37 195	袁珂注："經文騩之山，疑衍之字。"
62	鈐山	西山經	39	
63	泰冒之山	西山經	39	
64	數歷之山	西山經	40	
65	高山	西山經	40	
66	女牀之山	西山經	40	
67	龍首之山	西山經	41	
68	鹿臺之山	西山經	41	
69	鳥危之山	西山經	42	
70	小次之山	西山經	42	
71	大次之山	西山經	42	
72	薰吳之山	西山經	43	
73	厎陽之山	西山經	43	

續表

序號	名稱	篇章	頁碼	釋義
74	衆獸之山	西山經	43	
75	皇人之山	西山經	43	
76	中皇之山	西山經	44	
77	西皇之山	西山經	44	
78	萊山	西山經	44	
79	崇吾之山	西山經	45	
80	冢遂	西山經	45	
81	帝之搏獸之丘	西山經	45	
82	長沙之山	西山經	47	郝疏："《穆天子傳》云：'送天子至于長沙之山。'即此。"
83	不周之山	西山經	47	郭注："此山形有缺不周帀處，因名云。西北不周風自此山出。"
84	嶽崇之山	西山經	47	
85	a. 峚山 b. 密山	西山經 中山經	48 166	郭注："音密。"郝疏："郭注《穆天子傳》及李善注《南都賦》、《天台山賦》引此經俱作密山，蓋峚、密古字通也。"①
86	a. 鍾山 b. 章尾山	西山經 大荒北經	48 499	袁珂注："《海外北經》作鍾山，此作章尾，章、鍾聲近而轉也。"
87	a. 昆侖 b. 昆侖之丘 c. 昆侖虚 d. 昆侖之虚	西山經 西山經 海外南經 海内西經	50 55 241 343	
88	泰器之山	西山經	52	
89	槐江之山	西山經	53	
90	恒山	西山經	53	袁珂注："經文恒山，王念孫、郝懿行並校作桓山。"
91	無達	西山經	56	郭注："山名。"
92	大杅	西山經	56	郭注："山名也。"
93	樂游之山	西山經	58	
94	蠃母之山	西山經	59	
95	玉山	西山經	59	郭注："此山多玉石，因以名云。《穆天子傳》謂之羣玉之山。"

① 《太平御覽》卷三八、卷五〇、卷九六一引此經亦俱作密山（李昉等：《太平御覽》，中華書局1960年版，第183、247、4264頁）。

續表

序號	名稱	篇章	頁碼	釋義
96	a. 軒轅之丘 b. 軒轅之山	西山經 北山經	60 110	郭注:“黃帝居此丘,娶西陵氏女,因號軒轅丘。”
97	積石之山	西山經	61	
98	長留之山	西山經	61	
99	章莪之山	西山經	62	
100	陰山	西山經	63	
101	符惕之山	西山經	63	
102	三危之山	西山經	64	
103	天山	西山經	65	
104	泑山	西山經	66	
105	翼望之山	西山經	67	
106	崻山	西山經	69	
107	罷父之山	西山經	69	袁珂注:“經文罷父,王念孫、吳任臣、畢沅、郝懿行並校作罷谷。”
108	申山	西山經	70	
109	鳥山	西山經	70	
110	上申之山	西山經	70	
111	諸次之山	西山經	71	
112	號山	西山經	71	
113	盂山	西山經	71	
114	白於之山	西山經	71	
115	申首之山	西山經	72	
116	涇谷之山	西山經	72	
117	剛山	西山經	72	
118	英鞮之山	西山經	73	
119	中曲之山	西山經	74	
120	邽山	西山經	75	
121	鳥鼠同穴之山	西山經	76	
122	崦嵫之山	西山經	77	郭注:“日沒所入山也,見《離騷》。”
123	單狐之山	北山經	80	
124	求如之山	北山經	81	
125	帶山	北山經	82	

續表

序號	名稱	篇章	頁碼	釋義
126	譙明之山	北山經	83	
127	涿光之山	北山經	84	
128	虢山	北山經	84	郝疏："《初學記》及《太平御覽》引此經並作虢山，《爾雅疏》作虢山，虢即虢之異文也。"
129	丹熏之山	北山經	85	
130	石者之山	北山經	86	
131	邊春之山	北山經	87	
132	蔓聯之山	北山經	87	
133	單張之山	北山經	88	
134	灌題之山	北山經	89	
135	潘侯之山	北山經	90	
136	小咸之山	北山經	90	
137	大咸之山	北山經	90	
138	敦薨之山	北山經	91	
139	少咸之山	北山經	91	
140	獄法之山	北山經	92	
141	北嶽之山	北山經	93	
142	渾夕之山	北山經	94	
143	北單之山	北山經	94	
144	羆差之山	北山經	94	
145	北鮮之山	北山經	94	
146	隄山	北山經	94	
147	管涔之山	北山經	95	
148	少陽之山	北山經	96	
149	縣雍之山	北山經	96	
150	狐岐之山	北山經	97	
151	白沙山	北山經	97	
152	爾是之山	北山經	97	
153	狂山	北山經	98	
154	諸餘之山	北山經	98	
155	敦頭之山	北山經	98	
156	鉤吾之山	北山經	99	

續表

序號	名稱	篇章	頁碼	釋義
157	北䰢之山	北山經	99	
158	梁渠之山	北山經	100	
159	姑灌之山	北山經	101	
160	湖灌之山	北山經	101	
161	洹山	北山經	101	
162	敦題之山	北山經	101	
163	太行之山	北山經	102	
164	歸山	北山經	102	
165	龍侯之山	北山經	103	
166	馬成之山	北山經	104	
167	咸山	北山經	105	
168	天池之山	北山經	105	
169	陽山	北山經	106	
170	賁聞之山	北山經	106	
171	王屋之山	北山經	106	
172	教山	北山經	107	
173	發丸之山	北山經	107	
174	景山	北山經	107	
175	孟門之山	北山經	108	
176	a. 平山 b. 平丘	北山經 海外北經	108 292	
177	京山	北山經	108	
178	虫尾之山	北山經	109	
179	彭妣之山	北山經	109	
180	小侯之山	北山經	109	
181	泰頭之山	北山經	109	
182	謁戾之山	北山經	110	
183	沮洳之山	北山經	110	
184	神囷之山	北山經	110	
185	發鳩之山	北山經	111	
186	少山	北山經	112	
187	錫山	北山經	112	

續表

序號	名稱	篇章	頁碼	釋義
188	題首之山	北山經	112	
189	繡山	北山經	112	
190	松山	北山經	113	
191	敦與之山	北山經	113	
192	柘山	北山經	113	
193	維龍之山	北山經	114	
194	白馬之山	北山經	114	
195	空桑之山	北山經	114	
196	泰戲之山	北山經	114	
197	石山	北山經	115	
198	童戎之山	北山經	115	
199	高是之山	北山經	115	
200	陸山	北山經	116	
201	沂山	北山經	116	
202	燕山	北山經	116	
203	饒山	北山經	116	
204	乾山	北山經	117	
205	倫山	北山經	117	
206	碣石之山	北山經	118	
207	a. 鴈門之山 b. 鴈門山	北山經	118 340	
208	帝都之山	北山經	119	
209	a. 錞于毋逢之山 b. 無逢之山	北山經 北山經	119 119	“錞于”二字疑爲衍文，下作無逢之山，正無“錞于”二字。毋、無字通
210	雞號之山	北山經	119	郝疏：“《説文》、《玉篇》引此經並作惟號之山。”
211	幽都之山	北山經	119	
212	樕螽之山	東山經	121	
213	乾昧	東山經	121	郭注：“亦山名也。”
214	藟山	東山經	121	
215	栒狀之山	東山經	122	
216	勃亝之山	東山經	123	

續表

序號	名稱	篇章	頁碼	釋義
217	番條之山	東山經	123	
218	姑兒之山	東山經	123	
219	高氏之山	東山經	123	
220	嶽山	東山經	124	
221	犲山	東山經	124	
222	獨山	東山經	124	
223	泰山	東山經	125	郭注："即東嶽岱宗也。今在泰山奉高縣西北，從山下至頂四十八里三百步也。"
224	曹夕之山	東山經	127	
225	嶧皋之山	東山經	127	
226	葛山	東山經	128	
227	餘莪之山	東山經	128	
228	杜父之山	東山經	129	
229	耿山	東山經	129	
230	盧其之山	東山經	130	
231	姑射之山	東山經	130	
232	北姑射之山	東山經	130	
233	南姑射之山	東山經	130	
234	碧山	東山經	130	
235	緱氏之山	東山經	130	郭注："一曰俠氏之山。"
236	姑逢之山	東山經	131	
237	鳧麗之山	東山經	131	
238	硜山	東山經	131	
239	尸胡之山	東山經	133	
240	殍山	東山經	133	
241	岐山	東山經	133	
242	諸鉤之山	東山經	133	
243	中父之山	東山經	133	
244	胡射之山	東山經	133	
245	孟子之山	東山經	133	袁珂注："畢沅本作孟于之山，云據《藏經》本。"
246	跂踵之山	東山經	134	
247	踇隅之山	東山經	135	

續表

序號	名稱	篇章	頁碼	釋義
248	無皋之山	東山經	135	
249	北號之山	東山經	136	
250	東始之山	東山經	137	
251	女烝之山	東山經	137	
252	欽山	東山經	138	
253	子桐之山	東山經	138	
254	剡山	東山經	139	
255	太山	東山經	139	
256	薄山	中山經	141	
257	甘棗之山	中山經	141	
258	歷兒之山	中山經	142	
259	渠豬之山	中山經	142	
260	蔥聾之山	中山經	143	
261	涹山	中山經	143	
262	脫扈之山	中山經	143	
263	金星之山	中山經	144	
264	泰威之山	中山經	144	
265	橿谷之山	中山經	144	郭注："或作檀谷之山。"
266	吳林之山	中山經	144	
267	牛首之山	中山經	144	
268	霍山	中山經	145	
269	合谷之山	中山經	145	
270	鼓鐙之山	中山經	146	
271	濟山	中山經	147	
272	煇諸之山	中山經	147	
273	發視之山	中山經	147	
274	豪山	中山經	147	
275	鮮山	中山經	147	
276	昆吾之山	中山經	148	郭注："此山出名銅，色赤如火，以之作刃，切玉如割泥也；周穆王時西戎獻之，《尸子》所謂昆吾之劍也。"
277	葌山	中山經	148	

續表

序號	名稱	篇章	頁碼	釋義
278	獨蘇之山	中山經	149	
279	蔓渠之山	中山經	149	
280	萯山	中山經	150	
281	敖岸之山	中山經	150	
282	青要之山	中山經	150	
283	宜蘇之山	中山經	154	
284	和山	中山經	154	
285	鳌山	中山經	155	
286	鹿蹄之山	中山經	155	
287	扶豬之山	中山經	156	
288	柄山	中山經	157	
289	白邊之山	中山經	158	
290	熊耳之山	中山經	158	
291	牡山	中山經	158	
292	讙舉之山	中山經	159	
293	玄扈之山	中山經	159	
294	a. 荀牀之山 b. 荀林之山	中山經 中山經	160 163	郭注："或作荀林山。"郝疏："下文正作荀林山，《文選·江賦》注引此經亦作荀林山。"
295	首山	中山經	160	
296	縣劚之山	中山經	160	
297	條谷之山	中山經	161	
298	超山	中山經	161	
299	成侯之山	中山經	161	
300	朝歌之山	中山經	161	
301	槐山	中山經	161	
302	歷山	中山經	162	
303	尸山	中山經	162	
304	良餘之山	中山經	162	
305	蠱尾之山	中山經	162	郝疏："《水經注》作蟲尾。"
306	升山	中山經	162	
307	陽虛之山	中山經	163	
308	縞羝山	中山經	164	

續表

序號	名稱	篇章	頁碼	釋義
309	平逢之山	中山經	164	
310	穀城之山	中山經	164	
311	縞羝之山	中山經	165	
312	廆山	中山經	165	
313	瞻諸之山	中山經	165	
314	婁涿之山	中山經	166	
315	白石之山	中山經	166	
316	穀山	中山經	166	
317	長石之山	中山經	167	
318	傅山	中山經	167	
319	橐山	中山經	168	
320	常烝之山	中山經	168	
321	夸父之山	中山經	168	
322	陽華之山	中山經	169	
323	苦山	中山經	170	
324	休與之山	中山經	170	
325	鼓鍾之山	中山經	171	
326	姑媱之山	中山經	171	
327	堵山	中山經	173	
328	放皋之山	中山經	173	郭注："放或作效，又作牧。"
329	大𦵔之山	中山經	174	袁珂注："《太平御覽》卷九三一引此經作大苦，畢沅校本亦作大苦，今本作大𦵔，而郭注無音，知本爲苦字明矣。"
330	半石之山	中山經	175	
331	少室之山	中山經	176	
332	泰室之山	中山經	177	郭注："即中嶽嵩高山也。"
333	講山	中山經	178	
334	嬰梁之山	中山經	178	
335	浮戲之山	中山經	178	
336	少陘之山	中山經	179	
337	末山	中山經	180	
338	役山	中山經	180	

續表

序號	名稱	篇章	頁碼	釋義
339	敏山	中山經	180	
340	大騩之山	中山經	180	
341	荆山	中山經	181	
342	驕山	中山經	182	
343	女几之山	中山經	183	
344	宜諸之山	中山經	184	
345	綸山	中山經	184	
346	陸郈之山	中山經	184	
347	光山	中山經	184	
348	銅山	中山經	185	
349	美山	中山經	186	
350	大堯之山	中山經	186	
351	靈山	中山經	186	
352	龍山	中山經	186	
353	衡山	中山經	187	
354	若山	中山經	187	郭注："若或作前。"
355	彘山	中山經	187	
356	讙山	中山經	187	
357	仁舉之山	中山經	188	
358	師每之山	中山經	188	
359	琴鼓之山	中山經	188	
360	岷山	中山經	189	
361	崍山	中山經	190	
362	崌山	中山經	190	
363	高梁之山	中山經	191	
364	蛇山	中山經	191	
365	鬲山	中山經	192	
366	隅陽之山	中山經	192	
367	勾檷之山	中山經	193	
368	風雨之山	中山經	193	
369	熊山	中山經	194	

續表

序號	名稱	篇章	頁碼	釋義
370	葛山	中山經	194	
371	賈超之山	中山經	194	
372	a. 首陽之山 b. 首山	中山經 中山經	196 198	郝疏："首山即首陽山。"
373	虎尾之山	中山經	196	
374	繁繢之山	中山經	196	
375	勇石之山	中山經	197	
376	復州之山	中山經	197	
377	楮山	中山經	197	郭注："一作渚州之山。"
378	又原之山	中山經	197	
379	涿山	中山經	198	
380	丙山	中山經	198	
381	帝囷之山	中山經	200	
382	視山	中山經	200	
383	前山	中山經	200	
384	豐山	中山經	201	
385	兔牀之山	中山經	201	
386	皮山	中山經	202	
387	瑤碧之山	中山經	202	
388	支離之山	中山經	202	
389	袟篃之山	中山經	203	
390	堇理之山	中山經	203	
391	依軲之山	中山經	203	
392	即谷之山	中山經	204	
393	高前之山	中山經	204	
394	游戲之山	中山經	205	
395	從山	中山經	205	
396	嬰硜之山	中山經	205	
397	畢山	中山經	206	
398	樂馬之山	中山經	206	
399	葴山	中山經	206	
400	嬰山	中山經	207	

續表

序號	名稱	篇章	頁碼	釋義
401	虎首之山	中山經	207	
402	嬰矦之山	中山經	207	
403	大孰之山	中山經	207	
404	卑山	中山經	207	
405	倚帝之山	中山經	207	
406	鯢山	中山經	208	
407	雅山	中山經	208	
408	宣山	中山經	208	
409	嫗山	中山經	209	
410	章山	中山經	210	郭注："或作童山。"郝疏："經章山當爲臯山，注童山當爲章山，並字形之訛也。見《水經注》。"袁珂注："王念孫校同郝注。"
411	大支之山	中山經	211	
412	聲匈之山	中山經	211	
413	踵臼之山	中山經	211	
414	歷石之山	中山經	211	
415	求山	中山經	211	
416	丑陽之山	中山經	212	
417	奧山	中山經	212	
418	服山	中山經	212	
419	杳山	中山經	212	
420	几山	中山經	213	
421	禾山	中山經	213	郝疏："上文無禾山，或云帝囷山之脱文，或云求山之誤文。"
422	a. 洞庭山 b. 洞庭之山	中山經 中山經	214 216	
423	篇遇之山	中山經	214	
424	雲山	中山經	214	
425	龜山	中山經	214	
426	風伯之山	中山經	215	袁珂注："《初學記》卷二十八引此經作鳳伯之山，風、鳳古本一字也。"
427	夫夫之山	中山經	215	
428	暴山	中山經	217	

續表

序號	名稱	篇章	頁碼	釋義
429	即公之山	中山經	217	
430	堯山	中山經	218	
431	江浮之山	中山經	218	
432	真陵之山	中山經	218	
433	陽帝之山	中山經	218	
434	柴桑之山	中山經	219	
435	榮余之山	中山經	219	
436	狄山	海外南經	246	
437	湯山	海外南經	246	
438	大運山	海外西經	253	
439	a. 常羊之山 b. 常陽之山	海外西經 大荒西經	258 468	
440	a. 登葆山 b. 登備之山	海外西經 大荒南經	263 424	郭注："即登葆山，羣巫所從上下者也。"
441	窮山	海外西經	266	
442	禹所積石之山	海外北經	287	
443	a. 務隅之山 b. 附禺之山	海外北經 大荒北經	291 478	郝疏："《海外北經》作務隅，《海内東經》作鮒魚，此經又作附禺，皆一山也，古字通用。《文選》注《謝朓哀策文》引此經作鮒禺之山，《後漢書·張衡傳》注引此經與今本同。"
444	瑳丘	海外東經	298	"一曰嗟丘。"
445	a. 三天子鄣山 b. 三天子之都	海内南經 海内經	317 521	郭注："一本三天子之鄣山。"郝疏："注一本下當脱作字，或云字。三天子鄣山已見《海内南經》。《藏經》本經文直作三天子之鄣山，無郭注。"
446	a. 蒼梧之山 b. 蒼梧之丘	海内南經 海内經	322 521	
447	丹山	海内南經	326	
448	疏屬之山	海内西經	335	
449	開題	海内西經	335	畢沅注："開題疑即笄頭山也，音皆相近。"
450	高柳	海内西經	340	
451	黑水之山	海内西經	343	
452	蛇巫之山	海内北經	357	
453	陽汙之山	海内北經	372	

續表

序號	名稱	篇章	頁碼	釋義
454	凌門之山	海内北經	372	
455	列姑射	海内北經	374	
456	蓬萊山	海内北經	378	
457	白玉山	海内東經	381	
458	會稽山	海内東經	384	
459	甘山	大荒東經	390	
460	皮母地丘	大荒東經	392	郝疏："《淮南·墬形訓》云：'東南方曰波母之山。'蓋波母之波字脱水旁因爲皮爾。臧庸曰：'波母即皮母，同聲字也。'"
461	大言	大荒東經	392	
462	波谷山	大荒東經	393	
463	潏山	大荒東經	395	
464	合虚	大荒東經	397	
465	東口之山	大荒東經	398	
466	大阿之山	大荒東經	399	
467	明星	大荒東經	399	
468	鞠陵于天	大荒東經	401	
469	東極	大荒東經	401	
470	離瞀	大荒東經	401	
471	孽摇頵羝	大荒東經	408	
472	猗天蘇門	大荒東經	410	
473	綦山	大荒東經	410	
474	摇山	大荒東經	410	
475	䰠山	大荒東經	410	
476	門戶山	大荒東經	410	
477	盛山	大荒東經	410	
478	待山	大荒東經	410	
479	壑明俊疾	大荒東經	411	
480	凶犁土丘	大荒東經	413	
481	流波山	大荒東經	416	
482	阿山	大荒南經	420	
483	氾天之山	大荒南經	420	

續表

序號	名稱	篇章	頁碼	釋義
484	滎山	大荒南經	421	
485	巫山	大荒南經	422	
486	不庭之山	大荒南經	422	
487	不姜之山	大荒南經	424	
488	賈山	大荒南經	424	
489	言山	大荒南經	424	
490	恝恝之山	大荒南經	424	
491	蒲山	大荒南經	424	
492	隗山	大荒南經	424	
493	尾山	大荒南經	424	
494	去痓	大荒南經	425	
495	襄山	大荒南經	427	
496	重陰之山	大荒南經	427	
497	融天	大荒南經	428	
498	蜮山	大荒南經	429	
499	宋山	大荒南經	430	
500	死塗之山	大荒南經	432	
501	雲雨之山	大荒南經	433	
502	苕山	大荒南經	434	
503	宗山	大荒南經	434	
504	姓山	大荒南經	434	
505	壑山	大荒南經	434	
506	陳州山	大荒南經	434	
507	東州山	大荒南經	434	
508	白水山	大荒南經	434	
509	a. 岳山 b. 岳之山	大荒南經 大荒北經	437 490	袁珂注："《文選》張協《七命》李善注引此經作岳山，無之字。"
510	天臺高山	大荒南經	437	王念孫云："《御覽·地部》十五（卷五〇）引無高山二字，《地部》廿五（卷六〇）同。《類聚·水部上》（卷八）同。"袁珂注："無高山二字是也，此疑郭注誤入經文者。"
511	蓋猶之山	大荒南經	441	

續表

序號	名稱	篇章	頁碼	釋義
512	南類之山	大荒南經	442	
513	濕山	大荒西經	443	
514	幕山	大荒西經	443	
515	禹攻共工國山	大荒西經	443	
516	大澤之長山	大荒西經	449	
517	方山	大荒西經	451	
518	a. 芒山 b. 寍山	大荒西經 大荒西經	452 458	郝疏："上文已有芒山、桂山。芒、寍聲同也。"
519	桂山	大荒西經	452	
520	a. 榣山 b. 桃山	大荒西經 大荒西經	452 458	《大荒西經》："有芒山。有桂山。有榣山。"（頁 452）同經又云："有桃山。有寍山。有桂山。"郝疏："上文已有芒山、桂山。芒、寍聲同也。"（頁 458）三山之中，既然二山俱同，則"桃山""榣山"似不應例外。①
521	豐沮玉門	大荒西經	453	
522	王母之山	大荒西經	454	
523	海山	大荒西經	454	
524	于土山	大荒西經	458	
525	弇州之山	大荒西經	458	
526	江山	大荒西經	459	
527	日月山	大荒西經	459	
528	吳姖天門	大荒西經	459	袁珂先生《山海經校譯》以爲山名（袁珂：《山海經校譯》，上海古籍出版社 1985 年版，第 280 頁）。此從之
529	玄丹之山	大荒西經	463	

① 實則桃、榣一聲之轉，《荀子・榮辱》："其功盛姚遠矣。"楊倞注："姚與遙同。"（王先謙：《荀子集解》，《諸子集成》第 2 冊，上海書店 1986 年版，第 43 頁）《荀子・王霸》："佻其期日"，楊倞注："佻與傜同。"（同上書，第 149 頁）《爾雅・釋訓》："懽懽、愮愮，憂無告也。"（郝懿行：《爾雅義疏》第二冊，國學基本叢書簡編本，商務印書館 1936 年版，第 91 頁）愮，《釋文》："又作恌。"（陸德明：《經典釋文》，上海古籍出版社 1985 年版，第 1622 頁）《水經注・江水二》："宋玉所謂天帝之季女，名曰瑤姬。"（陳橋驛：《水經注校釋》，杭州大學出版社 1999 年版，第 593 頁）《文選・高唐賦序》注引《襄陽耆舊傳》則作"姚姬"（蕭統編：《文選》，李善注，上海古籍出版社 1986 年版，第 875 頁）。並可見从"䍃"與从"兆"之字可以互通，故桃山即榣山也。

續表

序號	名稱	篇章	頁碼	釋義
530	鏖鏊鉅	大荒西經	464	
531	金門之山	大荒西經	465	
532	炎火之山	大荒西經	466	
533	州山	大荒西經	469	
534	章山	大荒西經	470	
535	大荒之山	大荒西經	472	
536	大巫山	大荒西經	477	
537	金之山	大荒西經	477	
538	偏句	大荒西經	477	
539	衛丘	大荒北經	478	原文作"皆出衛于山丘方三百里"，郝疏："《藝文類聚》八十九卷、《初學記》二十八卷引此經並作衛丘山，《北堂書鈔》一百三十七卷亦作衛丘，是知古本衛丘連文，而以皆出于山四字相屬，今本誤倒其句耳，所宜訂正。"袁珂注："王念孫校亦同郝注。"
540	不咸	大荒北經	480	
541	榆山	大荒北經	482	
542	鯀攻程州之山	大荒北經	482	
543	衡天	大荒北經	482	
544	先民之山	大荒北經	482	
545	先檻大逢之山	大荒北經	483	
546	順山	大荒北經	484	
547	北極天櫃	大荒北經	486	
548	成都	大荒北經	487	
549	不句	大荒北經	490	
550	係昆之山	大荒北經	490	
551	融父山	大荒北經	495	
552	齊州之山	大荒北經	496	
553	君山	大荒北經	496	
554	鬵山	大荒北經	496	
555	鮮野山	大荒北經	496	
556	魚山	大荒北經	496	

續表

序號	名稱	篇章	頁碼	釋義
557	衡石山	大荒北經	498	
558	九陰山	大荒北經	498	
559	泂野之山	大荒北經	498	
560	淮山	海内經	502	
561	不死之山	海内經	504	
562	肇山	海内經	505	
563	陶唐之丘	海内經	509	郭注："陶唐，堯號。"
564	叔得之丘	海内經	509	
565	孟盈之丘	海内經	509	
566	黑白之丘	海内經	509	
567	赤望之丘	海内經	509	
568	參衛之丘	海内經	509	
569	武夫之丘	海内經	509	
570	神民之丘	海内經	509	郭注："言上有神人。"郝疏："《文選·遊天台山賦》注引此經作神人之丘，《書鈔》仍作神民，以郭注推之，似民當爲人。"
571	巴遂山	海内經	515	
572	菌山	海内經	521	
573	九嶷山	海内經	521	
574	不距之山	海内經	523	
575	大玄之山	海内經	525	

四 水名

《山海經》"水名"包括"海名""澤名""淵名"和"江河名"四個部分，其中"海名"6個，"澤名"27個，"淵名"15個，"江河名"270個，共計318個，主要見於《山經》部分。

表四

序號	名稱	篇章	頁碼	釋義
海名				
1	西海	南山經	1	
2	東海	南山經	8	
3	渤海	南山經	19	郭注："渤海，海岸曲崎頭也。"
4	北海	北山經	101	
5	幼海	東山經	135	郭注："即少海也；《淮南子》曰：'東方大渚曰少海。'"
6	南海	海内南經	318	
澤名				
1	即翼之澤	南山經	7	
2	具區	南山經	13	郭注："具區，今吳縣西南太湖也，《尚書》謂之震澤。"
3	閼之澤	南山經	15	
4	㴾之澤	西山經	45	
5	泑澤	西山經	47	
6	稷澤	西山經	48	郭注："后稷神所憑，因名云。"
7	大澤	西山經	53	
8	蕃澤	西山經	63	
9	陵羊之澤	西山經	73	
10	櫟澤	北山經	90	
11	泰澤	北山經	92	
12	a. 印澤 b. 卬澤	北山經 北山經	98 99	袁珂注："經文印澤，王念孫、郝懿行並校卬澤，即下文北鼂山卬澤也。汪紱本、畢沅校本亦俱作卬澤。"
13	長澤	北山經	105	
14	鹽販之澤	北山經	107	郭注："即鹽池也。"
15	少澤	北山經	107	
16	黄澤	北山經	109	
17	海澤	北山經	112	
18	泜澤	北山經	113	
19	皋澤	北山經	114	
20	滑澤	東山經	126	

續表

序號	名稱	篇章	頁碼	釋義
21	余澤	東山經	128	
22	沙澤	東山經	130	
23	湖澤	東山經	131	
24	深澤	東山經	134	
25	餘如之澤	東山經	138	
26	雷澤	海內東經	381	雷神所居之處
27	孟翼之攻顓頊之池	大荒西經	464	
		淵名		
1	蟜淵	西山經	45	
2	漳淵	中山經	185	計蒙神所遊之處
3	清泠之淵	中山經	201	耕父神所遊之處
4	江淵	中山經	216	
5	昆侖南淵	海內西經	349	郭注："靈淵。"郝疏："即《海內北經》云'從極之淵，深三百仞'者也。"袁珂注："郝説是也。"
6	從極之淵	海內北經	369	"一曰忠極之淵。"河伯所都之處
7	甘淵	大荒東經	390	
8	少和之淵	大荒南經	422	
9	從淵	大荒南經	422	
10	緡淵	大荒南經	427	
11	白淵	大荒南經	434	
12	弱水之淵	大荒西經	466	
13	封淵	大荒北經	478	郭注："封亦大也。"
14	沈淵	大荒北經	478	顓頊所浴之處
15	蒼梧之淵	海內經	521	
		江河名		
1	麗麐之水	南山經	1	
2	怪水	南山經	4	
3	憲翼之水	南山經	4	
4	英水	南山經	7	
5	汸水	南山經	8	

續表

序號	名稱	篇章	頁碼	釋義
6	a. 淯 b. 濟水	南山經 中山經	8 202	袁珂注："經文濟水，王念孫、郝懿行並校作淯水。畢沅本亦作淯水。"
7	赤水	南山經	10	
8	a. 諸䚪 b. 諸䚪之水	南山經 北山經	13 81	郭注："水名。"
9	苕水	南山經	13	
10	閡水	南山經	14	
11	虖勺	南山經	14	袁珂先生《山海經校譯》以爲水名（袁珂：《山海經校譯》，上海古籍出版社 1985 年版，第 15 頁）。此從之
12	勺水	南山經	14	
13	a. 溴 b. 溴水	南山經 南山經	14 14	
14	列塗	南山經	14	袁珂先生《山海經校譯》以爲水名（袁珂：《山海經校譯》，上海古籍出版社 1985 年版，第 15 頁）。此從之
15	洵水	南山經	15	
16	滂水	南山經	16	
17	鹿水	南山經	16	
18	澤更之水	南山經	16	
19	泿水	南山經	18	
20	丹水	南山經	19	
21	汎水	南山經	20	
22	黑水	南山經	21	
23	佐水	南山經	23	
24	a. 濩水 b. 灌水	西山經 西山經	25 28	郝疏："《水經注》作灌水。"袁珂注："王念孫、畢沅並校改作灌。"
25	a. 渭 b. 渭水	西山經 西山經	25 76	
26	符禺之水	西山經	27	
27	禺水	西山經	28	
28	招水	西山經	28	
29	竹水	西山經	29	
30	a. 洛水 b. 浴水	西山經 西山經	29 39	袁珂注："浴水，《初學記》及《御覽》並引作洛水，是也。"

續表

序號	名稱	篇章	頁碼	釋義
31	漆水	西山經	30	
32	逐水	西山經	32	
33	涔水	西山經	32	
34	清水	西山經	32	
35	a. 漢水 b. 漢	西山經 中山經	32 199	
36	沔	西山經	33	
37	鼂水	西山經	33	
38	湯水	西山經	33	
39	薔水	西山經	34	
40	諸資之水	西山經	34	
41	塗水	西山經	34	
42	集獲之水	西山經	35	
43	盼水	西山經	36	
44	淒水	西山經	37	
45	a. 河 b. 河水	西山經 西山經	39 47	
46	楚水	西山經	40	
47	涇水	西山經	40	
48	鳥危之水	西山經	42	
49	皇水	西山經	43	
50	泚水	西山經	47	
51	泑水	西山經	47	
52	觀水	西山經	52	
53	丘時之水	西山經	53	
54	淫水	西山經	53	
55	氾天之水	西山經	56	
56	洋水	西山經	56	
57	醜塗之水	西山經	56	
58	桃水	西山經	58	
59	濁浴之水	西山經	63	
60	陰水	西山經	69	

續表

序號	名稱	篇章	頁碼	釋義
61	弱水	西山經	69	
62	洱水	西山經	69	
63	區水	西山經	70	
64	辱水	西山經	70	
65	諸次之水	西山經	71	
66	端水	西山經	71	
67	生水	西山經	71	
68	夾水	西山經	71	
69	申水	西山經	72	
70	剛水	西山經	72	
71	涴水	西山經	73	
72	濛水	西山經	75	
73	濫水	西山經	76	
74	逢水	北山經	80	
75	滑水	北山經	81	
76	彭水	北山經	82	
77	芘湖之水	北山經	82	袁珂注："經文芘，《太平御覽》卷九三七引作茈。"
78	譙水	北山經	83	
79	伊水	北山經	84	
80	魚水	北山經	85	
81	熏水	北山經	85	
82	棠水	北山經	85	
83	杠水	北山經	87	
84	櫟水	北山經	88	
85	匠韓之水	北山經	89	
86	邊水	北山經	90	
87	敦薨之水	北山經	91	
88	敦水	北山經	92	
89	a. 鴈門之水 b. 鴈門	北山經 北山經	92 100	郭注："水名。"
90	瀤澤之水	北山經	92	

續表

序號	名稱	篇章	頁碼	釋義
91	諸懷之水	北山經	93	
92	鮮水	北山經	94	
93	涂吾之水	北山經	94	
94	隄水	北山經	95	
95	a. 汾 b. 汾水	北山經 北山經	95 95	
96	酸水	北山經	96	
97	晉水	北山經	96	
98	勝水	北山經	97	
99	鮪水	北山經	97	
100	狂水	北山經	98	
101	浮水	北山經	98	
102	諸餘之水	北山經	98	
103	旄水	北山經	98	
104	脩水	北山經	100	
105	湖灌之水	北山經	101	
106	決決之水	北山經	103	
107	條菅之水	北山經	105	
108	澠水	北山經	105	
109	留水	北山經	106	
110	㶌水	北山經	106	
111	教水	北山經	107	
112	平水	北山經	108	
113	高水	北山經	108	
114	薄水	北山經	109	
115	蚤林之水	北山經	109	
116	肥水	北山經	109	
117	牀水	北山經	109	
118	明漳之水	北山經	109	
119	共水	北山經	109	

續表

序號	名稱	篇章	頁碼	釋義
120	a. 虖池 b. 虖沱 c. 虖沱之水	北山經 北山經 北山經	109 114 115	
121	沁水	北山經	110	
122	丹林之水	北山經	110	
123	嬰侯之水	北山經	110	
124	汜水	北山經	110	
125	潒水	北山經	110	
126	黃水	北山經	110	
127	洹	北山經	110	
128	滏水	北山經	110	
129	歐水	北山經	110	
130	漳水	北山經	111	
131	清漳之水	北山經	112	
132	濁漳之水	北山經	112	
133	牛首之水	北山經	112	
134	景水	北山經	112	
135	洧水	北山經	112	
136	陽水	北山經	113	
137	滱水	北山經	113	
138	泰陸之水	北山經	113	
139	泜水	北山經	113	
140	槐水	北山經	113	
141	歷聚之水	北山經	113	
142	敞鐵之水	北山經	114	
143	木馬之水	北山經	114	
144	空桑之水	北山經	114	
145	漊水	北山經	115	
146	液女之水	北山經	115	
147	濩濩之水	北山經	115	
148	鮮于之水	北山經	115	
149	皋涂之水	北山經	115	

續表

序號	名稱	篇章	頁碼	釋義
150	滋水	北山經	115	
151	滱水	北山經	115	
152	鄚水	北山經	116	
153	般水	北山經	116	
154	燕水	北山經	116	
155	歷虢之水	北山經	116	
156	倫水	北山經	117	
157	繩水	北山經	118	
158	浴水	北山經	119	郭注："浴即黑水也。"
159	食水	東山經	121	
160	湖水	東山經	121	
161	泿水	東山經	122	
162	減水	東山經	123	
163	姑兒之水	東山經	123	
164	諸繩之水	東山經	123	
165	濼水	東山經	124	
166	末塗之水	東山經	124	
167	環水	東山經	125	
168	激水	東山經	125	
169	娶檀之水	東山經	125	
170	嶧皋之水	東山經	127	
171	激女之水	東山經	127	
172	澧水	東山經	128	
173	雜余之水	東山經	129	
174	沙水	東山經	130	
175	原水	東山經	130	
176	硜水	東山經	131	
177	碧陽	東山經	134	
178	蒼體之水	東山經	136	
179	展水	東山經	136	
180	石膏水	東山經	137	

續表

序號	名稱	篇章	頁碼	釋義
181	鬲水	東山經	137	
182	師水	東山經	138	
183	子桐之水	東山經	138	
184	鉤水	東山經	139	
185	勞水	東山經	139	
186	渠豬之水	中山經	142	
187	潏水	中山經	144	
188	少水	中山經	145	
189	即魚之水	中山經	147	
190	蕤水	中山經	148	
191	畛水	中山經	151	
192	正回之水	中山經	153	
193	滽滽之水	中山經	154	
194	甘水	中山經	155	
195	虢水	中山經	156	
196	滔雕之水	中山經	157	
197	浮濠之水	中山經	158	
198	雒水	中山經	159	與"洛水"迥異，詳見段玉裁《説文解字注》，上海古籍出版社 1981 年版，第 524—525 頁
199	玄扈之水	中山經	159	
200	尸水	中山經	162	
201	餘	中山經	162	
202	乳水	中山經	162	
203	龍餘之水	中山經	162	
204	黄酸之水	中山經	162	
205	交觴之水	中山經	165	
206	俞隨之水	中山經	165	
207	a. 穀水 b. 穀水	中山經 中山經	165 166	袁珂注："經文穀山、穀水字均宜作穀，見《水經注·洛水》引。"
208	謝水	中山經	165	
209	瞻水	中山經	166	
210	陂水	中山經	166	

續表

序號	名稱	篇章	頁碼	釋義
211	惠水	中山經	166	
212	澗水	中山經	166	
213	爽水	中山經	166	
214	豪水	中山經	166	
215	厭染之水	中山經	167	
216	槖水	中山經	168	
217	潐水	中山經	168	
218	菑水	中山經	168	
219	楊水	中山經	169	
220	門水	中山經	169	
221	緒姑之水	中山經	169	
222	明水	中山經	173	
223	來需之水	中山經	175	
224	合水	中山經	175	
225	休水	中山經	176	
226	器難之水	中山經	179	
227	役水	中山經	179	
228	太水	中山經	179	
229	承水	中山經	179	
230	末水	中山經	180	
231	睢水	中山經	181	
232	a. 江 b. 江水	中山經 中山經	182 189	
233	洈水	中山經	184	
234	郁水	中山經	187	
235	蒲鷾之水	中山經	192	
236	徐之水	中山經	192	
237	宣余之水	中山經	193	
238	湍水	中山經	199	
239	濟	中山經	199	
240	睨水	中山經	199	
241	瀌水	中山經	199	

續表

序號	名稱	篇章	頁碼	釋義
242	滎	中山經	199	
243	帝囷之水	中山經	200	
244	從水	中山經	205	
245	帝苑之水	中山經	206	
246	a. 視 b. 視水	中山經 中山經	206 206	
247	汝水	中山經	206	
248	殺水	中山經	207	
249	鯢水	中山經	208	
250	淪水	中山經	208	
251	皐水	中山經	210	
252	求水	中山經	211	
253	奧水	中山經	212	
254	沅	中山經	216	
255	青水	海外東經	230	
256	鬱水	海內南經	318	
257	湘水	海內南經	322	
258	融水	大荒東經	404	
259	滎水	大荒南經	421	
260	汔水	大荒南經	424	
261	漂水	大荒南經	424	
262	白水	大荒南經	434	
263	寒暑之水	大荒西經	443	
264	赤澤水	大荒北經	478	郭注：“水色赤也。”
265	順水	大荒北經	484	
266	三水	海內經	502	
267	好水	海內經	502	
268	若水	海內經	503	
269	澠水	海內經	515	郝疏：“《水經・若水注》云：‘繩水出徼外。’引此經亦作繩水。《漢書・地理志》云：‘蜀郡旄牛，若水出徼外，南至大莋入繩。’即斯水也。”
270	蛇水	海內經	523	

五 谷野名

《山海經》除了郡國、山、水等地名外，還有一些山谷、山野之類的其他地名，我們姑立“谷野名”之目以統之。“谷野名”散見於全書各處，共計 57 個。

表五

序號	名稱	篇章	頁碼	釋義
1	育遺	南山經	20	凱風出自此谷
2	中谷	南山經	21	條風出自此谷
3	崰崖	西山經	50	在鍾山之東
4	流沙	西山經	52	
5	平圃	西山經	53	郭注：“即玄圃也。”袁珂注：“玄圃，《穆天子傳》、《淮南子·墬形》作縣圃。”
6	下都	西山經	55	郭注：“天帝都邑之在下者。”指昆侖山
7	九部	西山經	56	
8	石門	西山經	61	
9	湯谷	西山經	65	
10	丹林	北山經	110	
11	沮吳	東山經	126	
12	沙陵	東山經	126	
13	臯谷	中山經	144	
14	密都	中山經	150	郭注：“天帝曲密之邑。”
15	墠渚	中山經	151	郭注：“水中小洲名渚。”
16	九都	中山經	154	郭注：“九水所潛，故曰九都。”
17	机谷	中山經	160	
18	蜂蜜之廬	中山經	164	郭注：“言羣蜂之所舍集，蜜赤蜂名。”郝疏：“赤疑亦字之譌，蜂凡數種，作蜜者即呼蜜蜂，故曰蜜亦蜂名。”
19	藋谷	中山經	165	
20	共谷	中山經	167	
21	播冢	中山經	167	樹林名

續表

序號	名稱	篇章	頁碼	釋義
22	a. 桃林 b. 鄧林	中山經 海外北經	168 284	畢沅注："鄧林即桃林也，鄧、桃音相近。"
23	帝臺之棋	中山經	170	石名
24	蛇谷	中山經	178	
25	熊之穴	中山經	194	
26	天井	中山經	200	
27	莽浮之林	中山經	215	
28	壽華之野	海外南經	241	
29	a. 范林 b. 氾林	海外南經 海內南經	246 324	郭注："言林木氾濫布衍也。"郝疏："范林，《海內南經》作氾林，范、氾通。"
30	a. 大樂之野 b. 天穆之野	海外西經 大荒西經	253 473	a. "一曰大遺之野。"郭注："《大荒經》云：大穆之野。"郝疏："《大荒西經》作天穆之野，此注云大穆之野，《竹書》天穆、大穆二文並見。此經文又云大遺之野、大樂之野，諸文皆異，所未詳。"袁珂注："天、大古本一字，穆、遺、樂音皆相近。" b. 郭注："《竹書》曰'顓頊產伯鯀，是維若陽，居天穆之陽'也。"袁珂注："經文天穆之野，王念孫校改作大穆之野，然'天穆'、'大穆'，古書並見，天、大古本一字，不必改也。"
31	a. 諸夭之野 b. 沃之野	海外西經 大荒西經	267 454	
32	衆帝之臺	海外北經	280	
33	共工之臺	海外北經	280	
34	歐絲之野	海外北經	290	
35	朝陽之谷	海外東經	303	
36	東極	海外東經	305	
37	西極	海外東經	305	
38	帝堯臺	海內北經	365	
39	帝嚳臺	海內北經	365	
40	帝丹朱臺	海內北經	365	
41	帝舜臺	海內北經	365	
42	明組邑	海內北經	377	郝疏："明組邑蓋海中聚落之名，今未詳。"
43	大人之市	海內北經	378	
44	琅邪臺	海內東經	383	

續表

序號	名稱	篇章	頁碼	釋義
45	大壑	大荒東經	390	
46	溫源谷	大荒東經	408	郭注："溫源即湯谷也。"
47	南極	大荒東經	413	
48	蒼梧之野	大荒南經	420	
49	俊壇	大荒南經	427	郭注："水狀似土壇，因名舜壇也。"袁珂注："郭注'俊壇'作'舜壇'，是郭復以帝俊即舜矣。"
50	栗廣之野	大荒西經	445	
51	軒轅之臺	大荒西經	457	郭注："敬難黃帝之神。"
52	大荒之野	大荒西經	472	
53	帝俊竹林	大荒北經	478	
54	禺谷	大荒北經	487	
55	冀州之野	大荒北經	490	
56	九陰	大荒北經	499	
57	都廣之野	海内經	505	

六　草名

《山海經》"草名"主要見於《山經》部分，共計 86 個。

表六

序號	名稱	篇章	頁碼	釋義
1	韭	南山經	1	
2	祝餘	南山經	1	其狀如韭而青華（花），食用它可以不飢餓
3	白菅	南山經	9	郭注："菅，茅屬也。"
4	萆荔	西山經	26	袁珂注："萆荔，香草，《楚辭·離騷》作薜荔。"
5	烏韭	西山經	26	郭注："烏韭在屋者曰昔邪，在牆者曰垣衣。"
6	條	西山經	27	
7	葵	西山經	27	
8	a. 箭 b. 竹箭	西山經 中山經	28 158	《中山經》："又西三百里，曰牡山，其上多文石，其下多竹箭、竹䉋。"案：經中每以箭、䉋連言，《西山經》："又西七十里，曰英山，……其陽多箭、䉋。"（頁 28）可見竹箭即箭竹

續表

序號	名稱	篇章	頁碼	釋義
9	a. 箭 b. 竹箭	西山經 中山經	28 158	
10	黄雚	西山經	29	其狀如樗，其葉如麻，白華而赤實
11	樗	西山經	29	
12	麻	西山經	29	
13	竹	西山經	29	在現代植物分類中，竹屬草類，《山海經》本文亦將竹歸于草類。《西山經》："又西北五十里高山，其上多銀，其下多青碧、雄黄，其木多椶，其草多竹。"（頁 40）可證
14	薰草	西山經	30	麻葉而方莖，赤華而黑實，臭如蘼蕪
15	蘼蕪	西山經	30	郭注："蘼蕪，香草。"
16	桃枝	西山經	33	
17	鉤端	西山經	33	郭注："鉤端，桃枝屬。"袁珂注："桃枝，竹名；《爾雅・釋草》：'桃枝四寸有節。'疏：'凡竹相去四寸有節者，名桃枝竹。'"《中山經》："又東北七十里，曰龍山，……其草多桃枝、鉤端。"（頁 186）亦以之爲草類
18	蕙	西山經	33	郭注："蕙，香草，蘭屬也。"
19	萆荔	西山經	33	其葉如蕙，其本如桔梗，黑華而不實
20	菅	西山經	34	郭注："菅，茅類也。"
21	杜衡	西山經	34	郭注："香草也。"
22	a. 稾茇 b. 藁本	西山經 中山經	35 151	郭注："稾茇，香草。"畢沅注："即藁本也；本、茇聲之緩急。"
23	無條	西山經	35	其狀如稾茇，其葉如葵而赤背
24	蕢草	西山經	56	其狀如葵，其味如蔥
25	蔥	西山經	56	
26	茈	西山經	69	郭注："茈，鳧葵也。"
27	蕃	西山經	69	郭注："蕃，青蕃，似莎而大。"
28	茈草	西山經	69	吳任臣注："即紫草。"
29	葯	西山經	71	郭注："葯，白芷别名。"
30	䕡	西山經	71	郭注："䕡，香草也。"
31	芎藭	西山經	71	郭注："芎藭一名江蘺。"
32	華草	北山經	80	
33	韭	北山經	85	郭注："皆山菜。"

續表

序號	名稱	篇章	頁碼	釋義
34	藷藇	北山經	107	郭注："根似羊蹶，可食。"郝疏："即今之山藥也。"
35	秦椒	北山經	107	郭注："子似椒而細葉，草也。"
36	芍藥	北山經	112	郭注："芍藥一名辛夷，亦香草屬。"
37	藻	北山經	119	郭注："藻，聚藻。"
38	茝	北山經	119	郭注："茝，香草，蘭之類。"
39	菌蒲	東山經	133	
40	䈇	中山經	141	
41	植楮	中山經	143	
42	龍骨	中山經	144	郝疏："《本草别錄》云：'龍骨生晉地川谷、及太山巖水岸土穴中死龍處。"
43	a. 葌草 b. 葌	中山經 中山經	144 151	郭注："亦菅字。"郝疏："《説文》云：'葌，香艸，出吳林山。'本此經爲説也。《衆經音義》引《聲類》云：'葌，蘭也。'又引《字書》云：'葌與蕑同。'蕑即蘭也，是葌乃香艸，郭注以葌爲菅字，菅乃茅屬，恐非也。"
44	鬼草	中山經	144	其葉如葵而赤莖，其秀如禾
45	蘠棘	中山經	145	郝疏："《本草》云：'天藳冬一名顛棘。'即《爾雅》'髦，顛棘'也。蘠，《玉篇》云：'丁敢切。'疑蘠、顛古字或通。"
46	彫棠	中山經	145	其葉如榆葉而方，其實如赤菽
47	赤菽	中山經	145	郭注："菽，豆。"
48	榮草	中山經	146	其葉如柳，其本如雞卵
49	a. 芒草 b. 莽草	中山經 中山經	149 200	汪紱注："即芒草也。"
50	蒨	中山經	150	郭注："説者云，蒨、舉皆木名也，未詳。"郝疏："蒨，草也；舉，木也。舉即欅柳。《本草》陶注詳之。"此從郝説
51	荀草	中山經	151	其狀如葌，而方莖黃華赤實
52	蒐	中山經	156	郭注："茅蒐，今之蒨草也。"
53	蘇	中山經	158	
54	葶藶	中山經	158	其狀如蘇而赤華
55	苿	中山經	160	
56	芫	中山經	160	汪紱注："苿，山薊也，有蒼朮、白朮二種；芫，芫華也；皆入藥用。"

續表

序號	名稱	篇章	頁碼	釋義
57	虋冬	中山經	161	袁珂注："虋當爲虋，音門，俗亦作門；門冬有二種：一麥門冬，一天門冬，均入藥用。"
58	芃	中山經	161	郝疏："芃，《説文》訓草盛，非草名也。疑芃當爲艽字之訛；艽音交，即藥草秦艽也，見《本草》。"袁珂注："郝説是也，王念孫校同郝注。"
59	a. 寇脱 b. 空奪	中山經 中山經	162 190	a. 郭注："寇脱草生南方，高丈許，似荷葉而莖中有瓤，正白，零桂人植而日灌之以爲樹也。" b. 汪紱注："空奪即寇脱也。"袁珂注："汪説疑是。"
60	蕭	中山經	168	郭注："蕭，蒿。"
61	苦辛	中山經	169	袁珂注："經文苦辛，宋本、吴寬抄本、毛扆本均作苦莘，邵恩多校本同。"
62	蓍	中山經	170	郝疏："《説文》云：'蓍，蒿屬。'《廣雅》云：'蓍，耆也。'"袁珂注："《埤雅》云'草之多壽者'，古取其莖爲占筮之用。"
63	夙條	中山經	170	
64	焉酸	中山經	171	郝疏："焉酸，一本作烏酸。"袁珂注："《太平御覽》卷四二引此經正作烏酸。"
65	䔄草	中山經	171	
66	菟丘	中山經	171	郭注："菟丘，菟絲也。"
67	蘭	中山經	172	
68	牛傷	中山經	174	郭注："猶言牛棘。"
69	a. 嘉榮 b. 嘉榮草	中山經 中山經	175 212	
70	蘡薁	中山經	177	郝疏："蓋即今之山葡萄。"
71	少辛	中山經	178	郭注："細辛也。"
72	茼草	中山經	179	葉狀如葵，而赤莖白華，實如蘡薁
73	梨	中山經	179	其葉狀如荻而赤華
74	荻	中山經	179	袁珂注："經文荻，郝懿行云，當爲萩字之訛。萩音秋，《爾雅·釋草》云：'蕭，萩。'郭注云：'即蒿。'合於今本郭注'荻亦蒿也，音狄'之義。郭注荻、狄字亦當作萩、秋。"
75	蒗	中山經	180	郝疏："《玉篇》云：'葓，胡懇切，草名，似蓍，花青白。'《廣韻》同。是蒗當爲葓。"袁珂注："王念孫校同郝注。"

續表

序號	名稱	篇章	頁碼	釋義
76	龍脩	中山經	185	郭注："龍須也；似莞而細，生山石穴中，莖倒垂，可以爲席。"
77	菊	中山經	189	
78	枝勾	中山經	196	汪紱注："枝句，蓋桃枝、句端也。"
79	a. 雞穀 b. 雞鼓	中山經 中山經	201 215	沅注："即上雞穀草，穀、鼓聲相近。"
80	虆	中山經	207	郭注："今虎豆貍豆之屬；虆一名縢。"
81	a. 桂竹 b. 筀竹	中山經 中山經	214 215	郝疏："筀亦當爲桂，桂陽所生竹，因以爲名也。"
82	扶竹	中山經	214	郭注："邛竹也。高節實中，中杖也；名之扶老竹。"
83	箘	中山經	217	郭注："箘亦篠類，中箭；見《禹貢》。"
84	薰華草	海外東經	301	
85	芥	大荒東經	408	
86	尋竹	大荒北經	490	

七 木名

《山海經》"木名"主要見於《山經》部分，共計 111 個。

表七

序號	名稱	篇章	頁碼	釋義
1	a. 桂 b. 桂木	南山經 南山經	1 35	
2	穀	南山經	1	郭注："穀，楮也，皮作紙。"郝疏："陶宏景注《本草經》云：'穀即今構樹是也；穀構同聲，故穀亦名構。'"
3	迷穀	南山經	1	其狀如穀而黑理，其華四照。佩戴在身上可以不迷路
4	棪木	南山經	2	郭注："棪，其子實似柰而赤，可食。"
5	梓	南山經	15	
6	枏	南山經	15	
7	荆	南山經	16	

續表

序號	名稱	篇章	頁碼	釋義
8	a. 杞 b. 芑 c. 芭	南山經 東山經 中山經	16 129 194	b. 郝疏："《南山經》虖勺之山下多荆、杞，此經作芑，同聲假借字也；下文竝同。" c. 郝疏："芭蓋芑字之訛，芑又杞之假借字也。《南次二經》云：'虖勺之山，其下多荆、杞。'《中次十一經》云：'歷石之山，其木多荆、芑。'並以荆、芑連文，此誤審矣。"袁珂注："宋本、吳寬抄本芭正作芑。"
9	白蓉	南山經	22	郭注："或作睾蘇；睾蘇一名白蓉，見《廣雅》。"
10	松	西山經	24	
11	文莖	西山經	27	
12	棗	西山經	27	
13	椶	西山經	27	
14	a. 杻 b. 杻木	西山經 中山經	28 141	郭注："杻似棣而細葉，一名土橿。"
15	橿	西山經	28	郭注："橿，木中車材。"
16	盼木	西山經	30	
17	棫	西山經	30	郭注："棫，白桵也。"
18	柞	西山經	32	郭注："柞，櫟。"
19	檀	西山經	42	
20	楮	西山經	42	郭注："楮即穀木。"
21	椶	西山經	43	郭注："椶似松，有刺，細理。"
22	豫章	西山經	43	郭注："豫章，大木，似楸，葉冬夏青，生七年而後復可知也。"
23	棠	西山經	44	郭注："彤棠之屬也。"
24	枳	西山經	45	
25	桃	西山經	47	
26	丹木	西山經	48	
27	a. 榣木 b. 櫾	西山經 中山經	53 182	
28	a. 若 b. 若木	西山經 大荒北經	53 498	
29	李	西山經	56	
30	沙棠	西山經	56	其狀如棠，黃華赤實，其味如李而無核
31	桑	西山經	70	
32	榛	西山經	70	郭注："榛子似栗而小，味美。"

續表

序號	名稱	篇章	頁碼	釋義
33	楛	西山經	70	郭注："楛木可以爲箭。"
34	a. 漆 b. 桼木 c. 漆木	西山經 西山經 西山經	71 72 73	汪紱注："桼即漆字。"
35	a. 柏 b. 柏樹	西山經 海内西經	71 351	
36	櫟	西山經	71	郭注："櫟即柞。"
37	櫰木	西山經	74	其狀如棠，而員葉赤實，實大如木瓜
38	机木	北山經	80	郭注："机木似榆，可燒以糞稻田，出蜀中。"
39	桐	北山經	84	郭注："桐，梧桐也。"
40	椐	北山經	84	郭注："椐，樻木，腫節，中杖。"
41	櫄	北山經	85	
42	a. 柘 b. 柘木	北山經 北山經	89 111	
43	棘	北山經	93	
44	剛木	北山經	93	
45	柳	北山經	101	
46	三桑	北山經	101	
47	枸	北山經	112	
48	a. 榑木 b. 扶木 c. 槃木	東山經 大荒東經 大荒北經	135 408 482	郝疏："扶木當爲榑木。"
49	楊	東山經	136	
50	杏	中山經	141	
51	櫔木	中山經	142	
52	揀	中山經	142	袁珂注："經文揀，汪紱本、畢沅校本均作楝，王念孫、孫星衍、郝懿行亦均校作楝，作楝是也。"汪紱注："楝木似槐子，如指頭，色白而粘，可搗以浣衣，服之益腎。此服之不忘，謂令人健記，蓋亦楝類也。或作簡，非。"
53	榆	中山經	145	
54	舉	中山經	150	郭注："説者云，蒨、舉皆木名也，未詳。"郝疏："蒨，草也；舉，木也。舉即欅柳。《本草》陶注詳之。"

續表

序號	名稱	篇章	頁碼	釋義
55	蔓居之木	中山經	154	郝疏："《廣雅》云：'牡荆，曼荆也。'曼，《本草》作蔓，此經蔓居，疑蔓荆聲之轉；蔓荆列《本草》木部，故此亦云蔓居之木也。"
56	芠	中山經	157	郭注："芠一作艾。"郝疏："《爾雅》云：'杬，魚毒。'《説文》杬从艸作芫，疑作艾者，因字形近芫而訛。"
57	槐	中山經	160	
58	a. 櫄木 b. 櫄	中山經	161 205	郭注："似樗樹，材中車轅。"郝疏："《説文》云，杶，或作櫄，即今椿字也。"
59	楢木	中山經	168	郭注："今蜀中有楢木，七八月中吐穗，穗成，如有鹽粉著狀，可以酢羹。"
60	橚	中山經	169	郭注："即楸字也。"
61	黄棘	中山經	172	黄華而員葉，其實如蘭
62	天楄	中山經	173	方莖而葵狀
63	蒙木	中山經	173	其葉如槐，黄華而不實
64	帝休	中山經	176	葉狀如楊，其枝五衢，黄華黑實
65	棃	中山經	177	
66	栯木	中山經	177	葉狀如棃而赤理
67	帝屋	中山經	178	
68	椒	中山經	178	
69	亢木	中山經	178	葉狀如樗而赤實
70	葪柏	中山經	180	郭注："音計。"郝疏："《玉篇》云：'葪，俗薊字。'《初學記》二十八卷引《廣志》云：'柏有計柏。'計、葪聲同，疑是也。"
71	杼	中山經	181	
72	橘	中山經	182	
73	a. 柤 b. 苴	中山經 中山經	184 203	a. 郭注："柤似棃而酢濇。" b. 郝疏："經内皆云其木多苴，疑苴即柤之假借字也；柤之借爲苴，亦如杞之借爲芑矣。"郝説甚是，《中山經》："又東五十里，曰區吳之山，其木多苴。"（頁 211）正以苴爲木。苴亦柤之假借字也
74	栗	中山經	184	
75	梅	中山經	186	
76	寓木	中山經	186	郭注："寄生也，一名宛童；見《爾雅》。"

續表

序號	名稱	篇章	頁碼	釋義
77	楢	中山經	190	郭注："楢，剛木也，中車材。"
78	椒	中山經	193	
79	樿	中山經	193	郭注："樿木白理，中櫛。"
80	欿杻	中山經	198	郭注："欿義所未詳。"郝疏："《方言》云：'欿，長也；東齊曰欿。'郭注云：'欿，古矧字。'然則欿杻，長杻也。杻爲木多曲少直，見陸璣《詩疏》。此杻獨長，故著之。俟考。"
81	櫧	中山經	200	郭注："似柞子，可食，冬夏生，作屋柱難腐。"
82	藷藇	中山經	201	汪紱注："藷藇非木也，此疑當是櫧芧，芧，小栗也。"
83	机柏	中山經	203	袁珂注："經文机柏，宋本作机桓，王念孫、郝懿行亦並校作机桓，云即無患子，可以浣衣去垢。"
84	椆	中山經	207	郝疏："《類篇》云：'椆寒而不凋。'"
85	帝女之桑	中山經	208	郭注："婦女主蠶，故以名桑。"
86	羊桃	中山經	209	狀如桃而方莖
87	檿	中山經	218	袁珂注："檿，山桑也。"
88	三株樹	海外南經	234	郝疏："《初學記》二十七卷引此經作'珠'，《淮南・墬形訓》及《博物志》同。"袁珂注："作'珠'是也；陶潛《讀山海經》詩云：'粲粲三珠樹，寄生赤水陰。'字正作'珠'。"
89	雄常	海外西經	271	袁珂注："經文雄常，《淮南子・墬形篇》作雒棠。"
90	尋木	海外北經	288	
91	楊柳	海外北經	292	
92	甘柤	海外北經	292	郭注："其樹枝幹皆赤，黃華，白葉，黑實。"
93	甘華	海外北經	292	郭注："亦赤枝榦，黃華。"
94	扶桑	海外東經	308	
95	欒	海內南經	329	郭注："欒，木名，黃本，赤枝，青葉，生雲雨山；或作卵，或作麻。"
96	蓲	海內南經	329	郭注："蓲亦木名。"郝疏："蓲，刺榆也。《爾雅（・釋木）》云：'櫙，茎。'郭注引詩云：山有蓲，今之刺榆也。"
97	建木	海內南經	329	郭注："建木青葉，紫莖，黑華，黃實，其下聲無響，立無影也。"
98	珠樹	海內西經	350	

續表

序號	名稱	篇章	頁碼	釋義
99	文玉樹	海内西經	350	郭注："五彩玉樹。"袁珂注："《淮南子·墬形篇》云：'玉樹在其（昆侖）西。'《楚辭·離騷》王逸注引《河圖括地象》云：'崑崙上有瓊玉之樹。'即此之屬。"
100	玗琪樹	海内西經	350	
101	不死樹	海内西經	350	郭注："言長生也。"
102	聖木曼兑	海内西經	351	"一曰挺木牙交。"袁珂注："聖木曼兑，當是一物，曼兑即聖木之名也。"郝疏："臧庸曰：'挺木牙交爲曼兑之異文，兑讀爲鋭，挺當爲梃，字之訛也。'"①
103	服常樹	海内西經	353	吴任臣注："《淮南子（·墬形篇）》：'沙棠琅玕在崑崙東'，服常疑是沙棠。"
104	琅玕樹	海内西經	353	
105	鳥秩樹	海内西經	354	
106	楓木	大荒南經	430	郭注："即今楓香樹。"
107	朱木	大荒南經	437	赤枝，青華，玄實
108	柜格之松	大荒西經	451	
109	白柳	大荒西經	455	
110	白木	大荒西經	455	郭注："樹色正白。今南方有文木，亦黑木也。"郝疏："文木即今烏木也。劉逵注《吴都賦》云：'文木材密緻，無理，色黑如水牛角，日南有之。'"
111	靈壽	海内經	505	郭注："靈壽，木名也，似竹，有枝節。"郝疏："《爾雅（·釋木）》云：'椐，樻。'即靈壽也。《漢書·孔光傳》云：'賜太師靈壽杖。'顔師古注云：'木似竹有枝節，長不過八九尺，圍三四寸，自然有合杖制，不須削治也。'"吴承志云："《呂氏春秋·本味篇》：'菜之美者，壽木之華。'高誘注：'壽木，崑崙山木也；華，實也，食其實者不死，故曰壽木。'壽木蓋即靈壽。"

① 蔣禮鴻先生《讀〈山海經〉偶記》云："聖挺二字同從壬得聲，古蓋皆與聽音近，聖木即挺木也。曼如《楚辭·天問》'平脅曼膚'之曼；《易·説卦》：'兑者，説也。'説即悦。曼兑蓋謂此木色理悦澤也。牙交未詳。"（載《文獻》1990年第2期）説可供參考。

八 鳥名

《山海經》“鳥名”主要見於《山經》部分，共計115個。

表八

序號	名稱	篇章	頁碼	釋義
1	雞	南山經	6	
2	鵃鵂	南山經	6	袁珂注：“《御覽》卷五〇引此作鵂鵂，畢沅、郝懿行均校作鵂鵂。”
3	鳩	南山經	7	
4	灌灌	南山經	7	其狀如鳩，其音若呵
5	鴛鴦	南山經	7	
6	鴟	南山經	10	
7	鴸	南山經	10	其狀如鴟而人手
8	雕	南山經	16	
9	鵁	南山經	18	郭注：“鵁似梟而小，腳近尾。”
10	瞿如	南山經	18	其狀如鵁，而白首、三足、人面
11	鳳皇	南山經	19	
12	梟	南山經	22	
13	顒	南山經	22	其狀如梟，人面四目而有耳。郝疏：“《玉篇》、《廣韻》並作鵙。”
14	鵷雛	南山經	23	郭注：“亦鳳屬。”
15	螐渠	西山經	25	其狀如山雞，黑身赤足
16	山雞	西山經	25	
17	赤鷩	西山經	26	郭注：“赤鷩，山雞之屬。”
18	鴖	西山經	27	其狀如翠而赤喙
19	翠	西山經	27	郭注：“翠似燕而紺色也。”
20	a. 鶉 b. 鶉鳥	西山經 西山經	28 56	
21	肥遺	西山經	28	其狀如鶉，黃身而赤喙
22	橐𩇯	西山經	31	其狀如梟，人面而一足
23	a. 尸鳩 b. 鳲鳩	西山經 北山經	32 91	袁珂注：“經文鳲鳩，宋本、《藏經》本、毛扆本均作尸鳩。”郝疏：“鳲當爲尸。”
24	白翰	西山經	33	郭注：“白翰，白鵫也，亦名鵫雉，又曰白雉。”

續表

序號	名稱	篇章	頁碼	釋義
25	櫟	西山經	34	其狀如鶉，黑文而赤翁
26	數斯	西山經	35	其狀如鴟而人足
27	鴞	西山經	36	
28	鸚䳇	西山經	36	其狀如鴞，青羽赤喙，人舌能言。即鸚鵡
29	鸓	西山經	37	其狀如鵲，赤黑而兩首四足
30	鵲	西山經	37	
31	翟	西山經	40	郭注："翟似雉而大，長尾。"
32	a. 鸞鳥 b. 鸞雞 c. 鸞鳳	西山經 西山經 大荒西經	40 52 455	b. 郝疏："鸞或作欒，古字假借，鸞雞疑即鸞也。《初學記》三十卷引此經無雞字。" c. 袁珂注："鸞鳳，《藏經》本作鸞鳥，吳任臣本、汪紱本、畢沅本同，作鸞鳥是也；兹經各卷所記均作鸞鳥，無作鸞鳳者，鳳字訛。"
33	鳧徯	西山經	41	其狀如雄雞而人面
34	羅羅	西山經	44	
35	鳧	西山經	46	
36	蠻蠻	西山經	46	郭注："比翼鳥也，色青赤，不比不能飛，《爾雅》作鶼鶼鳥也。"
37	鶚	西山經	50	郭注："鶚，鵰屬也。"
38	晨鵠	西山經	50	郭注："晨鵠，鶚屬，猶云晨鳧耳。"
39	鵕鳥	西山經	50	其狀如鴟，赤足而直喙，黃文而白首，其音如鵠
40	鵠	西山經	50	
41	鷹賈①	西山經	53	"賈"通"雅"，疑即烏鴉
42	欽原	西山經	56	其狀如蠭，大如鴛鴦
43	胜遇	西山經	60	其狀如翟而赤
44	鶴	西山經	62	
45	a. 畢方 b. 畢方鳥	西山經 海外南經	62 230	其狀如鶴，一足，赤文青質而白喙

① 《西山經》云："槐江之山……北望諸毗，槐鬼離侖居之，鷹賈之所宅也。""賈"原作"鸇"，此從元鈔本。《大荒南經》云："有阿山者。南海之中，有氾天之山，赤水窮焉。赤水之東，有蒼梧之野，舜與叔均之所葬也。爰有文貝、離俞、鴟久、鷹賈、委維、熊、羆、象、虎、豹、狼、視肉。"又云："帝堯、帝嚳、帝舜葬于岳山。爰有文貝、離俞、鴟久、鷹賈、延維、視肉、熊、羆、虎、豹。"詳細論證參見拙著《山海經校釋》（未刊）。

續表

序號	名稱	篇章	頁碼	釋義
46	鵜	西山經	64	郭注："鵜似鵰，黑文赤頸。"
47	烏	西山經	67	
48	鵸鵌	西山經	67	其狀如烏，三首六尾而善笑
49	當扈	西山經	70	其狀如雉，以其髯飛
50	雉	西山經	70	
51	白雉	西山經	71	
52	白翟	西山經	71	
53	鴞	西山經	71	郭注："鴞似鳩而青色。"
54	白雞	西山經	79	
55	蕃	北山經	84	
56	寓	北山經	84	狀如鼠而鳥翼，其音如羊
57	白鵺	北山經	88	其狀如雉，而文首、白翼、黃足
58	竦斯	北山經	89	其狀如雌雉而人面，見人則躍
59	鴈	北山經	93	
60	白鵺	北山經	96	郭注："即白鵺也。"
61	鴽鶥	北山經	99	其狀如烏，人面
62	鶌	北山經	102	其狀如鵲，白身、赤尾、六足
63	鶌鶋	北山經	104	其狀如烏，首白而身青、足黃
64	象蛇	北山經	106	其狀如雌雉，而五采以文，是自爲牝牡
65	酸與	北山經	107	其狀如蛇，而四翼、六目、三足
66	鴣鸐	北山經	109	其狀如烏而白文
67	黃鳥	北山經	110	其狀如梟而白首
68	精衛	北山經	111	其狀如烏，文首、白喙、赤足
69	鸙	北山經	116	郭注："未詳。或曰，鸙，鵂鶹也。"
70	蚩鼠	東山經	122	其狀如雞而鼠毛
71	鴐鵝	東山經	130	其狀如鴛鴦而人足
72	鴻鴈	東山經	131	
73	絜鉤	東山經	132	其狀如鳧而鼠尾，善登木
74	鬿雀	東山經	136	郝疏："《楚詞·天問》云：'鬿堆焉處?'王逸注云：'鬿堆，奇獸也。'柳子《天對》云：'鬿雀在北號，惟人是食。'則以鬿堆爲即鬿雀字之誤，王逸注蓋失之。"

續表

序號	名稱	篇章	頁碼	釋義
75	鶡	中山經	147	郝疏：“《玉篇》云：‘鶡，何葛切；鳥似雉而大，青色，有毛角，鬥死而止。’”
76	駕鳥	中山經	151	郭注：“未詳也。或曰駕宜爲鴐，鴐鵝也。”
77	鴢	中山經	151	其狀如鳧，青身而朱目赤尾
78	䭾鳥	中山經	160	其狀如梟而三目，有耳
79	鴒鸚	中山經	165	狀如山雞而長尾，赤如丹火而青喙
80	鷩	中山經	168	
81	白鷮	中山經	183	郭注：“鷮似雉而長尾，走且鳴。”
82	鴆	中山經	183	郭注：“鴆大如鵰，紫綠色，長頸赤喙，食蝮蛇頭；雄名運日，雌名陰諧也。”郝疏：“《説文》云：‘鴆，毒鳥也。’體有毒，古人謂之鴆毒。”
83	翰	中山經	189	
84	竊脂	中山經	191	狀如鴞而赤身白首
85	跂踵	中山經	197	其狀如鴞，而一足彘尾
86	鸜鵒	中山經	198	郭注：“鴝鵒也。”
87	嬰勺	中山經	202	其狀如鵲，赤目、赤喙、白身，其尾若勺
88	青耕	中山經	203	其狀如鵲，青身白喙，白目白尾
89	𨈪駼	中山經	212	其狀如烏而赤足
90	就	中山經	217	郭注：“就，鵰也；見《廣雅》。”
91	a. 比翼鳥 b. 比翼之鳥	海外南經 大荒西經	227 465	
92	a. 離朱 b. 離俞	海外南經 大荒南經	246 420	a. 郭注：“木名也，見《莊子》。今圖作赤鳥。”郝疏：“郭云木名者，蓋據《文選·子虚賦》‘檗離朱楊’爲説也，然郭於彼注既以朱楊爲赤莖柳，則此注非也。又云見《莊子》者，《天地篇》有其文，然彼以離朱爲人名，則此亦非矣。又云今圖作赤鳥者，赤鳥疑南方神鳥焦明之屬也。”袁珂注：“離朱在熊、羆、文虎、蜼、豹之間，自應是動物名，郭云木名，誤也。” b. 郭注：“即離朱。”
93	鴟久	海外南經	246	郭注：“鴟久，鴝鶹之屬。”郝疏：“鴟當爲鵂。《説文》云：‘雖舊，舊留也；舊或作鵂。’是經文鴟久即鵂舊，注文雊鶹即鵂鶹也，皆聲近假借字。”

續表

序號	名稱	篇章	頁碼	釋義
94	a. 滅蒙鳥 b. 孟鳥 c. 鳴鳥	海外西經 海内西經 大荒西經	251 344 458	b. 郭注："亦鳥名也。"郝疏："《海外西經》有'滅蒙鳥在結匈國北'，疑亦此鳥也，滅蒙之聲近孟。"袁珂注："郝説是也。" c. 郝疏："鳴鳥蓋鳳屬也。《周書·君奭》云：'我則鳴鳥不聞。'《國語（·周語）》云：'周之興也，鸑鷟鳴於岐山。'"袁珂注："郝説是也。鳴鳥即《海内西經》之孟鳥。"
95	𪂋鳥	海外西經	261	
96	䳋鳥	海外西經	261	
97	維鳥	海外西經	261	
98	青鳥	海外西經	261	
99	鳳鳥	海外西經	267	
100	軀	海外東經	312	郭注："軀，水鳥也。"楊慎注："軀即鷗。"
101	a. 樹鳥 b. 鸀鳥	海内西經 大荒西經	354 477	袁珂注："《大荒西經》云：'有青鳥，身黄，赤足，六首，名曰鸀鳥。'郭璞云：'音觸。'疑即此六首之樹鳥。"
102	誦鳥	海内西經	355	
103	鵪	海内西經	355	郭注："鵰也。"
104	五采之鳥	大荒東經	409	
105	a. 黄鳥 b. 皇鳥	大荒南經 大荒西經	422 453	袁珂注："古黄、皇通用無别，黄鳥即皇鳥，蓋鳳皇屬之鳥也。《周書·王會篇》云：'方揚以皇鳥。'《爾雅·釋鳥》云：'皇，黄鳥。'即此是也。"
106	狂鳥	大荒西經	448	郭注："《爾雅·釋鳥》云：'狂，夢鳥。'即此也。"袁珂注："郭注《爾雅·釋鳥》，亦引此經文。狂，《玉篇》作鵟，疑即鳳凰之屬。"
107	大鵹	大荒西經	457	三青鳥之一
108	少鵹	大荒西經	457	三青鳥之一
109	青鳶	大荒西經	463	
110	黄鶩	大荒西經	463	
111	琅鳥	大荒北經	478	
112	玄鳥	大荒北經	478	
113	翠鳥	海内經	520	

續表

序號	名稱	篇章	頁碼	釋義
114	孔鳥	海内經	520	郭注："孔雀也。"袁珂注："《周書·王會篇》云：'方人以孔鳥。'《爾雅翼》卷十三云：'孔雀生南海，尾凡七年而後成，長六七尺，展開如車輪，金翠斐然。始春而生，至三四月後彫，與花萼同榮衰。'"
115	翳鳥	海内經	523	郭注："鳳屬也；《離騷》曰：'駟玉芑而乘翳。'"郝疏："《廣雅》云：'翳鳥，鸑鳥，鳳皇屬也。'今《離騷》翳作鷖，王逸注云：'鳳皇别名也。'《史記·司馬相如傳》張揖注及《文選（·思玄賦）》注、《後漢書·張衡傳》注引此經並作鷖鳥，《上林賦》注仍引作翳鳥。"

九 獸名

《山海經》"獸名"主要見於《山經》部分，共計 172 個。

表九

序號	名稱	篇章	頁碼	釋義
1	禺	南山經	1	郭注："禺似獼猴而大，赤目長尾。"
2	a. 狌狌 b. 猩猩	南山經 海内經	1 513	a. 其狀如禺而白耳，伏行人走。食用它可以跑得快 b. 郭注："能言。"長著人的面孔
3	白猿	南山經	2	
4	馬	南山經	4	
5	虎	南山經	4	
6	鹿蜀	南山經	4	其狀如馬而白首，其文如虎而赤尾
7	牛	南山經	4	
8	a. 留牛 b. 犂牛	南山經 東山經	5 121	袁珂注："《東山經》首説鱅鱅之魚'其狀如犂牛'，郭璞云：'牛似虎文者。'或即此；留、犂音相近。"
9	貍	南山經	5	
10	類	南山經	5	其狀如貍而有髦
11	羊	南山經	6	
12	猼訑	南山經	6	其狀如羊，九尾四耳，其目在背
13	狐	南山經	7	

續表

序號	名稱	篇章	頁碼	釋義
14	龍	南山經	9	
15	a. 豚 b. 逐	南山經 中山經	10 172	郭注："即豚字。"畢沅注："借遯字爲之，逐又遯省文。"
16	狗	南山經	10	
17	貍力	南山經	10	其狀如豚，有距，其音如狗吠
18	長右	南山經	11	其狀如禺而四耳。郝疏："《廣韻》引此經作長舌。"
19	彘	南山經	12	
20	猾褢	南山經	12	其狀如人而彘鬣，穴居而冬蟄
21	犬	南山經	13	
22	䍺	南山經	15	其狀如羊而無口
23	蠱雕	南山經	16	其狀如雕而有角，其音如嬰兒之音，是食人
24	a. 犀 b. 犀牛	南山經 海內南經	18 326	
25	兕	南山經	18	
26	象	南山經	18	
27	白狗	南山經	23	
28	羬羊	西山經	24	其狀如羊而馬尾
29	㸲牛	西山經	26	郭注："今華陰山中多山牛山羊，肉皆千斤，牛即此牛也。"
30	蔥聾	西山經	27	其狀如羊而赤鬣
31	豪彘	西山經	29	袁珂注："即豪豬，俗稱箭豬。"
32	嚻	西山經	31	郭注："亦在畏獸畫中，似獼猴投擲也。"袁珂注："嚻，郝懿行云，嚻、夒聲相近；畢沅校本作嚣，云嚣、夒形相近；《説文》云：'夒，母猴，似人。'嚻當即夒之訛變也。"
33	猛豹	西山經	32	郭注："猛豹似熊而小，毛淺，有光澤，能食蛇，食銅鐵，出蜀中。"郝疏："猛豹即貘豹也，貘豹、猛豹聲近而轉。"
34	熊	西山經	33	
35	羆	西山經	33	
36	谿邊	西山經	34	其狀如狗
37	鼠	西山經	35	
38	a. 鹿 b. 錄	西山經 中山經	35 160	郝疏："蓋鹿字假音。"

續表

序號	名稱	篇章	頁碼	釋義
39	玃如	西山經	35	其狀如鹿而白尾，馬腳人手而四角。袁珂注："王念孫、郝懿行並校玃如當作玃如。"
40	犛	西山經	36	其狀如牛，而蒼黑大目
41	旄牛	西山經	37	
42	a. 麢 b. 麢羊	西山經 西山經	37 42	
43	麝	西山經	37	郭注："麢似羊而大，角細，食好在山崖間；麝似獐而小，有香。"
44	豹	西山經	40	
45	白豪	西山經	41	郭注："豪，貆豬也。"
46	a. 猿 b. 猨 c. 蝯	西山經 中山經 中山經	42 192 201	袁珂注："蝯同猿，即今猿字。"
47	朱厭	西山經	42	其狀如猿，而白首赤足
48	犳	西山經	43	
49	a. 麋 b. 麋鹿	西山經 東山經	44 134	郭注："麋大如小牛，鹿屬也。"
50	a. 舉父 b. 夸父	西山經 北山經	46 100	郭注："或作舉父。"
51	土螻	西山經	56	其狀如羊而四角
52	狡	西山經	59	其狀如犬而豹文，其角如牛
53	赤豹	西山經	62	
54	猙	西山經	62	其狀如赤豹，五尾一角
55	a. 天狗 b. 天犬	西山經 大荒西經	63 465	其狀如貍而白首
56	獓㺯	西山經	64	其狀如牛，白身四角，其豪如披蓑
57	讙	西山經	67	其狀如貍，一目而三尾
58	白鹿	西山經	70	
59	白狼	西山經	71	
60	白虎	西山經	71	
61	蠻蠻	西山經	73	其狀鼠身而鼈首，其音如吠犬
62	駮	西山經	74	其狀如馬而白身黑尾，一角，虎牙爪，音如鼓音
63	蝟	西山經	75	
64	窮奇	西山經	75	其狀如牛，蝟毛

續表

序號	名稱	篇章	頁碼	釋義
65	a. 猼狗 b. 猼犬	西山經 北山經	75 85	
66	孰湖	西山經	77	其狀馬身而鳥翼，人面蛇尾
67	蜼	西山經	77	郭注："蜼，獼猴屬也。"
68	臛疏	北山經	82	其狀如馬，一角有錯
69	貆	北山經	83	郭注："貆，豪豬也。"
70	孟槐	北山經	83	其狀如貆而赤豪，其音如榴榴
71	a. 橐駝 b. 橐駞	北山經 北山經	84 116	郭注："有肉鞍，善行流沙中，日行三百里，其負千斤，知水泉所在也。"
72	a. 莬 b. 兔	北山經 北山經	85 105	
73	耳鼠	北山經	85	郝疏："疑即《爾雅》鼯鼠夷由也，耳、鼯、夷並聲之通轉。"
74	孟極	北山經	86	其狀如豹，而文題白身
75	幽鴳	北山經	87	其狀如禺而文身，善笑，見人則臥
76	足訾	北山經	88	其狀如禺而有鬣，牛尾、文臂、馬蹏，見人則呼
77	諸犍	北山經	88	其狀如豹而長尾，人首而牛耳，一目
78	那父	北山經	89	其狀如牛而白尾
79	窫窳	北山經	92	其狀如牛，而赤身、人面、馬足
80	山𤟤	北山經	92	其狀如犬而人面，善投，見人則笑
81	諸懷	北山經	93	其狀如牛，而四角、人目、彘耳
82	狕	北山經	95	其狀如豹而文首
83	閭	北山經	96	郭注："閭即羭也，似驢而岐蹏，角如麢羊，一名山驢。《周書》曰：'北唐以閭。'"
84	䑏馬	北山經	98	牛尾而白身，一角，其音如呼
85	狍鴞	北山經	99	郭注："爲物貪惏，食人未盡，還害其身，像在夏鼎，《左傳》所謂饕餮是也。"
86	獨狢	北山經	99	其狀如虎，而白身犬首，馬尾彘鬣
87	居暨	北山經	100	其狀如彙而赤毛，其音如豚
88	彙	北山經	100	郭注："彙，似鼠。"
89	驒	北山經	102	其狀如麢羊而四角，馬尾而有距
90	天馬	北山經	104	其狀如白犬而黑頭，見人則飛
91	飛鼠	北山經	105	其狀如兔而鼠首，以其背飛

續表

序號	名稱	篇章	頁碼	釋義
92	領胡	北山經	106	郝疏："《說文》云：'領，項也。''胡，牛顄垂也。'此牛頸肉垂如斗，因名之領胡與?"
93	辣辣	北山經	115	其狀如羊，一角一目，目在耳後
94	獂	北山經	117	郝疏："獂當爲貆，見《說文》。"袁珂注："畢沅校本獂正作貆。"
95	羆	北山經	118	郝疏："《藏經》本作羆九，郭氏《圖讚》亦作羆九，疑經文羆下有九字，今本脫去之。"袁珂注："經文羆，王念孫、孫星衍亦均校作羆九。"
96	從從	東山經	122	其狀如犬，六足
97	狪狪	東山經	125	其狀如豚而有珠
98	軨軨	東山經	126	其狀如牛而虎文
99	犰狳	東山經	129	其狀如菟而鳥喙，鴟目蛇尾，見人則眠
100	朱獳	東山經	129	其狀如狐而魚翼
101	獙獙	東山經	131	其狀如狐而有翼，其音如鴻鴈
102	a. 蠪姪 b. 蠪蚳	東山經 中山經	131 148	a. 郭注："龍蛭二音。"袁珂注："經文蠪姪、注文龍蛭，王念孫、郝懿行並校作蠪蛭、龍姪。" b. 郭注："上已有此獸，疑同名。"郝疏："蚳疑當爲蛭；已見《東次二經》凫麗之山。"袁珂注："王念孫、何焯校並同郝注。"
103	峳峳	東山經	132	其狀如馬，而羊目、四角、牛尾，其音如獋狗
104	妴胡	東山經	133	其狀如麋而魚目
105	精精	東山經	135	其狀如牛而馬尾
106	狼	東山經	136	
107	猲狙	東山經	136	郝疏："經文猲狙當爲獦狚，《玉篇》、《廣韻》並作獦狚，云，狚，丁旦切，獸名，可證今本之譌。"袁珂注："王念孫校同。"
108	當康	東山經	138	其狀如豚而有牙
109	合窳	東山經	139	其狀如彘而人面，黃身而赤尾
110	蜚	東山經	139	其狀如牛而白首，一目而蛇尾
111	鼣鼠	中山經	141	郭注："鼣鼠，所未詳，音虺，字亦或作虺。"
112	難	中山經	141	其狀如鼣鼠而文題
113	朏朏	中山經	145	其狀如貍，而白尾有鬣
114	豺	中山經	148	

續表

序號	名稱	篇章	頁碼	釋義
115	a. 馬腹 b. 馬腸之物	中山經 中山經	149 159	a. 其狀如人面虎身，其音如嬰兒，是食人 b. 郝疏："上文蔓渠山馬腹，一本作馬腸，蓋此是也。"
116	夫諸	中山經	150	其狀如白鹿而四角
117	貉	中山經	156	
118	麈	中山經	156	其狀如貉而人目
119	犀渠	中山經	156	郝疏："犀渠蓋犀牛之屬也。《吳語》云：'奉文犀之渠。'《吳都賦》云：'戶有犀渠。'疑古用此獸皮蒙楯，故因名楯爲犀渠矣。"
120	a. 獺 b. 頡	中山經 中山經	156 206	其狀如獳犬而有鱗，其毛如彘鬣。郭注："音蒼頡之頡。"
121	獳犬	中山經	156	
122	麖	中山經	162	郭注："似鹿而小，黑色。"畢沅注："郭說非也。《爾雅》：'麠，大鹿。'《說文》云：'牛尾一角，或從京。'則此是大鹿。凡云京皆大也，郭義失之。"
123	山膏	中山經	172	畢沅注："即山都也。"
124	文文	中山經	174	其狀如蜂，枝尾而反舌，善呼
125	㹴蜼	中山經	176	郝疏："㹴當爲嫯，《廣雅》云：'狖，蜼也。'狖、嫯聲相近。郭注《爾雅》云：'蜼似獼猴。'"袁珂注："王念孫亦校㹴作嫯。"
126	犛牛	中山經	182	郭注："旄牛屬也，黑色，出西南徼外也。"
127	a. 麂 b. 麐	中山經 中山經	183 217	袁珂注："麐音几，即麂。"
128	麈	中山經	184	
129	㚟	中山經	184	郭注："㚟似菟而鹿腳，青色。"
130	豖	中山經	186	
131	白犀	中山經	188	
132	夔牛	中山經	189	郭注："今蜀山中有大牛，重數千斤，名爲夔牛，即《爾雅》所謂魏。"袁珂注："郭注魏，今本《爾雅》作犩。"
133	狏狼	中山經	191	其狀如狐，而白尾長耳
134	雍和	中山經	201	其狀如蝯，赤目、赤喙、黃身
135	獜	中山經	203	其狀如犬，虎爪有甲
136	玄豹	中山經	204	郭注："黑豹也。"

續表

序號	名稱	篇章	頁碼	釋義
137	狭	中山經	206	其狀如彙，赤如丹火
138	猷鼠	中山經	208	郭注："《爾雅》説鼠有十三種，中有此鼠，形所未詳也。"
139	狙如	中山經	208	其狀如猷鼠，白耳白喙
140	膜大	中山經	210	郝疏："大當爲犬字之訛，《廣韻》作犬，可證。膜犬者，即西膜之犬，今其犬高大獷毛，猛悍多力也。"
141	狢即	中山經	210	其狀如膜大，赤喙、赤目、白尾
142	梁渠	中山經	211	其狀如貍，而白首虎爪
143	聞獜	中山經	213	其狀如彘，黄身、白頭、白尾
144	蛫	中山經	217	其狀如龜，而白身赤首
145	文虎	海外南經	246	郭注："彫虎也。"
146	視肉	海外南經	246	
147	黄馬	海外西經	256	虎文，一目而一手
148	文馬	海外西經	257	郭注："文馬即吉良也。"袁珂注："《海内北經》云：'犬戎國有文馬，縞身朱鬣，目若黄金，名曰吉量，乘之壽千歲。'吉量即吉良也。"
149	a. 並封 b. 屏蓬	海外西經 大荒西經	264 465	a. 其狀如彘，前後皆有首 b. 郭注："即並封也，語有輕重耳。"
150	乘黄	海外西經	270	郭注："《周書》曰：'白民乘黄，似狐，背上有兩角。'即飛黄也。《淮南子》曰：'天下有道，飛黄伏皁。'"
151	a. 青鳥 b. 青馬	海外北經 大荒南經	292 441	袁珂注："青鳥，《藏經》本作青馬；《海外東經》嗟丘、《淮南子·墬形篇》華丘亦俱作青馬：則作青馬是也。"
152	騊駼	海外北經	294	其狀如馬
153	白馬	海外北經	294	
154	蛩蛩	海外北經	294	郭注："即蛩蛩鉅虚也，一走百里，見《穆天子傳》。"袁珂注："《周書·王會篇》云：'獨鹿邛邛，善走也。'孔晁注：'獨鹿，西方之戎也；邛邛，獸，似距虚，負蹷而走也。'實則邛邛、距虚乃是一物，即《爾雅·釋地》所記'邛邛岠虚'也。《吕氏春秋·不廣篇》云：'北方有獸，名曰蹷，鼠前而兔後，趨則跲，走則顛，常爲蛩蛩距虚取甘草以與之。蹷有患害也，蛩蛩距虚必負而走。'是猶比肩之獸也。"

續表

序號	名稱	篇章	頁碼	釋義
155	羅羅	海外北經	294	吳任臣注："《駢雅》曰：'青虎謂之羅羅。'今雲南蠻人呼虎亦爲羅羅，見《天中記》。"
156	旄馬	海内南經	332	其狀如馬，四節有毛
157	開明獸	海内西經	345	昆侖山的守門獸
158	吉量	海内北經	362	
159	蜪犬	海内北經	364	郭注："音陶。或作蚼，音鉤。"袁珂注："《説文》十三云：'北方有蚼犬，食人。'即此。"
160	騶吾	海内北經	368	
161	三青馬	大荒東經	411	
162	三騅	大荒東經	411	郭注："馬蒼白雜毛爲騅。"
163	夔	大荒東經	416	狀如牛，蒼身而無角，一足，出入水則必風雨，其光如日月，其聲如雷
164	跊踢	大荒南經	418	畢沅注："《呂氏春秋・本味篇》云：'伊尹曰：肉之美者，述蕩之擥。'高誘注曰：'獸名，形則未聞。'案即是此也。又案跊踢當爲述蕩之誤，篆文辵、足相似，故亂之。"
165	雙雙	大荒南經	418	
166	蜚蛭	大荒北經	480	
167	猎猎	大荒北經	483	郝疏："《玉篇》云：'猎，秦亦切，獸名。'《廣韻》亦云獸名，引此經。蓋蟲、獸通名耳。"
168	贛巨人	海内經	516	人面長臂，黑身有毛，反踵，見人笑亦笑，脣蔽其面，因即逃也
169	封豕	海内經	517	郭注："大豬也，羿射殺之。"
170	菌狗	海内經	520	
171	玄虎	海内經	525	
172	玄狐	海内經	525	

十　蟲名

《山海經》"蟲名"共計 24 個，其中最多的是關於蛇的名稱。

表十

序號	名稱	篇章	頁碼	釋義
1	a. 蝮虫 b. 蝮	南山經 海内西經	3 354	郭注："蝮虫，色如綬文，鼻上有鍼，大者百餘斤，一名反鼻；虫，古虺字。"
2	蛇	南山經	4	

續表

序號	名稱	篇章	頁碼	釋義
3	a. 肥蟥 b. 肥遺	西山經 北山經	25 94	郝疏："蟥當爲遺；劉昭注《郡國志》及《藝文類聚》九十六卷並引此經作肥遺。"
4	木蟲	西山經	30	郭注："在樹之中。"
5	白蛇	西山經	39	
6	勃皇	西山經	54	郝疏："勃皇即發皇也。《考工記》：'梓人爲筍虡以翼鳴者'，鄭注：'翼鳴，發皇屬。'發皇，《爾雅》作蛂蟥，聲近字通。"
7	a. 螽 b. 蜂	西山經 中山經	56 174	袁珂注："經文螽，宋本作蜂，即蜂字。"
8	長蛇	北山經	90	
9	飛蟲	北山經	110	
10	螽蝗	東山經	129	袁珂注："《説文》十三云：'螽，蝗也；蝗，螽也。'螽蝗只是一物。經文螽蝗爲敗，《太平御覽》卷九一三引作蟲蝗爲敗，於義爲長。"
11	鳴蛇	中山經	148	其狀如蛇而四翼，其音如磬
12	化蛇	中山經	148	其狀如人面而豺身，鳥翼而蛇行，其音如叱呼。
13	蜚	中山經	202	郭注："蜚，負盤也。"郝疏："蜚見《爾雅》，郭注云：'蜚，負盤，臭蟲。'"
14	飛蛇	中山經	219	郭注："即螣蛇，乘霧而飛者。"袁珂注："《韓非子·十過篇》云：'昔者黃帝合鬼神於西泰山之上，騰蛇伏地。'謂此也。一作螣蛇，見《爾雅·釋魚》。"
15	青蛇	海外西經	263	
16	赤蛇	海外西經	263	
17	黃蛇	海外北經	287	
18	巴蛇	海内南經	331	
19	a. 黑蛇 b. 玄蛇	海内南經 大荒南經	331 421	
20	朱蛾	海内北經	365	郭注："蛾，蚍蜉也。《楚詞》云：'玄蜂如壺，赤蛾如象。'謂此也。"袁珂注："郭引《楚辭》，見《招魂篇》，云：'赤螘若象，玄蠭若壺些'。螘，蟻本字，即蛾。"
21	委維	大荒南經	420	郭注："即委蛇也。"
22	育蛇	大荒南經	430	
23	琴蟲	大荒北經	480	郭注："亦蛇類也。"
24	蝡蛇	海内經	508	

十一 魚名

對於《山海經》中的水生動物名稱，我們將它們統統歸入“魚名”。它們主要見於《山經》部分，共計 77 個。

表十一

序號	名稱	篇章	頁碼	釋義
1	龜	南山經	4	
2	旋龜	南山經	4	
3	鯥	南山經	5	
4	赤鱬	南山經	7	
5	鮆魚	南山經	13	郭注：“鮆魚狹薄而長頭，大者尺餘，太湖中今饒之，一名刀魚。”
6	a. 茈蠃 b. 茈蠃	南山經 東山經	15 125	a. 郭注：“紫色螺也。”郝疏：“郭云紫色螺，即知經文茈當爲茈，字之訛也。古字通以茈爲紫。《御覽》引此經茈作茈。”袁珂注：“見《太平御覽》卷九四一。” b. 郝疏：“蠃當爲蠃，字之訛；茈蠃，紫色蠃也。”袁珂注：“吳任臣、何焯、畢沅校同；汪紱本正作蠃。”
7	虎蛟	南山經	18	郭注：“蛟似蛇，四足，龍屬。”
8	鱄魚	南山經	21	
9	a. 鮒 b. 鮒魚	南山經 北山經	21 106	郝疏：“《廣雅》云：‘鮒，鰿也。’即今鯽魚。鯽、鰿同字，見《玉篇》。”
10	鮭魚	西山經	28	
11	a. 鼃 b. 鼃魚	西山經 海外西經	28 269	
12	人魚	西山經	29	
13	文鰩魚	西山經	52	狀如鯉魚，魚身而鳥翼
14	a. 鯉魚 b. 鯉	西山經 北山經	52 92	
15	蠃母	西山經	53	郭注：“即螺螺也。”
16	a. 鰨魚 b. 滑魚	西山經 北山經	58 81	郭注：“音滑。”
17	文貝	西山經	63	
18	冉遺之魚	西山經	73	
19	黃貝	西山經	75	郭注：“貝，甲蟲，肉如科斗，但有頭尾耳。”

續表

序號	名稱	篇章	頁碼	釋義
20	蠃魚	西山經	75	魚身而鳥翼，音如鴛鴦
21	鰠魚	西山經	76	
22	鱣魚	西山經	76	郭注："鱣魚，大魚也，口在頷下，體有連甲也。"
23	絮魮之魚	西山經	76	鳥首而魚翼魚尾，音如磬石之聲
24	a. 鱓 b. 鮋	北山經 北山經	81 101	a. 郭注："鱓魚似蛇。"袁珂注："即鱔魚，俗稱黄鱔。" b. 郭注："亦鱓魚字。"
25	水馬	北山經	81	
26	儵魚	北山經	82	郝疏："儵與鯈同，《玉篇》作鯈。"當以作"鯈"爲是
27	何羅之魚	北山經	83	一首而十身，其音如吠犬
28	鰼鰼之魚	北山經	84	其狀如鵲而十翼，鱗皆在羽端，其音如鵲
29	赤鮭	北山經	91	郭注："今名鯸鮐爲鮭魚。"
30	鯖鯖之魚	北山經	92	畢沅注："即鯢魚也，一名江豚。"
31	鱳魚	北山經	92	
32	鮨魚	北山經	93	
33	龍龜	北山經	95	郝疏："龍、龜二物也；或是一物，疑即吉弔也，龍種龜身，故曰龍龜。"袁珂注："當是一物。"
34	鯑魚	北山經	103	四足，其音如嬰兒
35	鮥父之魚	北山經	106	其狀如鮒魚，魚首而彘身
36	鱯	北山經	112	郭注："鱯似鮎而大，白色也。"
37	黽	北山經	112	
38	師魚	北山經	116	
39	蒲夷之魚	北山經	118	
40	鱅鱅之魚	東山經	121	
41	活師	東山經	122	郭注："科斗也，《爾雅》謂之活東。"
42	箴魚	東山經	122	
43	鱤魚	東山經	123	
44	堪㐨之魚	東山經	124	
45	偹鳙	東山經	124	其狀如黄蛇，魚翼，出入有光
46	蜃	東山經	127	

續表

序號	名稱	篇章	頁碼	釋義
47	珧	東山經	127	郭注："蜃，蚌也；珧，玉珧，亦蚌屬。"郝疏："《爾雅》云：'蜃小者珧。'即小蚌也。"
48	珠蟞魚	東山經	128	郭注："音鼈。"袁珂注："《文選·江賦》注、《太平御覽》卷九三九引此經魚上有之字；《御覽》珠蟞作珠鼈，《吕氏春秋·本味篇》作朱鼈，郝懿行云，珠朱、蟞鼈並古字通用。"
49	鯈魚	東山經	133	郭注："即鮇魚。"
50	鮪	東山經	134	郭注："鮪即鱏也，似鱣而長鼻，體無鱗甲，别名䱂鱠，一名鱑也。"
51	蠵龜	東山經	134	郭注："蠵，觜蠵，大龜也，甲有文彩，似瑇瑁而薄。"
52	鮯鮯之魚	東山經	134	其狀如鯉，而六足鳥尾
53	鱃魚	東山經	136	郭注："今蝦鰌字，亦或作鱃。"袁珂注："鱃即鰍，俗名泥鰍。"
54	茈魚	東山經	137	其狀如鮒，一首而十身，其臭如蘪蕪
55	薄魚	東山經	137	其狀如鱣魚而一目
56	豪魚	中山經	142	
57	飛魚	中山經	144	
58	僕纍	中山經	151	郭注："僕纍，蝸牛也。"
59	蒲盧	中山經	151	郝疏："蒲盧爲蜃蛤之屬。僕纍、蒲盧，同類之物，並生於水澤下溼之地。"
60	脩辟之魚	中山經	168	
61	三足龜	中山經	174	袁珂注："《爾雅·釋魚》云：'龜三足，賁。'"
62	鯩魚	中山經	175	
63	䲢魚	中山經	175	
64	鱖	中山經	175	
65	文魚	中山經	182	郭注："有斑彩也。"袁珂注："《楚辭·九歌·河伯》云：'乘白黿兮逐文魚。'當即此。"
66	鮫魚	中山經	182	郝疏："鮫魚即今沙魚。"
67	良龜	中山經	189	
68	鼉	中山經	189	郭注："似蜥易，大者長二丈，有鱗彩，皮可以冒鼓。"
69	䱱魚	中山經	190	
70	蛟	中山經	199	郭注："似蛇而四腳，小頭細頸，有白癭，大者十數圍，卵如一二石甕，能吞人。"
71	三足鼈	中山經	205	郭注："三足鱉名能，見《爾雅》。"

續表

序號	名稱	篇章	頁碼	釋義
72	龍魚	海外西經	269	
73	鰕	海外西經	269	
74	大蟹	海内北經	375	郭注："蓋千里之蟹也。"
75	陵魚	海内北經	376	
76	大鯾	海内北經	377	郭注："鯾即魴也。"袁珂注："《爾雅·釋魚》云：'魴，魾。'郭璞注云：'江東呼魴魚爲鯿。'《説文》十一云：'鯿，鯾。'故郭此注云'鯾即魴'也。"
77	魚婦	大荒西經	476	

十二　礦物名

《山海經》"礦物名"是指金、玉、石以及金屬等的名稱，主要見於《山經》部分，共計87個。

表十二

序號	名稱	篇章	頁碼	釋義
1	金	南山經	1	
2	玉	南山經	1	
3	水玉	南山經	2	郭注："水玉，今水精也。相如《上林賦》曰：'水玉磊砢。'赤松子所服；見《列仙傳》。"
4	黃金	南山經	2	
5	白玉	南山經	3	
6	赤金	南山經	3	
7	白金	南山經	4	
8	a. 青雘 b. 青臒	南山經 南山經	7 14	郝疏："雘當爲臒；《説文》云：'臒，善丹也。'《初學記》五卷引此經正作臒。"袁珂注："畢沅校本亦作臒。"
9	丹粟	南山經	10	郭注："細丹沙如粟也。"
10	砆石	南山經	14	郭注："砆，武夫石，似玉。"
11	博石	南山經	16	郭注："可以爲博棊石。"
12	丹臒	南山經	21	
13	洗石	西山經	24	郭注："澡洗可以磢體去垢圿。"

續表

序號	名稱	篇章	頁碼	釋義
14	銅	西山經	25	
15	磬石	西山經	26	郭注："可以爲樂石。"
16	瑀琈之玉	西山經	26	
17	鐵	西山經	27	
18	流赭	西山經	28	郭注："赭，赤土。"
19	赭	西山經	29	
20	蒼玉	西山經	29	
21	赤銅	西山經	31	
22	a. 嬰垣之玉 b. 嬰短之玉	西山經 西山經	31 66	郭注："垣或作短，或作根，或作埋，傳寫謬錯，未可得詳。"
23	銀	西山經	32	
24	礜	西山經	35	
25	采石	西山經	37	郭注："采石，石有采色者；今雌黄、空青、綠碧之屬。"
26	藻玉	西山經	39	郭注："藻玉，玉有符彩者也。"
27	白珠	西山經	40	
28	青碧	西山經	40	
29	雄黄	西山經	40	
30	石涅	西山經	40	吳任臣注："《本草》：'黑石脂一名石墨，一名石涅，南人謂之畫眉石。'楊慎《補注》曰：'石涅可以染黑色；《論語》"涅而不淄"，即此物也。又可以書字，謂之石墨。'"
31	堊	西山經	42	
32	碧	西山經	42	
33	青雄黄	西山經	43	郭注："即雌黄也。或曰空青、曾青之屬。"吳任臣注："蘇頌云：'階州山中，雄黄有青黑色而堅者，名曰熏黄。'青雄黄意即此也。"
34	玉膏	西山經	48	
35	玄玉	西山經	48	
36	玉榮	西山經	48	郭注："謂玉華也。"
37	瑾瑜之玉	西山經	48	
38	琅玕	西山經	53	郭注："琅玕，石似珠者。"
39	采黄金	西山經	53	郝疏："采謂金銀之有符采者。"
40	青石	西山經	59	

續表

序號	名稱	篇章	頁碼	釋義
41	文玉石	西山經	61	
42	瑤	西山經	62	
43	a. 茈 b. 茈石	西山經 北山經	69 80	a. 郝疏："茈即茈石。" b. 郝疏："疑茈當爲茈，茈古字假借爲紫也。"袁珂注："經文茈，汪紱本正作茈。"
44	硌石	西山經	70	
45	a. 汵石 b. 泠石	西山經 中山經	71 155	a. 郝疏："《説文》汵本字作淦，云泥也，蓋石質柔軟如泥者，今水中土中俱有此石也。" b. 郭注："泠石，未聞也；泠或作涂。"郝疏："泠當爲汵；《西次四經》'號山多汵石'是也。郭云'泠或作涂'，涂亦借作泥塗字，汵又訓泥，二字義同，故得通用。又涂或淦字之譌也，《説文》汵、淦同。"袁珂注："王念孫亦校改泠作汵、涂作淦。"
46	砥	西山經	77	
47	a. 礪 b. 礪石	西山經	77 145	郭注："磨石也；精爲砥，麄爲礪也。"
48	文石	北山經	80	
49	磁石	北山經	89	
50	赤銀	北山經	96	
51	黃堊	北山經	105	
52	涅石	北山經	106	郝疏："即礬石也。《淮南・俶真訓》云：'以涅染緇。'高誘注云：'涅，礬石也。'"
53	玄礵	北山經	108	郭注："黑砥石也；《尸子》曰：'加玄黃砥。'明色非一也。"
54	碧玉	北山經	114	
55	礨石	北山經	114	
56	嬰石	北山經	116	郭注："言石似玉有符彩嬰帶，所謂燕石者。"郝疏："嬰疑燕聲之轉，未必取嬰帶爲義。"
57	箴石	東山經	123	郭注："可以爲砥（砭）針治癰腫者。"
58	白堊	東山經	127	
59	水碧	東山經	129	郭注："亦水玉類。"
60	鳴玉	中山經	151	
61	礝石	中山經	156	郝疏："礝當爲碝。《説文》云：'碝，石次玉者。'《玉篇》同，云亦作瑌，引此經作瑌石，或所見本異也。張揖注《上林賦》云：'碝石白者如冰，半有赤色。'"

續表

序號	名稱	篇章	頁碼	釋義
62	涂石	中山經	157	
63	庨石	中山經	160	畢沅注："庨當爲玤；《説文》云：'石之次玉者。'"
64	錫	中山經	161	
65	璇玉	中山經	162	郭注："石次玉者也。"
66	麋石	中山經	166	郝疏："麋石或是畫眉石，眉麋古字通也。"
67	櫨丹	中山經	166	郝疏："櫨丹疑即黑丹，櫨、盧通也。"
68	鳴石	中山經	167	郭注："晉永康元年，襄陽郡上鳴石，似玉，色青，撞之聲聞七八里，即此類也。"袁珂注："鳴石，蓋磬石之類。"
69	琄玉	中山經	167	袁珂注："《水經注・穀水》引此經作琘玉，影宋本《太平御覽》卷六二引作琊玉；《玉篇》云：'琘，齊玉，奇殞切。'則琊玉蓋琘玉之訛也。"
70	麋玉	中山經	174	郝疏："麋，疑瑂之假借字也。《説文》云：'瑂，石之似玉者，讀若眉。'"
71	玄石	中山經	178	
72	青堊	中山經	180	
73	白珉	中山經	185	郭注："石似玉者。"
74	赤錫	中山經	186	
75	邽石	中山經	187	王念孫云："下文虎尾之山多封石，邽、封二字必有一誤；篇内作邽石者二，作封石者六。"袁珂注："是邽石當作封石也。郝懿行校同。"封石，郝疏："《本草别錄》云：'封石味甘，無毒，生常山及少室。'"
76	白錫	中山經	187	
77	瑊石	中山經	194	袁珂注："《文選・子虛賦》云：'瑊玏玄厲。'張揖注云：'瑊、玏，石之次玉者。'"
78	珉	中山經	199	
79	脃石	中山經	210	袁珂注："脃，俗作脆。"郝疏："《説文》云'脃，小耎易斷也。'此石耎薄易碎，故以名焉。"
80	瘦石	中山經	215	郝疏："《廣雅》云：'瘦，痛也。'"
81	遺玉	海外北經	292	郭注："遺玉，玉石。"
82	赤石	大荒南經	433	
83	a. 璇瑰 b. 璿瑰	大荒西經 大荒北經	455 478	郭注："璇瑰亦玉名，《穆天子傳》曰：'枝斯璿瑰。'"郝疏："璇當爲璿，本或作琁，誤也。琁與瓊同，見《説文》。"

續表

序號	名稱	篇章	頁碼	釋義
84	瑤碧	大荒西經	455	
85	白丹	大荒西經	455	
86	青丹	大荒西經	455	
87	丹臒	海内經	502	

十三　樂舞名

《山海經》“樂舞名”包括樂器和歌舞的名稱，共計13個。

表十三

序號	名稱	篇章	頁碼	釋義
1	鍾磬	西山經	65	
2	鼓	西山經	74	
3	柝	北山經	90	
4	干儛	中山經	163	郭注：“干儛，萬儛；干，楯也。”
5	冕舞	中山經	195	汪紱注：“舞者用冕服以舞也。”
6	九鍾	中山經	201	
7	九代	海外西經	253	
8	琴	大荒東經	390	
9	瑟	大荒東經	390	
10	九辯	大荒西經	473	天帝的音樂
11	九歌	大荒西經	473	天帝的音樂
12	九招	大荒西經	473	
13	鍾	海内經	527	

十四　食物名

《山海經》“食物名”共計12個。

表十四

序號	名稱	篇章	頁碼	釋義
1	飴	南山經	22	
2	帝臺之漿	中山經	204	
3	甘露	海外西經	267	袁珂注："《太平御覽》卷十二引《瑞應圖》云：'甘露者，美露也；神露之精，仁瑞之澤，其凝如脂，其甘如飴，一名膏露，一名天酒。'"
4	五穀	海外北經	280	
5	木禾	海内西經	345	郭注："木禾，穀類也，生黑水之阿，可食，見《穆天子傳》。"
6	芑	大荒南經	435	
7	苣	大荒南經	435	
8	穋	大荒南經	435	郭注："《管子》説地所宜云：'其種穋、杞、黑黍。'皆禾類也。苣，黑黍。"
9	膏菽	海内經	505	
10	膏稻	海内經	505	
11	膏黍	海内經	505	
12	膏稷	海内經	505	郭注："言味好皆滑如膏。《外傳》曰：'膏粢之子，菽豆粢粟也。'"郝疏："趙岐注《孟子》云：'膏粱，細粟如膏者也。'郭注味好，《藏經》本作好米。又引《外傳》膏粢之子，《晉語》作膏粱之性，與此異文，所未詳。"袁珂注："郭注膏粢之子，王念孫校改粢作粱。"

十五 器物名

《山海經》"器物名"是指飾品、用器和兵器等名稱，共計38個。

表十五

序號	名稱	篇章	頁碼	釋義
1	漆	南山經	22	
2	笄	西山經	29	郭注："笄，簪屬。"
3	杖	西山經	45	
4	a. 勝 b. 勝杖	西山經 海内北經	59 358	郭注："勝，玉勝也。"郝疏："如淳注《漢書》司馬相如《大人賦》引此經無杖字。"
5	銚	西山經	76	郝疏："《説文》云：'銚，溫器也。'"

續表

序號	名稱	篇章	頁碼	釋義
6	鐻	中山經	151	郭注："鐻，金銀器之名，未詳也。"郝疏："《説文》新附字引此經，云：'鐻，環屬也。'"
7	簳	中山經	170	袁珂注："箭幹也。"
8	弓	海外南經	236	
9	矢	海外南經	241	
10	盾	海外南經	241	
11	戈	海外南經	241	
12	帶	海外南經	243	
13	雲蓋	海外西經	253	
14	翳	海外西經	253	郭注："羽葆幢也。"袁珂注："《説文》四云：'翳，翿也，所以舞也。'"
15	環	海外西經	253	郭注："玉空邊等爲環。"袁珂注："《説文》一云：'環，璧也，肉好若一謂之環。'"
16	玉璜	海外西經	253	郭注："半璧曰璜。"
17	干	海外西經	258	郭注："干，盾。"
18	戚	海外西經	258	郭注："戚，斧也。"
19	魚觛	海外西經	261	王念孫云："當爲角觶。"
20	俎	海外西經	261	
21	冠	海外西經	262	
22	劍	海外西經	262	
23	算	海外東經	305	
24	管	海外南經	319	
25	纓	海內南經	329	
26	梏	海內西經	335	
27	桎	海內西經	335	
28	檻	海內西經	345	郭注："檻，欄也。"
29	瞂	海內西經	351	郭注："盾也。"
30	杯	海內北經	357	郭注："杯或作棓，字同。"郝疏："杯即棓字之異文。《説文》云：'棓，棁也。'《玉篇》云：'棓與棒同，步項切。'《太平御覽》三百五十七卷引服虔《風俗通》文曰：'大杖曰棓。'"
31	几	海內北經	358	
32	舟	大荒北經	478	
33	韗	海內經	518	

續表

序號	名稱	篇章	頁碼	釋義
34	旍冠	海内經	518	
35	侯	海内經	527	袁珂注："侯，射侯也。"
36	車	海内經	529	
37	彤弓	海内經	530	
38	素矰	海内經	530	郭注："彤弓，朱弓；矰，矢名，以白羽羽之。《外傳》：'白羽之矰，望之如荼'也。"

十六 疾病名

《山海經》在介紹動植物時，常常要提及其藥用功能，因此涉及不少疾病名稱。《山海經》"疾病名"全部見於《山經》部分，共計50個。

表十六

序號	名稱	篇章	頁碼	釋義
1	瘕疾	南山經	1	郭注："瘕，蟲病也。"
2	聾	南山經	4	
3	底	南山經	4	郭注："底，躪也。"袁珂注："底同胝，足繭也。"
4	a. 腫疾 b. 腫	南山經 東山經	5 18	郝疏："《説文》云：'腫，癰也。'"
5	a. 蠱 b. 蠱疾 c. 蠱疫	南山經 中山經 中山經	7 176 205	郭注："或曰：蠱，蠱毒。"王念孫云："疫字因下文其國大疫而誤，當爲疾。"
6	惑	南山經	7	
7	疥	南山經	7	
8	痔	南山經	18	
9	腊	西山經	24	郭注："治體皴。"
10	腂	西山經	25	郭注："謂皮皴起也。"
11	心痛	西山經	26	
12	癘	西山經	28	郭注："癘，疫病也；或曰惡創。"
13	胕	西山經	29	郭注："治胕腫也。"
14	癭	西山經	34	郝疏："《説文》云：'癭，頸瘤也。'《淮南·墬形訓》云：'險阻氣多癭。'"
15	狂	西山經	52	

續表

序號	名稱	篇章	頁碼	釋義
16	癉	西山經	67	郭注："黃癉病也。"
17	厭	西山經	67	郭注："不厭夢也。"
18	眴目	西山經	70	袁珂注："眴目，即瞬目。"
19	a. 眯 b. 眛	西山經 中山經	73 177	郝疏："《説文》云：'眯，艸入目中也。'" 袁珂注："此固眯之一義，然以此釋此經之眯，則未當也。'艸入目中'，偶然小事，勿用服藥；即令服藥，亦何能'使人不眯'?《莊子·天運篇》云：'彼不得夢，必且數眯焉。'《釋文》引司馬彪云：'眯，厭也。'厭，俗作魘，即厭夢之義：此經文眯之正解也。" 袁珂注："經文不眛，王念孫校改不眯；不眯，不厭夢也。"
20	疣	北山經	81	郭注："疣，贅也。"
21	疽	北山經	82	郭注："無癰疽病也。"
22	脲	北山經	85	郭注："脲，大腹也，見《裨蒼》。"
23	風	北山經	88	
24	嗌痛	北山經	88	郭注："嗌，咽也。《穀梁傳》曰：'嗌不容粒。'今吳人呼咽爲嗌。"
25	痸	北山經	88	郭注："痸，癡病也。"
26	驕	北山經	97	郭注："或作騷，騷臭也。"郝疏："騷臭蓋即蘊羝之疾，俗名狐騷也。"
27	暍	北山經	99	郭注："中熱也。"
28	腹痛	北山經	100	
29	衕	北山經	100	郭注："治洞下也。"
30	癡疾	北山經	104	郝疏："《説文》云：'癡，不慧也。'"
31	寓	北山經	104	郭注："或曰，寓猶誤也。"郝疏："寓、誤蓋以聲近爲義，疑昏忘之病也。王引之曰：'案寓當是㾢字之假借，《玉篇》、《廣韻》並音牛具切，疣病也。'"
32	嘔	北山經	106	
33	瞺	北山經	109	郭注："不瞧目也。或作瞯。"
34	疫疾	東山經	122	
35	瘧	東山經	136	
36	糟	東山經	137	畢沅注："《廣韻》云：'糟同屁，氣下洩也。'"
37	瞢	中山經	141	袁珂注："《説文》四云：'瞢，目不明也。'"
38	忘	中山經	142	

續表

序號	名稱	篇章	頁碼	釋義
39	白癬	中山經	142	
40	癙	中山經	143	郭注："癙，病也；《淮南子》曰：'貍頭已癙'也。"袁珂注："郭引《淮南子·説山篇》文，'已癙'今作'愈鼠'。"
41	痤	中山經	144	袁珂注："《説文》七云：'痤，小腫也。'汪紱以'皮上魄磊病'釋之，良是。"
42	墊	中山經	160	汪紱注："墊，下溼病。"
43	哽	中山經	173	郭注："食不噎也。"
44	厥	中山經	174	郭注："厥，逆氣病。"
45	癰	中山經	175	
46	瘻	中山經	175	郭注："瘻，癰屬也，中多有蟲。《淮南子》曰：'雞頭已瘻。'"
47	怒	中山經	176	
48	愚	中山經	179	郭注："言益人智。"
49	腹病	中山經	180	
50	皮張	中山經	209	郭注："治皮腫起。"

十七 祭祀名

《山海經》"祭祀名"包括"祭禮名""祭品名"和"祭具名"三種，其中"祭禮名"11 個，"祭品名"23 個，"祭具名"3 個，共計 37 個。

表十七

序號	名稱	篇章	頁碼	釋義
祭禮名				
1	瘞	南山經	9	郭注："瘞，薶也。"案：即埋物之祭
2	a. 祈 b. 鈐	南山經 西山經	23 45	郭注："祈，請禱也。" 郝疏："鈐疑祈之聲轉耳。"
3	嬰	西山經	38	郭注："嬰謂陳之以環祭也。"
4	投	北山經	102	郭注："擿玉於山中以禮神，不薶之也。"

續表

序號	名稱	篇章	頁碼	釋義
5	聃	東山經	126	郭注："以血塗祭爲聃也。《公羊傳》云：'蓋叩其鼻以聃社。"袁珂注："經文及注文之聃，汪紱本、畢沅本均作衈，郝懿行亦校作衈，謂衈者釁也，將封割牲以釁、先滅耳旁毛薦之；又謂郭引《公羊傳》乃《穀梁傳》之誤。"
6	縣	中山經	146	郭注："縣，祭山之名也；見《爾雅》。"
7	副	中山經	155	汪紱注："疈同，音劈；《周禮》：'以疈辜祭百物。'言分磔牲體以祭也。"
8	獻血	中山經	163	郭注："以血祭也。"
9	禳	中山經	164	汪紱注："禳，祈禱以去災惡。"
10	禱	中山經	170	
11	肆	中山經	219	郭注："肆，陳之也；陳牲玉而後薶藏之。"
		祭品名		
1	璋玉	南山經	9	
2	糈	南山經	9	郭注："糈，祀神之米名。"
3	a. 稌米 b. 稌	南山經 南山經	9 17	
4	璧	南山經	9	
5	稻米	南山經	9	
6	太牢	西山經	38	郭注："牛羊豕爲太牢。"
7	燭	西山經	38	
8	犧	西山經	38	郭注："牲純色者爲犧。"
9	瑜	西山經	38	
10	酒	西山經	38	
11	珪	西山經	38	
12	少牢	西山經	45	郭注："羊豬爲少牢也。"
13	吉玉	西山經	68	郭注："玉加采色者也。《尸子》曰：'吉玉大龜。'"
14	稷米	西山經	68	
15	白雞	西山經	79	
16	米	東山經	135	
17	黍	東山經	135	
18	a. 桑封 b. 藻圭	中山經 中山經	146 188	袁珂注："江紹原《中國古代旅行之研究》第一章注［10］謂經文桑封係藻珪之誤。"
19	黑犧	中山經	163	

續表

序號	名稱	篇章	頁碼	釋義
20	糵釀	中山經	163	郭注："以糵作醴酒也。"
21	黑犬	中山經	163	
22	璆	中山經	195	郭注："求福祥則祭用璆玉。"
23	圭璧	中山經	220	
祭具名				
1	席	南山經	9	
2	樽	西山經	38	
3	白蓆	西山經	38	

十八 風名

《山海經》"風名"共計 6 個。

表十八

序號	名稱	篇章	頁碼	釋義
1	凱風	南山經	20	郭注："凱風，南風。"
2	條風	南山經	21	郭注："東北風爲條風。"
3	俊	大荒東經	401	東方風名
4	狻	大荒東經	412	北方風名
5	乎民	大荒南經	426	南方風名
6	韋	大荒西經	448	西方風名

十九 存疑

《山海經》還有 9 個專名不能確定其類別，特立"存疑"一目以統之，此亦謹從古人"蓋闕"之義也。

表十九

序號	名稱	篇章	頁碼	釋義
1	育沛	南山經	1	郭注："未詳。"
2	女牀	西山經	42	郭注："未詳。"
3	器酸	北山經	105	郭注："所未詳也。"

續表

序號	名稱	篇章	頁碼	釋義
4	天嬰	中山經	144	
5	碧綠	中山經	166	
6	虖交	海外南經	246	郭注："所未詳也。"
7	吁咽	海外南經	246	郭注："所未詳也。"
8	羅	海內南經	329	
9	息壤	海內經	536	

第五章　《山海經》專名的命名之義

前面我們對《山海經》專名進行了確定和類别劃分，本章主要是對這些具體專名的命名之義進行考察。

第一節　關於命名之義

命名之義就是傳統訓詁學所謂的“名義”或“得名之由”，而“命名之義”的概念，管見所及，至遲在宋人的著作中就已經出現了。

朱熹《更同安縣學四齋名》云：“至於命名之義，亦有未安。”[①] 洪邁《容齋隨筆》卷十六“續樹萱録”條云：“今其書才有三事，其一曰賈博喻，一曰全若虛，一曰元撰，詳命名之義，蓋取諸子虛、亡是公云。”《容齋續筆》卷十六“月中桂兔”條云：“《酉陽雜俎·天咫篇》載月星神異數事。其命名之義，取《國語》楚靈王曰：‘是知天咫，安知民則’之説。”[②]

清代小學家的著作中，“命名之義”一詞亦不乏見。段玉裁《説文

① 《朱熹集》，郭齊、尹波點校，四川教育出版社 1996 年版，第 3868 頁。

② 洪邁：《容齋隨筆》，上海古籍出版社 1978 年版，第 205—206、410 頁。

解字注》於“肇”字下云：“和帝命名之義取始。”[1] 阮元《揅經室三集》卷二《名説》云：“古人於天地萬物皆有以名之，故《説文》曰：‘名，自命也。从口从夕。夕者，冥也。冥不相見，故以口自名。’然則古人命名之義，任口耳者多，任目者少，更可見矣。”[2] 王念孫《廣雅疏證》卷七下《釋器》“軥謂之軶”條云：“凡物之異類而同名者，其命名之意皆相近。”王引之《廣雅疏證》卷十下《釋魚》“鮷、鯷，鮎也”條云：“爲類雖殊，其命名之義則一也。”[3] “命名之意”即“命名之義”，都是指事物的得名之由[4]。王引之《經義述聞》卷二十八“猱蝯善援，貜父善顧，威夷長脊而泥”條引王念孫云：“此舉其物之情狀，因以著其命名之義也。”[5] 小學家對“命名之義”一詞的應用裕如，可以視作“命名之義”已進入傳統訓詁學的術語體系了。

命名之義亦即西方語言學所謂的詞的“内部形式”。“詞的内部形式又稱詞的詞源結構或詞的理據，它指的是被用作命名依據的事物的特徵在詞裏的表現形式，也就是以某種語音表示某種意義的理由或根據。”[6]

可以看出，所謂詞的詞源結構或詞的構詞理據實際上就是詞的命名根據。換言之，我們考察專名的命名之義，實際上就是考察其詞源結構，或者説是構詞理據。同時，我們認爲，對專名理據的考察是專名研究的應有之義，也是專名研究最重要的任務。

命名之義既然又稱詞源結構，那麼，命名之義和詞源義又是怎樣的關係呢？

---

① 段玉裁：《説文解字注》，上海古籍出版社 1981 年版，第 629 頁。案：此下簡稱段注。本書所引段注皆據此本，下不再出腳注，但於引文後括注頁碼。

② 阮元：《揅經室集》，鄧經元點校，中華書局 1993 年版，第 607 頁。

③ 王念孫：《廣雅疏證》，江蘇古籍出版社 1984 年版，第 125、366 頁。案：王念孫只完成了《廣雅疏證》前九卷，第十卷即《釋草》《釋蟲》《釋魚》《釋鳥》《釋獸》部分，則由其子王引之續成。

④ 朱國理：《〈廣雅疏證〉的“命名之義”》，《語言研究》2000 年第 3 期。

⑤ 王引之：《經義述聞》，國學基本叢書本，商務印書館 1936 年版，第 1126 頁。

⑥ 張永言：《語文學論集》（增補本），語文出版社 1999 年版，第 164 頁。

王寧先生《訓詁學原理》云：

> 如果我們對漢語的早期詞義加以分析，就會發現，詞義的内部實際上存在兩種不同的因素：一種是詞的表層使用意義；另一種是詞的深層詞源意義。……詞在使用時都有一個表面的義值，除此之外，詞義内部還存在一種在表面上並不直接顯現的東西，傳統訓詁學表述這種因素時以“詞義特點”來稱謂。它來源於造詞的理據，由詞的内部形式所負載；它貫穿於詞義引申的全過程，也貫穿在同源派生詞之間——在詞義引申和新詞的派生中，使用義發生了變化，而詞源意義只在某一階段發生相應的分解，卻從不消逝。①

可見，詞源義和命名之義一樣，都指的是詞的構詞理據，是潛藏在詞的深層的一種意義，即王寧、黄易青先生《詞源意義與詞彙意義論析》一文所云：“詞源意義指的是同源詞在滋生過程中由詞根（或稱語根）帶給同族詞或由源詞直接帶給派生詞的構詞理據。”②

詞源，有的學者又稱爲“語根”。沈兼士先生《右文説在訓詁學上之沿革及其推闡》一文云：“語言必有根。語根者，最初表示概念之音，爲語言形式之基礎。換言之，語根係構成語詞之要素，語詞係由語根漸次分化而成者，此一般言語之現象也。”③

傅懋勣先生《中國訓詁的科學化》一文云：“語根就是最初表示共象的語音形式，共象和意義不同，意義是某個字或詞所特有的，共象是某些字或詞所共有的，同一個共象的許多字或詞在意義上雖有一共通之點，可是又各有各的專有之性。”④

---

① 王寧：《訓詁學原理》，中國國際廣播出版社 1996 年版，第 105 頁。

② 王寧、黄易青：《詞源意義與詞彙意義論析》，《北京師範大學學報》2002 年第 4 期。

③ 沈兼士：《沈兼士學術論文集》，中華書局 1986 年版，第 168 頁。

④ 傅懋勣：《傅懋勣先生民族語文論集》，中國社會科學出版社 1995 年版，第 30 頁。

其實，西方學者較早就已提出了“語根”的概念，德國學者威廉·馮·洪堡特《論人類語言結構的差異及其對人類精神發展的影響》一書云：

> 由於詞始終針對概念，所以，意義相近的概念很自然地要用相似的語音來表示。如果人們或多或少清楚地察覺到一些概念有相同的來源，那就想必會把這些概念跟來源相同的語音對應起來，從而使得概念的相似與語音的相似彼此統一。語音相似並不等於語音同一，只有當詞的一部分發生了受制於某種規則的變化，而另一部分完全不變或僅僅發生了易於觀察到的變化時，纔看得出語音的相似性。詞和詞形（Wortformen）的這些固定不變的部分，被稱爲根狀成份（die wurzelhaften Teile），而如果把它們分離出來描述，則可以視之爲語言本身的根，即語根。①

可以看出，東西方學者對“語根”的看法大致相似。但是，我們看到在洪堡特的認識中，漢語和西方語言並不是處於一個層級上，即西方語言是較高的、複雜的語言，漢語是一種較低的、簡單的語言。他在上面的一段話後，緊接著説：“在有些語言的連貫言語中，這類語根很少以獨立的形式出現，在另一些語言中，則絕不以獨立的形式出現。要是把概念嚴格地區分開來，那麽，這樣的語根在任何情況下都是不可能單獨出現的。因爲，當語根進入言語時，它們在觀念上便擇取了一個與它們的聯繫相對應的範疇，因而也就不再是純粹的、不具備形式的語根概念（Wurzelbegriff）了。”並且認爲：“在漢語裹，語根和詞相吻合，因爲詞並不劃分爲任何形式，也不會擴展，換言之，漢語中所有的詞都是語

---

① ［德］威廉·馮·洪堡特：《論人類語言結構的差異及其對人類精神發展的影響》，姚小平譯，商務印書館1999年版，第87—88頁。

根。也許我們可以認爲，在漢語這類語言的基礎上生成了另外一些允許詞發生語音形變的語言，因此，在這些新產生的語言裏，純粹的語根實際上代表著一種更爲古老的、完全或部分已從言語中消失了的詞彙。但我僅僅是認爲有這樣的可能，至於某一語言是否真的經歷了這種變化，只能根據歷史的研究來證明。”[①] 雖然漢語的語根和詞在形式上是一致的，和西方語言的語根“很少以獨立的形式出現”，甚至“絕不以獨立的形式出現”判然有別，但並不能由此得出“漢語中所有的詞都是語根”的結論，更不能得出語音形變的語言是在漢語這類語言的基礎上生成的，即漢語更爲古老、更爲簡單的推論，雖然作者對此推論並不自信。

綜上可見，雖然關於詞的命名依據有各種不同的叫法，但我們認爲還是稱之爲“命名之義”更好，因爲它是我國傳統訓詁學早已有之的術語。

第二節 命名之義研究的方法

上面我們對諸家關於命名之義及其各種異稱的定義或理論作了介紹，可以看出，專名命名之義的探討實際上就是對其深層詞源義進行探討。趙振鐸先生在《訓詁學綱要》中說：“研究同源詞和研究事物命名由來是一個問題的兩個方面。得名的由來弄清楚了，有助於確定同源詞；而同源詞的研究深入了，也可以更清楚地分析事物命名的由來。”[②] 從這個意義上說，專名研究可以歸屬爲詞源學的範疇。關於詞源學研究的方法，學者已有論述。

---

① ［德］威廉·馮·洪堡特：《論人類語言結構的差異及其對人類精神發展的影響》，姚小平譯，商務印書館 1999 年版，第 88、89 頁。

② 趙振鐸：《訓詁學綱要》，陝西人民出版社 1987 年版，第 106 頁。

張永言先生認爲："真正爲漢語所特有的詞源學方法應當説是清儒所提倡的'聲系法'。這就是，根據'音近義通'的原則，廣泛系聯一個詞的同族詞（首先是文字上同聲符的），推求它們的語義'公約數'。從而得出這個詞的'義源'即語源義。"[①] 所謂"同族詞"，實即同源詞[②]。所謂語義的"公約數"，當是本之於沈兼士先生的説法，沈先生《右文説在訓詁學上之沿革及其推闡》一文云："惟右文須綜合一組同聲母字，而抽繹其具有最大公約數性之意義，以爲諸字之共訓，即諸語含有一共同之主要概念。"[③] 顯然，沈文中所説的"共同之主要概念"就是詞源義。可見，詞源義探求的途徑主要是系聯同源詞，尤其是同聲符的同源詞。因此，同源詞判定的正確與否，就成了我們探求詞源義的前提。

張世禄先生認爲，同源詞"是指音近義通或音同義近，可以認爲同一詞源，即表示相關意義的音素所派生出來的詞"[④]。

王寧先生認爲："由同一根詞直接或間接派生出來、因而有音近義通關係的詞叫同源詞。"[⑤]

蔣紹愚先生《古漢語詞彙綱要》認爲："同源詞是同一語源的詞，這些詞的讀音相同或相近，詞義相同或相關。"[⑥]

合諸説觀之，可見大家對同源詞含義的認識大是一致的，即同源詞首先應該具有同一根詞或語源，其次在音義聯繫上應該具有音近義通的關係。

---

① 張永言：《語文學論集》（增補本），語文出版社 1999 年版，第 14 頁。

② 《中國大百科全書·語言文字》"詞族"條云："在語言發展的過程中積累很多聲音和意義相通或相近的同源詞，不同的同源詞可以一組一組的分開，每組自成系統，通常稱爲詞族。"（爲周祖謨先生所撰，見中國大百科全書總編輯委員會《語言文字》編輯委員會編《中國大百科全書·語言文字》，中國大百科全書出版社 1992 年版，第 42 頁）

③ 載沈兼士《沈兼士學術論文集》，中華書局 1986 年版，第 168 頁。

④ 張世禄：《張世禄語言學論文集》，學林出版社 1984 年版，第 529 頁。

⑤ 王寧：《訓詁學原理》，中國國際廣播出版社 1996 年版，第 49 頁。

⑥ 蔣紹愚：《古漢語詞彙綱要》，北京大學出版社 1989 年版，第 178—179 頁。

蔣紹愚先生《古漢語詞彙綱要》進而指出判斷同源詞的具體標準是："判定同源詞必須嚴格按照（a）讀音相同或相近；（b）意義相同或相關；（c）有同一來源這樣三個條件。這三條是缺一不可的。讀音相同，而意義相差甚遠，就只是同音詞；意義相同，而讀音相差甚遠，就只是同義詞。讀音相同或相近，意義相同或相關，但不是同出一源，那也只是意義的偶然相同，而不是同源詞。"①

因此，我們在系聯同源詞時，應該嚴格堅持同源詞判定的標準，避免系聯進非同源詞，而歸納出錯誤的詞源義。

對於同源詞之間的音近關係，無疑應以上古音爲準。王力先生構擬的上古音體系，目前已爲多數學者所采用②。因此，我們在系聯同源詞時，就以王力先生的上古音體系作爲分析音理，即音同、音近、音轉的主要依據。

雖然上古音體系爲我們確定同源詞的音近關係開啓了方便之門，但是，上古音體系畢竟是後人所構擬的，不可能將所有語音演變的情況都包羅進去。事實上，早在 20 世紀 30 年代，李方桂先生看了沈兼士先生《右文説在訓詁學上之沿革及其推闡》一文後，在給沈先生的信中就已經指出："古音部分極不相同之字，可以同從一語根演化出來，此中别有條例，我們現在毫未得其門徑而已。"③

王寧先生亦云："在傳統音韻學走向現代語音學以後，確定語音的

① 蔣紹愚：《古漢語詞彙綱要》，北京大學出版社 1989 年版，第 186 頁。

② 王力先生主編的《古代漢語》所確定的上古音，共有 30 個韻部，32 個聲母（王力主編：《古代漢語》第二册，中華書局 1981 年版，第 534、538 頁）；王先生《漢語音韻》亦主古韻 30 部、古聲 32 紐（中華書局 1980 年版，第 139、165 頁）；王先生的《同源字典·同源字論》則分爲 29 個韻部，33 個聲紐（商務印書館 1982 年版，第 12、17 頁），分合略有不同。同時，王先生還在《同源字論》中確定了聲、韻通轉的標準（同上，第 12—20 頁）。唐作藩先生的《上古音手册》（江蘇人民出版社 1982 年版）和郭錫良先生的《漢字古音手册》（北京大學出版社 1986 年版）並采 30 韻部、32 聲紐之説。因此，我們在實際運用中，即以唐、郭之書爲參攷。

③ 載沈兼士《沈兼士學術論文集》，中華書局 1986 年版，第 177 頁。

相同和相近已經形成了一種比較嚴格的公式。但是，對一部分同源詞來説，由於演變軌跡曲折，詞音變化複雜，它們的語音形式不可能簡單地套進那些公式，用古音擬構作成的公式本身就帶有假説性，不具有百分之百的可確證性質。”[①] 換言之，還有部分同源詞由於語音變化複雜，不能符合上古音體系所歸納的“音近”或“音轉”規律，相對上古音體系而言，屬於變例。孟蓬生先生《論同源詞語音關係的雙重性》一文就認爲同源詞語音關係有著聚合性和游離性的現象，實際上反映了同源詞語音關係有相近（含相同）、相遠兩種情況[②]。

對於同源詞中語音關係相遠的情況，有時我們可以利用其他古音學家的成果來加以解釋，如段玉裁《六書音均表》所歸納的古音十七部以及“合韻”説就能幫助我們解釋某些韻轉現象[③]。其次，我們可以將音近的條件放寬，即不取王力先生所説的同源字（詞）的語音“必須韻部、聲母都相同或相近”[④] 的觀點，而只要聲、韻有一相近即可。對此，陸宗達、王寧先生指出：“許多訓詁大師在系聯同源詞時便將音近的條件放寬：凡紐同者，韻皆可通；凡韻同或近轉者，紐皆可變。這個作法雖有些冒險，但只要注重實證，並以義通爲另一個不可缺少的條件，反而會多有所得。現代學者在系聯同源字時，將紐、韻的相近範圍定得很狹，這固然不失爲謹慎，然而對如此漫長的歷史中受多種因素影響的複雜音變狀況，又容易簡單化了。”[⑤] 因此，我們認爲將音近的條件放寬是可行的。

對於同源詞的“義通”條件，可以説和“音近”條件同等重要。陸宗達先生《説文解字通論》説：“只有聲音可通而絕緣無證佐的名物，

---

① 王寧：《訓詁學原理》，中國國際廣播出版社 1996 年版，第 145 頁。

② 孟蓬生：《論同源詞語音關係的雙重性》，《古籍整理研究學刊》2000 年第 6 期。

③ 劉興均：《〈周禮〉名物詞研究》，巴蜀書社 2001 年版，第 93 頁。

④ 王力：《同源字典》，商務印書館 1982 年版，第 20 頁。

⑤ 陸宗達、王寧：《訓詁與訓詁學》，山西教育出版社 1994 年版，第 386 頁。

決不可強求其源。"[①] 實際上也是在強調"義通"的重要性。尤其是在語音關係相遠的情況下,"義通"的條件顯得更加重要。此外,針對同源詞系聯中常常出現的主觀隨意性的弊病,王寧先生在《關於漢語詞源研究的幾個問題》一文中指出:"避免隨意性的出路在於音近和義通兩個條件並重,兩個條件互相制約。兩維交叉,避免主觀隨意性。"[②] 在《漢語詞源的探求與闡釋》一文中則強調:"音近與義通,是系聯同源詞的兩個相互依存,不可分割的條件。"[③] 因此,"音近"、"義通"兩個條件的不可偏廢,是同源詞系聯中必須堅持的。實際上,這就是戴震《轉語二十章序》中所説:"疑於義者以聲求之,疑於聲者以義正之。"[④] 亦即章太炎先生《小學答問》所云"檢之訓詁,參之聲紐"之謂也[⑤]。音、義之間的互求、互證,可以盡量減少我們研究中的疏失。

用系聯同源詞來考察專名的命名之義的方法,是否適合所有的專名呢?張永言先生認爲:"單純詞(單音的和雙音的)的内部形式可以用匯集同根詞或同族詞進行綜合考察的方法來加以闡明。"[⑥] 換言之,即上面所説的用系聯同源詞的方法來探求"命名之義",只能適用於單純詞。然而,《山海經》專名中,合成詞占了絕大多數,對於它們的"命名之義"的探求方法又是什麽呢?

王寧先生認爲,現代漢語雙音節合成詞造詞理據的探求應該包括以下兩個方面:一是參與造詞的詞素(由古漢語單音節詞轉化而來)各自意義的來源;二是它們結合並凝固的原因[⑦]。王先生雖然是就現代漢語

---

① 陸宗達:《説文解字通論》,北京出版社 1981 年版,第 98 頁。

② 王寧:《關於漢語詞源研究的幾個問題》,載《紀念王力先生百年誕辰學術論文集》編輯委員會編《紀念王力先生百年誕辰學術論文集》,商務印書館 2002 年版,第 175 頁。

③ 載王寧《訓詁學原理》,中國國際廣播出版社 1996 年版,第 144 頁。

④ 《戴震集》,湯志鈞校點,上海古籍出版社 1980 年版,第 107 頁。

⑤ 章太炎:《章太炎全集》(七),上海人民出版社 1999 年版,第 417 頁。

⑥ 張永言:《語文學論集》(增補本),語文出版社 1999 年版,第 166 頁。

⑦ 王寧:《訓詁學原理》,中國國際廣播出版社 1996 年版,第 152 頁。

而言，但同樣適用於古代漢語雙音節合成詞造詞理據的探求[①]。這對《山海經》專名中合成詞的命名之義的探求無疑具有重要的啓發意義。

據此，我們認爲，探求《山海經》專名中的合成詞的命名之義，首先是探求它們“參與造詞的詞素各自意義的來源”，其次是考察它們結合、凝固的原因及意義。

我們知道，《山海經》合成詞形式的專名，很大一部分是“別名＋類名”的構詞方式。因此，我們在探求它們參構詞素各自意義的來源時，只需著重考察其中“別名”的詞源義。具體來説，可以分爲兩種情況。

第一，對於“成山”“清水”“亢木”“榮草”“狂鳥”“箴魚”等“別名＋類名”，和“帝堯”“帝舜”“帝俊”“帝嚳”“巫咸”“巫彭”等“類名＋別名”之類的雙音節合成詞，別名實際上就是一個單音節詞。對其命名之義的探求，完全可以通過系聯同源詞的方法來進行。

第二，對於“招搖之山”“昆侖之丘”“即翼之澤”“帝丹朱”“北姑射之山”等別名爲雙音節或多音節之類的專名，對其別名的考察，又要分別對待。如果別名爲單純詞者，可以通過系聯同源詞的方法來考察其意義；爲合成詞者，可以按照前面揭示的合成詞命名之義考察的步驟進行。

此外，《山海經》中有一部分專名，可能是外來詞，如《大荒北經》：“有胡不與之國，烈姓，黍食。”郭注：“一國復名耳，今胡夷語皆通然。”（頁 480）“胡不與之國”可能就如郭璞所説，爲胡夷之語。還有一部分專名，可能是方言，如吕子方先生《讀〈山海經〉雜記》所説：“其中神名有‘不廷胡余’、‘因因乎’之類，山名有‘鏖鏊鉅’、‘孼搖頵羝’、‘壑明俊疾’等等，都不像一般的古代語言，我以爲是古代某些地區的方言。這些方言土語後因文化交流就不再使用了。”[②] 對於這些專名命名之義的探討，囿於目前的條件，幾乎是無能爲力，因此

---

① 劉興均：《〈周禮〉名物詞研究》，巴蜀書社 2001 年版，第 93 頁。

② 吕子方：《中國科學技術史論文集》下册，四川人民出版社 1984 年版，第 46—47 頁。

只好存而不論。

第三節 命名之義和文化歷史背景的關係

王寧先生《漢語詞源的探求與闡釋》一文指出：詞源探求除了“把同源詞之間音理的探求與義理的探求緊密結合，綜合論證而避免分割，同時還必須把詞源的探求和闡釋結合起來，對已探求到的造詞理據的真實性和合理性，從文化歷史背景上加以證明和闡發。探求詞源——逐一分析可以追尋到的造詞理據，在具有大量成果之後，逐漸建立起一個個局部的詞族系統，這屬於語言詞彙的本體研究；而闡釋詞源——對這些造詞理據的真實性與合理性從文化歷史的背景上加以證明和闡發，這已涉及語言與文化的關係。把闡釋詞源的諸多成果集中起來，可能大致看出以語言爲中心的文化網絡，形成語言與其他文化的互證關係。這就超出了語言的本體研究，具有了宏觀語言學的意義與價值。科學的漢語詞源學應當是這兩方面工作的結合。”[①] 也就是説，我們探求到的造詞理據（即命名之義），其真實性和合理性還必須從文化歷史背景上加以驗證和闡發。

由此可以看出，命名之義和文化歷史背景的關係是密不可分的。命名之義和文化歷史背景的關係之所以如此密切，是因爲語言和文化的關係原本就密不可分。對此，學者多有論述。

索緒爾在《普通語言學教程》中説：“一個民族的風俗習慣常會在它的語言中有所反映，另一方面，在很大程度上，構成民族的也正是語言。”[②]

---

① 王寧：《訓詁學原理》，中國國際廣播出版社 1996 年版，第 145—146 頁。

② ［瑞士］費爾迪南·德·索緒爾：《普通語言學教程》，高名凱譯，商務印書館 1980 年版，第 43 頁。

愛德華·薩丕爾《語言論》説："語言也不脱離文化的存在，就是説，不脱離社會流傳下來的、決定我們生活面貌的風俗和信仰的總體。"又説："語言的詞彙多多少少忠實地反映出它所服務的文化，從這種意義上説，語言史和文化史沿著平行的路綫前進，是完全正確的。"①

王力先生《新訓詁學》一文認爲："一切的語言史都可認爲（是）文化史的一部分，而語義的歷史又是語言史的一部分。從歷史上去觀察語義的變遷，然後訓詁學纔有新的價值。即使不顧全部歷史而只作某一時代的語義的描寫（例如周代的語義或現代的語義），也就等於斷代史，仍舊應該運用歷史的眼光。"②

陸宗達先生《訓詁簡論》認爲："語言是屬於社會現象之列的，詞和詞義的發展都是和人類的社會生活密切地聯繫著的。因此，了解一個詞的意義和詞義的發展變化，不僅要考慮到它的形體和聲音，而且還要對與這個詞有關的人類社會生活情況有所了解。只有這樣，纔能更清楚，更準確地掌握這個詞的意義和它的發展變化，並且進一步掌握和這個詞有關的一些詞。"③

張永言先生《詞彙學簡論》認爲："對於語言中的許多詞義，只有聯繫使用這種語言的民族的社會文化歷史來考察，纔能獲得比較全面的認識。"④

賈彦德先生《漢語語義學》認爲："語義廣泛地反映了外部世界，因此要想很好地理解一種語言的語義，必須很好地理解該語言語義層反映的社會。只從語義理解語義是很不夠的，要從外界（包括語言社會的各種自然條件）、從社會（生産、生活習慣、歷史文化背景等）來理解它。"⑤

---

① ［美］愛德華·薩丕爾：《語言論》，陸卓元譯，商務印書館1985年版，第186、196頁。
② 載王力《龍蟲並雕齋文集》第一册，中華書局1980年版，第327頁。
③ 陸宗達：《訓詁簡論》，北京出版社1980年版，第124頁。
④ 張永言：《詞彙學簡論》，華中工學院出版社1982年版，第12頁。
⑤ 賈彦德：《漢語語義學》，北京大學出版社1999年版，第49頁。

上面我們所引學者關於語言和文化以及語義和文化歷史背景關係的論述，對《山海經》專名研究無疑具有重要的指導意義。因爲專名和專名的命名之義相比於一般的詞和詞義而言，更加具有特殊性。因爲專名的產生和社會生活與歷史文化的關係更爲密不可分。換言之，《山海經》的專名實際上就是當時社會生活和歷史文化的反映，同時，當時的社會生活和歷史文化也必然會對專名的產生有所影響。二者是相互影響、相互制約的。正因爲如此，在《山海經》專名命名之義的研究中，文化歷史背景的研究占據了相當重要的地位。

何九盈先生《漢字文化學》在就漢字如何在能指與所指之間建立準確無誤的聯繫時，説："先民造字的時候，能指與所指之間的關係是明確的，所以纔能進行準確無誤的表達。時隔兩三千年，由於社會的變遷，文化制度的廢興，文化心理結構的改變，風俗習慣的改變，意義的擴大、縮小、轉移，用字的假借等等原因，能指與原始的所指之間，有的已經產生了很大的距離，有的已經完全脱節。要使意義還原，重建能指與所指之間的原關係，我們自己的文化視野、文化心態就要返回到造字時代去，我們的邏輯思維也有一個向原始思維、野性思維、神話思維靠近的問題。不了解遠古時代的語言結構、文化結構，文字的意義還原是不可能的。"爲此，他還提出了重建"歷史話語和話語場的原則"①。這雖然是就字義研究而言，但對命名之義研究同樣適合。所謂重建"歷史話語和話語場"，就是要將它們置於歷史文化背景中考察。

王寧先生《漢語詞源的探求與闡釋》一文説："爲了更進一步地證明已探求到的詞源的可靠性，必須對古人更深層、更細微的文化思想有一個深入的了解。因爲，詞的派生時期的文化歷史，通過人的心理與思想，溶注到詞的詞源意義裏，使詞源意義與文化歷史產生了相互解釋的

① 何九盈：《漢字文化學》，遼寧人民出版社2000年版，第164、166頁。

可能性。”又說：“語言與人類共存，特别是它的詞，是文化的活化石，是現代人通向古代文化彼岸的一葉小舟，在沒有橋的地方，唯它可以通過。詞語的意義内涵是人類經驗的歷史積蘊，探討詞源，可以起到瞭解古代文明的作用。而正因爲詞語的内涵不可能脱離它所産生時代的歷史背景，文化對詞源的闡釋作用也就决不能忽視。”[①]

不僅如此，有學者更將語詞理據分爲語文理據和文化理據兩類，認爲“文化理據是指語詞符號與客觀事物之間的聯繫，探究之需從文化視角結合民族的、歷史的、心理的、認知的和習俗的等方面的知識，找出語詞的得名由來”[②]。《山海經》中，有的專名，如神人名等，不但需要從文化歷史背景中去考察其命名之義，而且還需要闡釋專名在歷史文化中的藴含，則是著眼於專名的文化理據的一面。總之，我們在研究中要堅持命名之義考察和文化闡釋並舉的原則。

第四節 《山海經》專名命名之義研究

《山海經》專名共計 2138 個，從理論上講，它們都應該有命名之義。然而，並不是所有的專名都能推求其命名之義。張永言先生《詞彙學簡論》說：“由於語言裏的某些詞彙成分在歷史發展過程中的消亡或者它們的語音、意義和形態的演變，一個詞常常會跟它所由形成的詞失去語義上的聯繫而‘孤立’起來，從而它的内部形式也就變得模糊不明，甚至完全被人們遺忘。這種現象就叫做詞的内部形式磨滅或詞源中斷（de-etymologisation）。”[③] 有學者則將這種現象稱爲“絕緣無佐證”[④]。顯然，對於“内部形式磨滅或詞源中斷”，或者説“絕緣無佐證”的專

① 王寧：《訓詁學原理》，中國國際廣播出版社 1996 年版，第 154、159 頁。
② 王艾录、司富珍：《語言理據研究》，中國社會科學出版社 2002 年版，第 244 頁。
③ 張永言：《詞彙學簡論》，華中工學院出版社 1982 年版，第 28—29 頁。
④ 陸宗達、王寧：《訓詁與訓詁學》，山西教育出版社 1994 年版，第 70 頁。

名，自然難以推求其命名之義。

不僅如此，《山海經》專名中有相當大一部分是草木鳥獸蟲魚以及郡國、山水之名，正如《四庫全書總目》卷十五於“《毛詩草木鳥獸蟲魚疏》”條所云：“蟲魚草木，今昔異名，年代迢遙，傳疑彌甚。”① 這類專名的命名之義尤難探求。對此，很多學者頗有同感。

章太炎先生《文始·敍例》云：“《爾雅·釋草》以下六篇，名義不能備説，都邑山水，復難理其本原，故孳乳之文，數者多闕。”②《爾雅·釋草》以下六篇爲《釋木》《釋蟲》《釋魚》《釋鳥》《釋獸》《釋畜》，正是古人所謂的“名物”。

黃侃先生《文字音韻訓詁筆記》云：“一切學問皆必求其根本，小學亦何獨不然。《釋名》之作，體本《爾雅》，而其解説，正在推求語根。以《釋名》之法駕馭《説文》、《爾雅》即爲推求語根之法。其有不能推求者，則草木、鳥獸、郡國、山川之名往往有之也。”③

俞敏先生《釋蚯蚓名義兼辨朐忍二字形聲》一文開篇即説：“研究語源學的人，每逢遇見漢語的草木鳥獸蟲魚的名字，總要感覺意外的困難。這些名詞所代表的觀念，往往内延極廣，讓人和一團極複雜的印象對了面之後，弄得茫然不知所措。”④

因此，我們只能在力所能及的範圍内，選取 15 組（個）專名，對其命名之義進行研究。

在具體的研究之前，有些問題還需要先行説明。首先，一些專名必須將它們置於其所處的文化歷史背景中進行研究，纔能揭示其命名之義。這樣，無可避免的，我們需要花費較大的篇幅對專名的文化歷史背景進行研究。

---

① 紀昀：《四庫全書總目》，《四部精要》第 10 冊，上海古籍出版社 1993 年版，第 77 頁。

② 章太炎：《章太炎全集》（七），上海人民出版社 1999 年版，第 162 頁。

③ 黃侃：《文字音韻訓詁筆記》，上海古籍出版社 1983 年版，第 59 頁。

④ 俞敏：《俞敏語言學論文集》，商務印書館 1999 年版，第 432 頁。

其次，一些專名，特别是神人名，並不是固定不變的，而是有個發展演變的過程。如月神常羲後來就演變爲還阿、望舒、嫦娥、姮娥等。也就是説，一個專名往往是前有源，後有流。對此，王寧先生在《〈周禮〉名物詞研究·序一》中主張："解釋一個專有名稱，必須名、實同步考察，源、流一並弄清。"① 因此，我們對它們源流的演變情況也加以探討。

最後，有些專名和其他專名沒有太大的聯繫，這樣我們就對其進行單獨考察。有些專名相互之間聯繫十分緊密，有著共同的歷史文化背景，這樣我們就把它們合並在一起進行考察。

一　五方天帝及其屬神

《山海經》雖然已經有了五方天帝及其屬神的名目，但在《禮記·月令》《呂氏春秋》"十二紀"、《淮南子·時則訓》等書中，他們纔被整合爲一個嚴整的五方天帝及屬神系統。《禮記·月令》云：

> 孟春之月，日在營室，昏參中，旦尾中。其日甲乙。其帝大皡，其神句芒。
>
> 孟夏之月，日在畢，昏翼中，旦婺女中。其日丙丁。其帝炎帝，其神祝融。
>
> 中央土。其日戊己。其帝黄帝，其神后土。
>
> 孟秋之月，日在翼，昏建星中，旦畢中。其日庚辛。其帝少皡，其神蓐收。
>
> 孟冬之月，日在尾，昏危中，旦七星中。其日壬癸。其帝顓頊，其神玄冥。②

---

① 王寧：《〈周禮〉名物詞研究·序一》，載劉興均《〈周禮〉名物詞研究》，巴蜀書社2001年版。

② 阮元等校刻：《十三經注疏》，中華書局1980年版，第1352—1353、1364、1371—1372、1372、1380頁。

《呂氏春秋》“十二紀”所載與《禮記・月令》大致相似[①]，茲不具引。《淮南子・時則訓》云：

> 五位。東方之極，自碣石山東過朝鮮，貫大人之國，東至日出之次，榑木之地，青土樹木之野，太皞、句芒之所司者，萬二千里。
>
> 南方之極，自北戶孫之外，貫顓頊之國，南至委火炎風之野，赤帝、祝融之所司者，萬二千里。
>
> 中央之極，自昆侖東絕兩恆山，日月之所道，江漢之所出，衆民之野，五穀之所宜，龍門河濟相貫，以息壤堙洪水之州，東至於碣石，黃帝、后土之所司者，萬二千里。
>
> 西方之極，自昆侖絕流沙沈羽，西至三危之國，石城金室飲氣之民，不死之野，少皞、蓐收之所司者，萬二千里。
>
> 北方之極，自九澤窮夏晦之極，北指令正之谷，有凍寒積冰、雪雹霜霰、漂潤羣水之野，顓頊、玄冥之所司者，萬二千里。[②]

兩相對照，可以看出，《禮記・月令》中的春夏秋冬四位天帝和

---

① 《四庫全書總目》云：“其‘十二紀’即《禮記》之《月令》，顧以十二月割爲十二篇，每篇之後，各閒他文四篇。”（紀昀：《四庫全書總目》，《四部精要》第10冊，上海古籍出版社1993年版，第569頁）《禮記・月令》孔穎達疏引鄭玄《三禮目錄》云：“名曰《月令》者，以其記十二月政之所行也，本《呂氏春秋》十二月紀之首章也。以禮家好事抄合之，後人因題之名曰《禮記》。”（阮元等校刻：《十三經注疏》，中華書局1980年版，第1352頁）《釋文》亦云：“此是《呂氏春秋》‘十二紀’之首，後人刪合爲此記。蔡伯皆（喈）、王肅云：‘周公所作。’”（陸德明：《經典釋文》，上海古籍出版社1985年版，第687頁）焦竑《焦氏筆乘》云：“《月令》篇，李濟翁《資暇集》云：‘今人咸依陸德明所說，是《呂氏春秋》十二紀之首，後人合爲之。誤也。蓋出《周書》第七（應爲六）卷，《周月》、《時訓》兩篇。蔡邕、玉篇（應爲王肅）云‘周公所作’是也。《呂紀》自采於《周書》，則不得言《戴禮》取諸《呂紀》，明矣。”（焦竑：《焦氏筆乘》，叢書集成初編本，商務印書館1935年版，第237頁）諸家所說雖然不同，但二書所記大致相似，可能本於同一來源。

② 劉安：《淮南子》，《諸子集成》第7冊，上海書店1986年版，第83—85頁。

屬神分別對應於《淮南子・時則訓》中的東南西北四位天帝和屬神。從它們都以黄帝、后土作爲中央的天帝和屬神來看，這個天帝和屬神的系統最初應該是以方位來構擬的，因此，我們將其稱爲五方天帝及屬神系統。

《山海經》中的五方天帝及屬神的名目，除玄冥外，和《禮記・月令》等書是一致的。玄冥，《山海經・海外北經》作"禺彊"，郭注："字玄冥，水神也。"（頁 295）可見，五方天帝及屬神都已見載於《山海經》。雖然他們在《山海經》都已出現了，但卻並未組成像《禮記・月令》那樣嚴整的系統。只是四方屬神分別見載於《海外》四經各篇之末，似乎透露出四方屬神最先被整合爲一個系統：

> 南方祝融，獸身人面，乘兩龍。（《海外南經》，頁 249）
>
> 西方蓐收，左耳有蛇，乘兩龍。（《海外西經》，頁 273）
>
> 北方禺彊，人面鳥身。珥兩青蛇，踐兩青蛇。（《海外北經》，頁 295）
>
> 東方句芒，鳥身人面，乘兩龍。（《海外東經》，頁 314）

事實上，這些天帝和屬神的命名之義和他們分處的方位或季節是密切相關的，因此，我們將他們合在一起進行考察。

（一）大皞、少皞（少昊）

少皞，本書又作少昊。大皞，它書又作大昊，《孔子家語・辯物》："炎帝以火，共工以水，大昊以龍，其義一也。"[①] 或作太昊，《抱朴子・內篇・對俗》："太昊師蜘蛛而結網。"[②] 可見皞、昊字通。

对于"昊"字，唐蘭先生認爲："昊字本來作昦，像正面人形而頂

① 陳士珂：《孔子家語疏證》，叢書集成初編本，商務印書館 1939 年版，第 112 頁。
② 王明：《抱朴子內篇校釋》，中華書局 1985 年版，第 49 頁。

著太陽，也可以說他的頭就是太陽，所以古代把天叫做昊天。……那末，東方民族稱他們的君長爲太昊、少昊，就因爲他們是代表上天的太陽神。因爲東方民族自認爲他們的地區是太陽出來的地方，所以認爲太陽神是天神中最尊貴的。"[①] 事實上，並非只有東方民族纔認爲太陽神是天神中最尊貴的，而是整個華夏民族共同的信仰。《禮記・郊特牲》："郊之祭也，迎長日之至也，大報天而主日也。"鄭玄注："大猶徧也，天之神，日爲尊。"孔穎達疏云："天之諸神，唯日爲尊，故此祭者，日爲諸神之主，故云主日也。……天之諸神，莫大于日，祭諸神之時，日居諸神之首，故云日爲尊也。"[②] 而且，太昊、少昊最初可能只是東方民族的崇拜對象，但在經過後人整合的《禮記・月令》等書記載的五方天帝系統中，太昊、少昊分別爲東、西二方天帝，顯示了他們已得到了整個華夏民族的認同。

如果說"昊"字僅從字形上就已經很好地揭示了大暤、少暤的神格和得名之由，那麽與其同音异寫的"暤"字，從字義上亦能揭示他們的神格和得名之由。《説文・七上・日部》："暤，晧旰也。"（頁 138）段注："晧旰謂絜白光明之皃。旰同日出光倝倝之倝，非下文訓晚之旰也。《漢書・（司馬相如傳）上林賦》：'采色澔汗[③]'，《史記》作'澔旰'。《靈光殿賦》：'澔澔涆涆。'曹植《七啓》云：'丹旗耀野，戈殳晧旰。'此可證晧旰之爲古語。"（頁 304）段氏以晧旰爲古之恒語，極是。王筠《説文句讀》即云："晧旰雙聲，形容之詞，盛明之皃。"[④]《文選・魯靈光殿賦》："澔澔涆涆。"李善注亦云："光明盛貌。"[⑤] 參合觀之，可知

---

① 轉引自蕭兵《中國文化的精英——太陽英雄神話比較研究》，上海文藝出版社 1989 年版，第 30 頁。

② 阮元等校刻：《十三經注疏》，中華書局 1980 年版，第 1452 頁。

③ 汗原作旰，據《漢書》改，見王先謙《漢書補注》，中華書局 1983 年版，第 1171 頁。

④ 王筠：《説文句讀》，上海古籍出版社 1983 年版，第 877 頁。

⑤ 蕭統編：《文選》，李善注，上海古籍出版社 1986 年版，第 511 頁。

諸家認爲晧旰本是形容太陽普照天下時的光明盛大之貌。

然而有學者在解釋少皞的得名之由時，據《説文・七上・日部》："皞，晧旰也。"又據《説文・七上・日部》："晧，日出皃。""旰，晚也。"認爲皞字既表示日出時的樣子，又具有日暮向晚的含義。因此，少皞是取義于太陽白晝的運行。[①] 此説實誤。因爲晧旰爲雙聲，而雙聲疊韻之詞，不能分釋。

戴侗《六書故》卷二五《工事一》"窈窕"字下云："《詩》云：'窈窕淑女'，窈窕，幽閒意也。凡雙聲字，當以聲求，不當以文求。"[②] 鄧廷楨《雙硯齋筆記》卷三云："凡經典雙聲字，但取聲而不必盡囿於形。"又云："古雙聲疊韻之字，隨物名之，隨事用之，泥於其形則齟齬不安，通乎其聲則明辯以晳。"[③] 王念孫《讀書雜誌・漢書第十六》"連語"條云："凡連語之字，皆上下同義，不可分訓，説者望文生義，往往穿鑿而失其本指。"[④] 所謂連語，實即雙聲疊韻之詞。王念孫《廣雅疏證》卷六上云："夫雙聲之字，本因聲以見義，不求諸聲而求諸字，固宜其説之多鑿也。"又云："大氐雙聲疊韻之字，其義即存乎聲，求諸其聲則得，求諸其文則惑矣。"[⑤] 晧旰本爲雙聲，分而釋之，即犯了不求諸聲而求諸文之病，故不可從。

張舜徽先生則認爲"皞"與"晧"本即一字，其《説文解字約注》云："晧、皞同音，古蓋一字，亦晄、曠，晏、暥之比。皞即晧之重文耳。"[⑥]《楚辭・遠游》："曆太皓以右轉兮"，王逸注："皓一作皞。"[⑦] 可爲張説之證。晧，《説文・七上・日部》云："日出皃。"（頁 138）段

---

① 葉林生：《少昊考》，《蘇州大學學報》1994 年第 3 期。
② 戴侗：《六書故》，黨懷興、劉斌點校，中華書局 2012 年版，第 586—587 頁。
③ 鄧廷楨：《雙硯齋筆記》，馮惠民點校，中華書局 1987 年版，第 187、228 頁。
④ 王念孫：《讀書雜誌》第七冊，萬有文庫本，商務印書館 1930 年版，第 31 頁。
⑤ 王念孫：《廣雅疏證》，江蘇古籍出版社 1984 年版，第 191、198 頁。
⑥ 張舜徽：《説文解字約注》第十三卷，中州書畫社 1983 年版，第 6 頁 a。
⑦ 洪興祖：《楚辭補注》，中華書局 1983 年版，第 170 頁。

注："謂光明之皃也。天下惟絜白者最光明，故引伸爲凡白之稱，又改其字从白作皓矣。"（頁 304）王筠《説文句讀》云："皃蓋光之訛。《字林》：'晧，日出光也。'《衆經音義》同，《釋詁》：'晧，光也。'當爲許君所本。"[①] 可見晧與皞義亦相近。

因此，我們認爲大皞（昊）、少皞（昊）是取義于太陽或太陽的光明，與其太陽神神格適相符合。實際上，光與日義本相通。俞樾《古書疑義舉例》卷一"變文協韻例"條云："《蓼蕭篇》：'既見君子，爲龍爲光。'按：光者，日也。《周易・説卦傳》：'離爲日。'而虞注於《未濟》六五及《夬》彖傳竝云：'離爲光。'於《需》彖辭則曰：'離日爲光。'是日與光義得相通。"[②] 而段注却認爲"古者大皞、少皞蓋以德之明得稱"（頁 304），實是囿于大皞、少皞爲古帝王的成見而言，不足采信。《帝王世紀》云："象日之明，是以稱大皡。"[③] 倒是一語中的。

通過上面的考察，我們知道大皞、少皞應該是太陽神。但在其他典籍記載中，他們的身份又是古帝王。如《左傳・昭公十七年》云："陳，大皡之虚也。"杜預注："大皡居陳。"《定公四年》云："因商奄之民，命以伯禽，而封於少皡之虚。"杜預注："少皡虚，曲阜也，在魯城内。"[④] 徐中舒先生《先秦史論稿》云："少皡氏故地在魯，太皡氏在陳，這是皡族遷徙於不同地區而得名的。古史中稱一些民族原住地多稱爲'少'，少即'小'，是指該族早期人口稀少勢力弱小時期。'太'即大，乃該族後來遷徙新地人口衆多，勢力強大時的稱號。如小月氏與大月氏的情況，少梁、大梁，小夏、大夏的情況都是屬於這類的名稱。"[⑤]

怎麼理解這個問題呢？實際上，在上古時代，神話傳説與歷史往往

---

① 王筠：《説文句讀》，上海古籍出版社 1983 年版，第 877 頁。
② 俞樾等：《古書疑義舉例五種》，中華書局 1956 年版，第 21 頁。
③ 徐宗元：《帝王世紀輯存》，中華書局 1964 年版，第 3 頁。
④ 阮元等校刻：《十三經注疏》，中華書局 1980 年版，第 2084、2134 頁。
⑤ 徐中舒：《先秦史論稿》，巴蜀書社 1992 年版，第 19 頁。

混雜在一起，很難區分。王國維先生《古史新證》開篇即説："研究中國古史爲最糾紛之問題，上古之事，傳説與史實混而不分，史實之中固不免有所緣飾，與傳説無異；而傳説之中亦往往有史實爲之素地。二者不易區别，此世界各國之所同也。"① 可見神話中包含有歷史，歷史中包含有神話，二者原本是密不可分的。不僅如此，神話人物和歷史人物還可以互相轉化。袁珂先生將此稱爲"神下地和人上天"，並且認爲：中國神話的一個最突出的特徵，就是神話這條綫和歷史這條綫平行，而又往往糾纏在一起，攪混不清。神話可以轉化作歷史，即天上的諸神歷史化而爲人間的聖主賢臣；歷史也可因人民世代的口耳相傳而轉化爲神話，即人間的聖主賢臣神話化爲天上的諸神②。因此，很多歷史上實有的人物最後都轉化成神話人物，尤其是他們的名號，往往明顯地反映了他們的神格。無論是我們上面所論的大皞、少皞，還是後文將論及的其他人物，他們最初可能都是歷史上有功于人民的英雄人物，但他們的名號却反映了他們最後都轉化成神話人物了。這是我們探討《山海經》神人名的命名之義時首先應該明白的問題。

（二）句芒、蓐收

句芒、蓐收分别是東、西方之神，而東、西方分别和春季、秋季相配，他們的命名正體現了春秋季節的特色。

先看東方神句芒。《海外東經》："東方句芒，鳥身人面，乘兩龍。"郭注："木神也。"（頁 314）《左傳·昭公二十九年》："木正曰句芒"，杜注："取木生句曲而有芒角也。"孔疏："賈逵云：'揔言萬物句芒，非專木生如句。'杜誤耳。木正順春，萬物始生，句而有芒角。杜獨言木者，以木爲其主，故經言木正，且木比萬物芒角爲甚，故舉木而言。劉

① 王國維：《古史新證》，清華大學出版社 1994 年版，第 1 頁。

② 袁珂：《袁珂神話論集》，四川大學出版社 1996 年版，第 154 頁。

炫以杜不取賈義而獨舉於木而規杜，非也。”[①]《禮記·月令》：“其帝大皞，其神句芒”，孔疏：“木初生之時，句屈而有芒角，故云句芒。”[②]《太平御覽》卷一八引《三禮義宗》云：“五行之官也，木正曰勾芒者，物始生皆勾屈而芒角，因用爲官名。”[③] 可見句芒是指春季草木初生時，句曲而有芒角之義。

句芒由草木初生的形狀之義，引申而爲初生的草木之義。《禮記·月令》：“季春之月，……是月也，生氣方盛，陽氣發泄，句者畢出，萌者盡達，不可以内。”鄭注：“時可宣出不可收斂也。句，屈生者；芒而直曰萌。”同書《樂記》：“天地訢和，陰陽相得，煦嫗覆育萬物，然後草木茂，區萌達。”[④]《史記·樂書》：“然後草木茂，區萌達”，集解引鄭玄云：“屈生曰區。”正義：“草木據其成體之茂，區萌據其新牙，故曰達。達猶出也。曲出曰區，菽豆之屬；直出曰萌，稻稷之屬也。”[⑤]《白虎通義·五行》：“句芒者，物之始生，其精青龍，芒之爲言萌也。”[⑥]

再由初生的草木之義引申爲草木萌芽之義。《管子·五行》：“出國衡，順山林，禁民斬木，所以愛草木也。然則冰解而凍釋，草木區萌。”[⑦]《淮南子·時則訓》：“養幼小，存孤獨，以通句萌。”高注：“草木不句萌者，以通達也。”同書《本經訓》：“草木之句萌、銜華、戴實而死者，不可勝數。”[⑧] 句萌與銜華、戴實並舉，而銜華指開花，戴實指結果，則句萌指萌芽，斷可知矣。

---

① 阮元等校刻：《十三經注疏》，中華書局1980年版，第2123頁。
② 同上書，第1353頁。
③ 李昉等：《太平御覽》，中華書局1960年版，第92頁。
④ 阮元等校刻：《十三經注疏》，中華書局1980年版，第1353、1537頁。
⑤ 司馬遷：《史記》，中華書局點校本1959年版，第1203頁。
⑥ 班固：《白虎通義》，《四部精要》第12冊，上海古籍出版社1993年版，第839頁。
⑦ 戴望：《管子校正》，《諸子集成》第5冊，上海書店1986年版，第243頁。
⑧ 劉安：《淮南子》，《諸子集成》第7冊，上海書店1986年版，第70—71、114頁。

綜上可知，句芒的命名之義是本於春天草木萌芽之狀。正因爲春天草木有旺盛的生機，句芒成了能夠賜予人生命之神。《墨子·明鬼下》云：

> 昔者鄭穆公，當晝日中處乎廟，有神入門而左，鳥身，素服三絕，面狀正方。鄭穆公見之，乃恐懼犇，神曰："無懼！帝享女明德，使予錫女壽十年有九，使若國家蕃昌，子孫茂，毋失。"穆公再拜稽首曰："敢問神名？"曰："予爲句芒。"[①]

再看西方神蓐收。《海外西經》云："西方蓐收，左耳有蛇，乘兩龍。"郭注："金神也。"（頁 273）《左傳·昭公二十九年》："金正曰蓐收"，杜注："秋物摧蓐而可收也。"[②]《禮記·月令》："其帝少皞，其神蓐收"，孔疏："蓐收者，言秋時萬物摧辱而收斂。"[③] 可見蓐收是指秋天萬物凋零、一片肅殺之象，蓐收的得名，正以此矣。

因爲秋天是萬物凋零、衰亡之時，蓐收成了凶神、刑殺之神，與句芒適相對應。《國語·晉語二》云：

> 虢公夢在廟，有神人面白毛虎爪，執鉞立於西阿之下，公懼而走。神曰："無走。帝命曰：'使晉襲於爾門。'"公拜稽首，覺，召史嚚占之，對曰："如君之言，則蓐收也，天之刑神也，天事官成。"公使囚之，且使國人賀夢。舟之僑告諸其族曰："衆謂虢不久，吾乃今知之。君不度而賀大國之襲，於己也何瘳？吾聞之曰：'大國道，小國襲焉，曰服；小國傲，大國襲焉，曰誅。'民疾君之

① 孫詒讓：《墨子閒詁》，《諸子集成》第 4 册，上海書店 1986 年版，第 141—142 頁。
② 阮元等校刻：《十三經注疏》，中華書局 1980 年版，第 2123 頁。
③ 同上書，第 1372 頁。

侈也，是以遂於逆命。今嘉其夢，侈必展，是天奪之鑒而益其疾。民疾其態，天又誑之，大國來誅，出令而逆，宗國既卑，諸侯遠己，内外無親，其誰云救之？吾不忍俟也，將行！”以其族適晉。六年，虢乃亡。[①]

《潛夫論·夢列》亦云：“虢公夢見蓐收賜之上田，自以爲有吉，囚史嚚，令國賀夢。聞憂而喜，故能成凶以滅其封。”[②] 虢公夢見蓐收則國滅，這正是蓐收刑殺之神神格的體現。

（三）炎帝、祝融

南方天帝炎帝的神格同樣是太陽神。《説文·十上·炎部》：“炎，火光上也，从重火。”（頁 210）段注：“《洪範》曰：‘火曰炎上’，其本義也。《雲漢》傳曰：‘炎炎，熱氣也。’《大田》傳曰：‘炎火，盛陽也。’皆引申之義也。”（頁 487）可知炎之本義指火光盛烈，引申則爲盛陽之義。因此，《白虎通義·五行》云：“炎帝者，太陽也。”[③] 太陽即最盛的陽氣[④]。最盛的陽氣，在人們的心目中，自然非日莫屬。《淮南子·天文訓》云：“積陽之熱氣生火，火氣之精者爲日”；“日者，陽之主也。”[⑤]《説文·七上·日部》：“日，實也，太陽之精不虧。”（頁 137）桂馥《説文解字義證》云：“《集韻》引李舟説：‘日，太陽精也。’《郊特牲》：‘兆於南郊，就陽位也。’注云：‘日，太陽之精也。’《范子

---

① 徐元誥：《國語集解》，王樹民、沈長雲點校，中華書局 2002 年版，第 283—284 頁。

② 王符：《潛夫論》，《諸子集成》第 8 冊，上海書店 1986 年版，第 136 頁。

③ 班固：《白虎通義》，《四部精要》第 12 冊，上海古籍出版社 1993 年版，第 839 頁。

④ 頗有學者以此“太陽”即日，誤矣。王力先生認爲指日之太陽始見於《世説新語》（王力：《漢語史稿》，中華書局 1980 年版，第 495 頁）。洪誠先生《訓詁學》認爲：“太陽在漢朝是詞組，意思是最盛的陽氣。漢魏之間這個詞組始轉爲詞，專指日頭。”並認爲王力先生所舉例過晚，他舉例説明蔡邕、曹操、曹植、嵇康等人的文中就已經以太陽指日了（洪誠：《訓詁學》，江蘇古籍出版社 1984 年版，第 109 頁）。可見以太陽指日應在漢魏之際。雖然此前的太陽是詞組，和日不是一個層面上的東西，但最盛的陽氣往往就是指日而言。

⑤ 劉安：《淮南子》，《諸子集成》第 7 冊，上海書店 1986 年版，第 35、36 頁。

計然》：‘日者，太陽之精。’《龍魚河圖》：‘陽積精爲日。’《河圖叶光篇》：‘積精爲日。’《易通卦驗》：‘日者，衆陽之精也。’……《甘氏星經》：‘日者，陽宗之精也。’《劉氏正歷》：‘日者，羣陽之精。’徐增《長歷》：‘衆陽之精，上合爲日。’《物理論》：‘日者，太陽之精也。’……《後漢書·丁鴻傳》：‘臣聞日者陽精，守實不虧。’《晉書·天文志》：‘日者，陽精之宗。’《顔氏家訓》：‘日爲陽精。’”[①]《白虎通義》的作者班固，其《漢書·李尋傳》云：“夫日者，衆陽之長。”《外戚孝成許皇后傳》亦云：“夫日者，衆陽之宗。”[②] 可見最盛的陽氣大都指日而言。因此，《白虎通義》認爲炎帝是最盛的陽氣，實際上就是以其爲日神。

《楚辭·大招》：“魂乎無南！南有炎火千里。”王逸注：“炎，火盛貌也。”[③]《呂氏春秋·有始》：“南方曰炎天”，高誘注：“南方五月建午，火之中也。火曰炎上，故曰炎天。”[④] 可知在古人的心目中，南方正是炎火之地，以炎帝爲南方天帝，固其宜矣。

祝融爲炎帝的屬神，據《山海經》的記載，他本是炎帝的後裔。《海内經》：“炎帝之妻，赤水之子聽訞生炎居，炎居生節並，節並生戲器，戲器生祝融。”郭注：“祝融，高辛氏火正號。”（頁 534—535）祝融的命名之義，史有明文，《國語·鄭語》：“夫黎爲高辛氏火正，以淳耀敦大，天明地德，光照四海，故命之曰祝融。”韋昭注：“淳，大也。耀，明也。敦，厚也。言黎爲火正，能治其職，以大明厚大，天明地德，故命之爲祝融。祝，始也。融，明也。”[⑤] 據《國語》，可知祝融“以淳燿敦大，天明地德，光照四海”而得名，然韋注以祝爲始，以融爲明，合爲人名，頗覺扞格難通。《左傳·昭公二十九年》：“火正曰祝

① 桂馥：《説文解字義證》，齊魯書社 1987 年版，第 571 頁。
② 王先謙：《漢書補注》，中華書局 1983 年版，第 1383、1658 頁。
③ 洪興祖：《楚辭補注》，中華書局 1983 年版，第 217 頁。
④ 畢沅：《呂氏春秋新校正》，《諸子集成》第 6 冊，上海書店 1986 年版，第 124 頁。
⑤ 徐元誥：《國語集解》，王樹民、沈長雲點校，中華書局 2002 年版，第 465 頁。

融”，孔疏引賈逵云：“夏陽氣明朗，祝，甚也；融，明也。亦以夏氣爲之名耳。”[①]《史記·楚世家》：“重黎爲帝嚳高辛氏火正，甚有功，能光融天下，帝嚳命曰祝融。”集解引虞翻云：“祝，大；融，明。”[②] 賈、虞以祝爲甚、大之義，甚是。質言之，祝融即大明，與“淳燿敦大，天明地德，光照四海”正相符合。

從《國語》《左傳》《史記》等的記載來看，祝融爲高辛氏的火正，也就是管理火的長官。其實，祝融最初應該是火神，後來纔歷史化爲火正的。《海外南經》云：“南方祝融，獸身人面，乘兩龍。”祝融，郭注：“火神也。”（頁 249）《墨子·非攻下》：“天命融隆火于夏之城間，西北之隅。”孫詒讓《墨子閒詁》云：“畢云：‘隆疑作降，言命祝融降火。’王云：‘降與隆通，不煩改字。’”[③] 天帝命祝融降火，猶可見出其火神神格。而祝融單稱融，其他典籍亦有是例，《國語·周語上》：“昔夏之興也，融降于崇山。”韋注：“融，祝融也。”[④] 炎帝爲日神，祝融爲火神，而前引《淮南子·天文訓》云：“積陽之熱氣生火，火氣之精者爲日。”《易·説卦》：“離爲火，爲日。”孔疏：“離爲火，取南方之行也。爲日，取其日是火精也。”[⑤] 可見日和火本是互通的，並且南方是“委火炎風之野”，因此，他們就成了南方的天帝和屬神。

（四）顓頊、禺彊（禺京）

顓頊一名的含義，《白虎通義》有兩種解釋。《白虎通義·號》云：“帝王者何號也？號者，功之表也，所以表功明德，號令臣下者也。……謂之顓頊何？顓者，專也；頊者，正也。能專正天人之道，

---

① 阮元等校刻：《十三經注疏》，中華書局 1980 年版，第 2123 頁。

② 司馬遷：《史記》，中華書局點校本 1959 年版，第 1689 頁。

③ 孫詒讓：《墨子閒詁》，《諸子集成》第 4 冊，上海書店 1986 年版，第 93—94 頁。

④ 徐元誥：《國語集解》，王樹民、沈長雲點校，中華書局 2002 年版，第 29 頁。

⑤ 阮元等校刻：《十三經注疏》，中華書局 1980 年版，第 95 頁。

故謂之顓頊也。"[①] 這是就帝王的功德立説，實非顓頊一名的本義。《五行》云："冬之爲言終也，其位在北方，……其帝顓頊，顓頊者，寒縮也。"[②] 顓頊爲北方天帝，北方和冬季相配，因此以顓頊爲"寒縮"之義。其實，這是一種聲訓，寒縮和顓頊只是聲音相近而已，在意義上並沒有聯繫。

《海内經》云：

> 流沙之東，黑水之西，有朝雲之國、司彘之國。黄帝妻雷祖，生昌意，昌意降處若水，生韓流。韓流擢首、謹耳、人面、豕喙、麟身、渠股、豚止，取淖子曰阿女，生帝顓頊。

郭注："止，足。"（頁 503—504）郝疏："止即趾也。《士昏禮》云：'皆有枕北止'，鄭注云：'止，足也。古文趾作止。'又《漢書》郊祀歌云：'獲白麟爰五止'，顔師古注亦訓止爲足也。'"[③] 彘、豕、豚、豬並爲一物。《説文・九下・豕部》："豕，彘也。""豬，豕而三毛叢居者。"（頁 196）《説文・九下・豚部》："豚，小豕也。"（頁 197）

顓頊的父親韓流，長相可謂奇特。他有著像豬一樣的嘴巴，像豬一樣的腳趾，又居於"司彘之國"，其原型應該是豬。豬在古人心目中，是一種和水相關的動物。《易・説卦》："坎者，水也。""坎爲豕"，"坎爲水"。孔疏："坎爲豕，坎主水瀆，豕處污濕，故爲豕也。"[④]《禮記・月令》"食麥與羊"，孔疏："豕爲水畜。"《月令》又云："孟冬之月，……食黍與彘。"鄭注："彘，水畜也。"[⑤]《呂氏春秋・孟冬》：

---

① 班固：《白虎通義》，《四部精要》第 12 册，上海古籍出版社 1993 年版，第 835 頁。

② 同上書，第 839 頁。

③ 郝懿行：《山海經箋疏》，台北藝文印書館 2009 年版，第 461 頁。

④ 阮元等校刻：《十三經注疏》，中華書局 1980 年版，第 94、95 頁。

⑤ 同上書，第 1355、1380—1381 頁。

“食黍與彘”，高注：“彘，水屬也。”[①] 水與北方相配，因此豬成了北方之畜。賈誼《新書·胎教》：“彘者，北方之牲也。”[②] 韓流的形象中有豬的因素，應當與其爲北方之神有關。20 世紀 80 年代，在北方文化區内的遼寧牛河梁紅山文化遺址發掘中，發現了五千年前的玉制豬龍[③]。似可説明在很早以前，豬就已經成了崇拜之物。韓流的形象中有豬的因素，也就不足爲怪了。

顓頊的得名，正與韓流相關。畢沅《山海經新校正》云：“《説文》云：‘顓，頭專專謹也。’此文云云，疑顓頊所以名，以似其父與?”[④] 郝疏亦云：“《説文》云：‘顓，頭顓顓謹貌’；‘頊，頭頊頊謹貌。’即謹耳之義。然則顓頊命名，豈以頭似其父故與?”（頁 504）畢、郝的推測甚是，顓頊正是以其形貌肖似其父韓流而得名。也就是説，顓頊在古人心目中仍然是豬的形象。

《大荒西經》云：

> 有魚偏枯，名曰魚婦。顓頊死即復蘇。風道北來，天乃大水泉，蛇乃化爲魚，是爲魚婦。顓頊死即復蘇。

袁珂注：“據經文之意，魚婦當即顓頊之所化。”（頁 476）死去的顓頊能憑藉大水而復蘇，此尤可凸顯其水神神格。

上面我們考察了顓頊的命名之義，下面我們再看看禺彊的命名之義爲何?《海外北經》云：

---

① 畢沅：《吕氏春秋新校正》，《諸子集成》第 6 册，上海書店 1986 年版，第 94 頁。

② 《二十二子》，上海古籍出版社 1986 年版，第 761 頁。

③ 遼寧省文物考古研究所：《遼寧牛河梁紅山文化女神廟與積石冢群發掘簡報》，《文物》1986 年第 8 期。

④ 《二十二子》，上海古籍出版社 1986 年版，第 1386 頁。

北方禺彊，人面鳥身，珥兩青蛇，踐兩青蛇。

郭注：

字玄冥，水神也。莊周（《莊子·大宗師》）曰："禺彊立于北極。"一曰禺京。一本云：北方禺彊，黑身手足，乘兩龍。

袁珂注：

《大荒北經》云："有神，人面鳥身，珥兩青蛇，踐兩赤蛇，名曰禺彊。"與此經文略異。又《大荒東經》云："東海之渚中，有神，人面鳥身，珥兩黃蛇，踐兩黃蛇，名曰禺虢。黃帝生禺虢，禺虢生禺京，禺京處北海，禺虢處東海，是爲海神。"郭璞於"禺京"下注云："即禺彊也。"彊、京一聲之轉。則作爲北海海神之禺京，與其作爲東海海神之父禺虢，同爲人面鳥身。然竊有疑焉。《莊子·逍遙遊》云："北冥有魚，其名爲鯤，鯤之大，不知其幾千里也，化而爲鳥，其名爲鵬，鵬之背，不知其幾千里也。怒而飛，其翼若垂天之雲。是鳥也，海運則將徙於南冥；南冥者，天池也。《齊諧》者，志怪者也；《諧》之言曰：鵬之徙於南冥也，水擊三千里，摶扶搖而上者九萬里，去以六月息者也。"似乎非僅寓言，實有神話之背景存焉。此背景爲何？陸德明《音義》引崔譔云："鯤當爲鯨。"是也。《爾雅·釋魚》："鯤，魚子。"大無以致千里。莊生詼詭，以小名大，齊物之意也，鯤實當爲鯨。而北海海神適名禺京，又字玄冥，此與莊周寓言中北冥之鯤（鯨）豈非有一定之關聯乎？而鯨，字本作鱷，《説文》十一云："鱷，海大魚也，从魚，畺聲。"又與禺彊（禺京）之"彊"合。郭注引一本云："北方禺彊，黑身手足，乘兩龍。”疑“黑身”乃“魚身”之誤，“黑”與“魚”形近而致訛也。《海外東經》云：“雨師妾在其北，爲人黑身人面。”未言手足。以身既人身，手足自具，無煩更舉。《海内北經》云：“陵魚人面、手足、魚身，在海中。”此人形之魚，身仍爲魚，而有手有足，故特著手足，以彰其異。由是言之，“黑身手足”之禺彊，猶“手足魚身”之陵魚，均人魚之類，“黑身”蓋“魚身”之訛也。其爲海神之時，形貌當即是“魚身手足”。然而禺彊不僅海神而已，實又兼風神職司。

《淮南子·墬形篇》云：“隅強（禺彊），不周風之所生也。”《史記·律書》曰：“不周風居西北，主殺生。”此生於不周風之禺彊，實當即是主不周風者。《淮南子·本經篇》載堯時害民之物，有所謂“大風”者，實即大鳳，亦即《莊子·逍遙遊》之大鵬，高誘注以爲風伯，又以爲鷙鳥。此風伯若鷙鳥者，自非《山海經》所記人面鳥身之禺彊莫屬。故謂其不僅海神，實又職兼風神。當其爲海神之時，固“魚身手足”之“鯤（鯨）”也，固“大不知其幾千里”也，然而一旦“化而爲鳥”，則又“人面鳥身”之“鵬”也，則又“背不知其幾千里”、“怒而飛、其翼若垂天之雲”也：莊周詼詭之寓言，證以此經所記禺彊之形貌，豈非實有神話之背景存於其間乎？推而論之，東海海神禺虢之貌，或亦非僅具“鳥身”，實且兼有魚形，亦當爲海神而兼風神也。惜乎文獻缺略，無由引證矣。（頁295—297）

袁先生對禺彊的源流演變情況梳理得十分清楚，可見北方海神禺彊是以鱷魚爲原型，並以之而得名。以禺京爲禺彊，甚是。京爲陽部，見紐；彊爲陽部，羣紐。韻部相同，見羣旁紐，故得通用。《説文·十上·鹿部》：“麠，大鹿也。麖，或从京。”（頁203）《戰國策·魏策二》：“楚王登強臺而望崩山"[①]，《淮南子・原道訓》："所謂樂者，豈必京臺章華。"高注："京臺、章華皆楚之大臺。"[②] 則強臺即京臺也，皆可爲證。

禺彊（京）爲北海之神，《楚辭・遠遊》："從顓頊乎增冰"，洪補引太公《金匱》云："北海之神曰顓頊。"[③] 顓頊又成了海神，其實海、水是相通的。

（五）黃帝、后土

黃帝，又作皇帝。《莊子・齊物論》："是皇帝之所聽熒也"，皇帝，《釋文》："本又作黃帝。"盧文弨云："皇、黃通用。"[④]《呂氏春秋・仲夏紀・古樂》："昔黃帝令伶倫作爲律。伶倫自大夏之西，乃之阮隃之陰，取竹於嶰谿之谷，以生空竅厚鈞者、斷兩節間、其長三寸九分而吹之，以爲黃鐘之宮，吹曰'舍少'。"[⑤] 黃帝，《風俗通義・聲音》則作"皇帝"[⑥]。《韓非子・十過》："昔者黃帝合鬼神於西泰山之上"，盧文弨云："黃，藏本、張本作皇，《文選・赭白馬賦》注引亦作皇，古通用。"[⑦]《春秋繁露・三代改制質文》："改號軒轅，謂之黃帝"，董慎行校云："黃帝舊作皇帝，古亦通。"[⑧] 可知黃帝和皇帝古實通用。

那麼，二者孰爲正呢？郭沫若先生《十批判書・稷下黃老學派的批判》云："黃帝本是皇帝或上帝的轉變。[⑨]"[⑩] 如郭先生所說，黃帝既然是從皇帝轉變而來，可見應以皇帝爲正。

---

① 范祥雍：《戰國策箋證》，上海古籍出版社 2006 年版，第 1354 頁。

② 劉安：《淮南子》，《諸子集成》第 7 冊，上海書店 1986 年版，第 13 頁。

③ 洪興祖：《楚辭補注》，中華書局 1983 年版，第 174 頁。

④ 郭慶藩：《莊子集釋》，中華書局 1961 年版，第 99 頁。

⑤ 畢沅：《呂氏春秋新校正》，《諸子集成》第 6 冊，上海書店 1986 年版，第 51 頁。

⑥ 王利器：《風俗通義校注》，中華書局 2010 年版，第 273 頁。

⑦ 王先慎：《韓非子集解》，《諸子集成》第 5 冊，上海書店 1986 年版，第 44 頁。

⑧ 《二十二子》，上海古籍出版社 1986 年版，第 783 頁。

⑨ 《淮南・地形訓》："乃維上天，是謂太帝之居"。太帝即後世所謂玉皇大帝。《史記・封禪書》言："泰帝使素女鼓五十弦瑟，悲，帝禁不止，故破其瑟爲二十五弦。"《世本》及《拾遺記》以爲黃帝。故知黃帝即太帝，亦即上帝之轉化。——原注

⑩ 郭沫若：《十批判書》，人民出版社 1954 年版，第 134 頁。

皇帝的命名之義爲何？張舜徽先生《演釋名·釋天》云：

帝，日也。甲文帝字有作者，象光芒四射狀。契龜者易○爲□以便刀刻，而原形失。日字古讀本在舌頭，與帝音近。《易》曰："帝出乎震"，即指日也；《書》曰："時日曷喪"，即指君也。日於天地閒威力最大，故古人即以稱君。

皇，煌也，謂日出土上光芒四射也。此字金文作，或作，實象其形。皇字本義爲日，猶帝之本義爲日。日爲君象，故古代用爲帝王之稱。①

可知皇、帝本義指太陽，引申而爲帝王之稱。

劉盼遂先生《説文練習筆記》云：

皇字金文作，上象日光放射之形，引申有大義。如大父亦曰皇父，大帝亦曰皇帝。②

可知皇字由"象日光放射之形"引申而有大義。

《説文·一上·王部》："皇，大也。"（頁 10）桂馥《説文解字義證》云：

大也者，《廣雅》同。《書·湯誥》："惟皇上帝"，《洪範》："建用皇極"，傳竝云："皇，大。"《詩》："皇矣上帝"，又《楚茨》："先祖是皇"，傳竝云："皇，大。"又《文王有聲》："皇王爲辟"，傳云："皇，大也。"箋云："變王后言大王者，武王之事又益大。"

① 張舜徽：《鄭學叢著》，齊魯書社 1984 年版，第 429 頁。
② 王國維：《古史新證》，清華大學出版社 1994 年版，第 326 頁。

《定元年左傳》："薛之皇祖奚仲"，注云："皇，大也。"《西都賦》："以發皇明"，五臣注："皇，大也。"顏注《急就篇》："皇者，大也。"《論語》："皇皇后帝"，《尚書刑德放》："皇者，煌煌也。"《春秋元命苞》："皇者煌煌，其道爛然顯明。"《白虎通》："皇者，何謂也？亦號也，美也，大也，天人之總，美大之稱也，時質故總之也。號之爲皇者，煌煌人莫違也。"《獨斷》："皇者，煌也，盛德煌煌，無所不照。"《尚書·序》正義："帝號同天，名所莫加，優而稱皇者，以皇是美大之名，言大於帝也。"馥謂：煌煌亦美大之意也。[①]

綜上可知，皇（黃）帝就是大帝，猶如泰山本即大山，嵩山本即高山[②]，原無深意存焉。

后土的命名之義又是什麽呢？《周禮·春官·大宗伯》："王大封，則先告后土。"鄭注："后土，土神也。"[③]《左傳·昭公二十九年》："土正曰后土"，杜注："土爲羣物主，故稱后也。"孔疏："后者，君也。羣物皆土所載，故土爲羣物之主，以君言之，故云后土也。"[④]《爾雅·釋詁》："后，君也。"[⑤] 因此，后土就是土地之神。

黃帝和后土何以成爲中央的天帝和屬神呢？在古人的觀念中，黃正是土地之色，中央之色。《説文·十三下·黃部》："黃，地之色也。"（頁 291）《玉篇·黃部》："黃，中央色也。"[⑥]《詩·邶風·綠衣》："綠衣黃裹"，孔疏："黃，中央之正色。"[⑦] 因此，黃帝就和后土相配，成

① 桂馥：《説文解字義證》，齊魯書社 1987 年版，第 25 頁。

② 王力先生《同源字典》云："'嵩'本是高山的通稱，後來特指中岳嵩山。由此類推，'泰山'本寫作'大山（太山）'，當本是大山的通稱，後來特指東岳泰山。"（商務印書館 1982 年版，第 387 頁）

③ 孫詒讓：《周禮正義》，王文錦、陳玉霞點校，中華書局 1987 年版，第 1417 頁。

④ 阮元等校刻：《十三經注疏》，中華書局 1980 年版，第 2123 頁。

⑤ 郝懿行：《爾雅義疏》第一册，國學基本叢書簡編本，商務印書館 1936 年版，第 2 頁。

⑥ 《宋本玉篇》，中國書店 1983 年版，第 36 頁。

⑦ 阮元等校刻：《十三經注疏》，中華書局 1980 年版，第 297 頁。

爲中央之帝了。《呂氏春秋·季夏》："其帝黄帝，其神后土"，高注："黄帝，少典之子，以土德王天下，號軒轅氏，死，託祀爲中央之帝。"[①] 其實，前面已經指出，黄帝應爲皇帝，即大帝之義。因皇、黄相通，故又作黄帝，從而生發出黄帝爲中央之帝、"以土德王天下"之説，已非其朔義矣。至於劉師培《讀書隨筆·古代以黄色爲重》云："黄帝者，猶言黄民所奉之帝王耳。"[②] 則愈失其遠矣。

二 西王母

西王母在典籍中又作西姥（老），如郭璞《山海經圖讚》"昆侖丘"條云："昆侖月精，水之靈府。惟帝下都，西老之宇。"郝懿行云："老當爲姥。""不死樹"條云："萬物暫見，人生如寄。不死之樹，壽蔽天地。請藥西姥，烏得如羿。"[③] 所謂"請藥西姥，烏得如羿"，實即《淮南子·覽冥訓》所説"羿請不死之藥於西王母"[④]。《覽冥訓》："西老折勝"，高注："西王母折其頭上所戴勝。"[⑤] 可見西王母可以省稱爲西姆（老）。姥、母古字通用，《玉臺新詠·古詩爲焦仲卿妻作》："便可白公姥，及時相遣歸。"《樂府詩集·琅琊王歌辭》："公死姥更嫁，孤兒甚可憐。"馬天祥、蕭嘉祉《古漢語通假字字典》認爲兩詩中的姥並通母，即母親之義[⑥]。因此，西姆就是西母。西母在甲骨卜辭中就已經出現了，陳夢家先生《古文字中之商周祭祀》一文認爲卜辭中的"西母"二字就是戰國文獻中的神話人物西王母[⑦]。

卜辭中，西母和與其相對應的東母都常常受到隆重的祭祀：

---

① 畢沅：《呂氏春秋新校正》，《諸子集成》第 6 册，上海書店 1986 年版，第 55 頁。
② 劉師培：《劉申叔遺書》，江蘇古籍出版社 1997 年版，第 1948 頁。
③ 郝懿行：《山海經箋疏》，台北藝文印書館 2009 年版，第 491、534 頁。
④ 劉安：《淮南子》，《諸子集成》第 7 册，上海書店 1986 年版，第 98 頁。
⑤ 同上書，第 96 頁。
⑥ 馬天祥、蕭嘉祉：《古漢語通假字字典》，陝西人民出版社 1991 年版，第 475 頁。
⑦ 陳夢家：《古文字中之商周祭祀》，《燕京學報》1936 年第 19 期。

壬申卜貞，㞢于東母、西母，若。（後，上，28・5）

尞于東母，豕三，犬三。（鐵，142）

貞，尞于東母，三牛，又。（後，上，23・7）

尞于東母，九牛。（續，1・53・2）①

東母，丁山認爲即太陽神母親羲和，換言之，就是日神；而西母卻是月神。他的主要依據就是《禮記・祭義》“祭日於東，祭月於西”的説法②。我們認爲，東母、西母僅從字面上便可以看出是對同一事物在不同方位下的稱呼，不可能一是日神，一是月神。

那它們是什麽神呢？在卜辭中，不但有對東母、西母的祭祀，還有和其頗相仿佛的另外一種祭儀，即“出日”“入日”之祭：

庚子卜貞，王賓日亡尤。（金璋 44）

丁巳卜，又出日。丁巳卜，又入日。（佚存 407）

辛未卜，又于出日。（粹編 597）

出，入日，歲三牛。（粹編 17）③

所謂“出日”“入日”，就是指太陽的朝升暮落。郭沫若先生根據卜辭中“賓日”“出日”“入日”的記載，斷定殷人對日神有朝夕迎送的禮拜儀式④。

《尚書・堯典》：“乃命羲、和：欽若昊天，厤象日月星辰，敬授人時。分命羲仲，宅嵎夷，曰暘谷。寅賓出日，平秩東作；……分命和

① 轉引自丁山《中國古代宗教與神話考》，龍門聯合書局 1961 年版，第 72 頁。

② 同上書，第 71—73 頁。

③ 轉引自朱天順《中國古代宗教初探》，上海人民出版社 1982 年版，第 13—14 頁。

④ 郭沫若：《殷契粹編》，科學出版社 1965 年版，第 354—355 頁。

仲，宅西，曰昧谷。寅餞納日，平秩西成。”[①] 納即入，《玉篇·糸部》：“納，内也。”[②]《説文·五下·入部》：“入，内也。”“内，入也。”（頁109）段注於“納”字下云：“古多叚納爲内字，内者，入也。”（頁645）《廣雅·釋詁三》：“納，入也。”[③]《莊子·盜跖》：“昔者桓公小白殺兄入嫂”[④]，入嫂顯即納嫂。可見納日即入日。出日、納日，《史記·五帝本紀》作“日出”“日入”[⑤]。很明顯，《堯典》的“寅賓出日”、“寅餞納日”就是由卜辭“出日”“入日”之祭衍化而來。

從卜辭“出日”“入日”之祭，到《堯典》的“寅賓出日”“寅餞納日”，可以看出古人對日出、日落的極端重視。我們認爲東母、西母就是日出、日落之神，也就是東、西方太陽神。

西王母應是由西母演化而來。《廣雅·釋詁一》：“王，大也。”王念孫《廣雅疏證》云：“《禮》謂大父爲王父，是王與大亦同義。”[⑥]《禮記·曲禮下》孔疏引孟京云：“王，美稱。”[⑦] 可見西王母之王猶如皇一樣，亦是美大之稱。

有學者認爲西王母並非中土之語，而是外來詞的譯音。淩純聲《昆侖丘與西王母》云：“古代蘇膜和阿喀稱月神曰 sin，有時拼成 si-in 或 si-en'nu，尤其後者音很近‘西王母’三字。又 Dhorme 謂一年之中，在夏至之月，以一月祭獻月神，accadien 語稱 rimanu，後又名 siwan。二字音則與‘西王母’或‘西王’之音更相近似。可見西王母三字是蘇膜語月神 si-en-nu 音譯而來。”[⑧]

---

① 阮元等校刻：《十三經注疏》，中華書局 1980 年版，第 119 頁。

② 《宋本玉篇》，中國書店 1983 年版，第 488 頁。

③ 王念孫：《廣雅疏證》，江蘇古籍出版社 1984 年版，第 104 頁。

④ 郭慶藩：《莊子集釋》，中華書局 1961 年版，第 1003 頁。

⑤ 司馬遷：《史記》，中華書局點校本 1959 年版，第 16 頁。

⑥ 王念孫：《廣雅疏證》，江蘇古籍出版社 1984 年版，第 4 頁。

⑦ 阮元等校刻：《十三經注疏》，中華書局 1980 年版，第 1260 頁。

⑧ 淩純聲：《昆侖丘與西王母》，載馬昌儀編《中國神話學文論選萃》下編，中國廣播電視出版社 1994 年版，第 129—130 頁。

劉師培《穆天子傳補釋》云："西王母爲極西古國，蓋西膜轉音爲西母，緩讀之則中有助音。古人以中土字音迻寫之則爲西王母，猶今塞米種或書塞爾米亞也。脣喙發音，隨地土而歧，稱名稍殊，故所擬之音亦異。今波斯附近在西周時爲阿西利亞國所宅，此之西王母，殆即亞（阿）西利亞與？"①

我們姑不論這種對音是否正確，而僅僅憑音近就將中國的西王母的淵源追溯到古巴比倫去了，這明顯受到泛巴比倫文化論的影響。前面我們已經論證了西王母是淵源有自，而且至少是在有商一代就已經受到祭祀。因此，西王母不是外來詞的譯音。

20世紀初，泛巴比倫文化論盛極一時，學者多有言中國文化西來之説者，甚至認爲華夏民族也是從西而來。持此論者之利器，主要就是人名的對音。高名凱先生《漢語語法論》曾説：

> 自從十九世紀末年拉苦披里（Terrien de Lacouperie）發表中國文化來自西方的意見後，漢族西來的理論差不多是成了一般人的共同信仰。拉氏的立論是以中國古代的人名和古巴比侖東方伊琅（Elan）王國的人名在發音上的相同來做根據的。比方説，黄帝在古代又有有熊氏之稱，"熊"字有時是念爲 Nai 音，Nai-huang-ti 就等於伊琅古人名之 Nakhunte。這種理論之不可靠，葛蘭言（M. Granet）辯之至詳。因爲黄帝雖有有熊氏之稱，而熊黄帝（Nai-huang-ti）這個名稱則不見於史書，"熊"字有時雖可念爲 Nai，但有熊氏之"熊"卻是念爲 Hsiong，何況熊黄帝三字之念爲 Nai-huang-ti 根本是近代的讀音，如何可以和伊琅古代之 Nakhunte 相比擬？但拉氏之説雖不足信，而漢族西來的觀念卻仍舊存在於一般

① 劉師培：《劉申叔遺書》，江蘇古籍出版社1997年版，第1175頁。

漢學家的腦筋之中。[1]

可以看出，持此論者的對音往往失之隨意和草率。但信此道者頗有人在，故考西王母的命名之義，以明此論多非。

三 羲和、常羲

《大荒西經》："有女子方浴月。帝俊妻常羲，生月十有二，此始浴之。"（頁463）帝俊之妻常羲既然是十二個月亮的母親，毫無疑問，她就應該是月神了。常羲，郝疏："與羲和當即一人。"[2]

羲和見於《大荒南經》，云：

> 東南海之外，甘水之閒，有羲和之國。有女子名曰羲和，方日浴于甘淵。羲和者，帝俊之妻，生十日。

郭璞注：

> 羲和蓋天地始生，主日月者也。故《歸藏·啟筮》曰："空桑之蒼蒼，八極之既張，乃有夫羲和，是主日月，職出入，以為晦明。"又曰："瞻彼上天，一明一晦，有夫羲和之子，出于暘谷。"故堯因此而立羲和之官，以主四時，其後世遂為此國。作日月之象而掌之，沐浴運轉之於甘水中，以效其出入暘谷虞淵也，所謂世不失職耳。（頁438）

從經文來看，羲和是十個太陽的母親，自然就應該是日神了。但從郭注

---

① 高名凱：《漢語語法論》，開明書店1951年版，第3—4頁。

② 郝懿行：《山海經箋疏》，台北藝文印書館2009年版，第431頁。

來看，羲和直是日月的主神。因此，吳任臣注："羲和，常羲有陬氏。"郝疏："《史記（·五帝本紀)》正義引《帝王世紀》云：'帝嚳次妃娵訾氏女曰常儀。'《大荒西經》又有帝俊妻常羲，疑與常儀及此經羲和通爲一人耳。"（頁 439）就是將羲和與常羲視作一人。對此，袁珂先生有不同的看法："吳、郝説羲和即常羲俱非也。考帝俊三妻，一羲和，即此經生十日者；一常羲，即《大荒西經》生十二月者；一娥皇，即此經前文生三身之國者：各俱有不同裔子，則生日之羲和當非生月之常羲可知矣。至於郝説帝俊妻常羲與帝嚳次妃娵訾氏女常儀爲一人則是也。"（頁 439）他肯定了常羲和常儀本爲一人的正確，但認爲生日之羲和與生月之常羲卻是判然有別，不容混爲一談。

究竟哪種説法是正確的呢？如果從别其異而言，羲和與常羲在典籍記載中，分屬日神、月神，當然應該視作二人。如果從主其同而言，羲和與常羲從詞義而言，實際上是一詞之分化，以爲一人，亦未嘗不可。如吳其昌先生《卜辭所見殷先公先王三續考》即認爲："羲和常羲，亦同一人名，同一故事之變也。"① 從世界範圍來看，許多民族在早期都曾經有過以同一個詞指稱太陽和月亮的現象。法國學者克洛德·萊維-斯特勞斯《結構人類學》第二卷云：

> 在南北美洲，許多語言都以同一個詞指稱太陽和月亮。易洛魁人的情況即如此。奧農達加（Onondaga）方言中的 gaä'gwa、莫霍克（Mohawk）方言中的 KaraKwa，即意指這兩個天體，如果需要確指，則加上前綴：andá-kāgagwā，意爲"白天的光"；soá-kāgagwā，意爲"夜晚的光"。以擴張時表現兇猛而聞名的阿爾岡金（Algonkin）族的各種語言采用同樣的方法。因此，在黑腳人（Blackfoot）

① 吳其昌：《卜辭所見殷先公先王三續考》，載呂思勉、童書業編《古史辨》第七冊（下），上海古籍出版社 1982 年版，第 338 頁。

語中 késúm 意爲“太陽、月亮”；在梅諾米尼（Menomini）語中，kè'so 意爲“太陽”，tipäkè'so，意爲“昨夜的太陽”、“月亮”；蒙塔格奈（Montagnais）語中作 cišekao-pišum 和 tepeskau-pišum；阿拉伯霍（Arapaho）語中作 hicis 意爲“天光”；格羅斯-凡特（Gros-Ventre）語中則爲 hīsös。

在塞米諾爾（Seminole）語、希契蒂（Hichiti）語、喬克托（Choctaw）語和切羅基（Cherokee）語中都只用一個詞指稱太陽和月亮。庫特内人説 nata'ne. ki，克拉瑪斯人説 sá bas，既指太陽又指月亮。奎諾爾特人用意爲“夜間的太陽”一詞來稱呼月亮。在加利福尼亞的幾種語言和方言里——阿丘馬維（Achomawi）語、北邁杜（Northern Maidu）語、卡羅克（Karok）語、帕特溫（Patwiu）語、西波莫（Western Pomo）和北波莫（Northern Pomo）語、卡托（Kato）語、懷拉基（Wailaki）語、湖泊米沃克（Lacustrine Miwok）語、瓦波（Wappo）語——太陽和月亮具有相同的名字。

在南美洲，比如加勒比（Carib）語和圖皮（Tupi）語，太陽和月亮一般有不同的名字。但是用一個詞的在圖卡諾（Tukano）語部落里也很普遍：在沃帕斯的圖卡諾用 mohi-pun，在庫比奥（Cubeo）用 avyá。在惠托托（Huitoto）稱太陽爲 hitoma，稱月亮爲 hwibui 或 manaidé-hitoma，即“冷的太陽”。而安第斯高原的奇步查人（Chibcha）用不同的詞 zuhé 和 chia 指稱太陽和月亮，以此他們分别區分太陽和月亮的陽和陰。在西坡上的卡亞帕人（Cayapa）稱兩顆陽性星爲 Pá'ta 和 Popá'ta；查科（Chaco）的沃納納人（Waunana）用一個詞 edau 指稱“太陽”、“白天”、“月亮”。

不管有多麽豐富的詞彙（這點我們後面再説），大多數格人

> (Ge) 語言由相同的詞根 Put-、Pud-構成太陽和月亮的名詞。幾種阿拉瓦克語 (Arawakan) 采用相同的做法。所以，在帕利庫爾 (PaliKur) 分别以 kamoi 和 kairi 構成太陽和月亮的詞形；在瓦皮迪亞納 (Vapidiana) 是 Kamu 和 Kaier；在庫斯特諾 (Kustenau) 是 Kxami 和 Kwataua；在帕雷西 (Paressi) 是 Kamai 和 Kaimaré。[①]

之所以出現這種以同一個詞指稱太陽和月亮的情形，是因爲在初民看來，它們都是光明的源泉，具有同等重要的地位，因此它們常常被相提並論。這在我國古籍的記載中尤其得到了顯豁的體現。《易・離》云："日月離乎天。"[②] 離即附麗、附著之義[③]。《易・繫辭上》云："縣象著明，莫大乎日月。"《繫辭下》云："日往則月來，月往則日來，日月相推而明生焉。"[④] 可見日月是天地間最爲顯明的事物，是天地間光明的源泉。"物有同狀而異所者，予之一名。"[⑤] 因此，古人就用同一個詞來指稱太陽和月亮。

同理，我們認爲我國古代也有過以同一個詞來指稱太陽和月亮。茅盾先生《神話研究》云："原始人民對於日月的觀念有一個特點，就是即以日月神爲日月之本體，並非於日月神之外，另有日月的本體。"[⑥] 可見更加準確的説法是古人曾經用同一個詞來指稱太陽神和月亮神。從日神羲和與月神常羲的丈夫都是帝俊來看，似乎已經透露出她們曾是一人。

---

① ［法］克洛德・萊維-斯特勞斯：《結構人類學》第二卷，俞宣孟、謝維揚、白信才譯，上海譯文出版社 1999 年版，第 237—239 頁。

② 阮元等校刻：《十三經注疏》，中華書局 1980 年版，第 43 頁。

③ 高亨：《周易大傳今注》，齊魯書社 1979 年版，第 280—281 頁。

④ 阮元等校刻：《十三經注疏》，中華書局 1980 年版，第 82、87 頁。

⑤ 章太炎：《文始・敍例》，《章太炎全集》（七），上海人民出版社 1999 年版，第 161 頁。

⑥ 茅盾：《神話研究》，百花文藝出版社 1981 年版，第 82 頁。

羲和的命名之義是什麼呢？先看羲字。姜亮夫先生《楚辭今繹講錄》認爲羲和之“羲”的本字當是“曦”[①]。姜説是矣，《論衡・是應》正作“曦和”[②]。《玉篇・日部》：“曦，日色也。”[③]《集韻・支韻》：“曦，赫曦，日光。”[④] 可見羲（曦）本義是指日色、日光。

再看和字。《尚書・禹貢》：“和夷底績。”《水經注・桓水》引鄭玄云：“和讀曰桓。”[⑤]《釋文》引鄭玄則云：“和讀曰洹。”[⑥]《漢書・酷吏傳》：“瘞寺門桓東”，如淳注：“有大板貫柱四出，名曰桓表。……陳宋之俗言桓聲如和，今猶謂之和表。”[⑦]《周禮・天官・大宰》：“正月之吉，始和布治於邦國都鄙。”王引之《經義述聞》卷八“和布”條云：“和，當讀爲宣。……和布者，宣布也。”《禮記・月令》：“命相布德和令。”王引之《經義述聞》卷十四“布德和令”條云：“和，當讀爲宣，謂布其德教，宣其禁令也。”[⑧] 其實，和屬歌部，桓、洹、宣並屬元部，韻爲對轉，故和與桓、洹、宣並通。桓、洹、宣並从亘受聲義，則和亦當與亘聲義相近。《説文・十三下・二部》：“亘，求回也。”[⑨] 段注：“回各本作亘，今正。以回釋亘，以雙聲爲訓也。回者，轉也。亘字經典不見。《易・屯卦》‘磐桓’，磐亦作盤，亦作槃，義當作般。桓義當作亘。般者，辟也；亘者，回也。馬融云：‘槃桓，旋也。’是二字皆叚借也。”（頁 681）桂馥《説文解字義證》云：“通作桓。……《書・禹貢》：‘西傾因桓是來’，鄭注：‘桓是隴阪名，其道盤桓旋曲而上，故名

① 姜亮夫：《楚辭今繹講錄》，北京出版社 1981 年版，第 45 頁。
② 黄暉：《論衡校釋》，中華書局 1990 年版，第 758 頁。
③ 《宋本玉篇》，中國書店 1983 年版，第 374 頁。
④ 丁度等：《宋刻集韻》，中華書局 2005 年版，第 11 頁。
⑤ 陳橋驛：《水經注校釋》，杭州大學出版社 1999 年版，第 620 頁。
⑥ 陸德明：《經典釋文》，上海古籍出版社 1985 年版，第 157 頁。
⑦ 王先謙：《漢書補注》，中華書局 1983 年版，第 1542 頁。
⑧ 王引之：《經義述聞》，國學基本叢書本，商務印書館 1936 年版，第 299、543 頁。
⑨ 此從段注本。

曰桓。’”[①] 張舜徽先生《説文解字約注》云：“亘之言旋也。凡稱旋爲盤桓者，桓即亘之借字。”[②]《莊子·應帝王》：“鯢桓之審爲淵。”[③] 桓，《列子·黄帝》正作旋[④]，可爲張説之證。合諸説以觀之，可知亘字不見於經典，通借作桓字。亘即盤桓、回轉、旋轉之義。因此，和亦即旋轉之義。《山海經·中山經》：“又東二十里，曰和山，其上無草木而多瑤碧，實惟河之九都。是山也五曲。”郭注：“曲回五重。”（頁 154—155）所謂和山，就是因其曲回而得名。此亦可證和爲旋轉之義。此外，根據我國最古老的天文學理論“蓋天説”，可以推知，古人認爲日月都是圍繞著斗極而旋轉的[⑤]。因此，羲和之義，就是“旋轉的日光”的意思。古人以此來指稱日神。

常羲實際上就是羲和的倒稱。和屬歌部，常屬陽部，韻爲通轉。《竹書紀年》：“陽甲”，注：“一名和甲。”[⑥] 和轉爲陽，猶和轉爲常，並爲歌陽通轉。以日神羲和的倒稱常羲指稱月神，可能意味著羲和最初是兼指日月神的，亦即郭璞注所説：“羲和蓋天地始生，主日月者也。”因爲在文獻記載中，正稱與倒稱往往所指相同。如《山海經·大荒北經》“無繼”（頁 488），同經又作“繼無”（頁 497）。《海内經》“都廣之野”（頁 505），《海内西經》郭注則作“廣都之野”（頁 341）。《説文·五下·矢部》：“矢，古者夷牟初作矢。”（頁 110）《海内經》郭注引《世本》則云：“牟夷作矢。”（頁 530）

此外，《大荒東經》：“有女和月母之國。”郝疏：“女和月母即羲和常儀之屬也。”（頁 412）據此，李平心先生《甲骨文及金石文考釋》認

① 桂馥：《説文解字義證》，齊魯書社 1987 年版，第 1188 頁。
② 張舜徽：《説文解字約注》第二十六卷，中州書畫社 1983 年版，第 14 頁 a。
③ 郭慶藩：《莊子集釋》，中華書局 1961 年版，第 302 頁。
④ 楊伯峻：《列子集釋》，中華書局 1979 年版，第 73 頁。
⑤ 賈雯鶴：《太陽循環神話及其相關問題》，《思想戰綫》2004 年第 1 期。
⑥ 《二十二子》，上海古籍出版社 1986 年版，第 1065 頁。

爲："女和而稱月母，無疑就是羲和"，"羲和實爲日神而兼月神"[①]。女和其實亦是由羲和一名分化而來。

然而，正如萊維-斯特勞斯《結構人類學》第二卷所説："以同一個詞或以相同詞根構成的詞指稱太陽和月亮，這並不意味太陽和月亮在客觀上被混淆了。"[②] 又如《淮南子·繆稱訓》所云："日不知夜，月不知晝，日月爲明而弗能兼也。"[③] 太陽和月亮畢竟還是有很大區别的，因此後來就用羲和來專指日神，其倒稱常羲就專指月神了。日神羲和與月神常羲的相互倒稱，既顯示了二者關係的密切，又顯示了二者的區别。這和前面所引其他民族以"夜間的太陽"或"冷的太陽"指稱月亮一樣，都體現了太陽和月亮相反相成的特殊關係。

前面我們對羲和的命名之義，以及羲和與常羲的關係進行了考察。下面我們再就上古典籍所記載的其他月神和與月神相關的一些專名略作考察，以探討上古專名演化的途徑和方式。

後來的月神之名，大都由常羲一名衍化而來。《世本·作篇》："黄帝使羲和作占日，常儀作占月。"[④] 羲和、常儀成爲黄帝的占日、占月之官，自然是日月神話歷史化的結果。常儀即常羲，儀、羲並从我得聲，並屬歌部，故得通用。《吕氏春秋·勿躬》："羲和作占日，尚儀作占月。"畢沅注："尚儀即常儀。"[⑤] 常从尚得聲，故得通用。《帝王世紀》："帝嚳高辛氏，姬姓也。其母不見，生而神異，自言其名曰逡。……納四妃，卜其子皆有天下，……娵訾氏女曰常儀，生帝摯。"[⑥] 帝嚳"自言其名曰

① 李平心：《李平心史論集》，人民出版社1983年版，第141頁。

② ［法］克洛德·萊維-斯特勞斯：《結構人類學》第二卷，俞宣孟、謝維揚、白信才譯，上海譯文出版社1999年版，第239頁。

③ 劉安：《淮南子》，《諸子集成》第7册，上海書店1986年版，第166頁。

④ 《世本》，張澍稡集補注，叢書集成初編本，中華書局1985年版，第5頁。

⑤ 畢沅：《吕氏春秋新校正》，《諸子集成》第6册，上海書店1986年版，第206頁。

⑥ 徐宗元：《帝王世紀輯存》，中華書局1964年版，第29頁。

逡”，《初學記》卷九所引《帝王世紀》則作“自言其名曰夋”[①]。因此，學者一般認爲帝嚳和帝俊爲一神之分化[②]。常儀爲帝嚳之妃，實亦由常羲爲帝俊之妻演化而來。《詩·大雅·生民》孔穎達疏引《大戴禮·帝繫篇》亦云：“帝嚳卜其四妃之子，皆有天下，……下妃娵訾氏之女曰常儀，生摯。”[③]《禮記·檀弓上》孔穎達疏引《大戴禮·帝繫篇》則云：“次妃陬氏之女曰常宜，生帝摯。”[④] 宜从多得聲[⑤]，與儀同屬歌部，因此，常宜亦即常儀。

《文選·月賦》李善注引《歸藏》云：“昔常娥以不死之藥奔月。”[⑥] 娥亦从我得聲，故得與羲、儀通用。曹植《辯道論》：“素女嫦娥不若椒房之麗也。”[⑦] 常娥作嫦娥，是偏旁類化[⑧]的結果。後世典籍基本上就通作嫦娥了。

《淮南子·覽冥訓》：“羿請不死之藥於西王母，姮娥竊以奔月。”莊逵吉校云：“姮娥，諸本皆作恆，唯《意林》作姮。”[⑨] 學者一般認爲，姮字不見於《説文》，當以作恆爲是，作姮爲俗字[⑩]。因此，後世典籍

① 徐堅等：《初學記》，中華書局 1962 年版，第 197 頁。

② 王國維：《殷卜辭中所見先公先王考》，載氏著《觀堂集林》，中華書局 1959 年版，第 412—413 頁；楊寬：《中國上古史導論》，載呂思勉、童書業編《古史辨》第七冊（上），上海古籍出版社 1982 年版，第 223—225 頁。

③ 阮元等校刻：《十三經注疏》，中華書局 1980 年版，第 528 頁。

④ 同上書，第 1281 頁。

⑤ 許慎：《説文解字》（大徐本），中華書局 1963 年版，第 151 頁。

⑥ 蕭統編：《文選》，李善注，上海古籍出版社 1986 年版，第 600 頁。

⑦ 曹植：《曹子建集》，《四部精要》第 17 冊，上海古籍出版社 1993 年版，第 28 頁。

⑧ 王引之《經義述聞》卷三十二“通説下·上下相因而誤”條引王念孫云：“經典之字，多有因上下文而誤寫偏旁者”，“《盤庚》‘烏呼’，烏字因呼字而誤加口；《周南·關雎》‘展轉反側’，展字因轉字而誤加車；《魏風·伐檀》‘河水清且漣倚’，倚字因漣字而誤加水；《小雅·采薇》‘玁允之故’，允字因玁字而誤加犬；……此本無偏旁而誤加之者也。”（王引之：《經義述聞》，國學基本叢書本，商務印書館 1936 年版，第 1307—1308 頁）俞樾《古書疑義舉例》卷七“字因上下相涉而加偏旁例”條亦舉有多例（俞樾等：《古書疑義舉例五種》，中華書局 1956 年版，第 146—147 頁），茲不具引。我們把這種因上下文的關係而導致的“本無偏旁而誤加之者”的現象稱爲“偏旁類化”。

⑨ 劉安：《淮南子》，《諸子集成》第 7 冊，上海書店 1986 年版，第 98 頁。

⑩ 羅竹風主編：《漢語大詞典》第 4 卷，漢語大詞典出版社 1995 年版，第 338 頁。

中亦有作恆娥者，韓愈《月蝕詩》：“恆娥還宫室，太陽有室家。”[①] 恆娥作姮娥，亦是偏旁類化的結果。恆、常不僅義近，而且韻亦相通，恆屬蒸部，與常爲蒸陽旁轉。因此，恆娥當由常娥衍化而來。李平心先生《甲骨文及金石文考釋》認爲：“古和、桓二字相通，所以和字與从亘聲之字亦可互假，羲和倒過來即轉爲姮娥，正如諏訾（《世本》、《大戴禮記》等書）倒過來作訾諏（《風俗通》）。”[②] 此説實誤，姮、恆所从爲亙，與桓所从之亘，本爲不同的兩個字，且亙屬蒸部，亘屬元部，韻亦相遠。可見二者判然有别，不容混爲一談。實際上，恆（姮）娥是由常娥衍化而來，而不是羲和的倒稱。

《楚辭·離騷》云：“前望舒使先驅兮，後飛廉使奔屬。”王逸注：“望舒，月御也。”《離騷》又云：“吾令羲和弭節兮，望崦嵫而勿迫。”王逸注：“羲和，日御也。”[③]《廣雅·釋天》亦云：“日御謂之羲和，月御謂之望舒。”[④] 以望舒爲月御，猶以羲和爲日御一樣，都只不過是日月神的變形形式而已。望舒一名同樣是由常羲衍化而來。《禮記·表記》：“以人望人，則賢者可知已矣。”鄭玄注：“當以時人相比方耳。”[⑤] 馬天祥、蕭嘉祉《古漢語通假字字典》據此，以望、方爲通假字[⑥]。《老子》二十一章：“道之爲物，惟恍惟惚。”陳鼓應《老子注譯及評介》認爲“恍惚”猶“彷彿”[⑦]。恍，帛書《老子》甲乙本並作望[⑧]。此亦可證望、方相通。《大荒南經》云：“有女子名曰羲和，方日浴于甘淵。”（頁 438）方，《初學記》卷一、《楚辭·離騷》洪興祖

① 韓愈：《昌黎先生集》，《四部精要》第 18 册，上海古籍出版社 1993 年版，第 55 頁。
② 李平心：《李平心史論集》，人民出版社 1983 年版，第 141 頁。
③ 洪興祖：《楚辭補注》，中華書局 1983 年版，第 28、27 頁。
④ 王念孫：《廣雅疏證》，江蘇古籍出版社 1984 年版，第 284 頁。
⑤ 阮元等校刻：《十三經注疏》，中華書局 1980 年版，第 1640 頁。
⑥ 馬天祥、蕭嘉祉：《古漢語通假字字典》，陝西人民出版社 1991 年版，第 711 頁。
⑦ 陳鼓應：《老子注譯及評介》，中華書局 1984 年版，第 149 頁。
⑧ 馬王堆漢墓帛書整理小組編：《老子》，文物出版社 1976 年版，第 24、57 頁。

補注並引作常[①]。可證常、方相通。《史記·齊太公世家》“呂尚”[②]，《楚辭·離騷》作“呂望”[③]，此可證望、尚相通。《淮南子·天文訓》：“東南爲常羊之維”，莊逵吉校云：“常羊即相羊，亦即倘佯。《漢書·吴王濞傳》又作方洋，司馬相如《上林賦》又作襄羊，皆是也，亦古字通用。”[④]《晏子春秋·諫上》：“晏子朝，杜扃望羊待於朝。”[⑤] 朱起鳳《辭通》卷九認爲望羊與徜徉、相佯、仿佯、彷徨、彷徉、方羊等音義並同[⑥]。錢繹《方言箋疏》卷十於“媱愓，遊也”條亦謂相羊、仿佯、尚羊、徜徉並通[⑦]。綜上可見常、尚、望、方並通。其實，諸字並屬陽部，故得通用。舒屬魚部，與羲爲歌魚通轉。

典籍記載中，還有纖阿爲月御之説。《太平御覽》卷四引《淮南子》云：“月御曰望舒，亦曰纖阿。”[⑧]《史記·司馬相如列傳》：“陽子驂乘，纖阿爲御。”集解引《漢書音義》云：“纖阿，月御也。”索隱引服虔亦云：“纖阿爲月御。”[⑨] 纖阿亦當由常羲衍化而來，纖屬談部，與常爲談陽通轉；阿與羲則同屬歌部。

《淮南子·精神訓》云：“日中有踆烏，而月中有蟾蜍。日月失其行，薄蝕無光。”高誘注：“蟾蜍，蝦蟆。”同書《説林訓》云：“月照天下，蝕於詹諸。”高注：“詹諸，月中蝦蟇，食月，故曰食於詹諸。”[⑩] 可見古人認爲蟾蜍是造成月蝕的動物。《太平御覽》卷四引《春秋演孔

① 徐堅等：《初學記》，中華書局 1962 年版，第 5 頁；洪興祖：《楚辭補注》，中華書局 1983 年版，第 27 頁。

② 司馬遷：《史記》，中華書局點校本 1959 年版，第 477 頁。

③ 洪興祖：《楚辭補注》，中華書局 1983 年版，第 38 頁。

④ 劉安：《淮南子》，《諸子集成》第 7 册，上海書店 1986 年版，第 39 頁。

⑤ 張純一：《晏子春秋校注》，《諸子集成》第 4 册，上海書店 1986 年版，第 9 頁。

⑥ 朱起鳳：《辭通》，上海古籍出版社 1982 年版，第 866—867 頁。

⑦ 錢繹：《方言箋疏》，上海古籍出版社 1984 年版，第 551—552 頁。

⑧ 李昉等：《太平御覽》，中華書局 1960 年版，第 21 頁。

⑨ 司馬遷：《史記》，中華書局點校本 1959 年版，第 3009、3010 頁。

⑩ 劉安：《淮南子》，《諸子集成》第 7 册，上海書店 1986 年版，第 100、289—290 頁。

圖》云："蟾蠩，月精也。"[1] 精即精靈、神靈之義，《管子·内業》："凡物之精，此則爲生。下生五穀，上爲列星。流於天地之間，謂之鬼神。"尹知章注："精，謂神之至靈者也。"[2] 蟾蜍成爲月神，和日中踆烏一樣，都是人格神的一種物化形式而已。

根據典籍記載，蟾蜍又是由常娥變化而來的。《初學記》卷一引《淮南子》云："羿請不死之藥於西王母，羿妻姮娥竊之奔月。託身於月，是爲蟾蠩，而爲月精。"[3] 馬驌《繹史》卷十三引張衡《靈憲》云："嫦娥，羿妻也。竊西王母不死之藥，服之奔月，將往，枚筮之於有黄，有黄占之，曰：'吉，翩翩歸妹，獨將西行，逢天晦芒，毋驚毋恐，後且大昌。'嫦娥遂託身於月，是爲蟾蜍。"[4] 常娥何以會變爲蟾蜍呢？袁珂先生《嫦娥奔月神話初探》認爲嫦娥變形爲醜惡的蟾蜍，有對她盜竊服食不死藥的行爲加以譴責的意思[5]。然而，醜惡的動物甚多，何以獨獨選中蟾蜍呢？蟾蜍與常娥音近，蟾屬談部，與常爲談陽通轉；蜍屬魚部，與娥爲歌魚通轉。因此，常娥變作蟾蜍，只是讀音的偶然相近所致，實際上並無深意存焉。

除了月中有蟾蜍之説外，我們知道還有月兔之説。《楚辭·天問》："厥利維何，而顧菟在腹。"王逸注："言月中有菟，何所貪利，居月之腹，而顧望乎？"洪補："菟，與兔同。《靈憲》曰：'月者，陰精之宗，積而成獸，象兔。"[6] 聞一多《天問疏證》云："顧疑當讀爲踞。月中有踞菟，蓋猶日中有踆烏。（《淮南子·精神篇》'日中有踆烏'，注：'踆猶蹲也。'《莊子·外物篇》釋文：'踆，古蹲字。'《説文》：'蹲，踞

---

① 李昉等：《太平御覽》，中華書局 1960 年版，第 21 頁。
② 戴望：《管子校正》，《諸子集成》第 5 册，上海書店 1986 年版，第 268 頁。
③ 徐堅等：《初學記》，中華書局 1962 年版，第 4 頁。
④ 馬驌：《繹史》，王利器整理，中華書局 2002 年版，第 163—164 頁。
⑤ 袁珂：《神話論文集》，上海古籍出版社 1982 年版，第 164 頁。
⑥ 洪興祖：《楚辭補注》，中華書局 1983 年版，第 88—89 頁。

也'；'踞，蹲也。')"[1]《藝文類聚》卷一引傅咸《擬天問》云："月中何有，白兔擣藥。"[2] 那麽，兔和蟾蜍又是什麽關係呢？聞一多《天問釋天》云："以語言訛變之理推之，蓋蟾蜍之蜍與兔音近易掍（《左傳》'菟裘'，《公羊》'塗裘'，是其比。——原注），蟾蜍變爲蟾兔，於是一名析爲二物，而兩設蟾蜍與兔之説生焉。其後乃又有舍蟾蜍而單言兔者，此其轉相訛變之迹，固歷歷可尋也。"[3] 聞説甚是，蜍與兔並屬魚部，故而相通。可見，月兔亦由蟾蜍衍化而來。

對於月中蟾蜍和兔之説，古人的看法不一。《藝文類聚》卷一引《五經通義》云："月中有兔與蟾蜍何？月，陰也；蟾蜍，陽也，而與兔並，明陰係陽也。"[4]《太平御覽》卷四引《春秋元命苞》云："兩設以蟾蠩與兔者，陰陽雙居，明陽之制陰，陰之倚陽。"[5] 這全是基於陰陽學説而立論，日本學者藤田豐八《中國神話考》認爲這種解釋"沒有何等價值"[6]，誠如斯言。古人復有以月爲水之説，《淮南子·天文訓》："積陰之寒氣爲水，水氣之精者爲月。"[7] 據此，王充《論衡·説日篇》云："儒者曰：'日中有三足烏，月中有兔、蟾蜍。'……夫月者，水也，水中有生物，非兔、蟾蜍也。兔與蟾蜍，久在水中，無不死者。日月毁於天，螺蚌汩於淵，同氣審矣。所謂兔、蟾蜍者，豈反螺與蚌耶？"[8] 對於月中蟾蜍和兔之説，王充的反擊可謂有趣，他認爲相比兔、蟾蜍而言，螺蚌更有資格居於月中，實際上就是否定了月中蟾蜍和兔之説。當

---

① 聞一多：《天問疏證》，上海古籍出版社1985年版，第11頁。

② 歐陽詢：《藝文類聚》，上海古籍出版社1982年版，第8頁。

③ 聞一多：《聞一多全集》第2册，生活·讀書·新知三聯書店1982年版，第330—331頁。

④ 歐陽詢：《藝文類聚》，上海古籍出版社1982年版，第7頁。

⑤ 李昉等：《太平御覽》，中華書局1960年版，第21頁。

⑥ ［日］藤田豐八：《中國神話考》，載衛聚賢編《古史研究》第二集下册，商務印書館1934年版，第598頁。

⑦ 劉安：《淮南子》，《諸子集成》第7册，上海書店1986年版，第35頁。

⑧ 黄暉：《論衡校釋》，中華書局1990年版，第502—503頁。

然，正如我們在前面所説，蟾蜍和兔都是循著常娥一名轉相衍化而來，並非可以常理相論。因此，王充的辯駁雖然有力，但猶如向本無箭靶的地方空放了一箭，只是徒勞而已。

後來，又產生了吴剛伐桂之説。《酉陽雜俎·天咫》："舊言月中有桂、有蟾蜍，故異書言月桂高五百丈，下有一人常斫之，樹創隨合。人姓吴名剛，西河人，學仙有過，謫令伐桂。"① 吴屬魚部，與娥爲歌魚通轉；剛、常並屬陽部。因此，我們認爲吴剛是由常娥一名的倒稱衍化而來。

此外，方諸的得名亦當和月神之名有關。《淮南子·覽冥訓》云："夫陽燧取火於日，方諸取露於月。"同書《天文訓》云："故陽燧見日，則燃而爲火。方諸見月，則津而爲水。"高注："方諸，陰燧，大蛤也，熟摩令熱，月盛時，以向月下，則水生，以銅盤受之，下水數滴。"②《説文·十四上·金部》："鑑，一曰鑑諸，可以取明水於月。"（頁294）段注："'鑑諸'當作'鑑，方諸也'，轉寫奪字耳。《周禮·司烜氏》：'以夫遂取明火於日，以鑒取明水於月。'注：'夫遂，陽遂也。鑒，鏡屬，取水者，世謂之方諸。'"（頁703）對於方諸，諸家之説雖然有蛤與鏡之異，但它們顯然都與月有關，則可定矣。尤其是高説以方諸爲大蛤，極易讓人聯想到月中蟾蜍，而前引高注，正以蟾蜍爲蝦蟆。職是之故，聞一多《天問釋天》認爲："月御曰望舒，即方諸之轉也。"③ 方、望相通，前已證明；諸、舒並屬魚部。可見方諸和望舒確可通轉，其產生的先後，我們認爲望舒在前，方諸是由望舒衍化而來。

湯炳正先生曾説："古代神話傳説之演化，往往以語言因素爲媒介，由這一神話形態轉變爲另一神話形態。"④ 此言良是！實際上，上古神

① 段成式：《酉陽雜俎》，中華書局1981年版，第9頁。

② 劉安：《淮南子》，《諸子集成》第7册，上海書店1986年版，第90、36頁。

③ 聞一多：《聞一多全集》第2册，生活·讀書·新知三聯書店1982年版，第331頁。

④ 湯炳正：《屈賦新探》，齊魯書社1984年版，第268頁。

名的演化同樣如此，前面的考察就正好説明了這一點。

四 帝堯

對於堯的命名之義，宋永培先生曾做過精審的研究，認爲堯“是得名於洪水時代萬民棲居的‘水中高土’”[①]，其説甚是。我們擬在此結論的基礎上，再補充一些證據，以使結論更加堅實。

《説文・十三下・垚部》：“堯，高也。从垚在兀上，高遠也。”（頁290）段注：“堯本謂高，陶唐氏以爲號，《白虎通》曰：‘堯猶嶢嶢’，嶢嶢，至高之皃。按，焦嶢，山高皃，見《山部》。堯之言至高也。”（頁694）《風俗通義・皇霸》：“堯者，高也，饒也，言其隆興煥炳，最高明也。”[②]《廣雅・釋言》：“堯，嶢也。”《釋詁四》：“嶕嶢，高也。”《釋訓》：“嶢嶢，危也。”[③]《方言》卷六云：“嶢，高也。”[④] 危亦即高義，《説文・九下・危部》：“危，在高而懼也。”（頁194）《論語・憲問》：“子曰：‘邦有道，危言危行。’”鄭注：“危猶高也。”[⑤]《莊子・盜跖》：“使子路去其危冠”，《釋文》：“李云：‘危，高也。’”[⑥] 章太炎先生《文始》九云：“《釋訓》：‘翹翹，危也。’危亦高也。”[⑦]

實際上，堯从垚，而从垚之字，多有高義[⑧]。又《釋名・釋山》：“磝，堯也。”[⑨] 而从敖之字，亦多有高義[⑩]。

可見堯即高義，應無疑義。段玉裁《説文解字讀》於“俊”字下徑

① 宋永培：《〈説文〉與上古漢語詞義研究》，巴蜀書社2001年版，第171—172頁。
② 王利器：《風俗通義校注》，中華書局2010年版，第10頁。
③ 王念孫：《廣雅疏證》，江蘇古籍出版社1984年版，第150、125、176頁。
④ 錢繹：《方言箋疏》，上海古籍出版社1984年版，第415頁。
⑤ 劉寶楠：《論語正義》，《諸子集成》第1册，上海書店1986年版，第301頁。
⑥ 郭慶藩：《莊子集釋》，中華書局1961年版，第996頁。
⑦ 章太炎：《章太炎全集》（七），上海人民出版社1999年版，第395頁。
⑧ 詳見劉又辛、李茂康《訓詁學新論》，巴蜀書社1989年版，第195頁。
⑨ 王先謙：《釋名疏證補》，上海古籍出版社1984年版，第59頁。
⑩ 詳見劉又辛、李茂康《訓詁學新論》，巴蜀書社1989年版，第195—196頁。

云："堯者，高也。"[①] 章太炎先生《小學答問》亦云："堯、高本疊韻，又皆喉音，一語而異文耳。"[②]

宋永培先生認爲，堯時洪水滔天，萬民可居者唯有"水中高土"，"水中高土"即"州"。《説文·十一下·川部》："水中可居曰州，周遶其旁，从重川。昔堯遭洪水，民居水中高土。"（頁 239）所謂"水中高土"實即洪水中的高山大陵。堯从垚从土，《説文·八下·儿部》："兀，高而上平也。"（頁 176）《説文·十三下·垚部》："垚，土高也。"（頁 290）垚正爲高土之義，因此，堯"是得名於洪水時代萬民棲居的'水中高土'"。[③]

州爲水中高土，故州亦有高義。《左傳·哀公二十六年》有"公孫周"，杜注："周，元公孫子高也。"[④] 古人名字恆相對應，而周無高義，則周應即州，《左傳·襄公二十三年》"華周"[⑤]，《漢書·古今人表》則作"華州"[⑥]，《管子·小匡篇》："令夫士羣萃而州處閒燕"，許維遹先生云："'州'與'周'通。"[⑦] 可見公孫周即公孫州，而字子高，可證州有高義，此正與州的"水中高土"義合。王引之《春秋名字解詁》未達斯旨，謂周讀爲輖，以輖爲低，故字子高[⑧]，既破字爲讀，又輾轉生訓，實不如前説直遂，故不可從。

實際上，初民爲了躲避經常性的洪水，大都是依山而居。胡厚宣先生《卜辭地名與古人居丘説》對此做過考察，略謂：《周禮·夏官》：

---

① 段玉裁：《説文解字讀》，朱小健、張和生點校，北京師範大學出版社 1995 年版，第 334 頁。

② 章太炎：《章太炎全集》（七），上海人民出版社 1999 年版，第 454 頁。

③ 詳見宋永培《〈説文〉與上古漢語詞義研究》，巴蜀書社 2001 年版，第 165—176 頁。

④ 阮元等校刻：《十三經注疏》，中華書局 1980 年版，第 2182 頁。

⑤ 同上書，第 1978 頁。

⑥ 梁玉繩：《人表考》卷四，載梁玉繩等《史記漢書諸表訂補十種》，中華書局 1982 年版，第 652 頁。

⑦ 郭沫若等：《管子集校》，載郭沫若《郭沫若全集·歷史編》第五卷，人民出版社 1984 年版，第 514 頁。

⑧ 王引之：《經義述聞》，國學基本叢書本，商務印書館 1936 年版，第 872 頁。

“遼師掌四方之地名，辨其丘陵墳衍遼隰之名物之可以封邑者。”是古之封邑者，必擇丘陵之地。《墨子·辭過》：“古之民未知爲宫室時，就陵阜而居。”《淮南子·本經》：“積壤而丘處。”《孟子·盡心》：“得乎丘民爲天子。”《莊子·則陽》：“何謂丘里之言？曰：丘里者，合十姓百名而以爲風俗也。”《周禮·地官·小司徒》：“四井爲邑，四邑爲丘。”凡此言古之民就陵阜而居，言丘處，言丘民、丘里，言邑丘，皆古丘居之證。又謂古帝王多以氏名，氏，甲金文从土从人，人據土爲氏也。《左傳·隱公八年》曰：“天子建德，因生以賜姓，胙之土而命之氏。”古《孝經緯》曰：“古之所謂氏者，氏即國也。”此皆氏字古義。古之氏从土得名，無土則無氏也。土者，即社也，即丘也。蓋古之部落，必據有丘陵高土，乃得稱爲氏也。並認爲古人因爲水患的原因而選擇丘居。[①]

柳詒徵先生《中國文化史》則據《説文·十二下·氏部》：“氏，巴蜀名山岸脅之自旁箸欲落墮者曰氏。氏崩，聲聞數百里。”以爲“古所謂某氏某氏者，即所謂某山之部落，某山之酋長耳。諸氏並起於山，故後世傳會名山之古迹，往往有某某之丘，某某之臺。《山海經》：‘有九丘，以水絡之：名曰陶唐之丘、有叔得之丘、孟盈之丘、昆吾之丘、黑白之丘、赤望之丘、參衛之丘、武夫之丘、神民之丘。’‘帝堯臺、帝嚳臺、帝丹朱臺、帝舜臺，各二臺，臺四方，在昆侖東北。’其後漸次混合，謀便交通，始有開辟河流、制作舟楫之事。此事實之次序，固可以理測度者也。”[②]

姜亮夫先生《堯典新議》云：“古大酋必居於高地，（後世宅京必依高丘，即其遺制。）故以堯命之。堯者从兀，兀即元之省，上从垚，與兀上加一爲元，文字組織意象相同。从一者指事，从垚者會

---

① 詳見胡厚宣《甲骨學商史論叢初集》，河北教育出版社2002年版，第491—505頁。

② 柳詒徵：《中國文化史》，東方出版中心1988年版，第9頁。

意。堯元又雙聲，則聲義同族也。故世遂以居於高丘之大酋曰‘堯’命之爾！”[①]

姜先生所説雖然大致不差，但猶未達一間。因爲堯時洪水最爲慘烈，即如《堯典》所云：“湯湯洪水方割，蕩蕩懷山襄陵，浩浩滔天。”遠非一般洪水可比[②]，平時可以憑居的山陵都已陷沒於洪水之中。堯“拯溺”萬民，帶領大家利用“舟輿”等工具，向高山“登進”，並在高而上平之地耕作以獲生存安居[③]。因此，宋永培先生認爲堯“是得名於洪水時代萬民棲居的‘水中高土’”，或者説“是得名於避離洪水時所居之高土、丘山”[④]，可謂妙達微旨，既與典籍所載相符，又與“堯”字形義密合。

五 帝俊、舜

在先秦典籍中，帝俊只見於《山海經》的記載。就是這位在先秦其他典籍不曾一見的帝俊，而《山海經》關於他的記載卻最爲豐富，多達16條，爲其他諸神所不及。因此，徐旭生先生《中國古史的傳説時代》説：“帝俊這個人物，在《山海經》裏面，可以説是第一煊赫的了。”[⑤]

如果要探求帝俊的命名之義，就必須先弄明白其身份。然而，儘管《山海經》對帝俊的記載頗多，但衆多的記載反而讓人們對他身份的判定陷入了衆説紛紜之中。章太炎先生《檢論·尊史》云：“帝俊，一名也。帝俊生中容，則高陽也。帝俊生帝鴻，則少典也。帝俊生黑齒，姜

---

① 姜亮夫：《古史學論文集》，上海古籍出版社1996年版，第5—6頁。

② 詳見宋永培《〈説文〉漢字體系研究法》，廣西教育出版社1999年版，第108—122頁。

③ 詳見宋永培《〈説文〉與上古漢語詞義研究》，巴蜀書社2001年版，第125—164、185—201頁。

④ 宋永培：《〈説文〉漢字體系研究法》，廣西教育出版社1999年版，第283頁。

⑤ 徐旭生：《中國古史的傳説時代》（增訂本），文物出版社1960年版，第67頁。

姓，則神農也。帝俊妻娥皇，則虞舜也。帝俊生季釐、后稷，則高辛也。及言帝俊竹林與妃羲和、常羲者，其名實尚不可知。”① 其身份的複雜亦爲他神所不及。

學者經過研究，發現帝俊與舜實爲一名之分化。《大荒東經》：“有中容之國，帝俊生中容。”郭注：“俊亦舜字假借音也。”郝疏：“《初學記》九卷引《帝王世紀》云：‘帝嚳生而神異，自言其名曰夋。’疑夋即俊也，古字通用。郭云俊亦舜字，未審何據。《南荒經》云：‘帝俊妻娥皇。’郭蓋本此爲説。然《西荒經》又云：‘帝俊生后稷。’《大戴禮·帝繫篇》以后稷爲帝嚳所產，是帝俊即帝嚳矣。但經内帝俊疊見，似非專指一人。此云帝俊生中容，據《左傳·文公十八年》云，高陽氏才子八人，内有中容，然則此經帝俊又當爲顓頊矣。經文踳駮，當在闕疑。”袁珂注：“郝説帝俊即帝嚳，是也；然謂‘郭云俊亦舜字，未審何據’，則尚有説也。《大荒南經》‘帝俊妻娥皇’同於舜妻娥皇，其據一也。《海内經》‘帝俊生三身，三身生義均’，義均即舜子商均（《路史·後紀十一》：‘女罃（女英）生義均，義均封於商，是爲商均。’説雖晚出，要當亦有所本），其據二也。《大荒北經》云：‘（衛）丘方圓三百里，丘南帝俊竹林在焉，大可爲舟。’而舜二妃亦有關於竹之神話傳説，其據三也。餘尚有數細節足證帝俊之即舜處，此不多贅。是郭所云實無可非議也。至於帝俊神話之又或同於顓頊神話者，是部分神話偶然相同，非可以謂帝俊即顓頊也。”（頁 397—398）段注於“舜”字下亦云：“舜者，俊之同音假借字。《山海經》作帝俊。”（頁 234）於“俊”字下則云：“《山海經》以俊爲舜。”（頁 366）章太炎先生《文始》二云：“舜可讀如俊。”② 實則俊、舜古韻並屬文部，故得通用。可知帝俊即舜。

舜在古人心目中是位賢明的人間君主，因此舜的名義在典籍記載中

① 章太炎：《章太炎學術論著》，浙江人民出版社 1998 年版，第 59 頁。
② 章太炎：《章太炎全集》（七），上海人民出版社 1999 年版，第 230 頁。

的解釋大都與此相關。《白虎通義·號》云：“謂之舜者何？舜猶僢僢也，言能推信堯道而行之。”[①]《風俗通義·皇霸》亦云：“舜者，推也，循也。言其推行道德，循堯緒也。”[②] 段玉裁《説文解字讀》於“俊”字下云：“俊者，大也。”[③] 這都是就道德立論，並無多少價值。

舜與帝俊本爲一名之分化，而帝俊從典籍記載來看，應該是光明神，《大荒南經》云：“羲和者，帝俊之妻，生十日。”（頁 438）《大荒西經》又云：“帝俊妻常羲，生月十有二。”（頁 463）長沙子彈庫出土的戰國楚帛書乙篇則有“帝夋乃爲日月之行”的記載[④]。日、月既然都是帝俊的兒女，那麽帝俊是日月大神，亦即光明神，則毫無疑義了。因此，舜亦當是光明神。

明白了舜是光明神，舜的含義就好理解了。舜，我認爲是取義于太陽的朝升暮落，這可從取義與此相似的一種植物“蕣”來推知。《説文·一下·草部》：“蕣，木堇，朝華暮落者。《詩》曰：顔如蕣華。”（頁 21）桂馥《説文解字義證》云：“‘木堇朝華暮落者’者，《廣雅》：‘日及，木槿也。’《玉篇》：‘槿，木槿，朝生夕隕，可食。’《月令》：‘仲春之月，木槿榮。’鄭云：‘木槿，王蒸也。’《秦策》：‘君危于累卵，而不壽于朝生。’高云：‘朝生，木堇也，朝榮夕落。’《吕氏春秋·仲夏紀》：‘木堇榮’，注云：‘木堇朝榮暮落。’”[⑤] 蕣，今本《詩·鄭風·有女同車》則作“舜”[⑥]。由此可見舜義，于太陽而言是朝升暮落，于草木而言是朝榮暮落。

舜又名重華或重明，其含義同樣與其東方太陽神格有關。重，在

---

① 班固：《白虎通義》，《四部精要》第 12 册，上海古籍出版社 1993 年版，第 835 頁。

② 王利器：《風俗通義校注》，中華書局 2010 年版，第 10 頁。

③ 段玉裁：《説文解字讀》，朱小健、張和生點校，北京師範大學出版社 1995 年版，第 334 頁。

④ 李零：《長沙子彈庫戰國楚帛書研究》，中華書局 1985 年版，第 69 頁。

⑤ 桂馥：《説文解字義證》，齊魯書社 1987 年版，第 82 頁。

⑥ 阮元等校刻：《十三經注疏》，中華書局 1980 年版，第 341 頁。

《邢侯作周公𣪘》中作从人从東之形，所以丁山先生認爲“東、重古本一字”[①]。《韓非子·説疑》“董不識”[②]，《漢書·古今人表》則作“東不訾”[③]，亦可證東、重古字相通。而華、明最通常的含義就是光明、光華之義，如《淮南子·地形訓》：“若木在建木西，末有十日，其華照下地。”高誘注：“華猶光也。”[④] 因此，所謂重華、重明實際上就是東華、東明，也就是東方太陽神的意思。作爲東方太陽神的舜，經過歷史化後，在《孟子·離婁下》則成了“生于諸馮，遷于負夏，卒于鳴條，東夷之人也”[⑤]。

章太炎先生《文始》二云：“然虞舜曰重華，……疑舜本蕣字。木堇朝華莫落曰蕣，《詩》言‘顔如舜華’，舜即蕣也。以華美故爲衆華表。”[⑥] 認爲重華之“華”爲“花”，以與“蕣”字相符，可能並不正確。因爲重華就是重明，如果重華是花，那麽重明又當作何解釋呢?

對於重華、重明，在典籍記載中，却是另外一種解釋。《帝王世紀》云：“帝有虞氏，姚姓也，目重瞳，故名重華。”[⑦] 《淮南子·脩務訓》云：“舜二瞳子，是謂重明。”[⑧] 汪繼培《尸子輯本》卷下亦云：“昔者舜兩眸子，是謂重明。”[⑨] 我認爲這完全是一種“語言疾病”造成的得名臆説。

茅盾先生《中國神話研究初探》云：“西洋解釋神話的一派名爲文字學派者，説‘神話是語言有病的結果，猶之珍珠是蚌有病的結果’。什麽叫做‘語言有病’呢？據文字學派的意見：原是古人一句平常的話

---

① 丁山：《中國古代宗教與神話考》，龍門聯合書局 1961 年版，第 51 頁。
② 王先慎：《韓非子集解》，《諸子集成》第 5 册，上海書店 1986 年版，第 307 頁。
③ 王先謙：《漢書補注》，中華書局 1983 年版，第 346 頁。
④ 劉安：《淮南子》，《諸子集成》第 7 册，上海書店 1986 年版，第 57 頁。
⑤ 焦循：《孟子正義》，《諸子集成》第 1 册，上海書店 1986 年版，第 317 頁。
⑥ 章太炎：《章太炎全集》（七），上海人民出版社 1999 年版，第 230 頁。
⑦ 徐宗元：《帝王世紀輯存》，中華書局 1964 年版，第 40 頁。
⑧ 劉安：《淮南子》，《諸子集成》第 7 册，上海書店 1986 年版，第 337 頁。
⑨ 《二十二子》，上海古籍出版社 1986 年版，第 376 頁。

語，但因口耳相傳，發音上有了一點小錯誤，後人不知真義，反而曲解，又添了一些注釋——藻飾，於是一句平常簡單的話竟變成一則故事了：這便叫做‘因了語言有病，反產生神話’。”[①] 這一理論由德國學者馬克斯·穆勒提出，W. 施密特《原始宗教與神話》云：“馬克斯·穆勒以爲神話的起源，是由於‘語言的訛傳’（disease of language），就是語言‘過多’的現象。”[②] 章太炎先生《檢論》卷五所附《正名雜義》云：“馬格斯牟拉以神話爲言語之瘿疣，是則然矣。”[③] 相比西方語言，漢語的一字多義現象更爲突出，“曲解”“訛傳”的事例頗不乏見，茲舉一例以明之。《大荒東經》：“東海中有流波山，入海七千里。其上有獸，狀如牛，蒼身而無角，一足，出入水則必風雨，其光如日月，其聲如雷，其名曰夔。”（頁 416）《説文·五下·夊部》：“夔，神魖也，如龍，一足。”（頁 112）可知夔是一足之物，然《呂氏春秋·察傳》載孔子云：“若夔者，一而足矣，故曰夔一足，非一足也。”[④] 就是對“夔一足”的曲解。

實際上，重、童古字通用，《禮記·檀弓下》：“與其鄰重汪踦往。”鄭注：“重皆當爲童。《春秋傳》曰‘童汪踦’。”[⑤]《楚辭·九章·涉沙》：“固將重昏而終身”，聞一多先生謂重昏即童昏[⑥]。又董字，《説文·一下·草部》作“蕫”（頁 19），段注：“古童、重通用。”（頁 32）其實，童从重省聲[⑦]，重从東聲[⑧]，三字故得通用。因此，重華、重明也可讀作童華、童明，而童、瞳爲古今字，亦即眸子之義。這樣，由童華、童

① 茅盾：《神話研究》，百花文藝出版社 1981 年版，第 162 頁。

② ［德］W. 施密特：《原始宗教與神話》，蕭師毅、陳祥春譯，上海文藝出版社 1987 年版，第 51 頁。

③ 章太炎：《章太炎學術論著》，浙江人民出版社 1998 年版，第 137 頁。

④ 畢沅：《呂氏春秋新校正》，《諸子集成》第 6 冊，上海書店 1986 年版，第 294 頁。

⑤ 阮元等校刻：《十三經注疏》，中華書局 1980 年版，第 1311 頁。

⑥ 聞一多：《九章解詁》，上海古籍出版社 1985 年版，第 54 頁。

⑦ 許慎：《説文解字》（大徐本），中華書局 1963 年版，第 58 頁。

⑧ 同上書，第 169 頁。

明就很容易敷衍出舜有“二瞳子”或“兩眸子”的傳説。

這種經過“曲解”所産生的傳説一旦固定化後，就自然對其本來含義産生了遮蔽作用。這樣，習非成是，所以《論語比考讖》就徑以“重瞳”來指稱舜了[①]。通過以上的分析，我們知道典籍解釋重華、重明得名的原因，是一種典型的誤讀，但舜有雙眸子的説法最終還是深入人心。而且重瞳還成了君王特异之貌的標志，所以説“項羽亦重瞳子”[②]。

此上，我們對重華、重明的原義應爲東華、東明，亦即東方太陽神進行了抉發。雖然其正確含義已久不爲後人所知曉，但《後漢書·東夷列傳》記載的東夷人中的夫余國的始祖名叫“東明”，從他的神迹看，他應該是太陽神[③]。令人驚奇的是，他竟然與東夷人的始祖神舜名遥相契合，可見重明爲東方太陽神的觀念早已成爲東夷人的集體無意識了，這也爲我們前面的推論提供了一個難得的例證。

六 禹、夏后啟

《海内經》：“洪水滔天。鯀竊帝之息壤以堙洪水，不待帝命。帝令祝融殺鯀於羽郊。鯀復生禹。帝乃命禹卒布土以定九州。”（頁 536）夏朝開國之君禹以其治水之功而受到世代人民的贊頌，毫無疑問，他應該是一個做出了巨大歷史功績的英雄人物。《左傳·昭公元年》：“天王使劉定公勞趙孟於潁，館於雒汭。劉子曰：‘美哉禹功！明德遠矣。微禹，吾其魚乎！吾與子弁冕端委，以治民、臨諸侯，禹之力也。’”[④] 對禹可謂極盡贊美之詞。然而，就是這樣一位歷史英雄，在 20 世紀 20 年代，“古史辨”派主將顧頡剛先生《與錢玄同先生論古史書》一文中，却提

---

① 孫穀：《古微書》第二十五卷，守山閣叢書，清道光二十三年刊本，第 1 頁 b。

② 司馬遷：《史記·項羽本紀》，中華書局點校本 1959 年版，第 338 頁。

③ 蕭兵：《中國文化的精英——太陽英雄神話比較研究》，上海文藝出版社 1989 年版，第 94—113 頁。

④ 阮元等校刻：《十三經注疏》，中華書局 1980 年版，第 2021 頁。

出禹本是一隻蟲，他依據的是《説文・十四下・厹部》："禹，蟲也，从厹，象形。"這在當時的學界，確實振聾發聵。因爲禹在人們心目中一直是一位聖主賢臣，所以，此論一出，當即就有學者撰文反駁[①]。魯迅先生在小説《理水》中對此也曾加以嘲諷[②]。

現在看來，顧先生僅據字形立論，確實難以服人。何况禹的時代，文字尚未産生。後人在口碑其史迹時，自然是有音無字，直到文字産生後，人們纔據音立字。所以上古人（神）名，多有异寫，如黄帝又作皇帝，皋陶又作咎繇[③]等，其例甚多。因此，僅據字形而論上古人（神）名含義的方法，其可靠程度不容樂觀。

那麽，禹的名義究竟是什麽呢？我認爲，禹是直接取名於其生地"羽淵"的。禹的父親鯀，因爲盜竊天帝的息壤去治水，被天帝"殛之於羽山，化爲黄能（即三足鱉），以入於羽淵"[④]。然而，"鯀殛死，三歲不腐，副之以吴刀，是用出禹"[⑤]。可見禹是從鯀的肚子裏剖生出來的，自然，其生地就是羽淵了。

羽淵即虞淵，《史記・仲尼弟子傳》："淳于人光子乘羽"[⑥]，羽，《漢書・儒林傳》作虞[⑦]，可證。虞淵爲太陽西入之處，《淮南子・天文訓》："日出于暘谷，浴于咸池，拂于扶桑，是謂晨明。……至于虞淵，是謂黄昏；至于蒙谷，是謂定昏；日入于虞淵之汜，曙于蒙谷之浦。"[⑧]

---

① 詳見顧頡剛編《古史辨》第一册，上海古籍出版社 1982 年版，第 59—96 頁。

② 魯迅：《故事新編》，人民文學出版社 1973 年版，第 29—46 頁。

③ 《左傳・文公五年》"皋陶"（阮元等校刻：《十三經注疏》，中華書局 1980 年版，第 1843 頁），《楚辭・離騷》作"咎繇"（洪興祖：《楚辭補注》，中華書局 1983 年版，第 37 頁）；《尚書・皋陶謨》"皋陶謨"（阮元等校刻：《十三經注疏》，中華書局 1980 年版，第 138 頁），《説文・三下・言部》："謨，議謀也。《虞書》曰'咎繇謨'。"（頁 52）皆可爲證。

④ 董增齡：《國語正義》，巴蜀書社 1985 年版，第 978 頁。

⑤ 嚴可均：《全上古三代秦漢三國六朝文》卷十五輯《歸藏》，中華書局 1958 年版，第 105 頁。

⑥ 司馬遷：《史記》，中華書局點校本 1959 年版，第 2211 頁。

⑦ 王先謙：《漢書補注》，中華書局 1983 年版，第 1516 頁。

⑧ 劉安：《淮南子》，《諸子集成》第 7 册，上海書店 1986 年版，第 44—45 頁。

在神話思維中，太陽在西方落入虞淵就意味著太陽的死亡，同時，新的太陽又在孕育中，它不久將在東方湯谷中復生。人類學資料亦可爲此提供佐證，“在所羅門羣島上，靈魂是和落日一起進入海洋；這一觀念和太陽早晨升起就是出生、黃昏落下就是死亡的信仰是密切關係的。因爲地球上沒有任何活的東西比太陽更早，太陽第一個‘出生’，也第一個‘死亡’。”[①] 事實上，在古人心目中，太陽和月亮都是“死則又育”[②]，周而復始的。因此，鯀的死亡和禹的誕生被安排在羽（虞）淵，顯示了二人曾被崇拜爲天神（即太陽神）。禹以生地羽淵爲名，則禹當爲羽，事實上，二字古本通用，《春秋・昭公三十年》“徐子章羽”，《左傳》正作“章禹”[③]；銀雀山漢簡中“五音”之一的“禹風”，實即經典所謂的“羽風”[④]；《三國志》卷十的“賈詡”[⑤]，《搜神記》卷十五則作“賈偊”[⑥]，亦可見禹、羽二字古音同。

禹以生地爲名，他的兒子啟則是以生產的方式爲名。《楚辭・天問》洪補引《淮南》云：“禹治鴻水，通轘轅山，化爲熊，謂塗山氏曰：‘欲餉，聞鼓聲乃來。’禹跳石，誤中鼓。塗山氏往，見禹方作熊，慚而去。至嵩高山下，化爲石，方生啟。禹曰：‘歸我子！’石破北方而啟生。”[⑦]

從禹和啟得名的方式來看，古人有以自己的生地（或生產方式）命名的習慣。這種命名的方式在孔子身上也得到了充分體現，孔子名丘，字仲尼，即因其母“禱于尼丘”而生孔子之故[⑧]。後來的人們以地望相稱，如韓昌黎、張南皮之類，恐怕也是這種風習的孑遺。

---

① ［德］利普斯：《事物的起源》，汪寧生譯，四川民族出版社 1982 年版，第 341 頁。

② 《楚辭・天問》文，載洪興祖《楚辭補注》，中華書局 1983 年版，第 88 頁。

③ 阮元等校刻：《十三經注疏》，中華書局 1980 年版，第 2125—2126 頁。

④ 李零：《中國方術考》，東方出版社 2001 年版，第 56 頁。

⑤ 盧弼：《三國志集解》，中華書局 1082 年版，第 318 頁。

⑥ 干寶：《搜神記》，汪紹楹校注，中華書局 1979 年版，第 180 頁。

⑦ 洪興祖：《楚辭補注》，中華書局 1983 年版，第 97 頁。

⑧ 司馬遷：《史記》，中華書局點校本 1959 年版，第 1905 頁。

明白了禹實際上就是羽，那麼我們就發現了一個引人深思的歷史現象，就是三代的國名和其始祖名在含義上都有對應關係。夏的始祖禹，亦即羽，而《穀梁傳·隱公五年》"舞夏"① 和《周禮·天官·敍官》"夏采"② 中的"夏"，即是舞蹈所執的羽毛飾物。夏和羽二字古韻通，《詩·陳風·宛丘》"無冬無夏，值其鷺羽"③，是其證。商的始祖契，《釋名·釋書契》："契，刻也。"④ 《類篇》卷七："商，刻也。"⑤ 周的始祖稷，《廣韻·職韻》："稷，五穀之總名。"⑥ 周，在甲骨文中作"田"，"象界劃分明之農田，其中小點象禾稼之形"⑦，可知二者含義亦相關聯。之所以會出現這樣的情況，正反映了初民對自己始祖（神）的崇拜。

七 四方神與四方風

《山海經》四方神與四方風名全部見於《大荒經》：

> 《大荒東經》："大荒之中，有山名曰鞠陵于天、東極、離瞀、日月所出。有人⑧名曰折丹——東方曰折，來風曰俊——處東極以出入風。"（頁 401）
>
> 《大荒南經》："有神名曰因［因］乎，南方曰因［乎］，夸

---

① 阮元等校刻：《十三經注疏》，中華書局 1980 年版，第 2369 頁。

② 孫詒讓：《周禮正義》，王文錦、陳玉霞點校，中華書局 1987 年版，第 57 頁。

③ 阮元等校刻：《十三經注疏》，中華書局 1980 年版，第 376 頁。

④ 王先謙：《釋名疏證補》，上海古籍出版社 1984 年版，第 302 頁。

⑤ 司馬光等編：《類篇》，中華書局 1984 年版，第 80 頁。

⑥ 陳彭年：《鉅宋廣韻》，上海古籍出版社 1983 年版，第 426 頁。

⑦ 方述鑫等編：《甲骨金文字典》，巴蜀書社 1993 年版，第 79 頁。

⑧ 郝疏："名曰折丹上疑脫有神二字，《大荒南經》'有神名曰因因乎'，可證。《北堂書鈔》一百五十一卷引此經作有人曰折丹，《太平御覽》九卷引亦同。"袁珂注："郝校是也；《大荒西經》'有人名曰石夷'，《大荒東經》'有人名曰鳧'，均可證此經'名曰折丹'上脫'有神'或'有人'字。"（頁 402）因據補"有人"二字。

（來）風曰［乎］民，處南極以出入風。”[①]（頁 426）

《大荒西經》：“有人名曰石夷，西方曰夷[②]，來風曰韋，處西北隅以司日月之長短。”（頁 448）

《大荒東經》：“有人名曰鳧，北方曰鳧，來［之］風曰狻，是處東極（北）隅以止日月，使無相閒出沒，司其短長。”[③]（頁 412）

四方神分別是東方折丹，南方因乎，西方石夷，北方鳧。前三者都是二字名，故分別又有單字名。郭璞於“東方曰折”下注云：“單吁之。”郝疏：“吁當爲呼，字之譌。”[④] 袁珂注：“‘單呼之’者，謂單呼神折丹之名爲‘折’也。”（頁 402）可以看出，單字名就是單呼二字名中的一個字。四方風分別是東方俊，南方民，西方韋，北方狻。

讓人驚奇的是，四方神與四方風名竟然在甲骨卜辭中就已經比較完整地出現了。卜辭中比較完整地記載四方神與四方風的材料，共有兩

① 孫詒讓《札迻》卷三認爲“因因乎”誤重一“因”字，“夸”爲“來”之誤（孫詒讓：《札迻》，梁運華點校，中華書局 1989 年版，第 93 頁）。袁珂注：“經文‘有神名曰因因乎，南方曰因乎，夸風曰乎民’，揆以《大荒東經》‘（有神）名曰折丹，東方曰折，來風曰俊’文例，疑當作‘有神名曰因乎，南方曰因，來風曰民’，上因字與下二乎字俱衍文，夸風則來風之訛也。”（頁 426）因據正。

② 袁珂注：“據《大荒東經》‘（有人）名曰折丹，東方曰折’、‘有人名曰鳧，北方曰鳧’及《大荒南經》‘有神名曰因乎，南方曰因’文例，此經‘有人名曰石夷’句下，疑脱‘西方曰夷’四字。”（頁 448）因據補“西方曰夷”四字。

③ 孫詒讓《札迻》卷三云：“‘來’下衍‘之’字，當刪。‘是處東極隅’，‘極’當作‘北’，與西方云‘處西北隅’文例同。”（孫詒讓：《札迻》，梁運華點校，中華書局 1989 年版，第 93 頁）袁珂注：“經文‘處東極隅’疑當作‘處東北隅’，‘東極隅’不成文義，一也；經文前節言‘東北海外’，後節言‘大荒東北隅中’，知此亦必位在東北，二也；《大荒西經》云：‘有人曰石夷，……處西北隅以司日月之長短。’石夷亦四方神之一，既曰‘處西北隅’，與之相對之鳧，亦必當曰‘處東北隅’，三也。有此三者，以知此經‘東極’當是‘東北’之誤。”（頁 413）因據正。

④ 案：郝氏以“吁”爲“呼”字之訛，誤矣。王引之《經義述聞》卷十七“呼”條云：“《莊子・在宥篇》：‘鴻蒙仰而視云將曰：“吁”。’《釋文》：‘吁，亦作呼。’《檀弓》：‘曾子聞之，瞿然曰：“呼”。’《釋文》呼作吁。是吁、呼古字通也。”（王引之：《經義述聞》，國學基本叢書本，商務印書館 1936 年版，第 678 頁）可見吁、呼古字本通，非爲字訛。

處，一爲記事刻辭，見《甲骨文合集》14294 片，云：

> 東方曰析，鳳（風）曰協。
>
> 南方曰因，鳳（風）曰微。
>
> 西方曰𣎵，鳳（風）曰彝。
>
> [北方曰] 九，鳳（風）曰役。

另一爲祈年卜辭，見《甲骨文合集》第 14295 片，云：

> 辛亥卜，内貞，禘于北，方曰九，鳳（風）曰役。
>
> 辛亥卜，内貞，禘于南，方曰微，鳳（風）[曰] 遟。
>
> 貞，禘于東，方曰析，鳳（風）曰協。
>
> 貞，禘于西，方曰彝，鳳（風）曰𢀛。[①]

兩者相較，南方、西方神名與風名有互倒情況，學者綜合卜辭及文獻後，經過考證，一般認爲卜辭四方神與四方風的專名應爲：

> 東方神：析；東方風：協
>
> 南方神：因、遟；南方風：微
>
> 西方神：彝；西方風：𢀛、𣎵
>
> 北方神：九；北方風：役[②]

與卜辭、《山海經》四方神與四方風名相關的記載又見於《尚書·

① 卜辭釋文，諸家多有不同，茲悉依馮時先生釋文（馮時：《殷卜辭四方風研究》，《考古學報》1994 年第 2 期）。

② 馮時：《殷卜辭四方風研究》，《考古學報》1994 年第 2 期。

堯典》，云：

> 乃命羲、和：欽若昊天，厤象日月星辰，敬授人時。
>
> 分命羲仲，宅嵎夷，曰暘谷。寅賓出日，平秩東作；日中、星鳥，以殷仲春。厥民析；鳥獸孳尾。
>
> 申命羲叔，宅南交，曰明都[①]。平秩南訛，敬致。日永、星火，以正仲夏。厥民因；鳥獸希革。
>
> 分命和仲，宅西，曰昧谷。寅餞納日，平秩西成；宵中、星虛，以殷仲秋。厥民夷；鳥獸毛毨。
>
> 申命和叔，宅朔方，曰幽都。平在朔易；日短、星昴，以正仲冬。厥民隩；鳥獸氄毛。[②]

正如胡厚宣先生《甲骨文四方風名考證》所説："此所謂四方之民與鳥獸者，亦（與）甲骨文及《山海經》之四方名及風名合。雖間有似不同，然其轉變演化之跡，固明白可辨也。"[③] 卜辭、《堯典》《山海經》關於四方神與四方風的記載，雖然不盡相同，但毫無疑問是有共同來源的。甲骨學者通過卜辭和文獻互證，對卜辭四方神與四方風名多所探討，成績卓著，堪稱迄今爲止甲骨學研究的最重要貢獻之一。

雖然卜辭、《堯典》《山海經》關於四方神與四方風的記載有共同的來源，然而三者還是有所區別的，如《山海經》的四方神多有二字名，而學者對此多闕而不論。因此，我們認爲有必要從《山海經》的角度對四方神與四方風名進行研究。

---

① 孔疏引鄭玄云："夏不言'曰明都'三字，摩滅也。"（阮元等校刻：《十三經注疏》，中華書局 1980 年版，第 121 頁）因據補。

② 阮元等校刻：《十三經注疏》，中華書局 1980 年版，第 119 頁。

③ 胡厚宣：《甲骨學商史論叢初集》，河北教育出版社 2002 年版，第 268 頁。

（一）折丹、俊

《山海經》東方神名爲折丹，單稱折。折，卜辭、《堯典》作析。胡厚宣先生《甲骨文四方風名考證》認爲："《説文》：'析，破木也，一曰折也。'《廣雅》：'析，折，分也。'蓋析折義同，且形亦近也。"[①] 楊樹達先生《甲骨文中之四方風名與神名》云："折字从斤斷艸，析字从斤破木，甲文艸木不分，二字大可附合。"[②] 可見折、析二字形義並近，實可相通。

折丹的命名之義爲何？先看折字。由於東方神名卜辭作析，因此學者都據析字立論。楊樹達先生依據《説文》及古訓，認爲卜辭"東方曰析者，此殆謂草木甲坼之事也。……《堯典》言平秩東作，日中星鳥以殷仲春。蓋東爲春方，春爲草木甲坼之時，故殷人名其神曰析也"[③]。楊先生以春爲東方，實際上是本於古人以四方與四時相互對應配合的認識。然而四方與四時即東南西北與春夏秋冬的相互對應配合，似乎在有商一代尚未形成。于省吾先生《釋四方和四方雚（風）的兩個問題》云："甲骨文和《山海經》沒有四時的説法，《書・堯典》纔把四方和四時相配合。應該指出的是，商代的一年爲春秋兩季制，甲骨文只以春和秋當作季名用，兩者有時對貞。西周前期仍然沿用商代的兩季制，到了西周後期，纔由春秋分化出夏冬，成爲四時。由於商代只有春秋兩季，所以甲骨文不可能以四時和四方或四方雚（風）相適應。"[④] 因此，四方和四時相配合最早只能在西周後期纔可能發生。換言之，東方之神析，最初不會是草木甲坼之義。

我們認爲，從西方神石夷"處西北隅以司日月之長短"，和北方神鳧"是處東極（北）隅以止日月，使無相間出沒，司其短長"的職責來

① 胡厚宣：《甲骨學商史論叢初集》，河北教育出版社 2002 年版，第 267 頁。

② 楊樹達：《積微居甲文説》，中國科學院 1954 年版，第 54 頁。

③ 同上。

④ 于省吾：《甲骨文字釋林》，中華書局 1979 年版，第 124 頁。

看，東方神折丹自然也應該與日月有關。《禮記・祭法》："瘞埋于泰折，祭地也。"鄭注："折，炤晢也，必爲炤明之名，尊神也。"炤，《釋文》："本又作昭，同。"[①] 據此，丁山先生《中國古代宗教與神話考・四方之神與風神》云："鄭以炤皙（晢）釋折，太（泰）折顯然是'大析'傳寫之誤；大析者，東方曰析，蓋所以祭析木之宫，《尚書》逸篇所謂'東社'是也。……析者，東方大神也。"[②] 丁先生以《祭法》之"泰（太）折"與卜辭"東方曰析"有關，甚是。然誤認鄭注之"炤晢"爲"炤皙"，從而認爲太（泰）折顯然是"大析"傳寫之誤，則非是。因爲晢與皙判然二字，不容混淆。朱駿聲《説文通訓定聲》於"晢"字下云："昭明也，从日折聲，與皙白字聲義皆别。"於"皙"字下云："人色白也，从白析聲，與从日折聲之晢迥别。"[③] 同時，這也可以證明《山海經》之折並非析字之訛。

鄭玄既然以炤晢釋折，則可見其以折爲晢。折、晢古本通用，《周易・大有》："明辯晢也"[④]，《釋文》："虞作折。"[⑤] 晢，《周易集解》正作折[⑥]。《説文・七上・日部》："晢，昭晢，明也。"[⑦] 段注："旦下曰：'明也'，明下曰：'昭也'，既昧爽則旦矣，《周易》王弼本：'明辨晢也'，《陳風》'明星晢晢'，傳曰：'晢晢猶煌煌也。'《洪範》：'明作晢'，鄭曰：'君視明則臣昭晢。'按昭晢皆从日，本謂日之光。"（頁303）可見晢即炤晢，亦即炤明，本指日光。

再看丹字。《説文・五下・丹部》："丹，巴越之赤石也。"（頁106）張舜徽先生《説文解字約注》云："赤石謂之丹，蓋丹之言旦也，謂其

---

① 阮元等校刻：《十三經注疏》，中華書局1980年版，第1588頁。
② 丁山：《中國古代宗教與神話考》，龍門聯合書局1961年版，第83頁。
③ 朱駿聲：《説文通訓定聲》，武漢古籍書店1983年版，第674、537頁。
④ 阮元等校刻：《十三經注疏》，中華書局1980年版，第30頁。
⑤ 陸德明：《經典釋文》，上海古籍出版社1985年版，第84頁。
⑥ 李鼎祚：《周易集解》第四卷，中國書店1984年版，第9頁b。
⑦ 此從段注本。

色如日初出時之赤也。丹、旦雙聲，直一語耳。”[1]《説文·七上·旦部》：“旦，明也。”（頁140）《廣雅·釋器》：“丹，赤也。”王念孫《疏證》：“《釋名》云：‘赤，赫也，太陽之色也。”[2] 赤、明義亦相因。《楚辭·遠遊》：“仍羽人於丹丘兮”，王注：“丹丘，晝夜常明也。”[3] 以“常明”釋“丹丘”，則丹亦即明義。

合言之，折丹的命名之義當指日出東方時的光明。

《山海經》東方風名爲俊，卜辭爲協，協字本作劦。胡厚宣先生《甲骨文四方風名考證》略謂：《説文》：“劦，同力也，从三力。”“俊，材過千人也。”《禮運》疏引《辨名記》云：“十人曰選，倍選曰俊。”《堯典》：“克明俊德”，鄭注：“俊德，才兼人者。”蓋必同心合力，其材乃可以兼人。是“劦”與“俊”義可相通。又《夏小正》曰：“正月時有俊風”，《周語》：“先時五日，瞽告有協風至”，亦與甲骨文東方“鳳曰劦”，《大荒東經》東方“來風曰俊”之説合。而俊風之必爲劦風，由此亦可以證明。黄模《夏小正分箋》言“俊風即協風”，其説是也。東方曰劦者，劦，龢也，和也，有惠風和暢之義。[4] 因此，俊風即協風，亦即和風。

（二）因乎、民

《山海經》南方神名爲因乎，單稱因，與卜辭作因者合。由於南方神名卜辭作因，學者一般只就因字立論。江林昌先生《太陽循環與甲骨文四方風及一些哲學術語新探》云：“‘因’字當從裘錫圭先生釋爲‘殷’，《廣雅·釋詁》：‘因，大也。’《詩經·溱洧》‘殷其盈矣’，毛傳：‘殷，衆也。’南方與夏季相配，而夏與殷同義。《爾雅·釋詁》：‘夏，大也。’《獨斷》：‘夏爲太陽，其氣長養。’夏季太陽烈照，百物因之茂

---

① 張舜徽：《説文解字約注》第十卷，中州書畫社1983年版，第1頁a。

② 王念孫：《廣雅疏證》，江蘇古籍出版社1984年版，第271頁。

③ 洪興祖：《楚辭補注》，中華書局1983年版，第167頁。

④ 胡厚宣：《甲骨學商史論叢初集》，河北教育出版社2002年版，第267、270、272頁。

盛壯大，故南方神曰因（殷）。”[①] 詹鄞鑫先生《神靈與祭祀——中國古代宗教綜論》亦云：“與‘因’音近和音轉的茵、依、殷、蔚、葳等都有茂盛義，音近義即通。夏季草木生長茂盛，故南方神曰因。”[②] 馮時先生《殷卜辭四方風研究》據《説文》《廣雅》及文獻舊注等，認爲：“卜辭南方因訓長，意爲夏至之時日長至。”[③] 前面已經指出，四方與四時相配無由在卜辭時代發生，因此上述諸説並不可從。

《説文·六下·囗部》：“因，就也，从囗大。”（頁 129）《廣雅·釋詁三》：“因，就也。”[④]《説文·五下·京部》：“就，就高也。从京从尤，尤，異於凡也。”（頁 111）段注認爲“就高也”之“就”爲“複舉字之未刪者”（頁 229），則“就”當訓爲“高也”。實則就所从之京即有高義，《説文·五下·京部》：“京，人所爲絕高丘也。从高省，象高形。”（頁 111）王念孫《釋大》第一徑謂：“京、高聲之轉。”[⑤] 因此，因爲高義。

乎，古與于通。王引之《經義述聞》卷三十一“乎呼皆通作于”條引王念孫云：“《呂氏春秋·審應覽》：‘然則先生聖于’，高注曰：‘于，乎也。’《莊子·人間世篇》：‘不爲社者，且幾有翦乎。’《釋文》：‘乎，崔本作于。’《列子·黃帝篇》：‘今女之鄙至此乎’，《釋文》：‘乎，本又作于。’”[⑥] 可證。

《方言》卷一云：“于，大也。”錢繹《方言箋疏》云：“《尚書大傳》：‘羲伯之樂名曰朱于’，鄭注：‘于，大也。’《檀弓》：‘于則于’，疏云：‘于謂廣大。’《文王世子篇》：‘況于其身，以善其君乎？’鄭注：

---

① 江林昌：《太陽循環與甲骨文四方風及一些哲學術語新探》，《煙台大學學報》1995 年第 2 期。

② 詹鄞鑫：《神靈與祭祀——中國古代宗教綜論》，江蘇古籍出版社 1992 年版，第 42 頁。

③ 馮時：《殷卜辭四方風研究》，《考古學報》1994 年第 2 期。

④ 王念孫：《廣雅疏證》，江蘇古籍出版社 1984 年版，第 74 頁。

⑤ 王念孫：《釋大》，載《高郵王氏遺書》，江蘇古籍出版社 2000 年版，第 67 頁。

⑥ 王引之：《經義述聞》，國學基本叢書本，商務印書館 1936 年版，第 1229 頁。

‘于讀爲迂，迂猶廣也，大也。’《子路篇》：‘子之迂也’，《釋文》引鄭本作于，是迂與于同。”[①]《説文·一下·艸部》：“芌，大葉實根駭人，故謂之芌也，从艸亏聲。”（頁16）段注：“凡于聲字多訓大。”（頁24）段注於“吁”下亦云：“亏（即于）有大義，故从亏之字多訓大者。”（頁204）《廣雅·釋詁一》：“訏、芋，大也。”[②]《吕氏春秋·仲夏》：“調竽笙壎篪”，高注：“竽，笙之大者也。”[③] 可見于爲大義。

合言之，因乎（于）就是高大之義。太陽行於南方，正是一日正午之時，而此時太陽最高，光明也最爲盛大，故名之曰因乎。

《山海經》南方風名爲民，卜辭爲微。馮時先生云：“殷之南風微於《山海經》作‘民’，蓋聲近而訛。古音微屬明紐微部，民屬明紐文部，聲爲雙聲，韻爲對轉。南風於後世又作凱風。《山海經·南山經》：‘至于旄山之尾，其南有谷，曰育遺，多怪鳥，凱風自是出。’郭璞《注》：‘凱風，南風。’《詩·邶風·凱風》：‘凱風自南’，毛《傳》：‘南風謂之凱風，樂夏之長養也。’《爾雅·釋天》：‘南風謂之凱風。’……《禮記·孔子閒居》、《表記》陸德明《釋文》並曰：‘凱本作豈。’……是凱風本作豈風。《説文》：‘敳，豈省聲。’又‘豈，敳省聲。’知微古讀如豈，古音微、豈同在微部，疊韻可通。”[④] 可知民當爲微之聲近之訛，微、豈（凱）則古本相通。

微，胡厚宣先生云：“風暖則微矣。”[⑤] 凱風，學者一般釋爲大風，聞一多先生《詩經通義·凱風》云：“豈聲字多有大意。《吕氏春秋·不屈篇》曰：‘愷者大也’，《説文》曰：‘剴，大鐮也’，《廣雅·釋詁一》

① 錢繹：《方言箋疏》，上海古籍出版社1984年版，第88、92頁。
② 王念孫：《廣雅疏證》，江蘇古籍出版社1984年版，第4頁。
③ 畢沅：《吕氏春秋新校正》，《諸子集成》第6册，上海書店1986年版，第44頁。
④ 馮時：《殷卜辭四方風研究》，《考古學報》1994年第2期。
⑤ 胡厚宣：《甲骨學商史論叢初集》，河北教育出版社2002年版，第272頁。

曰：'凱，大也。'凱風者，大風也。"[①] 楊琳先生《四方神名及風名與古人的四方觀念》則云："夏日的南風在四方風中無疑是最小的風，故《逸周書·時訓》及《禮記·月令》皆稱爲'溫風'，意即溫和舒緩之風。小風而名爲大風，豈不悖謬？所以凱風不得釋爲大風。"同時，他據《詩·邶風·凱風》"凱風自南"正義引李巡説："南風長養萬物，萬物喜樂，故曰凱風。凱，樂也。"從而認爲凱的命名之義，是"取喜樂之義"[②]。風暖則喜樂，可見微風與凱風義亦相因。

（三）石夷、韋

《山海經》西方神名爲石夷，單稱夷。夷，卜辭作彝。夷、彝古本通用。《書·洪範》："是彝是訓。"《史記·宋微子世家》彝作夷。《詩·大雅·烝民》："民之秉彝"，《孟子·告子上》引彝作夷。《禮記·明堂位》："夏后氏以雞夷"，鄭注："夷讀爲彝。"《周禮·春官·司尊彝》雞夷作雞彝。[③] 于省吾先生云："甲骨文的彝字應讀作夷。《國語·周語》的'是以人夷其宗廟'，賈注訓夷爲毀，《易·明夷》，虞注訓夷爲傷，《左傳·隱六年》的'芟夷薀崇之'，杜注訓夷爲殺。夷訓爲毀爲傷爲殺，意義相因，係典籍的常詁。《白虎通·五行》謂'西方殺傷成物'。然則西方殺傷萬物，是指萬物收縮之時言之。這就是甲骨文稱西方曰夷的本來意義。"[④] 詹鄞鑫先生亦云："彝，有殺義（通夷）或割義（通薙），秋季草木肅殺，莊稼收割，故西方神曰彝。"[⑤] 楊琳先生云："西方神名石夷跟甲骨文名彝是相同的。'石夷'之石當是碩大之義。《漢書·匈奴傳下》顔師古注引鄧展曰：'石，大也。''石夷'是大殺神

---

① 聞一多：《聞一多全集》第2冊，生活·讀書·新知三聯書店1982年版，第176頁。

② 楊琳：《四方神名及風名與古人的四方觀念》，載《中國民間文化》1993年第4期，學林出版社1993年版，第38、37頁；又楊琳《漢語詞彙與華夏文化》，語文出版社1996年版，第58、56頁。

③ 高亨：《古字通假會典》，董治安整理，齊魯書社1989年版，第528頁。

④ 于省吾：《甲骨文字釋林》，中華書局1979年版，第125頁。

⑤ 詹鄞鑫：《神靈與祭祀——中國古代宗教綜論》，江蘇古籍出版社1992年版，第42頁。

的意思。"[1] 西方神夷（彝）訓爲殺傷之義，當是西方與秋季相配後纔有的意義。

從西方神石夷"處西北隅以司日月之長短"來看，其應當是西方太陽神。西方正是太陽西落，黑暗將屆之際，《老子》十四章"視之不見，名曰夷"[2] 中的"視之不見"正可視作夷的確詁，即指西方太陽落下後的黑暗之意。《周易·明夷》："彖曰：明入地中，明夷。"此卦卦象爲離下坤上，離即日，坤即地，故孔疏云："此卦日入地中，明夷之象。"[3] 日入地中，則爲黑暗，而有"明夷"之稱，明指太陽，夷當指黑暗。

石古與碩通，《莊子·外物》："嬰兒生無石師而能言"，石師，《釋文》："又作碩師。"[4]《文選·爲曹公作書與孫權》："明棄碩交"，李善注："《史記》：'蘇秦謂齊王曰："此棄仇讎而得石交者也。"'碩與石古字通。"[5] 碩、石皆即大義，《說文·九上·頁部》："碩，頭大也，从頁石聲。"（頁 182）段注："引伸爲凡大之偁。《釋詁》、《毛傳》皆曰：'碩，大也。'《簡兮》傳曰：'碩人，大德也。'碩與石二字互相借。"（頁 417）《方言》卷一云："碩，大也。"[6] 章太炎先生《文始》五云："《律歷志》曰：'石者，大也。'故又孳乳爲碩，頭大也。猶言魁磊、魁岸矣。石師、石畫皆碩也。"[7]

因此，石夷就是大夷，也就是大黑暗之意，與東方神折丹的光明之義，取意適正相反。

《爾雅·釋地》："西至日所入爲大蒙"，郭璞注："即蒙汜也。"郝懿行《爾雅義疏》云："大蒙者，《楚辭·天問篇》云：'出自湯谷，次于

---

① 楊琳：《漢語詞彙與華夏文化》，語文出版社 1996 年版，第 53 頁。

② 朱謙之：《老子校釋》，中華書局 1984 年版，第 52 頁。

③ 阮元等校刻：《十三經注疏》，中華書局 1980 年版，第 49 頁。

④ 郭慶藩：《莊子集釋》，中華書局 1961 年版，第 934—935 頁。

⑤ 蕭統編：《文選》，李善注，上海古籍出版社 1986 年版，第 1889 頁。

⑥ 錢繹：《方言箋疏》，上海古籍出版社 1984 年版，第 88 頁。

⑦ 章太炎：《章太炎全集》（七），上海人民出版社 1999 年版，第 298 頁。

蒙汜。’《淮南子·覽冥篇》云：‘邅回蒙汜之渚’，高注：‘蒙汜，日所入之地。’”① 蒙即黑暗之意。《周易·蒙》孔疏：“蒙者，微昧闇弱之名。”②《釋名·釋天》：“蒙，日光不明蒙蒙然也。”③《廣雅·釋訓》：“蒙蒙，暗也。”④ 西方正是日之所入處，因此，西方太陽神石夷與日之所入處的大蒙，取意正同。

西方太陽神石夷後轉爲地名，《易林·乾之中孚》：“舜升大禹，石夷之野。徵詣王廷，拜治水土。”注：“石夷未詳。”⑤ 石夷既然是西方神名，石夷之野自然應該指西方之地。在典籍記載中，禹正是生於西方。《史記·六國年表》：“禹興於西羌”，集解引皇甫謐云：“《孟子》稱：‘禹生于石紐，西夷人也。’《傳》曰：‘禹生自西羌’是也。”⑥《新語·術事》：“大禹出於西羌。”⑦ 可證石夷之野即西夷之地。前已證明禹生於羽（虞）淵，而虞淵同樣是日西入之處。無獨有偶，西方太陽神西王母後亦轉爲西极之地名。《爾雅·釋地》：“觚竹、北戶、西王母、日下，謂之四荒。”郭注：“觚竹在北，北戶在南，西王母在西，日下在東，皆四方昏荒之國。”⑧ 石夷和西王母由西方神名衍化爲西方地名，二者可謂有異曲同工之妙。同時，這也反證了石夷應爲西方太陽神。

《山海經》西方風名爲韋。卜辭西方風名有从韋字作者，丁山先生認爲《山海經》之韋正卜辭西方風名之脫誤⑨。卜辭西方風名，于省吾先生認爲即《説文》“丰讀若介”之丰，典籍通作介。《爾雅·釋詁》：

---

① 郝懿行：《爾雅義疏》第三册，國學基本叢書簡編本，商務印書館 1936 年版，第 82 頁。
② 阮元等校刻：《十三經注疏》，中華書局 1980 年版，第 20 頁。
③ 王先謙：《釋名疏證補》，上海古籍出版社 1984 年版，第 47 頁。
④ 王念孫：《廣雅疏證》，江蘇古籍出版社 1984 年版，第 281 頁。
⑤ 焦延壽：《焦氏易林》，《四部叢刊》初編縮本，商務印書館 1936 年版，第 6 頁。
⑥ 司馬遷：《史記》，中華書局點校本 1959 年版，第 686 頁。
⑦ 王利器：《新語校注》，中華書局 1986 年版，第 43 頁。
⑧ 郝懿行：《爾雅義疏》第三册，國學基本叢書簡編本，商務印書館 1936 年版，第 81 頁。
⑨ 丁山：《中國古代宗教與神話考》，龍門聯合書局 1961 年版，第 86 頁。

“介，大也。”介訓大典籍常見。《爾雅·釋天》稱“西風謂之泰風”。泰與大古通用。《詩·桑柔》的“大風有隧，有空大谷”，毛傳訓隧爲道。鄭箋謂：“西風謂之大風，大風之行，有所從而來，必從大空谷中。”①因此，西方風名爲大風之義。

（四）鳧、狹

《山海經》北方神名爲鳧，爲單字名，以東、南、西三方神名俱作二字名例之，可能原本作二字名，後來在傳抄過程中奪去一字，成爲單字名。胡厚宣先生云：“《大荒東經》言‘北方曰鳧’者，鳧讀如宛，《文選·司馬長卿〈子虛賦〉》‘鵷鶵孔鸞’，《漢書·司馬相如傳》作宛。甲骨文北方曰某之字雖殘，然尚存右半，亦从宀，或是宛字。”② 楊樹達先生以胡先生所説爲是，並根據《説文》：“宛，屈草自覆也。”段注：“宛與薀，薀與鬱，聲義皆通。”認爲：“宛屈草自覆之義雖不甚明，然其爲言草木之事，自無疑義。《堯典》言‘平在朔易，日短星昴，以正仲冬。’朔者，北方也。蓋北爲冬方，冬時陽氣閉藏，萬物潛伏，有薀鬱覆蔽之象。故殷人名其神曰宛，非無故也。”③ 此亦據四方和四時相配立論，實不可從。

《詩·陳風·宛丘》：“宛丘之上”，毛傳：“四方高，中央下曰宛丘。”④《釋名·釋丘》：“中央下曰宛丘，有丘宛宛如偃器也。”⑤ 章太炎先生《新方言·釋言》云：“方言：宛，蓄也。《爾雅》：宛中，宛丘。孫炎曰：中央下。蓋中窊可積蓄者爲宛，故盌亦从夗聲。淮南謂圈席蓄米爲宛，因名其物爲宛積，讀若窩。籮、篗之屬亦曰宛，匽、蛤之屬亦

① 于省吾：《甲骨文字釋林》，中華書局 1979 年版，第 126 頁。

② 胡厚宣：《甲骨學商史論叢初集》，河北教育出版社 2002 年版，第 268 頁。

③ 楊樹達：《積微居甲文説》，中國科學院 1954 年版，第 55 頁。

④ 阮元等校刻：《十三經注疏》，中華書局 1980 年版，第 376 頁。

⑤ 王先謙：《釋名疏證補》，上海古籍出版社 1984 年版，第 70 頁。

曰宛，音在畏、彎之間，皆以中央宛下得名。”[①] 可知宛爲低下之義。

宛由低下之義引申而有小義。《方言》卷五：“盂，宋楚魏之間謂之盌”，錢繹《方言箋疏》云：“盌之言宛也，《小雅·小宛篇》：‘宛彼鳴鳩’，毛傳云：‘宛，小貌。’《説文》盌、瓮並小盂也。……《玉篇》引《周禮》注云：‘窻，小孔貌。’《莊子·天地篇》云：‘適遇苑風於東海之濱’，李頤注：‘苑風，小貌。’小鳩謂之宛，小孔謂之窻，小風謂之苑，小盂謂之盌，亦謂之瓮，其義一也。”[②]

因此，北方神鳧是取低小之義爲名，與南方神因乎的高大之義適正相反。在古人的觀念中，北方的天蓋低下，太陽行於北方，故光明全無，於時則爲夜晚。

《山海經》北方風名爲狻。楊樹達先生云：“《山海經》記來風曰狻。按《呂氏春秋·有始覽》、《淮南子·地形篇》並云：‘東北曰炎風。’炎與狻爲同音字。然《呂覽》、《淮南》皆以炎風屬東北方，不以爲北方之風。”[③] 實則《大荒東經》明言“是處東北隅以止日月”，可見正應是東北風。楊琳先生認爲：“古炎聲字多有鋭刺義。如《周禮·春官·典瑞》：‘琰圭以易行，以除慝。’鄭司農注：‘琰圭有鋒芒，傷害征伐誅討之象。’《説文》：‘錟，長矛也。’‘剡，鋭利也。’”[④] 北風凜冽刺骨，故名之曰狻。

（五）小結

通過上面的考察，我們認爲《山海經》東、南、西、北四方神名，實際上是指太陽在朝、午、夕、夜的不同名稱，是一日之四時，而非一

---

① 章太炎：《章太炎全集》（七），上海人民出版社 1999 年版，第 27 頁。

② 錢繹：《方言箋疏》，上海古籍出版社 1984 年版，第 297 頁。案：黄侃先生特將錢氏此段疏文撮錄拈出，“以爲治訓詁學之法”的範例（黄侃：《文字音韻訓詁筆記》，上海古籍出版社 1983 年版，第 273—274 頁）。

③ 楊樹達：《積微居甲文説》，中國科學院 1954 年版，第 56—57 頁。

④ 楊琳：《漢語詞彙與華夏文化》，語文出版社 1996 年版，第 60 頁。

年之四時。同時，四方神名正好構成了太陽一次完整的日循環。

爲了印證前面的考察，我們認爲有必要根據我國最古老的天文學理論“蓋天説”來看一下古人心目中的太陽日循環過程。

晉虞聳《穹天論》云：“日繞辰極，沒西而還東，不出入地中。天之有極，猶蓋之有斗也。”[①] 它是蓋天説理論的重要著作[②]。而“蓋天説”理論最完整的表述見于《晉書·天文志上》所引《周髀》家之説，云：

> 天員如張蓋，地方如棊局。天旁轉如推磨而左行，日月右行，隨天左轉。故日月實東行，而天牽之以西沒。譬之於蟻行磨石之上，磨左旋而蟻右去，磨疾而蟻遲，故不得不隨磨以左迴焉。天形南高而北下，日出高，故見；日入下，故不見。天之居如倚蓋，故極在人北，是其證也。極在天之中，而今在人北，所以知天之形如倚蓋也。日朝出陽中，暮入陰中，陰氣暗冥，故沒不見也。[③]

用現代的話説，其大意就是：天像張開的圓傘，地像方形的棋盤。天圍繞著中極，像推磨一樣向左轉動，太陽和月亮向右轉動，同時又隨著天向左轉動。由於太陽和月亮右轉比天左轉的速度慢，因此，它們受到天的牽制，而向西向左運行。同時，天蓋是傾斜的，南高北低，因此，太陽運行到北方，人們就見不到太陽了。

實際上，“蓋天説”的雛形在《周髀算經》中就已經出現了，《周髀算經》卷下：“凡日月運行四極之道”，漢趙君卿注：“運，周也。極，至也，謂外衡也。日月周行四方，至外衡而還，故曰四極也。”[④] 根據

① 嚴可均：《全上古三代秦漢三國六朝文》，中華書局 1958 年版，第 1931 頁。

② ［英］李約瑟：《中國科學技術史》第四卷《天學》第一分冊，《中國科學技術史》翻譯小組譯，科學出版社 1975 年版，第 93—95 頁。

③ 房玄齡等：《晉書》，中華書局點校本 1974 年版，第 279 頁。

④ 《周髀算經》卷下，文物出版社據宋嘉定六年本影印 1980 年版，第 1 頁 a。

“蓋天説”的理論，太陽晝夜的運行就是“隨天而回，初在於東，次經於南，次到於西，次及於北，而復還於東”[①]。换言之，太陽的日循環是經由東南西北的順序運行的。[②] 東南西北四極點正對應著一日的朝、午、夕、夜四時，《山海經》四方神名的名義正好體現了太陽在朝、午、夕、夜四時，或者説東、南、西、北四極的特點。

《山海經》和卜辭、《堯典》關於四方神與四方風名的記載，顯然有著共同的來源，但同中亦有差異，如《山海經》的二字神名就是著例，從這個角度上説，它們已經是同源而異流了。猶如墨分爲三，三家都紹述墨子之學，故而《墨子》的許多篇章都有上中下三篇，雖大旨不殊，然字句猶有小異[③]，堪爲之比。由於卜辭的時代最早，學者多強《山海經》以就卜辭，我們從《山海經》的角度，對《山海經》的四方神與四方風的專名所進行的考察，就是對這種傾向的一次反撥。

八 昆侖

如果説昆侖是古今學者最爲關注同時也是爭議最多的一個地名，恐不爲過。從屈原《天問》發出“崑崙縣圃，其尻安在”[④] 的疑問，到《史記·大宛列傳》太史公云：“《禹本紀》言‘河出崑崙，崑崙其高二千五百里，日月所相避隱爲光明也。其上有醴泉、瑤池’。今自張騫使大夏之後也，窮河源，惡睹《本紀》所謂崑崙者乎?”[⑤] 人們始終難明就裏。千載而下，學者並沒有停止對昆侖的探索，然而卻是衆説紛紜，難衷一是，誠如王念孫《廣雅疏證》卷九下所云：“崐崘所在，

① 康有爲：《諸天講》，樓宇烈整理，中華書局 1990 年版，第 5 頁。

② 詳見賈雯鶴《太陽循環神話及其相關問題》，《思想戰綫》2004 年第 1 期。

③ 俞樾：《墨子閒詁·序》，載孫詒讓《墨子閒詁》，《諸子集成》第 4 冊，上海書店 1986 年版。

④ 游國恩主編：《天問纂義》，中華書局 1982 年版，第 125 頁。

⑤ 司馬遷：《史記》，中華書局點校本 1959 年版，第 3179 頁。

言人人殊。"[①] 或許正是因爲昆侖的難以索解，畢沅干脆説"是昆侖者，高山皆得名之"[②]。

饒宗頤先生《論釋氏之崑崙説》看到了典籍關於崑崙的記載，紛紜多歧，提出了《山海經》《穆天子傳》《楚辭》《淮南子》所記爲神話中之崑崙，與《禹貢》等所記之崑崙實則不同的觀點[③]。對此，王昆吾先生《論古神話中的黑水、昆侖與蓬萊》深表讚賞，稱其爲"不刊之論"，並説"它提出了一個十分重要的認識：古神話中的昆侖，乃是一種特殊的指稱方式，不可同史學上所謂昆侖任意比附"[④]。

既然《山海經》中的昆侖爲神話中之昆侖，换言之，即昆侖可能只是人們心目中的產物，而非現實中所實有，那麽我們就可以暫時抛開昆侖的地望之爭，來專門探討昆侖的命名之義。

《周禮・春官・大宗伯》："以黄琮禮地"，鄭玄注："禮地以夏至，謂神在崐崘者也。"[⑤] 崐崘，《釋文》作混淪，云："混，本又作崑；淪，本又作崙。"[⑥]《周禮・春官・大司樂》鄭玄注："天神則主北辰，地祇則主崐崘。"崐崘，《釋文》："本又作混淪。"[⑦] 混淪即混沌、渾沌，實則昆、混、渾、侖、淪、沌諸字並屬文部，故得通用。

《廣雅・釋訓》："混混沌沌，轉也。"王念孫《疏證》云："混混，或作渾渾。《孫子・兵勢篇》：'渾渾沌沌，形圓而不可敗。'魏武帝注云：'車騎轉而形圓者，出入有道齊整也。'《呂氏春秋・大樂篇》云：'陰陽變化，一上一下，合而成章，渾渾沌沌，離則復合，合則復離，是謂天常。天地車輪，終則復始，極則復反，莫不咸當。'是渾渾沌沌

① 王念孫：《廣雅疏證》，江蘇古籍出版社 1984 年版，第 306 頁。
② 《山海經・海外南經》："昆侖虚在其東，虚四方" 的畢沅注語（頁 241）。
③ 饒宗頤：《梵學集》，上海古籍出版社 1993 年版，第 289—290 頁。
④ 王昆吾：《中國早期藝術與宗教》，東方出版中心 1998 年版，第 89 頁。
⑤ 阮元等校刻：《十三經注疏》，中華書局 1980 年版，第 762 頁。
⑥ 陸德明：《經典釋文》，上海古籍出版社 1985 年版，第 467 頁。
⑦ 阮元等校刻：《十三經注疏》，中華書局 1980 年版，第 790 頁。

爲轉貌也。凡狀水之轉，亦曰渾渾沌沌。枚乘《七發》説曲江之濤云：‘沌沌渾渾，狀如奔馬，混混庉庉，聲如雷鼓。’混庉，猶渾沌耳。”[①]《文選·江賦》：“或混淪乎泥沙”，李善注：“混淪，輪轉之貌。”[②] 混淪即混沌。因此，昆侖當爲旋轉、輪轉之義。

昆侖爲何以旋轉、輪轉之義爲名呢？古人認爲昆侖既是地之中，又是天地中心的天柱。《海内西經》：“昆侖之虚，方八百里，高萬仞。”郭注：“去嵩高五萬里，蓋天地之中也。”（頁 344—346）《水經注·河水一》亦云：“崑崙墟在西北，去嵩高五萬里，地之中也。”[③]《初學記》卷五引《河圖括地象》云：“崑崙山爲天柱，氣上通天。崑崙者，地之中也。”[④]《古微書》卷三十二所輯《河圖括地象》亦云：“地中央曰崑崙”；“崑崙有柱焉，其高入天，即所謂天柱也。”[⑤]《藝文類聚》卷七引《龍魚河圖》云：“崑崙山，天之中柱也。”[⑥]《楚辭·天問》：“八柱何當，東南何虧？”洪補引《神異經》云：“崑崙有銅柱焉，其高入天，所謂天柱也。”[⑦] 郭璞《山海經圖讚》“昆侖丘”條云：“昆侖月精，水之靈府。惟帝下都，西老之宇。嵥然中峙，號曰天桂。”郝懿行云：“臧庸曰：‘桂乃柱之譌，以韻讀之可見。’”[⑧]《道藏》本《山海經》所附《圖讚》正作“柱”[⑨]，皆可爲證。

所謂天柱，實際上就是我們前文提到的天蓋和日月都圍繞著其運行的中極。前引鄭玄《周禮·春官·大司樂》注云：“天神則主北辰，地祇則主崐崘。”北辰即北極、北斗，爲天之中，昆侖爲地之中，鄭氏將

---

① 王念孫：《廣雅疏證》，江蘇古籍出版社 1984 年版，第 187 頁。
② 蕭統編：《文選》，李善注，上海古籍出版社 1986 年版，第 564 頁。
③ 陳橋驛：《水經注校釋》，杭州大學出版社 1999 年版，第 1 頁。
④ 徐堅等：《初學記》，中華書局 1962 年版，第 87 頁。
⑤ 孫縠：《古微書》第三十二卷，守山閣叢書，清道光二十三年刊本，第 2 頁 a、4 頁 b。
⑥ 歐陽詢：《藝文類聚》，汪紹楹校，上海古籍出版社 1982 年版，第 130 頁。
⑦ 洪興祖：《楚辭補注》，中華書局 1983 年版，第 87 頁。
⑧ 郝懿行：《山海經箋疏》，台北藝文印書館 2009 年版，第 491—492 頁。
⑨ 《山海經》，《正統道藏》第 37 冊，台灣新文豐出版公司 1977 年版，第 23 頁。

二者相提並論，實際上已經包含了二者的對應關係。《太平御覽》卷三八引徐整《長曆》即云："北斗當崑崙上。"[①] 因此，天地中心的中極、天柱自然是上接北辰，下連昆侖。同時，天柱又被稱爲昆侖，而從"蓋天説"的理論來看，天蓋是圍繞著中極運行的。職是之故，古人認爲天柱（中極）也是隨著天蓋而旋轉的，故名之曰昆侖。

這應該就是天柱昆侖得名的由來，同時也説明了昆侖最初只是存在於人們的觀念之中，是人們心目中的天地之中心。後來許多高山都蒙有昆侖之名，是由於初民總是相信自己居住的地方是天地的中心，故將自己居住區域内的高山命之曰昆侖。這就是畢沅所説"是昆侖者，高山皆得名之"的真正原因。

九　成都、成山、岷山

《山海經》記載"成都"一名的共有兩處，一是《海内東經》："高山在城（成）都西。"（頁 384）然此段文字，畢沅《山海經新校正》認爲是闌入的《水經》之文[②]，故可置而不論。另一處是《大荒北經》："大荒之中，有山名曰成都，載天。"[③]（頁 487）

《大荒北經》關于成都上載雲天的記載，並非泛泛之詞，它透露了成都在先民心目中地位的尊崇。王孝廉先生就認爲"成都載天"是"神

① 李昉等：《太平御覽》，中華書局 1960 年版，第 182 頁。

② 《二十二子》，上海古籍出版社 1986 年版，第 1379 頁。

③ 學者一般皆以"成都載天"連文，謂是山名。實則不然，"載天"應是對"成都"的修飾補充。載通戴，如《春秋·隱公十年》"伐戴"，《穀梁傳》作"伐載"；《老子》第十章"載營魄抱一"，馬王堆帛書乙本作"戴營魄抱一"；《周禮·地官·載師》，《孟子·公孫丑上》趙注引作"戴師"（載戴之通，詳見高亨《古字通假會典》，董治安整理，齊魯書社 1989 年版，第 420 頁），則載天即戴天亦即頂天，極言成都之高，猶如《詩·大雅·崧高》狀崧高之高爲"駿極于天"，袁梅先生譯爲"又高又大，上至雲天"（袁梅：《詩經譯注》，齊魯書社 1985 年版，第 881 頁）。綜上，可見"成都載天"不應連文作一山名，而應該點斷。事實上，呂思勉先生《三皇五帝考》（載呂思勉、童書業編《古史辨》第七冊中編，上海古籍出版社 1982 年版，第 356 頁）和高亨、董治安先生《上古神話》（高亨、董治安：《上古神話》，中華書局 1963 年版，第 23 頁）引述此文，對此都作了點斷。此處標點從呂、高、董諸先生。

話中上通於天，下通於幽都之門的天柱”[①]。前面我們已經證明昆侖就是天柱，那麼，同爲天柱的成都和昆侖是否有淵源關係呢?

《吳越春秋・勾踐歸國外傳》：“昆侖之山，乃天地之鎮柱，上承皇天，氣吐宇内，下處后土。”[②] 昆侖的“上承皇天”和成都的“載天”並無二致。

從《山海經》的記載來看，昆侖已經成了天帝在下界的都邑。《西山經》：“西南四百里，曰昆侖之丘，是實惟帝之下都。”郭注：“天帝都邑之在下者。”（頁 55—56）《海内西經》：“海内昆侖之虛，在西北，帝之下都。”郝疏：“《説文》云：‘虛，大丘也，昆侖丘謂之昆侖虛。’”（頁 344—345）可見昆侖虛即昆侖丘。

天柱昆侖最顯著的特徵是它的成（層）級構造。《爾雅・釋丘》云：“丘一成爲敦丘，再成爲陶丘，再成銳上爲融丘，三成爲崑崙丘。”郭璞注：“崐崘山三重，故以爲名。”[③]《釋名・釋丘》亦云：“丘一成曰頓丘，一頓而成無上下大小之殺也；再成曰陶丘，於高山上一重作之如陶竈然也；三成曰崑崙丘，如崑崙之高而積重也。”[④]

昆侖三成，且各成自有專名。《水經注・河水一》：“三成爲崑崙丘。《崑崙説》曰：‘崑崙之山三級：下曰樊桐，一名板松；二曰玄圃，一名閬風；上曰層城，一名天庭，是爲太帝之居。’”[⑤] 昆侖最高一級稱爲天庭，表明其和天是相連接的，人們可以藉此直達天庭，如《易林・比之姤》所云：“登崑崙，入天門。”[⑥] 甚至可以成爲神靈，如《淮南子・墬形訓》云：“昆侖之邱，或上倍之，是謂凉風之山，登之而不死；或上

① 王孝廉：《神話與小説・死與再生》，台北聯經出版公司 1986 年版，第 120 頁。
② 周生春：《吳越春秋輯校彙考》，上海古籍出版社 1997 年版，第 131 頁。
③ 郝懿行：《爾雅義疏》第三冊，國學基本叢書簡編本，商務印書館 1936 年版，第 83 頁。
④ 王先謙：《釋名疏證補》，上海古籍出版社 1984 年版，第 69 頁。
⑤ 陳橋驛：《水經注校釋》，杭州大學出版社 1999 年版，第 1 頁。
⑥ 焦延壽：《焦氏易林》，《四部叢刊》初編縮本，商務印書館 1936 年版，第 33 頁。

倍之，是謂懸圃，登之乃靈，能使風雨；或上倍之，乃維上天，登之乃神，是謂太帝之居。”[①]《廣雅・釋山》：“崐崘虛有三山：閬風、板桐、元（玄）圃，其高萬一千一百一十里一十四步二尺六寸。”[②] 昆侖的三成（級）構造，無疑表明了它在先民心目中是最爲高峻的，可以直達天庭。

爲什麽昆侖三成就能表示最高呢？因爲在先民的認識中，三是多的意思。最初，這和先民的認知水平有關，“在非常多的原始民族中間（例如在澳大利亞、南美等地），用于數的單獨名稱只有一和二，間或也有三。超過這幾個數時，土人們就説：‘許多，很多，太多’。”[③] 而三和多的認同對後來的中國文化産生了極大的影響，這就是“三”和“多”的相通。宋永培先生在《上古“文”、“化”及其系統詞義》中説：“古人深知‘三’與‘萬’的相互關係及其内涵，所以用‘三’來概括‘萬’。”並舉《説苑》和《老子》的記載爲證：

《説苑》：發於一，成于於，備於三。

《老子》：一生二，二生三，三生萬物。

可見三和萬相通[④]。影響所及，在古代典籍中，三非實數，往往虛指多的現象，俯拾即是[⑤]。

《楚辭・天問》：“崑崙縣圃，其凥安在？增城九重，其高幾里？四方之門，其誰從焉？”王逸注：“崑崙，山名也，在西北，天氣所出。其巔曰縣圃，乃上通於天也。《淮南》言崑崙之山九重，其高萬二千里也。”[⑥] 晉

① 劉安：《淮南子》，《諸子集成》第 7 册，上海書店 1986 年版，第 57 頁。

② 王念孫：《廣雅疏證》，江蘇古籍出版社 1984 年版，第 301—302 頁。

③ ［法］列維-布留爾：《原始思維》，丁由譯，商務印書館 1981 年版，第 175 頁。

④ 宋永培：《〈説文〉與上古漢語詞義系統》，巴蜀書社 2001 年版，第 365 頁。

⑤ 詳見汪中《述學・内篇・釋三九》，《四部叢刊》初編縮本，商務印書館 1936 年版，第 2 頁。

⑥ 洪興祖：《楚辭補注》，中華書局 1983 年版，第 92 頁。

王嘉《拾遺記》卷十云："崑崙山有昆陵之地，其高出日月之上。山有九層，每層相去萬里。"[①] 三層猶不足以喻其高，昆侖就變成了九層，這顯然是出於後人的踵事增華，已非古貌矣。

從上面的引述可知，昆侖作爲"帝之下都"，其典型形態爲"三成（級）"構造。我認爲"成都"一名實際上就含括了昆侖的這兩個主要特徵，義即"三成之都"。《南山經》："又東五百里，曰成山，四方而三壇。"郭注："形如人築壇相累也，成亦重耳。"（頁 14）郭注中"累"亦即重也，《楚辭·招魂》："層臺累榭"，王逸注："層、累皆重也。"[②] 昆侖在《山海經》的記載中，亦是四方之形。《海外南經》："昆侖虛在其東，虛四方。"（頁 241）《海内西經》："昆侖之虛，方八百里，高萬仞。"（頁 344—345）可見成山的"四方而三壇"和昆侖的四方而三成，殊無二致。成山實即成都，猶如昆侖或稱昆山或稱侖山一樣，《呂氏春秋·重己》："人不愛崑山之玉、江漢之珠。"[③]《戰國策·趙策一》："崐山之玉不出"[④]，帛書本《戰國縱横家書·蘇秦獻書趙王章》則作"綸（崙）山之玉不出"，帛書整理者注云："昆侖可以稱爲昆山，也可以稱爲崙山。"[⑤] 此外，《淮南子·俶真訓》："鍾山之玉"，高誘注："鍾山，昆侖也。"[⑥] 鍾从重得音義，而重與成通，《呂氏春秋·音初》："九成之臺"，高誘注："成猶重。"[⑦]《廣雅·釋詁四》："成，重也。"[⑧] 故鍾山即成山也。此尤可證昆侖（鍾山）即成都（成山）也。由此可見成都和昆侖雖异名而同實，似二實一。

---

① 王嘉：《拾遺記》，齊治平校注，中華書局 1981 年版，第 221 頁。
② 洪興祖：《楚辭補注》，中華書局 1983 年版，第 202—203 頁。
③ 畢沅：《呂氏春秋新校正》，《諸子集成》第 6 册，上海書店 1986 年版，第 6 頁。
④ 范祥雍：《戰國策箋證》，上海古籍出版社 2006 年版，第 973 頁。
⑤ 馬王堆漢墓帛書整理小組編：《戰國縱横家書》，文物出版社 1976 年版，第 92、94 頁。
⑥ 劉安：《淮南子》，《諸子集成》第 7 册，上海書店 1986 年版，第 22 頁。
⑦ 畢沅：《呂氏春秋新校正》，《諸子集成》第 6 册，上海書店 1986 年版，第 59 頁。
⑧ 王念孫：《廣雅疏證》，江蘇古籍出版社 1984 年版，第 111 頁。

成都之成本爲成級之義，有成級則高，因此引申而有崇高之義。《説文・十四下・戊部》："成，就也。"（頁 309）就，前面"5.4.7 四方神與四方風"一節已經證明有高義。可見成有高義。

成與重通，已詳上述。《爾雅・釋詁》："崇，重也。""崇，高也。"[①]《説文・九下・山部》："崇，嵬高也。"（頁 191）《説文・五下・高部》："高，崇也。"（頁 110）可見重有高義。

《説文・八上・重部》："重，厚也。"（頁 169）厚者必高，厚、高義亦相因，《説文・五下・畗部》："畗，滿也，从高省，象高厚之形。"（頁 111）即以高厚連文。《詩・周頌・烈文》："維王其崇之"，鄭箋："崇，厚也。"[②] 崇爲高義，又有厚義，則厚即高義。亦可見重有高義。

重由崇高之義引申而有尊崇之義。《禮記・祭統》："而又以重其國也"，鄭注："重猶尊也。"[③]

因此成都的命名之義不僅是指"三成之都"，由於成本身又有崇高、尊崇之義，成都同時又兼有高山、聖山之義。

作爲山名的成都和後來作爲城市名的成都，是否有淵源關係呢？要回答這個問題，還是得先從昆侖説起。

昆侖究竟在什麽地方，一直是一個困擾學界的難題。蒙文通先生巨眼卓識，獨標新義，認爲《山海經》中的昆侖就是岷山："考《海内西經》説：'河水出（昆侖）東北隅以行其北。'這説明昆侖當在黄河之南。又考《大荒北經》説：'若木生昆侖西'（據《水經・若水注》引），《海内經》説：'黑水、青水之間有木名曰若木，若水出焉。'這説明了昆侖不僅是在黄河之南，而且是在若水上源之東。若水即今雅礱江，雅礱江上源之東、黄河之南的大山——昆侖，當然就

---

① 郝懿行：《爾雅義疏》第一册，國學基本叢書簡編本，商務印書館 1936 年版，第 42、29 頁。

② 阮元等校刻：《十三經注疏》，中華書局 1980 年版，第 585 頁。

③ 同上書，第 1607 頁。

舍岷山莫屬了。”[①] 他是依據《山海經》的內證來證成此説的，結論自然相當可信。此外，鄧少琴先生亦謂“岷即昆侖也，古代地名人名有複音，有單音，昆侖一辭由複音變爲單音，而爲岷”[②]。昆侖是岷山，也就意味著成都是岷山。然而，成都或昆侖的“四方而三成”的特殊形制，不僅是岷山，就是現實世界中的任何一座山都不具備。事實上，成都或昆侖是居住在岷山的先民以岷山爲原型，在心目中構擬出來的一座“聖山”[③]。換言之，他們認爲岷山就是天地的中心，就是連接天地的“天柱”，因此將其命名爲昆侖、成都。

那麼，這支以岷山爲聖山崇拜的先民是誰呢？我認爲就是起初居于岷山，後來遷徙到成都平原的蠶叢氏。

《古文苑》卷四揚雄《蜀都賦》章樵注引《先蜀記》云：“蠶叢始居岷山石室中。”段渝先生認爲蠶叢氏“約在夏代前後便已輾轉移徙到達成都平原”[④]，成爲早期蜀族的重要來源之一。而且，蠶叢成爲古史記載中最早的一代蜀王。《太平御覽》卷八八八引《蜀王本紀》云：“蜀王之先名蠶叢，後代名曰柏濩，後者名魚鳧，此三代各數百歲，皆神化不死。”[⑤] 蒙文通先生據“此三代各數百歲”，提出：“蠶叢等都是一代之名，而非一人之名。”[⑥] 也就是説，蠶叢氏統治古蜀國達數百年之久。很明顯，成都一名就是最先由他們帶入成都平原的，是他們將祖居地的聖山名移之以命名新居地，因此，《蜀中名勝記》卷二引《方輿勝覽》徑謂：“成都，古蠶叢之國。”[⑦] 這種“地名搬家”“名從主人”的現象，

---

① 蒙文通：《巴蜀古史論述》，四川人民出版社 1981 年版，第 161—162 頁。

② 鄧少琴：《巴蜀史迹探索》，四川人民出版社 1983 年版，第 119 頁。

③ “聖山崇拜”是一種世界性的文化現象，見［德］漢斯·比德曼《世界文化象徵辭典》“山”條（劉玉紅等譯，灕江出版社 2000 年版，第 279—281 頁）和《世界文化象徵辭典》編寫組《世界文化象徵辭典》“山”條（湖南文藝出版社 1994 年版，第 776—781 頁）。

④ 段渝：《政治結構與文化模式——巴蜀古代文明研究》，學林出版社 1999 年版，第 5 頁。

⑤ 李昉等：《太平禦覽》，中華書局 1960 年版，第 3944 頁。

⑥ 蒙文通：《巴蜀古史論述》，四川人民出版社 1981 年版，第 42 頁。

⑦ 曹學佺：《蜀中名勝記》，叢書集成初編本，商務印書館 1936 年版，第 26 頁。

在中國上古史中是一個十分普遍的現象。蓋因“地之有名，因居之者而有，居者他徙，其名亦徙”①。成都一名一經蠶叢氏確立後，後人便沿用不改，以迄于今。

十 都廣之野、建木

從典籍記載來看，建木位於都廣之野之上，因此，我們把它們的命名之義放在一起探討。

《呂氏春秋·有始覽》云：“白民之南，建木之下，日中無影，呼而無響，蓋天地之中也。”高誘注：“建木在廣都，南方，衆帝所從上下也。復在白民之南。建木狀如牛，引之有皮，黃葉若羅也。日正中將下，日直，人下皆無影。大相叫呼，又無音響人聲。故謂蓋天地中也。”②《淮南子·墬形訓》云：“建木在都廣，衆帝所自上下，日中無景，呼而無響，蓋天地之中也。”高誘注：“建木，其狀如牛，引之有皮，若瓔、黃蛇，葉如羅。”“衆帝之從都廣山上天還下，故曰上下。日中時日直，人上無景晷，故曰蓋天地之中。”③

高誘關於建木的注釋，實即本之於《山海經》，《海内南經》云：“有木，其狀如牛，引之有皮，若纓、黃蛇。其葉如羅，其實如欒，其木若蓲，其名曰建木。在窫窳西弱水上。”（頁 329）

《海内經》亦有關於建木的記載，云：

> 南海之内④，黑水青水之間。……有九丘，以水絡之：名曰陶唐之丘、有叔得之丘、孟盈之丘、昆吾之丘、黑白之丘、赤望之

---

① 陳夢家：《商代的神話與巫術》，載《燕京學報》1936 年第二十期。

② 畢沅：《呂氏春秋新校正》，《諸子集成》第 6 冊，上海書店 1986 年版，第 126 頁。

③ 劉安：《淮南子》，《諸子集成》第 7 冊，上海書店 1986 年版，第 57 頁。

④ 内原作外，袁珂注：“宋本、吳寬抄本、《藏經》本、毛扆校本均作内，作内是也。”（頁 507）因據改。

> 丘、參衛之丘、武夫之丘、神民之丘。有木，青葉紫莖，玄華黃實，名曰建木，百仞無枝，上[①]有九欘，下有九枸，其實如麻，其葉如芒，大暤爰過，黃帝所爲。（頁 507—509）

建木是“大暤爰過，黃帝所爲”，此何謂也？“大暤爰過”，郭注：“言庖羲（即大暤——作者注）於此經過也。”郝疏：“庖羲生於成紀，去此不遠，容得經過之。”袁珂注：“郭郝之説俱非也。過非經過之過，乃‘上下於此，至於天’之意也。《淮南子·墬形篇》云：‘建木在都廣，衆帝所自上下。’高誘注：‘衆帝之從都廣山上天還下，故曰上下。’云‘上天還下，故曰上下’，得‘上下’之意矣，然云‘從都廣山’，則尚未達於一間也。揆此文意，‘衆帝所自上下’云者，實自建木‘上下’，非自都廣‘上下’，此‘建木，……大暤爰過’之謂也。古人質樸，設想神人、仙人、巫師登天，亦必循階而登，則有所謂‘天梯’者存焉，……自然物中可憑藉以爲天梯者有二：一曰山，二曰樹。山之天梯，首曰昆侖。……唯此建木，乃云‘大暤爰過’。‘過’者非普通於樹下‘經過’之‘過’，如僅係普通於樹下經過，亦不值如此大書特書。此‘過’者，實‘衆帝所自上下’之‘上下’：此‘爲百王先’（《漢書》、《帝王世紀》）之大暤庖羲，亦首緣此建木以登天也。於是乃有記敍書寫之價值。”“黃帝所爲”，袁珂注：“此‘爲’者，當是‘施爲’之‘爲’，言此天梯建木，爲宇宙最高統治者之黃帝所造作、施爲者也。”（頁 510—513）以上下爲上下於天地之義，甚是。《逸周書·皇門解》：“永有口於上下。”孔晁注：“上謂天，下謂地也。”[②] 亦堪爲證。

建木作爲連接天地的天梯，它和同樣連接天地的天柱昆侖有何關

① 上字原脱，郝疏：“《藏》本經文枝下有上字，今本脱也。”袁珂注：“郝説是也。《御覽》卷九六一引此經正作上有九欘，應據補。”（頁 510）因據補。

② 黃懷信、張懋鎔、田旭東：《逸周書彙校集注》，上海古籍出版社 2007 年版，第 549 頁。

係呢？

從《淮南子·墜形訓》來看，建木位於都廣。《抱朴子·外篇·喻蔽》亦云："建木竦於都廣。"[①] 因此要確定建木所在，就必須先確定都廣所在。都廣亦即都廣之野，都廣之野見於《海内經》，云：

> 西南黑水青水[②]之間，有都廣之野，后稷葬焉。爰有膏菽、膏稻、膏黍、膏稷，百穀自生，冬夏播琴。鸞鳥自歌，鳳鳥自儛，靈壽實華，草木所聚。爰有百獸，相羣爰處。此草也，冬夏不死。（頁505）

郭注："其城方三百里，蓋天下之中，素女所出也。《離騷》曰：'絕都廣野而直指號。'"郝疏："《楚詞·九嘆》云：'絕都廣以直指兮。'郭引此句，於都廣下衍野字，又作直指號，號即兮字之訛也。王逸注引此經有'其城方三百里，蓋天地之中'十一字，是知古本在經文，今脱去之，而誤入郭注也。……又郭注天下之中當爲天地之中。"（頁506）如果郝説不誣的話，則《山海經》即已明言都廣之野爲天地之中，和《淮南子·墜形訓》所説一致。

都廣，它書或引作廣都，王念孫校云："《後漢書·張衡傳》注作廣都，《御覽·百穀一》（卷八三七）作都廣，《木部八》（卷九五九）作廣都，《類聚·地部》（卷六）作都廣，《百穀部》（卷八十五）作廣都，《鳥部上》（卷九十）同。"袁珂注："據此，則古有二本，或作都廣，或作廣都，其實一也。"（頁506）對於都廣之野的地望，楊慎《山海經補

① 楊明照：《抱朴子外篇校箋》（下），中華書局1997年版，第427頁。案："木"原作"水"，校云"當作木"，因據改。

② 原本無"青水"，《史記·周本紀》集解引此經有"青水"二字（司馬遷：《史記》，中華書局點校本1959年版，第113頁）。《海内經》此下亦有"南海之外，黑水青水之間"之文。則經文原當有"青水"二字，因據補。

注》云："黑水廣都，今之成都也。"[1] 蒙文通先生《略論〈山海經〉的寫作時代及其產生地域》一文認爲："都廣即是廣都，今四川雙流縣，在四川西部。"[2] 雙流位於成都平原，故蒙先生《再論昆侖爲天下之中》一文徑謂"都廣在成都平原"[3]。呂子方先生《讀〈山海經〉雜記》說："經文中説那一帶地方農産富饒。其所謂'天下之中'是甚麽地方呢？我以爲只有説是川西平原，其他地方沒有這麽好的出産。"[4] 諸家所論都廣之野即今成都平原，大概是本之於地理志書的記載。《太平御覽》卷八八八引《蜀王本紀》云："蜀王據有巴蜀之地，本治廣都，後徙治成都。"[5] 廣都即和成都發生了關聯。《漢書・地理志上》蜀郡下有廣都縣[6]，《水經注・江水一》："江水東逕廣都縣，漢武帝元朔二年置。"[7] 可見廣都縣爲漢時始置。《後漢書・郡國志五》蜀郡下亦有廣都縣[8]。《華陽國志・蜀志》蜀郡廣都縣下云："郡西三十里，元朔二年置。"[9] 曹學佺《蜀中名勝記・成都府五・雙流縣》開首即引《華陽國志》廣都縣文[10]，顯以廣都縣即後來之雙流縣。王先謙《漢書補注》於"廣都"縣下云："《隋志》、《元和志》謂雙流縣即漢廣都。"[11]

從上面的引述來看，漢時始置的廣都縣就是後來的雙流縣，自然毫無疑問。然而以建木所在的都廣或都廣之野在今雙流或成都平原，實際是在邏輯上未經驗證就預設了建木所在的都廣或都廣之野和漢時始置的廣都縣就是一地。二者果真是一地嗎？考慮到古代"地名搬家"現象屢

---

① 楊慎：《山海經補注》，《百子全書》，浙江古籍出版社 1998 年版，第 1222 頁。
② 蒙文通：《巴蜀古史論述》，四川人民出版社 1981 年版，第 162 頁。
③ 蒙文通：《蒙文通文集》第四卷《古地甄微》，巴蜀書社 1998 年版，第 172 頁。
④ 呂子方：《中國科學技術史論文集》下冊，四川人民出版社 1984 年版，第 100 頁。
⑤ 李昉等：《太平御覽》，中華書局 1960 年版，第 3945 頁。
⑥ 王先謙：《漢書補注》，中華書局 1983 年版，第 774—775 頁。
⑦ 陳橋驛：《水經注校釋》，杭州大學出版社 1999 年版，第 579 頁。
⑧ 王先謙：《後漢書集解》，中華書局 1984 年版，第 1274—1275 頁。
⑨ 劉琳：《華陽國志校注》，巴蜀書社 1984 年版，第 249 頁。
⑩ 曹學佺：《蜀中名勝記》，叢書集成初編本，商務印書館 1936 年版，第 66 頁。
⑪ 王先謙：《漢書補注》，中華書局 1983 年版，第 775 頁。

見不鮮，我們認爲還是有必要先作論證。

建木位於都廣之野，而從前引《海内南經》來看，建木又位於弱水之上，可知都廣之野亦當位於弱水之上。據《山海經》的記載，昆侖山正是被弱水環繞著的，《大荒西經》云：

> 西海之南，流沙之濱，赤水之後，黑水之前，有大山，名曰昆侖之丘。有神——人面虎身，有文有尾，皆白——處之。其下有弱水之淵環之，其外有炎火之山，投物輒然。有人，戴勝，虎齒，有豹尾，穴處，名曰西王母。此山萬物盡有。（頁 466）

弱水既然是環繞昆侖之水，而都廣之野又位於弱水之上，那麼都廣之野實即位於昆侖之上。換言之，都廣之野和昆侖就是一地。其實，二者頗有對應之處。

都廣之野"靈壽實華"之"靈壽"，實即昆侖的壽木。靈壽，郭注："木名也。"吳承志注："《呂氏春秋·本味篇》：'菜之美者，壽木之華。'高誘注：'壽木，昆侖山木也；華，實也，食其實者不死，故曰壽木。'壽木蓋即靈壽，都廣之野在黑水間，於昆侖山相近也。"（頁 507）其實二者非僅相近，直是一地。從都廣之野爲天地的中心，而昆侖亦爲天地的中心，亦可見出二者實一。

前面我們已經説明昆侖就是岷山，可見本居岷山的古蜀族後來沿著岷江河谷進入成都平原，將都廣的地名帶入此地，成爲漢時所置的廣都縣。由此可見，都廣之野和漢時始置的廣都縣雖有歷史淵源關係，但已經"地名搬家"，實非一地。這和成都的"地名搬家"，可謂有异曲同工之妙。

明白了都廣之野就是昆侖，都廣之野的命名之義就好理解了。都廣之野雖然有都廣和廣都之異，但從歷史上有廣都縣的建制來看，應以廣都爲正。

《説文・九下・广部》："廣，殿之大屋也。从广黄聲。"（頁 192）段注："無四壁而上有大覆蓋，其所通者宏遠矣，是曰廣。引伸之爲凡大之偁。《詩・六月》、《雝》，傳皆曰：'廣，大也。'"（頁 444）《廣雅・釋詁一》："廣，大也。"[①] 大與高義相近。段注於"京"字下云："凡高者必大。"（頁 229）於"巍"字下云："高者必大。"（頁 437）《廣雅・釋詁四》："𡾋，高也。"王念孫《疏證》云："凡高與大義相近，高謂之岑，猶大謂之岑也；高謂之嵬，猶大謂之巍也；高謂之𡾋，猶大謂之奘也。"[②] 章太炎先生《文始》九云："高與廣聲義對轉。"[③] 廣从广，章太炎先生《文始》九亦云："《説文》：'广，因厂爲屋，象對剌高屋形。'广與高、垚聲義對轉。""广又引申爲凡高之義。"[④] 王念孫《釋大》第一云："京、高聲之轉"，"京、廣亦聲之轉"[⑤]。可見廣亦有高義。

《漢書・地理志上》"廣都"，原注："莽曰'就都亭'。"[⑥] 就有高義，已詳前述。可見王莽時，以廣都爲就都，猶達古義。此尤可證廣有高義。

因此，廣都即高都，正是指昆侖的高峻而言。成都之成亦有高義，在這一點上，廣都和成都的命名之義相同。

猶有説者，廣都之野的野，本身亦指高地。宋永培先生《〈説文〉漢字體系研究法》云："《説文・二下》'邍'訓釋爲'高平之野'。《段注》指出'邍'即今人所説高原之'原'，可知'原'的特點是'高'。'原'既爲'高平之野'，則'野'的特點也是'高'。"[⑦] 此亦可見廣都

① 王念孫：《廣雅疏證》，江蘇古籍出版社 1984 年版，第 4 頁。
② 同上書，第 126 頁。
③ 章太炎：《章太炎全集》（七），上海人民出版社 1999 年版，第 395 頁。
④ 同上書，第 405、406 頁。
⑤ 王念孫：《釋大》，載《高郵王氏遺書》，江蘇古籍出版社 2000 年版，第 67 頁。
⑥ 王先謙：《漢書補注》，中華書局 1983 年版，第 775 頁。
⑦ 宋永培：《〈説文〉漢字體系研究法》，廣西教育出版社 1999 年版，第 98 頁。

之野最初應指昆侖。

探討了廣都之野的命名之義，我們再來探求建木的命名之義。古人何以將位於天地中心的天梯稱爲建木呢？建木的得名當和初民的“建中”之制有關。初民於居處之地必立木杆旗幟以號衆，這種木杆旗幟在甲骨文中被稱爲“中”。唐蘭先生《殷虛文字記》云：“中者最初爲氏族社會中之徽幟，《周禮·司常》所謂：‘皆畫其象焉，官府各象其事，州里各象其名，家各象其號’，顯爲皇古圖騰制度之孑遺。此其徽幟，古時用以集衆，《周禮》大司馬教大閱，建旗以致民，民至，仆之，誅後至者，亦古之遺制也。蓋古者有大事，聚衆於曠地，先建中焉，羣衆望見中而趨附，羣衆來自四方，則建中之地爲中央矣。”[①] 甲文中有“立中”之辭，《甲骨文字典》云：“立中即立旗，立中可以聚衆。”[②] 因此，建木就是建中之木。

建中之木是大地中心的象徵，溝通天地的天梯也是位於天地的中心。因此，建木可能就是建中之木和天梯崇拜相結合的産物，或者説是二者的合二爲一。

讓人頗感興趣的是，在春秋時期，還有楚國的貴族以建木爲名字。《左傳·襄公二十五年》：“屈建爲令尹”，杜預注：“屈建，子木。”[③]《哀公十六年》前言“楚大子建”，後言“子木”，杜預注：“子木，即建也。”[④] 可見屈建和大（太）子建並字子木。古人名字恒相對應，這種對應多是指名字的字義上有對應關係。然而建、木在字義上並無對應之處，那麼建和木又是怎樣一種對應關係呢？錢大昕《潛研堂集》卷七《答問四》在談到古人名字必相應時説：“春秋時，又有假古人名以爲名字者。殷有比干，而楚公子比字子干。晉有陽處父，而魯公斂陽字處父

① 唐蘭：《殷虛文字記》，中華書局 1981 年版，第 53—54 頁。
② 徐中舒主編：《甲骨文字典》，四川辭書出版社 1988 年版，第 40 頁。
③ 杜預：《春秋經傳集解》，上海古籍出版社 1988 年版，第 1033、1034 頁。
④ 同上書，第 1820、1822 頁。

是也。”[①] 既然古人有假人名以爲名字之例，因此我們認爲楚國的屈建和大子建當是假木名建木以爲名字。同時，這也可爲古人名字相應補一義例。

十一　平圃

《西山經》：“又西三百二十里，曰槐江之山。……實惟帝之平圃。”平圃，郭注：“即玄圃也。”袁珂注：“玄圃，《穆天子傳》、《淮南子·墬形篇》作縣圃，玄、縣聲同，古字通用。”（頁 53—54）

前面已經提到，昆侖三成，每成各有專名，其中第二成就是玄（縣）圃。《廣雅·釋山》云：“崐崘虚有三山：閬風、板桐、元（玄）圃，其高萬一千一百一十里一十四步二尺六寸。”[②] 則以玄圃爲昆侖三山之一。屈原《天問》：“崑崙縣圃，其凥安在？增城九重，其高幾里？”王注：“崑崙，山名也，在西北，元氣所出。其巔曰縣圃，乃上通於天也。”李陳玉曰：“縣，古懸字。懸圃者，神人之圃，懸于中峯之上，上不粘天，下不粘地。”[③] 據王注，縣圃又是昆侖之極頂。而李氏之説未免誇誕，其實玄（縣）圃之義是極言其高。《釋名·釋天》：“天……又謂之玄，玄，縣也，如縣物在上也。”王先謙《釋名疏證補》引王先慎云：“《説文》：‘玄，幽遠也。黑而有赤色者爲玄，象幽而入覆之也。《釋親》郭注：‘玄者，言親屬微昧也。’亦有幽遠意，本書《釋親》：‘玄孫，玄，縣也，上縣於高祖，最在下也。’即取遠義。此縣字亦訓爲遠，謂天在上，遠於下也。《素問·天玄紀》、《文選·東京賦》注引《廣雅》云：‘玄，遠也。’《淮南·主術訓》注：‘縣，遠也。’是玄、縣同訓遠。”[④] 高、遠義相近。《説文·九下·長部》：“長，久遠也。从兀

---

① 錢大昕：《潛研堂集》，呂友仁校點，上海古籍出版社 2009 年版，第 87 頁。

② 王念孫：《廣雅疏證》，江蘇古籍出版社 1984 年版，第 301—302 頁。

③ 游國恩主編：《天問纂義》，中華書局 1982 年版，第 125—129 頁。

④ 王先謙：《釋名疏證補》，上海古籍出版社 1984 年版，第 23 頁。

从匕，兀者，高遠意也。”（頁 196）《十三下·垚部》：“堯，高也。从垚在兀上，高遠也。”（頁 290）即以高遠連文。又云“兀者，高遠意也”，而《説文·八下·儿部》云：“兀，高而上平也。”（頁 176）可證高、遠義亦相近。因此，玄（縣）圃之義是指其高而言，這也與昆侖爲天柱相符。

平圃既然指玄圃，那麽平圃之義是否亦是指其高而言呢？對於“平”字的本義，宋永培先生《〈説文〉漢字體系研究法》曾作過精詳考證，爲便省覽，茲逐錄於次：

> 在《説文》中，“高土”之“高”往往與“平”連用：
>
> “兀，高而上平也。”（八下·儿）
>
> “陸，高平地。从阜，从坴，坴亦聲。”（十四下·阜）
>
> “邍，高平之野，人所登。”（二下·辵）
>
> 《段注》：“凡陸、阜、陵、阿皆高地，其可種穀給食之處皆曰原，是之謂高平曰原也。邍字後人以水泉本之‘原’代之。”（頁 75）
>
> 以上“兀”、“陸”、“邍”的訓釋中，“高”都是與“平”連用的。“高”爲什麽要與“平”連用呢？這就需要追索“平”的本義是什麽。“平”的本義是“土”，特指山勢高峻之土，即高山大野頂上之土。（此下具體論證略）
>
> 又，《説文·二下》“邍”訓釋爲“高平之野”。《段注》指出“邍”即今人所説高原之“原”，可知“原”的特點是“高”。“原”既爲“高平之野”，則“野”的特點也是“高”。《爾雅·釋地》云：“大野曰平”，則可證知“平”是指地勢高的大野。[①]

① 宋永培：《〈説文〉漢字體系研究法》，廣西教育出版社 1999 年版，第 97—98 頁。

宋先生所論甚是。茲在宋先生結論的基礎上，再補充一些證據。

《穆天子傳》卷四云："孟冬壬戌，天子至于雷首。犬戎觴天子于雷水之阿，乃獻食馬四六。天子使孔牙受之，曰：'雷水之平寒。'"[①] 上言雷水之阿，下言雷水之平，平顯即阿。《説文·十四下·阜部》："阿，大陵也。"（頁 304）可知阿指高大的山陵。《廣雅·釋邱》："曲京曰阿。"[②]《説文·五下·京部》："京，人所爲絕高丘也。"（頁 111）《爾雅·釋丘》："絕高爲之京。"[③] 可見阿指高丘。因此，平亦當指高丘大陵。

春秋時，鄭公子平，字子豐。王引之《春秋名字解詁下》認爲平疑當作年，以隸書形近而訛，名年字豐，取豐年之義也[④]。王氏此説有"以破字爲衈"[⑤] 之嫌，實不可從。《説文·五上·豐部》："豐，豆之豐滿者也。"（頁 103）段注："謂豆之大者也，引伸之凡大皆曰豐。《方言》曰：'豐，大也。'凡物之大皃曰豐。"（頁 208）可知豐爲大義，而高、大義相近，與平"是指地勢高的大野"之義正相對應。此尤可證平有高大之義。

《爾雅·釋詁》："登、平、就，成也。"郝懿行《義疏》云："《漢書·食貨志》：'進業曰登，再登曰平。'……登與升古字通，升亦成也。……《説文》云：'就，高也。'高與登同意。"[⑥] 此亦可見平有高義。同時，這也可證明平圃和成都的取意相似。

因此，平圃與玄（縣）圃之義一樣，亦是就其高而言。可見二者雖

---

① 《穆天子傳》，洪頤煊校，叢書集成初編本，商務印書館 1937 年版，第 22—23 頁。

② 王念孫：《廣雅疏證》，江蘇古籍出版社 1984 年版，第 298 頁。

③ 郝懿行：《爾雅義疏》第三冊，國學基本叢書簡編本，商務印書館 1936 年版，第 84 頁。案："絕高爲之京"之"爲"，黃侃先生云當讀如"謂"（黃侃：《爾雅音訓》，上海古籍出版社 1983 年版，第 185 頁），可從。

④ 王引之：《經義述聞》，國學基本叢書本，商務印書館 1936 年版，第 919 頁。

⑤ 此爲黃侃先生《春秋名字解詁補誼》譏胡元玉之語（黃侃：《黃侃論學雜著》，上海古籍出版社 1980 年版，第 402 頁）。王氏之説信多精確之論，然偶亦失之穿鑿，此其證也。

⑥ 郝懿行：《爾雅義疏》第一冊，國學基本叢書簡編本，商務印書館 1936 年版，第 75—76 頁。

異其稱，而義實相通。

十二 沃之國、沃民、沃之野、諸夭之野

《大荒西經》云：

> 有西[①]王母之山、壑山、海山。有沃之國，沃民是處。沃之野，鳳鳥之卵是食，甘露是飲。凡其所欲，其味盡存。爰有甘華、甘柤、白柳、視肉、三騅、璇瑰、瑶碧、白木、琅玕、白丹、青丹，多銀、鐵。鸞鳥[②]自歌，鳳鳥自舞，爰有百獸，相羣是處，是謂沃之野。（頁454—455）

沃之野，《海外西經》作“諸夭之野”，云：

> 此諸夭之野，鸞鳥自歌，鳳鳥自舞；鳳皇卵，民食之；甘露，民飲之，所欲自從也。百獸相與羣居。（頁267）

郭注：“夭音妖。”郝疏：“經文此字亦衍。夭郭音妖，蓋訛。夭野，《大荒西經》作沃野，是此經之夭，乃沃字省文，郭注之妖乃沃字訛文也。諸夭，《藝文類聚》九十九卷引作清沃，《博物志》作渚沃，《淮南·墬形訓》有沃民。又云‘西方曰金丘，曰沃野’，高誘注云：‘沃猶白也，西方白，故曰沃野。’案高説非也，沃野蓋謂其地沃饒耳。”袁珂注：“郝説是也。宋本郭注‘夭音妖’，妖字正作沃，《藏經》本同，

① 原作“西有”，郝疏：“西有當爲有西，《太平御覽》九百二十八卷引此經作西王母山，可證。”袁珂注：“郝説是也，《藏經》本正作‘有西王母之山’。王念孫、孫星衍校同。下文有爲西王母取食之三青鳥，可證經文確應作‘有西王母之山’。”（頁455）因據改。

② 原作“鸞鳳”，袁珂注：“鸞鳳，《藏經》本作鸞鳥，吳任臣本、汪紱本、畢沅本同，作鸞鳥是也；玆經各卷所記均作鸞鳥，無作鸞鳳者，鳳字訛。”（頁456）因據改。

蓋後人妄改作妖耳。”（頁 267—268）因此，諸夭之野實即沃之野。

《海外西經》稱諸夭之野的人民“所欲自從”，郭注：“言滋味無所不有，所願得自在，此謂夭野也。”（頁 268）《大荒西經》則稱沃之野的人民“凡其所欲，其味盡存”，郭注：“言其所願滋味，此無所不備。”（頁 456）這裏的人民以鳳皇卵爲食，以甘露爲飲，與“百獸相與羣居”，而且還有“鸞鳥自歌，鳳鳥自舞”。從這些描寫看來，沃之野（亦即諸夭之野）完全是一個理想化的世外樂園。毫無疑問，樂園的標誌性象徵物是“鸞鳥自歌，鳳鳥自舞”。在古人心目中，它們都是瑞應之禽。《西山經》：“西南三百里，曰女牀之山，……有鳥焉，其狀如翟而五采文，名曰鸞鳥，見則天下安寧。”（頁 40）《海内經》：“有鸞鳥自歌，鳳鳥自舞。鳳鳥首文曰德，翼文曰順，膺文曰仁，背文曰義，見則天下和。”（頁 519）鸞鳥和鳳鳥的出現就能帶來天下的安寧與和平，其作爲樂園的標誌性象徵物，可謂固其宜哉！

《山海經》中，與沃之野相似，即亦有“鸞鳥自歌，鳳鳥自舞”的樂園，另外還有兩處。一處見于《大荒南經》：

> 有臷民之國。帝舜生無淫，降臷處，是謂巫臷民。巫臷民朌姓，食穀，不績不經，服也；不稼不穡，食也。爰有歌舞之鳥，鸞鳥自歌，鳳鳥自舞。爰有百獸，相羣爰處。百穀所聚。（頁 428）

臷民之國詳後述，兹不論。一處見于《海内經》：

> 西南黑水、青水[①]之閒，有都廣之野，后稷葬焉。爰有膏菽、

① 原本無“青水”，《史記·周本紀》集解引此經有“青水”二字（司馬遷：《史記》，中華書局點校本 1959 年版，第 113 頁）。《海内經》亦有“南海之外，黑水、青水之閒”之文。則經文原當有“青水”二字，因據補。

> 膏稻、膏黍、膏稷，百穀自生，冬夏播琴。鸞鳥自歌，鳳鳥自儛，靈壽實華，草木所聚。爰有百獸，相羣爰處。此草也，冬夏不死。（頁 505）

都廣之野和沃之野是否有關聯呢？從《大荒西經》來看，沃之野位于西王母山，而西王母山實際上就是昆侖山。在《山海經》的記載中，西王母居於昆侖山，是昆侖山的主神。《海内北經》云：

> 西王母梯几而戴勝杖，其南有三青鳥，爲西王母取食。在昆侖虚北。（頁 358）

《大荒西經》云：

> 西海之南，流沙之濱，赤水之後，黑水之前，有大山，名曰昆侖之丘。有神——人面虎身，有文有尾，皆白——處之。其下有弱水之淵環之，其外有炎火之山，投物輒然。有人，戴勝，虎齒，有豹尾，穴處，名曰西王母。此山萬物盡有。（頁 466）

郭注："《河圖玉版》亦曰：'西王母居昆侖之山。'"（頁 467）名從主人，因此昆侖山又稱西王母山。

從《海内經》來看，都廣之野位于"黑水、青水之閒"，而黑水、青水都是導源于昆侖山的河流。《海内西經》云："海内昆侖之虚，在西北，帝之下都。昆侖之虚，……洋水、黑水出西北隅，……弱水、青水出西南隅。"（頁 344—349）因此，都廣之野應當與昆侖相關。實際上，我們前面已經證明，都廣之野和昆侖本即一地。

前亦證明，昆侖即岷山，上古居住在岷山地區的原始先民是蠶叢氏。

岷山又稱蜀山，《廣雅・釋山》："蜀山謂之嶓山。"王念孫《疏證》云："嶓，《説文》作㟭，字或作岷，又作汶。……蜀讀爲獨，字或作瀆，《史記・封禪書》云：瀆山，蜀之汶山也。《水經・江水注》云：岷山即瀆山也。"[①] 蜀古音獨，故瀆山亦即蜀山也。史籍上所謂的"蜀山氏"[②] 就是以居地蜀山爲氏，即《通志・氏族略》所謂的"以地爲氏"[③]。可見蜀山氏最初亦以岷山（即蜀山）爲居地。而治蜀史者幾無例外，皆謂蜀山氏是古蜀族的最早來源之一[④]。

無論是蜀山氏，還是蠶叢氏，任乃強先生認爲都是古羌人的分支[⑤]。

其實，所謂沃民之"沃"和諸夭之野之"夭"，並爲羌字之形譌，如《史記・殷本紀》的殷先王"沃甲"[⑥]，卜辭作"羌甲"[⑦]。于省吾先生《釋羌甲》認爲："甲骨文之羌甲，《殷本紀》作沃甲者，沃乃羌字之形譌。"並進一步指出："甲骨文有'羌丁'（《前》五・八・五），即《史記・殷本紀》之'沃丁'，羌之譌沃，與羌甲譌爲沃甲同例。"[⑧] 可見沃民實即羌民。

因此，沃之國、沃之野、諸夭之野當是羌之國、羌之野、諸羌之野，皆因是羌人的居地而得名。

既然沃之野和都廣之野都爲古羌人的居地，並且從描寫來看，都是

---

① 王念孫：《廣雅疏證》，江蘇古籍出版社 1984 年版，第 301 頁。

② 《大戴禮・帝繫篇》，見方向東《大戴禮記匯校集解》，中華書局 2008 年版，第 737 頁；《史記・五帝本紀》，見司馬遷《史記》，中華書局點校本 1959 年版，第 10 頁。

③ 鄭樵：《通志》，《四部精要》第 11 册，上海古籍出版社 1993 年版，第 505 頁。

④ 童恩正：《古代的巴蜀》，四川人民出版社 1979 年版，第 57 頁；蒙文通：《巴蜀古史論述》，四川人民出版社 1981 年版，第 37—41 頁；段渝：《四川通史》第一册，四川大學出版社 1993 年版，第 24—25 頁。

⑤ 任乃強：《四川上古史新探》，四川人民出版社 1986 年版，第 39、50—51 頁。

⑥ 司馬遷：《史記》，中華書局點校本 1959 年版，第 101 頁。

⑦ 《京》七一一，見趙誠《甲骨文簡明詞典——卜辭分類讀本》，中華書局 1988 年版，第 24 頁。

⑧ 于省吾：《甲骨文字釋林》，中華書局 1979 年版，第 43—44 頁。

"樂園"，因此，二者實即一地。

前面我們已經知道，無論是都廣之野還是昆侖，都是天地的中心。天地的中心最易被構想爲人間的"樂園"。同時，這也可反證沃之野就是都廣之野，就是昆侖。德國學者漢斯·比德曼《世界文化象徵辭典》"樂園（paradise）"條云："在神話中的原始時代，樂園是宇宙的中心，其標誌是由此分流出的四條河流以及造物主本身。"① 所指其實就是伊甸園。《聖經·舊約·創世記》云：

> 有河從伊甸流出來，滋潤那園子，從那裏分爲四道：第一道名叫比遜，就是環繞哈腓拉全地的。在那裏有金子，並且那地的金子是好的；在那裏又有珍珠和紅瑪瑙。第二道河名叫基訓，就是環繞古實全地的。第三道河名叫底格里斯，流在亞述的東邊。第四道河就是幼發拉底河。②

無獨有偶，亦有四條河流分别從昆侖山流出來，《西山經》云：

> 西南四百里，曰昆侖之丘，……河水出焉，而南流東注于無達。赤水出焉，而東南流注于氾天之水。洋水出焉，而西南流注于醜塗之水。黑水出焉，而西流于大杅。（頁 55—56）

洋水，郭注："或作清。"（頁 58）作清是，清水即青水。經中屢言"黑水、青水之間"，即可爲證。四條河流分别是河水、赤水、清（青）水、黑水，與伊甸園的四條河流堪爲對應。

---

① ［德］漢斯·比德曼：《世界文化象徵辭典》，劉玉紅等譯，灕江出版社 2000 年版，第 183 頁。

② 《聖經》，新標點和合本，中國基督教協會 1995 年版，第 3 頁。

東西方樂園神話的趨同性，反映了早期人類有著大致相似的知識和思維結構。錢鍾書先生《談藝錄・序》所説："東海西海，心理攸同"[①]，此之謂歟！

十三 䕎國、䕎民之國

從《山海經》的描寫來看，䕎民之國和都廣之野、沃之野一樣，都是"樂園"。它們是否有關係呢？

䕎民之國，又作䕎國。《海外南經》："䕎國在其東，其爲人黄，能操弓射蛇。一曰䕎國在三毛東。"郝疏："䕎疑當爲㦸，見《説文》。《玉篇》作䥫，云：'䥫，國名也，在三苗東。'本此。""一曰䕎國"，袁珂注："《太平御覽》卷七九〇引此經作'一曰盛國'，作'盛國'是也。"（頁 236—237）

郝氏以䕎當爲《説文》之㦸，㦸見於《説文・十下・大部》，云："大也。"（頁 213）此實誤。然郝氏以䕎爲《玉篇》之䥫，則是。䥫亦見於《説文・十二下・戈部》，云："利也。从戈呈聲。"（頁 266）徐鍇《説文解字繫傳》云："《山海經》有䥫氏國，'不績不經，服也；不稼不穡，食也'。"[②] 徐鍇《繫傳》所説《山海經》"䥫氏國"，顯即《大荒南經》之䕎民之國，氏、民形近易訛，典籍習見，不煩舉例。段注亦云："《山海經》䥫國、䥫民國，今譌作䕎。"（頁 631）可見《山海經》䕎民之國、䕎國之䕎並當爲䥫字之誤。

䥫國，一作盛國。䥫从呈得聲，盛从成得聲，呈、成並屬耕部，故得通用。銀雀山漢簡本《孫子兵法・軍爭》："毋要𤸫𤸫之旗"[③]，𤸫𤸫，今本《孫子》作"正正"[④]。𤸫从呈，可知呈、正相通。《尹文子・大道

① 錢鍾書：《談藝錄》，中華書局 1984 年版，第 1 頁。
② 徐鍇：《説文解字繫傳》，叢書集成初編本，中華書局 1985 年版，第 693 頁。
③ 銀雀山漢墓竹簡整理小組編：《孫子兵法》，文物出版社 1976 年版，第 60 頁。
④ 曹操等：《孫子十家注》，《諸子集成》第 6 冊，上海書店 1986 年版，第 122 頁。

上》："名有三科，法有四呈。"[①] 呈當讀爲政，《大戴禮記・盛德》："故御四馬，執六轡，御天地與人與事者，亦有六政。"[②] 六政、四呈，義實一也。政與正通，典籍常見，不煩舉例。此亦可見呈與正通。《國語・魯語上》云："黄帝能成命百物，以明民共財。"[③]《禮記・祭法》則云："黄帝正名百物，以明民共財。"[④] 可知成亦與正通。據上可見，呈與正通，而成亦與正通，亦可證呈與成通。

《説文・二上・口部》："呈，平也。"（頁 32）《爾雅・釋詁》："平，成也。"[⑤] 成、平皆有高義，已詳前述，此亦成、呈相通之證。要之，呈、成音義並近，故得通用。

盛、成古字通用，《易・繫辭上》："成象之謂乾"，《釋文》："成象，蜀才作盛象。"《左傳・宣公二年》："盛服將朝"，《釋文》："盛本亦作成。"《漢書・武帝紀》："禮日成山"，顔注："《郊祀志》成山作盛山。"[⑥] 可知盛國即成國。

因此，㦸國即盛國，亦即成國。㦸民之國即成民之國。成國或成民之國當和昆侖的異稱成都有關。居於成都（或稱成山）則稱成民，猶如居於蜀山，則有蜀山氏之稱一樣，皆以地爲名。

綜上可知，㦸民之國和都廣之野、沃之野、昆侖皆是一地，無怪乎它們在《山海經》中都被描寫成了"樂園"。

十四 扶桑、扶木、榑木、槃木、若木、榣木、尋木

扶桑、扶木、榑木、若木、榣木等皆和太陽的日循環密切相關，因

---

① 《尹文子》，《諸子集成》第 6 冊，上海書店 1986 年版，第 1 頁。

② 方向東：《大戴禮記匯校集解》，中華書局 2008 年版，第 840 頁。

③ 徐元誥：《國語集解》，王樹民、沈長雲點校，中華書局 2002 年版，第 156 頁。

④ 阮元等校刻：《十三經注疏》，中華書局 1980 年版，第 1590 頁。

⑤ 郝懿行：《爾雅義疏》第一冊，國學基本叢書簡編本，商務印書館 1936 年版，第 75—76 頁。

⑥ 高亨：《古字通假會典》，董治安整理，齊魯書社 1989 年版，第 57 頁。

此，要探求它們的命名之義，就有必要先看看古人心目中的太陽日循環爲何？

太陽日循環的具體過程，《初學記》卷一引《淮南子》有詳細的描寫：

> 日出於暘谷，浴於咸池，拂於扶桑，是謂晨明；登於扶桑之上，爰始將行，是謂朏明；至於曲阿，是謂朝明；臨於曾泉，是謂早食；次於桑野，是謂晏食；臻於衡陽，是謂禺中；對於昆吾，是謂正中；靡於鳥次，是謂小還；至於悲谷，是謂晡時；回於女紀，是謂大還；經於泉隅，是謂高舂；頓於連石，是謂下舂；爰止羲和，爰息六螭，是謂懸車；薄於虞泉，是謂黄昏；淪於蒙谷，是謂定昏；日入崦嵫，經於細柳，入虞泉之池，曙於蒙谷之浦；日西垂，景在樹端，謂之桑榆。[①]

古人想象質樸，認爲太陽在東方從暘谷升達天空，以及在西方向蒙谷沈降時，都需要攀附太陽神樹，即上引《淮南子》文中所謂的“登於扶桑”與“經於細柳”。《論衡・説日篇》亦謂：“日旦出扶桑，暮入細柳。”[②] 可見東方太陽神樹是扶桑，西方太陽神樹是細柳。

《海外東經》：“湯谷上有扶桑，十日所浴，在黑齒北。居水中，有大木，九日居下枝，一日居上枝。”（頁 308）扶桑，《説文》作“榑桑”。《説文・六上・木部》：“榑，榑桑，神木，日所出也。”（頁 119）《淮南子・墬形訓》則云：“暘谷、榑桑在東方。”[③]

扶桑又稱扶木，《大荒東經》：“湯谷上有扶木，一日方至，一日方

---

① 徐堅等：《初學記》，中華書局 1962 年版，第 5 頁。

② 黄暉：《論衡校釋》，中華書局 1990 年版，第 496 頁。

③ 劉安：《淮南子》，《諸子集成》第 7 冊，上海書店 1986 年版，第 63 頁。

出，皆載于烏。”（頁 408）與此適相對應，榑桑亦稱榑木，《東山經》云：“東望榑木”（頁 135），《尚書大傳》亦云：“東方之極，自碣石東至日出榑木之野。”[①] 榑木和扶木並非二物，而是同指東方太陽神樹，《呂氏春秋·爲欲篇》：“西至三危，東至扶木。”同書《求人篇》則作：“東至榑木之地，……西至三危之國。”[②] 尤爲明證。

《説文·六上·東部》：“東，動也，从木。官溥説：从日在木中。”（頁 126）段注：“木，榑木也。日在木中曰東。”（頁 271）太陽在扶桑之上，於時爲早晨，於方位則爲東方。

事實上，初民正是根據太陽的朝升暮落來確立方位的。

宋兆麟先生在《中國原始社會史》中説：“我國的許多民族是先知道東西方向，後來纔有南北方向的知識。景頗族稱東方爲‘背脱’，即日出的方向；稱西方爲‘背岡’，即日落的方向。”[③]

宋兆麟先生等在《納西族的刻劃符號》一文中指出：生活在瀘沽湖地區的納西族“以太陽出沒的方向定東西，然後纔判斷南北。他們稱東方爲‘尼迷突澤給’，意爲太陽升起的地方，西方稱‘尼迷經給’，意爲太陽落下的地方”[④]。

羅常培先生在《語言與文化》中談到一些少數民族的方位觀念時説：“在這些族語裏對於方位的觀念也弄不大清楚，他們往往拿日頭的出沒做標準。因此對於東方，昆明近郊的倮倮叫做‘日出地’，福貢的栗粟叫做‘日出洞’。對於西方，昆明近郊的倮倮叫做‘日落地’，福貢的栗粟叫做‘日落洞’。漢字的‘東’字从‘日在木中’會意，‘西’象‘鳥栖巢上’之形，英語 orient 的本義也是‘日出’，實際上全是從這共

① 《尚書大傳》，陳壽祺輯校，叢書集成初編本，中華書局 1985 年版，第 78 頁。
② 畢沅：《呂氏春秋新校正》，《諸子集成》第 6 冊，上海書店 1986 年版，第 248、292 頁。
③ 宋兆麟、黎家芳、杜耀西：《中國原始社會史》，文物出版社 1983 年版，第 431 頁。
④ 宋兆麟：《納西族的刻劃符號》，《化石》1981 年第 4 期。

同的出發點來的。”[①]

漢字的東、西二字亦取意於太陽的出沒。《説文・十二上・西部》："西，鳥在巢上，象形。日在西方而鳥栖，故因以爲東西之西。"（頁247）這裹所説的鳥不是普通的凡鳥，而是太陽神鳥。太陽在神話中的形象就是三足烏，《淮南子・精神訓》云："日中有踆烏。"高誘注："踆猶蹲也，謂三足烏。"[②]《論衡・説日篇》亦云："日中有三足烏。"[③]《楚辭・天問》："羿焉彈日？烏焉解羽?"王逸注："《淮南》言堯時十日並出，草木焦枯，堯命羿仰射十日，中其九日，日中九烏皆死，墮其羽翼，故留其一日也。"[④] 羿射九日而九烏皆死，顯而易見，日和烏似二實一，烏不過是太陽的物化形式而已。或謂太陽在天空運行是載在烏背上的，《大荒東經》："湯谷上有扶木，一日方至，一日方出，皆載于烏。"（頁 408）日和烏仍可視爲一體。或許正是如此，段注甚至認爲"日"字的古文"蓋象中有烏"（頁 302）。太陽神鳥（即三足烏）經過白晝的運行後，終於到達了它所栖止的鳥巢上。古人以此來指稱西方。

可見，我們的先民對"東""西"二字的取意和少數民族以"日出""日落"指代東、西方，殊無二致。因此，張舜徽先生説："東西二字之義，皆取於日之出入以爲名。"[⑤] 可謂至當。

據鄭文光先生介紹："人類社會早期，是只粗淺地認識東西兩個方向的，那就是日出和日落的方向。雲南的佤族，也只認識東西兩個方向，東稱爲'里斯埃'，西稱爲'吉里斯'——即'里斯埃'的反方向。"[⑥] 也就是説，東、西兩個方向是人類最早確立的兩個方位。不要

① 羅常培：《語言與文化》，語文出版社 1989 年版，第 12—13 頁。

② 劉安：《淮南子》，《諸子集成》第 7 册，上海書店 1986 年版，第 100 頁。

③ 黄暉：《論衡校釋》，中華書局 1990 年版，第 502 頁。

④ 游國恩主編：《天問纂義》，中華書局 1982 年版，第 171 頁。

⑤ 張舜徽：《説文解字約注》第十一卷，中州書畫社 1983 年版，第 86 頁 a。

⑥ 鄭文光：《中國古代的自然哲學與天文學思想》，載《中國哲學》第二輯，生活・讀書・新知三聯書店 1980 年版。

小看東、西方位的確立，它在我們今天看來是如此簡單和再自然不過的事情，然而它却是早期人類經歷了一個漫長的認知過程纔取得的一項偉大成就，它使人類從混沌未分的狀態中解放出來，開始確立了自己作爲"人"在這個世界上的坐標。對於混沌未分的狀態，《莊子·應帝王》有一個寓言化的描寫："泰氏，其臥徐徐，其覺于于，一以己爲馬，一以己爲牛。"① 可謂形象地反映了這種物我未分、混沌爲一的早期人類的心態。隨著東、西方位的確立，人類從"洞同天地，渾沌爲樸"② 的一元世界中開始建立自己的秩序，開始反思自己作爲人在天地間的地位和作用。《説文·一上·一部》："一，惟初太始，道立於一。造分天地，化成萬物。"（頁 7）以及《説文·十下·大部》："大，天大，地大，人亦大。"（頁 213）就很好地説明了這一點。此非本文主旨，兹不詳論。

扶桑得名的原因是什麼呢？桂馥《説文解字義證》於"榑"字下注引《十州（應作洲）記》云："扶桑，葉似桑樹，長數千丈，大二千圍，兩兩同根，根更相依倚，是以名之扶桑。"③ 王筠《説文句讀》同樣引用了《十洲記》④。看來，桂、王二氏都同意《十洲記》關於扶桑的得名之説。實際上，《十洲記》的説法是望文生義，是典型的"民間詞源"或"流俗詞源"⑤，不足憑信。

對此，張舜徽先生《説文解字約注》在全引了王筠《説文句讀》的説法後，加按語道："榑桑，直扶疏之語轉耳。蓋大木之通名，謂其枝葉繁茂，四布廣大也。以其非一木之專名，故許書敍次於此。古人言及榑桑，多以神异説之，不足取信。若《十州（洲）記》所言，則尤近荒誕矣。"⑥ 雖然

① 郭慶藩：《莊子集釋》，中華書局 1961 年版，第 287 頁。
② 劉安：《淮南子·詮言訓》，《諸子集成》第 7 册，上海書店 1986 年版，第 235 頁。
③ 桂馥：《説文解字義證》，齊魯書社 1987 年版，第 487 頁
④ 王筠：《説文句讀》，上海古籍出版社 1983 年版，第 736 頁。
⑤ 張永言：《語文學論集》（增補本），語文出版社 1999 年版，第 174 頁。
⑥ 張舜徽：《説文解字約注》第十一卷，中州書畫社 1983 年版，第 41 頁 a。

張先生否定了《十洲記》的說法，但其提出的新的看法實際上亦未爲允當，首先，初民對自然現象多以神异視之，本是當時普遍存在的文化現象，我們不能以現代人的知識輕非古人。其次，扶（榑）桑在文獻記載中，都是指的東方太陽神樹，《説文》亦明言是“神木，日所出也”。因此，張先生以榑桑爲非專名、而是“大木之通名”的看法並不符合實際。

扶从夫得聲[①]，扶、夫二字古本通用，《漢書・地理志》：“北隙烏丸夫餘。”顔注：“夫讀曰扶。”《莊子・在宥》：“過扶搖之枝。”《釋文》：“扶亦作夫。”[②] 夫古與大字相通，《中山經》：“又東一百五十里，曰夫夫之山。”郝疏：“吳氏云：《釋義》本作大夫之山，《續通考》引此亦大夫山。又案：秦繹山碑及漢印篆文，大夫都作夫夫，則二字古相通也。余案：宋景文《筆記》曰：古者大夫字便用叠畫寫之，以夫有大音故也。《莊子》、李斯繹山碑如此。”[③] 丁山先生《商周史料考證》云：“在卜辭裏，大示有時作‘夫示’，大甲有時作‘夫甲’，大戊有時作‘夫戊’，夫與大古字相通。”[④] 林義光亦謂：“古或以大爲夫，秦刻石大夫作夫=，蓋夫與大初皆作大，象人正立形。其後分爲兩音兩義，乃加一爲夫，以别於大。”[⑤]

因此，所謂扶桑，即是大桑。大與高義相近，已詳前述。《爾雅・釋詁》云：“京，大也。”《釋丘》則云：“絕高爲之京。”故郝懿行《爾雅義疏》徑謂：“高亦大也。”[⑥]《説文・十一下・魚部》：“鰝，大鰕也。从魚高聲。”（頁 245）段注：“見《釋魚》，郭云：‘鰕大者，出海中，長二三丈。’”（頁 581）鰝从高，而云“大鰕”，亦可見高大義近。故大

---

① 許慎：《説文解字》（大徐本），中華書局 1963 年版，第 251 頁。
② 高亨：《古字通假會典》，董治安整理，齊魯書社 1989 年版，第 920 頁。
③ 郝懿行：《山海經箋疏》，台北藝文印書館 2009 年版，第 274 頁。
④ 丁山：《商周史料考證》，龍門聯合書局 1960 年版，第 104 頁。
⑤ 轉引自張舜徽《説文解字約注》第二十卷，中州書畫社 1983 年版，第 21 頁 a。
⑥ 郝懿行：《爾雅義疏》第一册，國學基本叢書簡編本，商務印書館 1936 年版，第 5 頁。

桑就是高桑，段注於“桑”字下云：“榑桑者，桑之長也。”（頁 272）章太炎先生《文始》五云：“高、長同義也。”[①] 則桑之長亦即桑之高。魯迅《古小説鈎沈》輯《玄中記》云：“天下之高者，有扶桑無枝木焉，上至於天，盤蜿而下屈，通三泉。”[②] 前引《十洲記》亦謂扶桑“長數千丈，大二千圍”。凡此，都可視作對高大的扶桑樹恰如其分的狀寫。正因爲扶桑樹通天達地，太陽纔能攀附它由暘谷直達天空。這纔是扶桑的得名之由。

榑木、榑桑之榑亦爲大義。榑从尃聲，尃从甫聲，甫有大義。《爾雅·釋詁》：“甫，大也。”郝懿行《義疏》云：“甫者，男子之美稱。美、大義近，故又爲大。《詩》之‘甫田’、‘甫草’，及‘魴鱮甫甫’，傳竝云‘大也’。”[③] 段注於“甫”字下亦云：“引伸爲大也。”（頁 128）从甫之字多有大義，《説文·三上·言部》：“誧，大也。”（頁 53）《十一上·水部》：“溥，大也。”（頁 229）《三上·十部》：“博，大通也。”（頁 50）可見榑桑亦即大桑之義。

《大荒東經》：“大荒之中，有山名曰衡天。有先民之山。有槃木千里。”袁珂注：“《大戴禮·五帝德》及《史記·五帝本紀》，均有‘東至于蟠木’語，疑即此。《論衡·訂鬼篇》引《山海經》（今本無）云：‘滄海之中，有度朔之山，上有大桃木，其屈蟠三千里，其枝閒東北曰鬼門，萬鬼所出入也。上有二神人，一曰神荼，一曰鬱壘，主閱領萬鬼。惡害之鬼，執以葦索，而以食虎。於是黃帝乃作禮，以時驅之，立大桃人，門戶畫神荼鬱壘與虎，懸葦索以禦凶。’此‘屈蟠三千里’之大桃木，當即‘千里’槃木之屬。”（頁 482）以槃木即蟠木，甚是。《史記·屈原賈生列傳》：“大專槃物兮”，索隱：“《漢書》云：‘大鈞播

---

① 章太炎：《章太炎全集》（七），上海人民出版社 1999 年版，第 313—314 頁。

② 魯迅：《古小説鈎沈》，齊魯書社 1997 年版，第 235 頁。

③ 郝懿行：《爾雅義疏》第一冊，國學基本叢書簡編本，商務印書館 1936 年版，第 3—5 頁。

物。'"《史記・樂書》："及夫禮樂之極乎天而蟠乎地"，索隱："蟠，鄒誕生本作播。"[①] 槃、蟠並與播通，則槃、蟠亦通。

錢大昕《十駕齋養新錄》卷五"古無輕唇音"條云："《史記・五帝本紀》：'東至蟠木。'《呂氏春秋》：'東至扶木。'又云：'禹東至榑木之地。'扶木謂扶桑也，《說文》作榑桑。古音'扶'如'蟠'，故又作蟠木。"[②]《漢書・天文志》："奢爲扶"，顔注引鄭氏云："扶當爲蟠。"[③] 故蟠木即扶木，則槃木亦即扶木。

《方言》卷一云："般，大也。"錢繹《方言箋疏》云："《公孫丑篇》'般樂怠敖'，《盡心篇》'般樂飲酒'，趙岐注並云：'般，大也。'"[④]《廣雅・釋詁一》亦云："般，大也。"王念孫《疏證》云："《大學》：'心廣體胖'，鄭注云：'胖，猶大也。'《士冠禮》注云：'弁名出於槃，槃，大也，言所以自光大也。'槃、胖竝與般通。"[⑤] 从般之字多有大義，《說文・三下・革部》："鞶，大帶也。"（頁 60）《七下・巾部》："幋，覆衣大巾。"（頁 158）故槃木即大木，亦即高木。

若木，《說文》作叒。《說文・六下・叒部》："叒，日初出東方湯谷所登榑桑。叒木也。"（頁 127）段注認爲"叒木也"當作"叒木，榑桑也"（頁 272）。徐鍇《繫傳》云："叒木即榑桑。"[⑥] 這樣看來，東方太陽神樹榑桑又稱作叒木。然而，許多學者却主張叒木是西方太陽神樹若木。王觀國認爲："《玉篇》、《廣韻》皆曰：'叒，而灼切，榑桑，叒木也。'然則榑桑即扶桑也，叒木即若木也，後之文士變叒爲若耳。扶桑在東，若木在西，事見《山海經》。故《離騷》曰：'飲余馬於咸池兮，

① 高亨：《古字通假會典》，董治安整理，齊魯書社 1989 年版，第 219—223 頁。
② 錢大昕：《十駕齋養新錄》，江蘇古籍出版社 2000 年版，第 99 頁。
③ 高亨：《古字通假會典》，董治安整理，齊魯書社 1989 年版，第 224 頁。
④ 錢繹：《方言箋疏》，上海古籍出版社 1984 年版，第 51、56 頁。
⑤ 王念孫：《廣雅疏證》，江蘇古籍出版社 1984 年版，第 4—5 頁。
⑥ 徐鍇：《說文解字繫傳》，叢書集成初編本，中華書局 1985 年版，第 339 頁。

總余轡於扶桑。折若木以拂日兮，聊逍遙兮以相羊。’蓋扶桑者，日出之處；若木者，日入之處，折若木以拂日者，日既西矣，猶能折若木以揮拂其日，使之不暮，而我尚逍遙安舒以游也。謝希逸《月賦》曰：‘擅扶桑於東沼，嗣若英於西冥。’若英即若木也。此理甚明。”[①] 朱駿聲《説文通訓定聲》亦認爲叒字“古書皆以若爲之”[②]。

王觀國認爲叒、若二字音近而通，但是徐灝却認爲二字讀音並不相近：“榑桑若木之説，實傳自古昔，故《離騷》即已有之，此古説之不確者。其而灼切之音，亦緣若木而改讀也。凡《説文》二篆連屬，其形相承，義亦相近者，皆本一字。全書此類，不可枚舉。多爲後人竄改，歧而二之，叒即桑之省體，故《繫傳》云：‘桑从叒聲’，則叒之本音，亦讀息郎切可知矣。”[③] 徐氏以“叒即桑之省體”，亦即二字本一字也，甚爲有理。徐鍇《繫傳》於“桑”字下注云：“此蠶所食，异於東方自然之神木，加木以別之。自然桑字象形而簡也。”[④] 強生分別，甚無謂也。

如徐灝之説，叒、若二字音本不相近，爲何二字古却相通呢？王筠從字形入手，終於解决了這個疑案：

> 叒字不足象形，石鼓文有[illegible]字，蓋叒本作[illegible]，象木𢍏孛形，若字蓋亦作[illegible]，即[illegible]之重文，加口者，如㽞字之象根形。是以《説文》之叒木，它書作若木，並非同音假借也，即其籀文[illegible]，亦當作[illegible]。是以《玉篇》叒下有籀文[illegible]，若下亦有籀文[illegible]，足知叒、若之爲一字，而[illegible]作[illegible]之非誣，而叒作[illegible]之非皮傅也。蓋漢人猶多作[illegible]，是以八分桑字作桒。《隸辨》引二文無作桑者，《集韻》、《類篇》桑

① 王觀國：《學林》，田瑞娟點校，中華書局 1988 年版，第 157 頁。

② 朱駿聲：《説文通訓定聲》，武漢古籍書店 1983 年版，第 461 頁。

③ 轉引自張舜徽《説文解字約注》第十二卷，中州書畫社 1983 年版，第 1 頁 a、b。

④ 徐鍇：《説文解字繫傳》，叢書集成初編本，中華書局 1985 年版，第 340 頁。

古作桒，並足徵也。[illegible]變爲卉者，猶艸變艹，芔變卉，曲者直之也，若又字變爲十者，則[illegible]變艹之外無有也。《説文》收若於艸部，從草右聲，亦似誤。①

王氏從古文字形證知叒、若本爲一字②，呂思勉、張舜徽先生深韙其説，都在自己的著作中引述此説③。

這樣看來，典籍中頻繁出現的西方太陽神樹若木，實際上正字應作叒木，亦即桑木。原來，古人認爲東西方太陽神樹都是桑（叒）木，只是叒訛作若後，在文獻典籍的記載中，多以扶桑指稱東方太陽神樹，若木指稱西方太陽神樹。雖然這屬於後人的分化，但這種分化時代頗早，從前引王觀國文看來，至少屈原作《離騷》的時代已是這樣了。段注認爲“若木即謂扶桑，扶若字，即榑叒字也”（頁 272），可謂直探古人底蘊，得其情實矣。

然而，我們在前文引用《淮南子》和《論衡》，不是説西方太陽神樹是細柳嗎？二者是否矛盾呢？

《尚書·堯典》：“分命羲仲，宅嵎夷，曰暘谷。寅賓出日，平秩東作。……分命和仲，宅西，曰昧谷。寅餞納日，平秩西成。”④ 昧谷與暘谷相對，則昧谷當爲日所入處。

昧谷亦即蒙谷，《漢書·郊祀志上》云：“東北，神明之舍。西方，神明之墓也。”顏注引張晏云：“神明，日也。日出東北，舍謂陽谷。日

---

① 王筠：《説文釋例》，武漢古籍書店 1983 年版，第 653 頁。

② 從甲金文亦可看出，二字字形一樣，詳見方述鑫等編《甲骨金文字典》，巴蜀書社 1993 年版，第 39、445 頁。

③ 呂思勉：《先秦史》，開明書店 1947 年版，第 67 頁；《呂思勉讀史札記》，上海古籍出版社 1982 年版，第 12—13、52 頁；張舜徽：《説文解字約注》第十二卷，中州書畫社 1983 年版，第 1 頁 a。

④ 阮元等校刻：《十三經注疏》，中華書局 1980 年版，第 119 頁。

沒于西，故曰墓。墓，濛谷也。”[①] 濛谷即蒙谷。

《史記·五帝本紀》亦作“昧谷”，集解引徐廣云：“一作柳谷。”[②]則昧谷、蒙谷又稱作柳谷。昧、蒙是就日西落後的黑暗之義而言，如《尚書·堯典》“昧谷”，僞孔傳云：“昧，冥也。日入於谷而天下冥，故曰昧谷。”[③] 柳谷當是因細柳位於蒙（昧）谷之上而受其名。可見細柳確是西方太陽神樹。

若木爲西方太陽神樹，前引王觀國文已作了證明。這裏我們再補充一條證據，《大荒北經》：“大荒之中，有衡石山、九陰山、洞野之山，上有赤松，青葉，赤華，名曰若木。”郭注：“生昆侖西附西極，其華光赤下照地。”郝疏：“《文選·月賦》注引此經若木下有‘日之所入處’五字。”（頁 498—499）可知若木是位於昆侖山上，是日之所入處。

然而若木在記載中又是生於榣木之上的，《西山經》：“其陰多榣木之有若。”郭注：“榣木，大木也；言其上復生若木。”（頁 53、55）郭注“大木”亦當作“高木”解，郭氏《山海經圖讚》“榣木”條亦云：“榣惟靈樹，爰生若木。重根增駕，流光旁燭。”[④]

榣木，《穆天子傳》卷六作“姑繇之木”，云：“天子乃釣于河，以觀姑繇之木。”郭璞注：“姑繇，大木也。《山海經》云：尋木長千里，生河邊，謂此木之類。”[⑤] 郭璞注中所云《山海經》“尋木”，今見《海外北經》：“尋木長千里，在拘纓南，生河上西北。”（頁 288）其《山海經圖讚》“尋木”條則云：“渺渺尋木，生于河邊。竦枝千里，上干雲天。垂陰四（四疑西字之形訛）極，下蓋虞淵。”[⑥] 虞淵即昧谷，爲西

① 王先謙：《漢書補注》，中華書局 1983 年版，第 539 頁。
② 司馬遷：《史記》，中華書局點校本 1959 年版，第 16、19 頁。
③ 阮元等校刻：《十三經注疏》，中華書局 1980 年版，第 119 頁。
④ 郝懿行：《山海經箋疏》，台北藝文印書館 2009 年版，第 491 頁。
⑤ 《穆天子傳》，洪頤煊校，叢書集成初編本，商務印書館 1937 年版，第 38 頁。
⑥ 郝懿行：《山海經箋疏》，台北藝文印書館 2009 年版，第 528 頁。

方日所入處。《圖讚》所云“尋木”與前引《玄中記》言扶桑“上至於天”，合觀並參，其同爲太陽神樹的形象已躍然紙上。

榣木，《説文·六上·木部》作“櫾”，云：“崐崘河隅之長木也。从木繇聲。”（頁 118）段玉裁、桂馥皆云榣、櫾字通[①]。前引郭注榣木爲“大木”，許慎云爲“長木”，木之長即木之高，尤可證高、大義恒相近。

若木生於榣木之上，二者合二爲一，同爲西方太陽神樹。

那麽，細柳和它們又有何關聯呢？實際上，柳、榣二字古本通用。《海外北經》：“共工之臣曰相柳氏”（頁 279），《大荒北經》則作“共工之臣名曰相繇”，相繇，郭注：“相柳也，語聲轉耳。”（頁 489）榣、櫾字通，已如上述，櫾从繇聲，可見柳、榣亦音近相通。如此看來，細柳和榣木實際上是相同的。

十五　狂鳥、皇鳥、孟鳥、滅蒙鳥、鳴鳥、鷖（鷖）鳥

《大荒西經》：“有五采之鳥，有冠，名曰狂鳥。”郭注：“《爾雅（·釋鳥）》云：‘狂，夢鳥。’即此也。”袁珂注：“郭注《爾雅·釋鳥》，亦引此經文。狂，《玉篇》作鵟，疑即鳳凰之屬。”（頁 448）

《大荒西經》：“有五采鳥三名：一曰皇鳥，一曰鸞鳥，一曰鳳鳥。”袁珂注：“經内五采鳥凡數見，均鳳凰、鸞鳥之屬也。”（頁 453）狂鳥爲鳳凰之屬，以聲類求之，當是皇鳥。狂从㞷聲[②]，㞷，《説文·六下·之部》云：“讀若皇。”（頁 127）可證。

《説文·一上·王部》：“皇，大也。”（頁 10）段注：“凡大皆曰皇。”（頁 10）《廣雅·釋詁一》：“王、皇，大也。”[③] 章太炎先生《文始》五云：“《説文》：‘王，天下所歸往也。孔子曰：一貫三爲王。’倉

---

① 段玉裁：《説文解字注》，上海古籍出版社 1981 年版，第 248 頁；桂馥：《説文解字義證》，齊魯書社 1987 年版，第 481 頁。

② 許慎：《説文解字》（大徐本），中華書局 1963 年版，第 205 頁。

③ 王念孫：《廣雅疏證》，江蘇古籍出版社 1984 年版，第 4 頁。

頡時無王號，蓋王即皇。變易爲皇，大也。”[①] 可知王、皇皆有大義。《爾雅·釋魚》：“蟒，王蛇。”郭璞注：“蟒，蛇最大者，故曰王蛇。”[②]《周禮·天官·𩣺人》：“春獻王鮪”，鄭注：“王鮪，鮪之大者。”[③] 錢大昕《十駕齋養新錄》卷三“王女”條云：“《釋艸》‘蒙，王女。’注：‘蒙即唐也，女蘿别名。’案：女蘿之大者謂之王女，猶王彗、王芻，魚有王鮪，鳥有王雎也。”[④] 故狂鳥、皇鳥即大鳥之意，取意和稱物之大者爲“王”相似。

狂鳥，郭璞注引《爾雅》云即夢鳥，夢鳥當即《山海經》之孟鳥。《海内西經》：“孟鳥在貊國東北，其鳥文赤、黄、青，東鄉。”郝疏：“《海外西經》有‘滅蒙鳥在結匈國北’，疑亦此鳥也，滅蒙之聲近孟。”（頁344）從經文描寫來看，孟鳥亦是五彩之鳥。從郝疏來看，則孟鳥又即滅蒙鳥。

《海外西經》：“滅蒙鳥在結匈國北，爲鳥青，赤尾。”袁珂注：“‘爲鳥青，赤尾’或‘其鳥文赤、黄、青’云云，乃所謂‘五采之鳥’，《山海經》多記有之，皆鳳凰之象。《大荒西經》云：‘有五采之鳥，有冠，名曰狂鳥。’《爾雅·釋鳥》云：‘狂，㝱鳥。’實則狂鳥、㝱鳥皆鳳凰屬也，狂即皇，㝱即鳳，音之轉也。㝱鳥又即孟鳥，字之異也。《大荒西經》又云：‘有弇州之山，五采之鳥仰天，名曰鳴鳥。’郝懿行云：‘鳴鳥，蓋鳳屬也。’鳴鳥亦㝱鳥、孟鳥也。則此處所記之‘滅蒙鳥’，固鳳屬之狂鳥、㝱鳥、鳴鳥、孟鳥之異名也。”（頁251—253）孟緩言之則爲滅蒙，因此，滅蒙鳥即孟鳥。

《史記·仲尼弟子列傳》云孔子弟子之一澹臺滅明，字子羽。滅明，黄侃先生《春秋名字解詁補誼》以爲即蠛蠓之聲轉，蜚蟲之翼，

① 章太炎：《章太炎全集》（七），上海人民出版社1999年版，第312頁。
② 郝懿行：《爾雅義疏》第五册，國學基本叢書簡編本，商務印書館1936年版，第32頁。
③ 阮元等校刻：《十三經注疏》，中華書局1980年版，第664頁。
④ 錢大昕：《十駕齋養新錄》，江蘇古籍出版社2000年版，第59頁。

故可名羽[①]。黃先生之説，終覺稍隔，似不如以滅明爲滅蒙爲長。滅蒙爲鳳屬，甲骨文和《説文》古文“鳳”字皆特著其羽翼之形[②]，故名滅明，字子羽。

從上引袁珂先生注文來看，孟鳥又即鳴鳥。《大荒西經》：“有弇州之山，五采之鳥仰天，名曰鳴鳥。爰有百樂歌儛之風。”郝疏：“鳴鳥蓋鳳屬也。《周書·君奭》云：‘我則鳴鳥不聞。’《國語（·周語）》云：‘周之興也，鸑鷟鳴於岐山。’”（頁458）

聞一多先生《爾雅新義》亦認爲鳴、孟、瘳一聲之轉，都指鳳皇。又據《南山經》：“有鳥焉，其狀如雞，五采而文，名曰鳳皇。”（頁19）認爲鳳皇本雞屬，故又名鶤雞，或名莎雞。雞善鳴而鳳皇爲雞屬，故鳳皇謂之鳴鳥。故以鳴是正字，瘳、孟皆假音[③]。

聞先生之説雖辯，然似不可從。何鳥不鳴？以鳴鳥命名鳳皇，不足以别其異。我們認爲應以孟爲正字，餘皆假音。《説文·十四下·子部》：“孟，長也。”（頁310）長即大也。《管子·任法》：“莫敢高言孟行，以過其情。”注：“孟，大也。”[④] 孟鳥和皇鳥、狂鳥取意相似，都是大鳥之義。蓋古人認爲鳳皇爲鳥中之王，故《説文》云“鳳飛，羣鳥從以萬數”[⑤]。鳥中之王自然就是大鳥了。《爾雅·釋鳥》：“鶠，鳳，其雌皇。”郭注：“五彩色，其高六尺許。”郝懿行《義疏》引《京房易傳》：“鳳皇高丈二。”[⑥] 都可以見出其高大來。

《海内經》：“北海之内，有蛇山者，蛇水出焉，東入于海。有五采

---

① 黃侃：《黃侃論學雜著》，上海古籍出版社1980年版，第407頁。

② 徐中舒主編：《甲骨文字典》，四川辭書出版社1988年版，第427—428頁；許慎：《説文解字》（大徐本），中華書局1963年版，第79頁。

③ 聞一多：《聞一多全集》第2冊，生活·讀書·新知三聯書店1982年版，第228—229頁。

④ 戴望：《管子校正》，《诸子集成》第5冊，上海書店1986年版，第255頁。

⑤ 許慎《説文解字》（大徐本），中華書局1963年版，第79頁。

⑥ 郝懿行：《爾雅義疏》第五冊，國學基本叢書簡編本，商務印書館1936年版，第42頁。

之鳥，飛蔽一鄉，名曰翳鳥。”翳鳥，郭注：“鳳屬也；《離騷》曰：‘駟玉虬而乘翳。’”郝疏：“《廣雅》云：‘翳鳥，鸑鳥，鳳皇屬也。’今《離騷》翳作鷖，王逸注云：‘鳳皇别名也。’《史記·司馬相如傳》張揖注及《文選（·思玄賦）》注、《後漢書·張衡傳》注引此經並作鷖鳥，《上林賦》注仍引作翳鳥。”（頁523—524）翳鳥爲鳳皇之屬，而云“飛蔽一鄉”，猶可想見其大。

黄侃先生《爾雅音訓》卷下認爲翳鳥即鷖鳥，鷖即《爾雅·釋鳥》“鶠，鳳，其雌皇”之鶠，鶠聲轉則爲鷖[①]。亦可見鷖鳥即鳳屬。

翳（鷖）鳥的命名之義爲何？从殹之字多有黑義。《説文·十上·黑部》：“黳，小黑子。”（頁211）

《廣雅·釋器》：“黳，黑也。”王念孫《疏證》云：“《玉篇》：‘磬，黑石也。’字或作瑿。《唐本草》云：‘瑿狀似元（玄）玉而輕，出西戎。’義竝與黳同。”[②]

《説文·十三·糸部》：“緊，一曰赤黑色繒。”（頁275）《玉篇·糸部》：“緊，青黑繒。”[③] 段注據此認爲：“赤當依《玉篇》作青。”（頁657）段説甚是，《周禮·春官·巾車》：“彫面鷖總”，鄭玄注：“故書，……鷖或作緊”，“鄭司農云：‘鷖讀爲鳧鷖之鷖。鷖總者，青黑色，以繒爲之。’”[④] 亦可爲證。段注據此認爲鷖爲青黑色鳥（頁152）。

晉崔豹《古今注》卷下《草木》云：“瑿木，出交州林邑，色黑而有文，亦謂之文木。”[⑤] 瑿木即烏文木，唐蘇鶚《蘇氏演義》卷下云：“烏文木，出交州，色黑有文。”[⑥] 與《古今注》的記載幾乎一樣。烏文

① 黄侃：《爾雅音訓》，上海古籍出版社1983年版，第286頁。

② 王念孫：《廣雅疏證》，江蘇古籍出版社1984年版，第273—274頁。

③ 《宋本玉篇》，中國書店1983年版，第491頁。

④ 孫詒讓：《周禮正義》，王文錦、陳玉霞點校，中華書局1987年版，第2162頁。

⑤ 崔豹：《古今注》，商務印書館1956年版，第22頁。

⑥ 蘇鶚：《蘇氏演義》，商務印書館1956年版，第29頁。

木實即烏木，烏亦即黑義。

張永言先生認爲“翳”“鷖”得名於黑或與黑義相因[①]。黄侃先生亦云：“鷖亦以黑得名”，並認爲从殹聲者“多有黑義”[②]。故翳（鷖）鳥以其色黑而得名。

《楚辭・天問》：“簡狄在臺嚳何宜？玄鳥致貽女何喜？”王逸注：“玄鳥，燕也。”而《離騷》則云：“鳳皇既受詒兮，恐高辛之先我。”王逸注：“高辛，帝嚳有天下號也。”[③] 聞一多先生《離騷解詁》云：“玄鳥者燕也。《爾雅・釋鳥》曰：‘鶠，鳳，其雌皇。’燕鶠音同，燕之通鶠，猶經傳以宴燕讌通用，金文燕國字作匽若郾也。鶠即燕，是鳳皇即玄鳥。其證一。《説文・鳥部》曰：‘焉，焉鳥，黄色，出於江淮。’《爾雅・釋鳥》曰：‘皇，黄鳥。’言爲黄色鳥，皇亦黄色鳥，似焉鳥即皇鳥。皇鳥又即鳳配，是焉之爲皇即鳳皇之皇，故《禽經》曰：‘黄鳳謂之焉。’燕與焉亦同影紐寒桓部。焉即鳳皇，而燕與焉同，是玄鳥即鳳皇。其證二。《禮記・月令》疏引《鄭志》焦喬答王權曰：‘娀簡狄吞鳳子之後，後王以爲禖官嘉祥，祀之以配帝，謂之高禖。’簡狄所吞，他書曰燕卵，此曰鳳子，是玄鳥即鳳皇。其證三。”[④] 故玄鳥即鳳皇，可無疑也。玄與黑義同，則玄鳥和翳（鷖）鳥取義相似，都以色黑而得名。不僅如此，《説文・十一下・燕部》：“燕，玄鳥也。”（頁 245）張永言先生認爲“燕”亦有黑義[⑤]，則燕與玄鳥、翳（鷖）鳥取義亦相似。

---

① 張永言：《語文學論集》（增補本），語文出版社 1999 年版，第 181 頁。

② 黄侃：《爾雅音訓》，上海古籍出版社 1983 年版，第 293 頁。

③ 洪興祖：《楚辭補注》，中華書局 1983 年版，第 105、34 頁。

④ 聞一多：《聞一多全集》第 2 册，生活・讀書・新知三聯書店 1982 年版，第 308 頁。

⑤ 張永言：《語文學論集》（增補本），語文出版社 1999 年版，第 180—181 頁。

第六章　《山海經》專名命名原則及規律

第五章我們對一些專名的命名之義進行了詳細考察，現在就在考察的基礎上，先著重探討《山海經》專名中的“地名”“動物名”等的命名原則及規律，然後再探討《山海經》專名的結構與《山海經》專名的名實關係。

第一節　地名的命名原則及規律

這裏所指的地名包括郡國名、山名、水名、谷野名，下面我們舉例説明其命名原則及規律。

一　以該地之物命名

（一）山名

1. 長右之山

《山海經·南山經》：“東南四百五十里，曰長右之山，無草木，多水。有獸焉，其狀如禺而四耳，其名長右。”郭注：“以山出此獸，因以名之。”（頁 11）長右之山即因長右之獸而得名。

2. 竹山

《西山經》："又西五十二里，曰竹山，……竹水出焉，北流注于渭，其陽多竹箭。"（頁 29）郝疏："蓋因多竹箭得名。"[①]

3. 燕山

《北山經》："北百二十里，曰燕山，多嬰石。"嬰石，郭注："言石似玉有符彩嬰帶，所謂燕石者。"郝疏："嬰疑燕聲之轉，未必取嬰帶爲義。"（頁 116）郝氏以嬰石爲燕石，甚是。《左傳・僖公元年》："公敗邾師于偃"，偃，《公羊傳》作"纓"[②]。燕國之燕，《匽侯鼎》作"匽"[③]。可證嬰、燕有通轉之途。因此，燕山當以燕（嬰）石而得名。

4. 碧山

《東山經》："又南三百里，曰碧山，無草木，多大蛇，多碧、水玉。"（頁 130）碧山當以多碧而得名。

5. 銅山

《中山經》："又東百三十里，曰銅山，其上多金、銀、鐵。"郝疏："銅山，蓋以所產三物得名。"（頁 185）

6. 熊山

《中山經》："又東一百五十里，曰熊山。有穴焉，熊之穴，恆出神人。"（頁 194）熊山當以熊穴而得名。

7. 翠山

《大荒南經》："又南有山，漂水出焉。有尾山，有翠山。"郭注："言此山有翠鳥也。"（頁 424—425）翠山當以山有翠鳥而得名。

8. 榣山

《大荒西經》："有芒山，有桂山，有榣山。"郭注："此山多桂及榣

---

① 郝懿行：《山海經箋疏》，台北藝文印書館 2009 年版，第 37 頁。

② 阮元等校刻：《十三經注疏》，中華書局 1980 年版，第 1791、2247 頁。

③ 方述鑫等：《甲骨金文字典》，四川辭書出版社 1993 年版，第 978—979 頁。

木，因名云耳。”（頁 452）

9. 丹山

《大荒北經》：“有始州之國，有丹山。”郭注：“此山純出丹朱也。《竹書》曰：‘和甲西征，得一丹山。’今所在亦有丹山，丹出土穴中。”（頁 484）丹山當以山出丹朱而得名。

10. 武夫之丘

《海内經》：“有九丘，以水絡之：名曰陶唐之丘、有叔得之丘、孟盈之丘、昆吾之丘、黑白之丘、赤望之丘、參衛之丘、武夫之丘、神民之丘。”武夫之丘，郭注：“此山出美石。”袁珂注：“《南次二經》云：‘會稽之山，其下多砆石。’郭注云：‘砆，武夫石，似玉。’是也。”（頁 509）武夫之丘當以山出武夫石而得名。

（二）水名

1. 丹水

《西山經》：“又西百七十里，曰南山，上多丹粟。丹水出焉，北流注于渭。”（頁 32）丹水當以源出之山有丹粟而得名。

2. 丹水

《西山經》：“又西北四百二十里，曰峚山，其上多丹木，員葉而赤莖，黃華而赤實，其味如飴，食之不飢。丹水出焉，西流注于稷澤。”（頁 48）丹水當以源出之山有丹木而得名。

3. 滑水

《北山經》：“又北二百五十里，曰求如之山，其上多銅，其下多玉，無草木。滑水出焉，而西流注于諸毗之水，其中多滑魚。”（頁 81）滑水當以其水有滑魚而得名。

4. 諸懷之水

《北山經》：“又北二百里，曰北嶽之山，多枳、棘、剛木。有獸焉，其狀如牛而四角，人目彘耳，其名曰諸懷，其音如鳴鴈，是食人。諸懷之水出焉，而西流注于卼水。”（頁 93）諸懷之水當以源出之山有諸懷之獸而得名。

5. 丹林之水

《北山經》：“又北二百里，曰謁戾之山，其上多松柏，有金玉。沁水出焉，南流注于河。其東有林焉，名曰丹林。丹林之水出焉，南流注于河。”（頁 110）丹林之水當以源出之山有丹林而得名。

6. 共水

《中山經》：“又西百里，曰長石之山，無草木，多金玉。其西有谷焉，名曰共谷，多竹。共水出焉，西南流注于洛。”（頁 167）共水當以源出之山有共谷而得名。

7. 休水

《中山經》：“又東五十里，曰少室之山，百草木成囷。其上有木焉，其名曰帝休，葉狀如楊，其枝五衢，黃華黑實，服者不怒。其上多玉，其下多鐵。休水出焉，而北流注于洛。”（頁 176）休水當以源出之山有帝休而得名。

8. 若水

《海内經》：“南海之外，黑水、青水之閒，有木名曰若木，若水出焉。”袁珂注：“《水經注·若水》云：‘若木之生，非一所也，黑水之閒，厥木所植，水出其下，故水受其稱焉。’”（頁 507—508）

（三）谷野名

蛇谷

《中山經》：“又東三十里，曰浮戲之山。……其東有谷，因名曰蛇谷。”郭注：“言此中出蛇，故以名之。”（頁 178—179）

二　以人（神）名得名

《山海經》地名中有不少是根據人（神）名來命名，實際上這反映了地名命名中“名從主人”[①] 的現象。

（一）郡國名

1. 少昊之國

《大荒東經》：“東海之外大壑，少昊之國。”（頁 390）少昊之國當以少昊而得名。

2. 女和月母之國

《大荒東經》：“有女和月母之國。”（頁 412）女和月母之國當以月神女和而得名。

3. 季釐之國

《大荒南經》：“有襄山。又有重陰之山。有人食獸，曰季釐。帝俊生季釐，故曰季釐之國。”（頁 427）季釐之國當以季釐而得名。

4. 羲和之國

《大荒南經》：“東南海之外，甘水之閒，有羲和之國，有女子名曰羲和。”（頁 438）羲和之國當以羲和而得名。

（二）山名

1. 軒轅之丘

《西山經》：“又西四百八十里，曰軒轅之丘。”郭注：“黄帝居此丘，娶西陵氏女，因號軒轅丘。”（頁 60—61）

2. 西王母之山

《大荒西經》：“西有王母之山”，郝疏：“西有當爲有西，《太平御覽》九百二十八卷引此經作西王母山可證。”袁珂注：“郝説是也，《藏經》本正作‘有西王母之山’。王念孫、孫星衍校同。下文有爲西王母取食之三青鳥，可證經文確應作‘有西王母之山’。”（頁 454—455）西王母之山以西王母而得名。

---

① 《穀梁傳·桓公二年》文，見阮元等校刻《十三經注疏》，中華書局 1980 年版，第 2373 頁。

3. 陶唐之丘、叔得之丘、孟盈之丘、昆吾之丘

《海内經》："有九丘，以水絡之：名曰陶唐之丘、有叔得之丘、孟盈之丘、昆吾之丘。"郭注："陶唐，堯號。"郝疏："叔得、孟盈蓋皆人名號也。孟盈或作蓋盈，古天子號。""昆吾，古諸侯號也。《大戴禮·帝繫篇》云：'陸終產六子，其一曰樊，是爲昆吾。'"（頁 509）諸丘各以其主人而得名。

（三）水名

1. 稷澤

《西山經》："又西北四百二十里，曰峚山，……丹水出焉，西流注于稷澤。"郭注："后稷神所憑，因名云。"（頁 48—49）

2. 雷澤

《海内東經》："雷澤中有雷神，龍身而人頭，鼓其腹。"（頁 381）雷澤當以雷神而得名。

（四）谷野名

1. 帝臺之棋

《中山經》："《中次七經》苦山之首，曰休與之山。其上有石焉，名曰帝臺之棋，五色而文，其狀如鶉卵，帝臺之石，所以禱百神者也，服之不蠱。"郭注："帝臺，神人名；棋謂博棋也。"（頁 170—171）帝臺之棋當以帝臺而得名。

2. 共工之臺

《海外北經》："相柳者，九首人面，蛇身而青。不敢北射，畏共工之臺。"（頁 280）共工之臺當以共工而得名。

3. 帝堯臺、帝嚳臺、帝丹朱臺、帝舜臺

《海内北經》："帝堯臺、帝嚳臺、帝丹朱臺、帝舜臺，各二臺，臺四方，在昆侖東北。"（頁 365）諸臺各以其主人而得名。

4. 俊壇

《大荒南經》："有緡淵。少昊生倍伐，倍伐降處緡淵。有水四方，名曰俊壇。"郭注："水狀似土壇，因名舜壇也。"袁珂注："郭注'俊壇'作'舜壇'，是郭復以帝俊即舜矣。"（頁 427）俊壇當以帝俊而得名。

三 以該地形制而得名

《山海經》地名中根據其形制而命名的主要是山名。

1. 成山

《南山經》："又東五百里，曰成山，四方而三壇。"郭注："形如人築壇相累也；成亦重耳。"（頁 14）郝疏："言此之成山亦因重累如壇而得名也。"①

2. 不周

《大荒西經》："西北海之外，大荒之隅，有山而不合，名曰不周負子。"郭注："《淮南子》曰：'昔者共工與顓頊爭帝，怒而觸不周之山，天維絕，地柱折。'故今此山缺壞不周帀也。"袁珂注："郭注引《淮南子·天文篇》文。今本云：'昔者共工與顓頊爭爲帝，怒而觸不周之山，天柱折，地維絕。天傾西北，故日月星辰移焉；地不滿東南，故水潦塵埃歸焉。'今作'天柱折，地維絕'（《論衡·談天篇》、《列子·湯問篇》並同）爲異。《楚辭·天問》云：'康回馮怒，墜何故以東南傾?'王逸注云：'康回，共工名也。'又引《淮南子》，與此注同。蓋各所見本異也。經文'不周負子'，《文選·甘泉賦》、《思玄賦》注及《太平御覽》卷五九引並無'負子'二字，郭注亦祇釋'不周'，'負子'二字蓋衍文。《西次三經》云：'不周之山，北望諸毗之山，臨彼嶽崇之山，東望

① 郝懿行：《山海經箋疏》，台北藝文印書館 2009 年版，第 19 頁。

泑澤，河水所潛也。爰有嘉果，其實如桃，其葉如棗，黃華而赤柎，食之不勞。’郭璞注云：‘此山形有缺壞不周帀處，因名。云西北不周風自此山出。’即此。”（頁 443—444）

據袁先生之説，不周負子之“負子”當爲衍文。對於何以會有“負子”衍文，未見諸家有説，兹略作探討。我們認爲“負”當是古人爲“不周”之“不”注音之文，不古與丕通，負、丕古音同。《中山經》：“《中次三經》萯山之首”，郭注：“萯音倍。”（頁 150）《西山經》：“又西北四百二十里，曰鍾山，其子曰鼓，其狀如人面而龍身，是與欽䲹殺葆江于昆侖之陽。”欽䲹之“䲹”，郭注：“音邳。”郝疏：“《後漢書·張衡傳》注引此經作欽䲰，《莊子·大宗師篇》作堪坏，云：‘堪坏得之，以襲昆侖。’《釋文》云：‘崔作邳。’司馬云：‘堪坏神名，人面獸形。’《淮南子》作欽負。是欽堪、坏負並聲類之字。”（頁 50—51）《管子·地員篇》：“其種大萯、細萯。”尹注：“萯，草名。”[①] 王念孫《讀書雜誌·管子第九》“大萯細萯”條引王引之云：“尹説非也，此篇凡言其種某某者，皆指五穀而言。若草木則於五穀之外别言之，不得稱種也。萯讀爲《大雅》‘維秬維秠’之‘秠’。《爾雅》曰：‘秬，黑黍；秠，一稃二米。’郭注曰：‘秠亦黑黍，但中米異耳。’上文云‘其種大秬、小秬’，此云‘其種大萯、小（細）萯’，是萯即秠也。萯字从艸負聲，負古讀若倍，聲與秠相近。秠之通作萯，猶丕之通作負也（《金縢》：‘是有丕子之責于天’，《史記·魯世家》丕作負）。”[②] 可證不（丕）、負古音同。推測其致衍之由，當是最初有人以爲“不周”之“不”應當讀作“負（丕）”，而旁記“負”字於正文“不周”之側，以爲釋音之文，後闌入正文。其後之人見與上下文意不符，因古有“負子”一詞，故添一“子”字於後，遂成今本。

---

① 戴望：《管子校正》，《諸子集成》第 5 册，上海書店 1986 年版，第 314 頁。

② 王念孫：《讀書雜誌》第 8 册，萬有文庫本，商務印書館 1930 年版，第 46—47 頁。

因此，不周負子當爲不周。不周山的得名，經文即已揭示，爲“有山而不合”。

3. 鮮山

《中山經》：“又西三百里，曰鮮山。”（頁147）鮮山的命名之義，《爾雅》有説，《釋山》：“小山别大山，鮮。”郭注：“不相連。”郝懿行《義疏》云：“鮮者，《釋文》引李巡曰：‘大山少，故曰鮮。’《詩·皇矣》正義引孫炎曰：‘别不相連也。’金鶚云：‘鮮、斯聲近而通，鮮亦斯字之借。《釋言》云：“斯，離也。”别與離義同。’阮云臺師説亦云爾。余按：《文選·吳都賦》及《長笛賦》注竝引《爾雅》‘小山别大山，𡾰’，《玉篇》云：‘𡾰，山不相連也。’宋翔鳳説以《律厤志》‘𡾰谷’注云：‘一説昆侖之北谷名’，此正是小山别大山之𡾰也。張聰咸説（見《經史質疑錄》）古本鮮當作解，後人加山，鮮、解古得通借。鮮古音在紙部，解古音在寘部，解讀若懈，鮮讀若斯。孫炎注‘不相連’，此正釋解字之義。李巡不寤，而曰‘大山少’，此何言與。今按《皇矣》詩傳：‘小山别大山曰鮮’，《公劉》傳：‘巘，小山别於大山也。’是毛意以鮮、巘爲一。《周禮》‘獻羔開冰’（《呂覽》亦同），《月令》作‘鮮羔開冰’。即其例也。孔穎達以鮮、巘義别爲疑，蓋失之矣。”[①] 以鮮與解、斯相通，甚是。《穆天子傳》卷五云：“艸木鮮，命虞人掠林除藪，以爲百姓材。”郭璞注：“以供人之材用。”[②] 古人砍伐山林，必於草木成熟凋零之時，即《孟子·梁惠王上》所云“斧斤以時入山林，材木不可勝用也”，趙岐注：“時，謂草木零落之時。使草木茂暢，故有餘。”

---

① 郝懿行：《爾雅義疏》第四册，國學基本叢書簡編本，商務印書館1936年版，第5頁；宜參宋翔鳳《過庭錄》卷十“小山别大山曰鮮，一本作𡾰”條（宋翔鳳：《過庭錄》，梁運華點校，中華書局1986年版，第175頁），及阮元《揅經室一集》卷一“釋鮮”條（阮元：《揅經室集》，鄧經元點校，中華書局1993年版，第6—8頁）。

② 《穆天子傳》，洪頤煊校，叢書集成初編本，商務印書館1937年版，第27頁。

焦循《正義》云："《禮記·王制》云：'草木零落，然後入山林。'"[①]故"艸木鮮"之"鮮"應即凋落、零落之義，與解、斯之義正同。

《墨子·魯問》："楚之南有啖人之國者橋，其國之長子生，則鮮而食之。"同書《節葬下》："昔者越之東，有輆沭之國者，其長子生，則解而食之。謂之宜弟。"[②] 亦可證鮮、解義同[③]。

因此，鮮有"別"義，鮮山的命名之義正如《爾雅》所云，爲"小山別大山"。

4. 恒山

《西山經》："又西三百二十里，曰槐江之山。……東望恒山四成。"郭注："成亦重也。"（頁 53、55）恒山的命名之義當如《爾雅·釋山》所云："小山岌大山，峘。"郭注："岌謂高過。"[④] 恒、峘字通。恒山四成，正是一山高過一山之象，可證郭説不誣。然而錢大昕《潛研堂文集》卷十認爲："郭訓岌爲高過，亦未然。《説文》岌作𩣺，'𩣺，馬行相及也。'山相及，有綿亙之象，故以恒得名。"[⑤] 蓋未見《山海經》此證也。

5. 霍山

《中山經》："又西四十里，曰霍山。"（頁 145）郭注："《爾雅》：'大山繞小山爲霍。'"[⑥] 今本《爾雅·釋山》云："大山宫小山，霍。"郭璞注："宫謂圍繞之，《禮記》曰'君爲廬宫之'是也。"郝懿行《義疏》："宫有容受包含之義，故訓圍繞。郭引《喪大記》文，鄭注：'宫

① 焦循：《孟子正義》，《諸子集成》第一冊，上海書店 1986 年版，第 33 頁。

② 孫詒讓：《墨子閒詁》，《諸子集成》第 4 冊，上海書店 1986 年版，第 285、115—116 頁。

③ 裘錫圭先生《殺首子解》認爲"鮮"爲"解"之誤字（裘錫圭：《文史叢稿》，上海遠東出版社 1996 年版，第 122 頁），恐非，從上面的引證來看，鮮、解音義並近，古實相通，並非誤字。

④ 郝懿行：《爾雅義疏》第四冊，國學基本叢書簡編本，商務印書館 1936 年版，第 3 頁。

⑤ 錢大昕：《潛研堂文集》，國學基本叢書本，商務印書館 1935 年版，第 135 頁。

⑥ 郝懿行：《山海經箋疏》，台北藝文印書館 2009 年版，第 182 頁。

謂圍繞之也。'”[1] 段注於“宮”字下云：“宮言其外之圍繞。”（頁 342）故霍山的命名之義當爲《爾雅》所云，即“大山宮小山”。

四 以該地的高低大小而得名

《山海經》地名中根據高低大小而命名的主要是山名。山給人最直觀的印象就是山的高低，因此許多山就以高低命名。由於一般小山小丘不會被《山海經》所記載，因此這裏只能舉出以高命名的例子。

（一）以高而得名

1. 高山

《西山經》：“又西北五十里高山，其上多銀，其下多青碧、雄黃。”（頁 40）高山就徑以“高”命名。

2. 京山

《北山經》：“又東二百里，曰京山，有美玉，多漆木，多竹。”（頁 108）京爲高義，詳見上章“四方神與四方風”節，故京山以高得名。

3. 堯山

《中山經》：“又東南一百五十九里，曰[2]堯山，其陰多黃堊，其陽多黃金。”（頁 218）堯爲高義，詳見上章“帝堯”節，故堯山以高得名。

4. 九嶷山

《海內經》：“南方蒼梧之丘，蒼梧之淵，其中有九嶷山，舜之所葬，在長沙零陵界中。”郭注：“山今在零陵營道縣南，其山九谿皆相似，故云‘九疑’；古者總名其地爲蒼梧也。”郝疏：“蒼梧之山，帝舜葬于陽，已見《海內南經》。《説文》（九）云：‘九嶷山，舜所葬，在零陵營道。’《楚詞（・離騷）》、《史記（・五帝本紀）》並作九疑，《初學記》八卷及

---

[1] 郝懿行：《爾雅義疏》第四册，國學基本叢書簡編本，商務印書館 1936 年版，第 5 頁。

[2] “曰”原作“有”，郝懿行《山海經箋疏》作“曰”（郝懿行：《山海經箋疏》，台北藝文印書館 2009 年版，第 279 頁）。揆以全書文例，亦當作“曰”，因據改。

《文選·上林賦》注引此經亦作九疑，《琴賦》注又作九嶷，蓋古字通也。羅含《湘中記》云：‘衡山、九疑皆有舜廟。’又云：‘衡山遙望如陣雲，沿湘千里，九向九背，乃不復見。’”（頁 521—522）郭氏認爲九嶷山的命名之義爲“其山九谿皆相似”，是典型的“流俗詞源”或“民間詞源”[①]，不足憑信。章太炎先生《文始》八云：“《説文》：‘牛，大牲也。象角頭三封尾之形也。’孳乳當爲觺，《楚辭》云：‘其角觺觺’，《説文》不錄。然嶷爲九嶷山，亦當取義於山峯之高，《五帝本紀》‘其德嶷嶷’，即高之謂。”[②] 嶷爲高之義，九爲極多之義[③]，故九嶷山意指極高之山。

5. 三危之山

《西山經》：“又西二百二十里，曰三危之山，三青鳥居之。是山也，廣員百里。”（頁 64）準以九嶷山的命名之義，我們認爲三危之山亦以高得名。危有高義，典籍常見，不煩舉例。三有多之義[④]，故三危之山意指高峻之山。

（二）以大小而得名

以山的大小而得名，主要是指兩山相鄰，人們往往將其中山形較大或較高者冠以“大”名，較小或較低者冠以“小”名。

1. 太華之山、小華之山

《西山經》：“又西六十里，曰太華之山，削成而四方，其高五千仞，其廣十里，鳥獸莫居。”（頁 25）太即大。

《西山經》：“又西八十里，曰小華之山。”郭注：“即少華山。”（頁 26）

---

① 關於“流俗詞源”或“民間詞源”，詳見［瑞士］費爾迪南·德·索緒爾《普通語言學教程》（高名凱譯，商務印書館 1980 年版，第 244 頁。）及張永言《語文學論集》（語文出版社 1999 年版，第 173—174 頁）。

② 章太炎：《章太炎全集》（七），上海人民出版社 1999 年版，第 378 頁。

③ 汪中：《述學·内篇·釋三九》，《四部叢刊》初編縮本，商務印書館 1936 年版，第 2 頁。

④ 同上。

2. 少室之山、泰室之山

《中山經》："又東五十里，曰少室之山，百草木成囷。"（頁 176）少即小。

《中山經》："又東三十里，曰泰室之山。"郭注："即中嶽嵩高山也。"（頁 177）泰即太，亦即大。

有些以大小爲名的山可能並非是出於山形的大小高低，而僅僅是出於對兩山排序區分的需要。這種用大小作爲排序區分的例子在先秦文獻的篇名中尤爲顯見，如《詩經》"小雅"後面是"大雅"；《逸周書》"大明武"後面是"小明武"，"大開"後面是"小開"，"大開武"後面是"小開武"；《墨子》"大取"後面是"小取"[①]；《管子》有"大匡""中匡""小匡"，大中小的排序區分之意至爲明顯[②]。下列兩組山從經文來看，看不出孰高孰低、孰大孰小，可能就是這種情況。

一是小次之山、大次之山。

《西山經》："又西四百里，曰小次之山，其上多白玉，其下多赤銅。有獸焉，其狀如猿而白首赤足，名曰朱厭，見則大兵。"（頁 42）

《西山經》："又西三百里，曰大次之山，其陽多堊，其陰多碧。"（頁 42）

二是小咸之山、大咸之山。

《北山經》："又北二百三十里，曰小咸之山，無草木，冬夏有雪。"（頁 90）

《北山經》："北二百八十里，曰大咸之山，無草木，其下多玉。是

---

① 畢沅云："篇中言利之中取大，即大取之義也。意言聖人厚葬固所以利親，盛樂固所以利子，而節葬非樂則利尤大也。"畢説孫詒讓《墨子閒詁》已斥其非，而云："大取、小取者與取譬之取同。"（孫詒讓：《墨子閒詁》，《諸子集成》第 4 冊，上海書店 1986 年版，第 243 頁）孫説是，然亦未知大小有排序區分之義也。

② 《管子》"小稱"後面是"四稱"，尹知章於"小稱"下注云："稱，舉也。小舉其過，則當權而改之。"於"四稱"下注云："謂稱有道之君、無道之君、有道之臣、無道之臣，以戒桓公。"（戴望：《管子校正》，《諸子集成》第 5 冊，上海書店 1986 年版，第 179、182 頁）尹氏之誤同於畢氏。實則"四稱"之"四"當爲"大"字之訛，"四"字之古文（許慎：《説文解字》，中華書局 1963 年版，第 307 頁）與"大"字形近易訛。

山也，四方，不可以上。”（頁 90）

五　以歷史事件、傳説而得名

（一）郡國名

1. 羽民國

《海外南經》：“羽民國在其東南，其爲人長頭，身生羽。”（頁 228）羽民國當以傳説其地之人身生毛羽而得名。

2. 三首國

《海外南經》：“三首國在其東，其爲人一身三首。”（頁 242）三首國當以傳説其地之人一身三首而得名。

3. 卵民之國

《大荒南經》：“有卵民之國，其民皆生卵。”郭注：“即卵生也。”（頁 424）卵民之國當以傳説其地之人皆卵生而得名。

4. 女子之國

《大荒西經》：“有女子之國。”郭注：“王頎至沃沮國，盡東界，問其耆老，云：‘國人嘗乘船捕魚遭風，見吹數十日，東一國，在大海中，純女無男。’即此國也。”（頁 458）女子之國當以傳説其地無男而得名。

5. 丈夫之國

《大荒西經》：“有丈夫之國。”郭注：“其國無婦人也。”（頁 458）丈夫之國當以傳説其地無女而得名。

（二）山名

1. 會稽之山

《南山經》：“又東五百里，曰會稽之山。”（頁 14）郝疏：“《越絕書》：‘禹到大越，上茅山，大會計，更名茅山曰會稽。’”[①]

---

① 郝懿行：《山海經箋疏》，台北藝文印書館 2009 年版，第 19 頁。

2. 鼓鍾之山

《中山經》:“東三百里,曰鼓鍾之山,帝臺之所以觴百神也。”郭注:“舉觴燕會,則於此山,因名爲鼓鍾也。”(頁 171)

3. 禹攻共工國山

《大荒西經》:“有水曰寒暑之水。水西有濕山,水東有幕山。有禹攻共工國山。”郭注:“言攻其國,殺其臣相柳於此山。”(頁 443—444)

4. 鯀攻程州之山

《大荒北經》:“有鯀攻程州之山。”郭注:“皆因其事而名物也。”郝疏:“程州,蓋亦國名,如禹攻共工國山之類。”(頁 482)

(三)谷野名

1. 下都

《西山經》:“西南四百里,曰昆侖之丘,是實惟帝之下都。”郭注:“天帝都邑之在下者。”(頁 55—56)下都當以其地傳説爲天帝在下界的都邑而得名。

2. 密都

《中山經》:“又東十里,曰青要之山,實惟帝之密都。”郭注:“天帝曲密之邑。”(頁 150—151)密都當以其地傳説爲天帝曲密之邑而得名。

3. 孟翼之攻顓頊之池

《大荒西經》:“有池名孟翼之攻顓頊之池。”郭注:“孟翼,人姓名。”袁珂注:“孟翼之攻顓頊之池者,蓋猶此經上文禹攻共工國山,皆因事以名地也。”(頁 464)

六 山、水互受其稱

《山海經》在記敍某山時,往往要兼記其水,其中有相當部分的山名和水名的别名是相同的。一般情况下,我們認爲應該是水出某山,而受其名，但同時也應該有某山因出某水而得名。如《大荒南經》："又有白水山，白水出焉，而生白淵。"（頁 434）即是山以水名。然而在大多數情況下，對它們的具體區分，已經相當困難，因此，《中山經》："又西三百五十里，曰讙舉之山。雒水出焉，而東北流注于玄扈之水。"袁珂注："《水經注・洛水》云：'玄扈之水，出于玄扈之山。蓋山水兼受其目矣。'"（頁 159）特地標出"兼受其目"一名來説明此類情況。我們認爲"兼受其目"似不如"互受其稱"貼切，故將此稱爲"山水互受其稱"。

1. 諸次之山、諸次之水

《西山經》："又北八十里，曰諸次之山，諸次之水出焉。"（頁 71）

2. 敦薨之山、敦薨之水

《北山經》："又北三百二十里，曰敦薨之山，其上多椶、枏，其下多茈草。敦薨之水出焉，而西流注于泑澤。"（頁 91）

3. 嶧皋之山、嶧皋之水

《東山經》："又西南四百里，曰嶧皋之山，其上多金玉，其下多白堊，嶧皋之水出焉，東流注于激女之水。"（頁 127）

第二節　動物名的命名原則及規律

這裏所指的動物名包括鳥名、獸名、蟲名、魚名，下面我們舉例説明其命名原則及規律。

一　以動物之鳴聲而得名

動物之間的鳴叫聲各不相同，這成爲區分不同動物的重要特徵，因此古人往往根據動物的鳴聲來爲它們命名。王獻唐先生《炎黃氏族文化考》云："羊以鳴聲得音，羊鳴聲音如羊，初本無名，試效其音爲代，此呼彼稱，久之遂爲正名。原始物名之起，類由於此，非有人一一爲之立名也。”[1] 正確地揭示了根據動物鳴聲命名的事實。

（一）鳥名

以鳴聲爲動物命名在鳥名中尤其普遍，段注於“鶌”字下云：“凡鳥名多取其聲爲之。”（頁 149）郝懿行《爾雅義疏》亦云：“鳥名多是自呼。”[2] 即斯意也。

1. 鴸

《南山經》：“《南次二經》之首，曰柜山，……有鳥焉，其狀如鴟而人手，其音如痺，其名曰鴸，其名自號也。”袁珂注：“自呼其名也。”（頁 10—11）所謂自呼其名，是古人認爲鳥的鳴叫聲像在呼叫自己的名字，即唐代詩人宋之問《陸渾山莊》所云“山鳥自呼名”[3]。因此，他們就根據鳥的鳴聲來爲之命名。

2. 顒

《南山經》：“東四百里，曰令丘之山，……有鳥焉，其狀如梟，人面四目而有耳，其名曰顒，其鳴自號也。”（頁 21—22）

3. 鳧徯

《西山經》：“又西二百里，曰鹿臺之山，……有鳥焉，其狀如雄雞而人面，名曰鳧徯，其鳴自叫也。”（頁 41）

4. 畢方

《西山經》：“又西二百八十里，曰章莪之山，……有鳥焉，其狀如鶴，一足，赤文青質而白喙，名曰畢方，其鳴自叫也，見則其邑有譌火。”譌火，郭注：“譌亦妖訛字。”袁珂注：“譌火，即怪火也。”（頁 62—63）畢方鳥，又見於《海外南經》，云：“畢方鳥在其東，青水西，其爲鳥人面一腳。”袁珂注：“《淮南子・氾論篇》云：‘木生畢方。’高

---

① 王獻唐：《炎黃氏族文化考》，齊魯書社 1985 年版，第 223 頁。

② 郝懿行：《爾雅義疏》第五冊，國學基本叢書簡編本，商務印書館 1936 年版，第 52 頁。

③ 《全唐詩》，上海古籍出版社 1986 年版，第 158 頁。

誘注：‘畢方，木之精也，狀如鳥，青色赤腳，一足，不食五穀。’《文選·東京賦》薛綜注：‘畢方，老父神，如鳥，兩足一翼，常銜火在人家作怪災也。’説均與此小異。而《韓非子·十過篇》云：‘昔者黃帝合鬼神於西泰山之上，駕象車而六蛟龍，畢方並鎋，蚩尤居前，風伯進掃，雨師灑道，虎狼在前，鬼神在後，騰蛇伏地，鳳皇覆上，大合鬼神，作爲清角。’則畢方又是黃帝隨車之神鳥。實則‘畢方’當是‘熚烞’一詞之音轉。《神異經·西荒經》云：‘人嘗以竹著火中，爆烞而出，臊（山貘）皆驚憚。’‘爆烞’即‘熚烞’也。或又作‘烞熚’，《集韻》曰：‘竹火聲。’‘烞熚’——‘熚烞’，蓋無非竹木燃燒時嘈雜作聲也。音轉而爲‘畢方’，故《淮南子》云：‘木生畢方。’《廣雅》云：‘木神謂之畢方。’《駢雅》云：‘畢方兆火鳥也’。則‘畢方’者，生於竹木之火，猶今之所謂‘火老鴉’也。神話化遂爲神鳥畢方，或‘見則其邑有譌火’，或‘常銜火在人家作怪災’，又轉而爲致火之妖物矣。郭璞《圖讚》云：‘畢方赤文，離精是炳。旱則高翔，鼓翼陽景。集乃災流，火不炎上。’最能得其概要。”（頁 230—231）袁先生將畢方的得名之由梳理得十分清楚。《廣雅·釋天》：“木神謂之畢方”，王念孫《疏證》云：“畢，字或作必。《藝文類聚》引《尸子》云：‘木之精氣爲必方。’又《法苑珠林·審察篇》引《白澤圖》云：‘火之精名曰必方，狀如鳥，一足，以其名呼之則去。’又云：‘上有山林，下有川泉地理之閒生精，名曰必方，狀如鳥，長尾。’”① 可見畢方本是木、火之神，得名於竹木燃燒時的聲音，古人以爲這是畢方鳥的鳴聲，故名之。

5. 鵁

《北山經》：“又北二百里，曰蔓聯之山，……有鳥焉，羣居而朋飛，其毛如雌雉，名曰鵁，其鳴自呼。”（頁 87—88）

---

① 王念孫：《廣雅疏證》，江蘇古籍出版社 1984 年版，第 283 頁。

6. 鶌

《北山經》："北次三經之首，曰太行之山。其首曰歸山，……有鳥焉，其狀如鵲，白身、赤尾、六足，其名曰鶌，是善驚，其鳴自詨。"郭注："今吳人謂呼爲詨。"（頁 102—103）故其鳴自詨猶其鳴自呼也。

7. 鵹鶘

《東山經》："又南三百里，曰盧其之山，……其中多鵹鶘，其狀如鴛鴦而人足，其鳴自訆。"（頁 130）

（二）獸名

1. 孟極

《北山經》："又北二百八十里，曰石者之山，……有獸焉，其狀如豹，而文題白身，名曰孟極，是善伏，其鳴自呼。"（頁 86）

2. 天馬

《北山經》："又東北二百里，曰馬成之山，其上多文石，其陰多金玉。有獸焉，其狀如白犬而黑頭，見人則飛，其名曰天馬，其鳴自訆。"（頁 104）

3. 辣辣

《北山經》："又北三百里，曰泰戲之山，無草木，多金玉。有獸焉，其狀如羊，一角一目，目在耳後，其名曰辣辣，其鳴自訆。"（頁 114—115）

4. 從從

《東山經》："又南三百里，曰栒狀之山，其上多金玉，其下多青碧石。有獸焉，其狀如犬，六足，其名曰從從，其鳴自詨。"（頁 122）

5. 狪狪

《東山經》："又南三百里，曰泰山，其上多玉，其下多金。有獸焉，其狀如豚而有珠，名曰狪狪，其鳴自訆。"（頁 125）

6. 軨軨

《東山經》："《東次二經》之首，曰空桑之山，……有獸焉，其狀如

牛而虎文，其音如欽，其名曰軨軨，其鳴自叫。”（頁 126—127）

7. 犰狳

《東山經》：“又南三百八十里，曰餘峩之山，……有獸焉，其狀如菟而鳥喙，鴟目蛇尾，見人則眠，名曰犰狳，其鳴自訆。”（頁 129）

8. 朱獳

《東山經》：“又南三百里，曰耿山，……有獸焉，其狀如狐而魚翼，其名曰朱獳，其鳴自訆。”（頁 129）

9. 精精

《東山經》：“又南水行九百里，曰踇隅之山，……有獸焉，其狀如牛而馬尾，名曰精精，其鳴自叫。”（頁 135）

10. 當康

《東山經》：“又東南二百里，曰欽山，……有獸焉，其狀如豚而有牙，其名曰當康，其鳴自叫。”（頁 138）

（三）魚名

鮯鮯之魚

《東山經》：“又南水行五百里，曰流沙，行五百里，有山焉，曰跂踵之山，……有魚焉，其狀如鯉，而六足鳥尾，名曰鮯鮯之魚，其名自叫。”（頁 134）

從上面的引述來看，對於動物自呼其名的表述方式雖然有“其鳴自號”“其名自號”“其鳴自叫”“其名自叫”“其鳴自呼”“其鳴自詨”“其鳴自訆”之異，實際上它們是相通的。《春秋繁露・深察名號》：“名之爲言鳴與命也。”[①]《廣雅・釋詁三》：“命、鳴，名也。”[②] 這是古人認爲名號與鳴聲是相互關聯的，即《中論・貴驗》引子思所云：“事自名也，

① 董仲舒：《春秋繁露》，《四部精要》第 12 冊，上海古籍出版社 1993 年版，第 809 頁。

② 王念孫：《廣雅疏證》，江蘇古籍出版社 1984 年版，第 103 頁。參見陸宗達、王寧《“名”、“命”、“明”、“鳴”義相通說》，載陸宗達、王寧《古漢語詞義答問》，甘肅人民出版社 1986 年版，第 120—123 頁。

聲自呼也。"[①]

既然這些動物是根據其鳴叫聲來命名的，那麼這些專名應該是摹聲詞。由於鳥聲多尖利宛轉，因此這類根據鳥的鳴叫聲命名的鳥名中，或是單音節詞，或是兩個不同字的雙音節詞。

由於獸的叫聲多粗重渾厚，因此這類根據獸的叫聲命名的獸名中，多是雙音節重言詞，或是雙音節疊韻詞。獸名爲雙音節重言詞的有辣辣、從從、狪狪、軨軨、精精等，爲雙音節疊韻詞的有犰狳[②]、朱獳、當康等。

蟲名中沒有以鳴聲命名之例，而魚名中只有一例，即鮯鮯之魚，其別名亦爲重言詞。

二 以動物的形體特徵而得名

形體特徵主要是指動物的外形、外貌特徵，古人往往據此爲動物命名。

1. 雞

章太炎先生《文始》四認爲雞得聲義於奚，《説文・十下・大部》："奚，大腹也。"（頁 215）故雞以其大腹而得名[③]。

2. 孔鳥

《海內經》："有孔鳥"，郭注："孔雀也。"袁珂注："《周書・王會篇》云：'方人以孔鳥。'《爾雅翼》卷十三云：'孔雀生南海，尾凡七年而後成，長六七尺，展開如車輪，金翠斐然。'"（頁 520）從注文來看，孔鳥當爲大鳥。孔有大義，《老子》二十一章："孔德之容"，河上公注："孔，大也。"[④] 故孔鳥以其大而得名。

---

① 孫啟治：《中論解詁》，中華書局 2014 年版，第 80 頁。

② 王引之《經義述聞》卷二十八"鼀䶂蟾諸"條以犰狳爲疊韻（國學基本叢書本，商務印書館 1936 年版，第 1115 頁）。

③ 章太炎：《章太炎全集》（七），上海人民出版社 1999 年版，第 260—261 頁。

④ 《老子河上公章句》，王卡點校，中華書局 1993 年版，第 86 頁。

3. 狂鳥、皇鳥、孟鳥、滅蒙鳥、鳴鳥

第五章我們已經證明，它們都是以其大而得名。

4. 豪彘

《西山經》："又西五十二里，曰竹山，……有獸焉，其狀如豚而白毛，大如笄而黑端，名曰豪彘。"（頁 29）郭注："貆豬也，夾髀有麄豪，長數尺，能以脊上豪射物。"[①] 豪彘以其身有麄豪（毫）而得名。

5. 夔牛

《中山經》："又東北三百里，曰岷山，……其獸多犀、象，多夔牛。"郭注："今蜀山中有大牛，重數千斤，名爲夔牛，即《爾雅》所謂魏。"（頁 189—190）夔，脂部羣紐；魏，微部疑紐。韻爲旁轉，聲爲旁紐，故得通用。魏，今本《爾雅·釋畜》作"犩"，郝懿行《義疏》云："犩亦魏也，高大之稱。《釋文》引《字林》云：'黑色而大，重三千斤。'"[②]《左傳·閔公元年》："魏，大名也。"[③]《淮南子·本經訓》："魏闕之高，上際雲天。"高注："門闕高崇嵬嵬然，故曰魏闕。"[④] 故夔牛當以其體形高大而得名。

6. 封豕

《海内經》："有封豕"，郭注："大豬也。"（頁 517）封有大義，《小爾雅·廣詁》："封，大也。"[⑤]《詩·大雅·烈文》："無封靡于爾邦"，毛傳："封，大也。"[⑥] 豕即豬，故郭注謂封豕即大豬。

7. 鮒

《説文·十一下·魚部》："鮒，魚名。从魚付聲。"（頁 243）段注：

---

① 郝懿行：《山海經箋疏》，台北藝文印書館 2009 年版，第 38 頁。

② 郝懿行：《爾雅義疏》第五册，國學基本叢書簡編本，商務印書館 1936 年版，第 82 頁。

③ 阮元等校刻：《十三經注疏》，中華書局 1980 年版，第 1786 頁。

④ 劉安：《淮南子》，《諸子集成》第 7 册，上海書店 1986 年版，第 121—122 頁。

⑤ 遲鐸：《小爾雅集釋》，中華書局 2008 年版，第 4 頁。

⑥ 阮元等校刻：《十三經注疏》，中華書局 1980 年版，第 585 頁。

“鮒見《易》、《禮》，鄭注《易》曰：‘鮒，魚微小。’虞翻曰：‘鮒，小鮮也。’”（頁 577）《廣雅・釋魚》：“鰿，鮒也。”王引之《疏證》：“《井》九二‘井谷射鮒’，劉逵《吳都賦》注引鄭注云：‘所生無大魚，但多鮒魚耳。’言微小也。”[1] 章太炎先生《新方言・釋言》認爲“付聲字皆有短小義”[2]，故鮒魚以其短小而得名。

8. 箴魚

《東山經》：“又南三百里，曰栒狀之山，……其中多箴魚，其狀如儵[3]，其喙如箴。”（頁 122）箴魚以“其喙如箴”而得名。

9. 珧

《東山經》：“又西南四百里，曰嶧皋之山，其上多金玉，其下多白堊，嶧皋之水出焉，東流注于激女之水，其中多蜃、珧。”郭注：“蜃，蚌也；珧，玉珧，亦蚌屬。”郝疏：“《爾雅》云：‘蜃小者珧。’即小蚌也。”（頁 127—128）从兆之字，多有小義。《説文・四上・羊部》：“䍦，羊未卒歲也。”（頁 78）羊未卒歲，即是小羊。《説文・十一下・魚部》：“鮡，大鱯也。其小者名鮡。”（頁 243）皆可爲證，故珧的命名之義爲小。

10. 僕纍、蒲盧

《中山經》：“又東十里，曰青要之山，實惟帝之密都。……南望墠渚，禹父之所化，是多僕纍、蒲盧。”（頁 150—151）郭注：“僕纍，蝸牛也。《爾雅》曰：‘蒲盧者，螟蛉也。’”郝疏：“蝸牛名蚹蠃，見《爾雅》。蒲盧者，《夏小正》傳云：‘蜃者，蒲盧也。’《廣雅》云：‘蛖蛤，蒲盧也。’是蒲盧爲蜃蛤之屬。蒲盧聲轉爲僕纍。……僕纍、蒲盧，同類之物，並生於水澤下溼之地。”[4] 故僕纍、蒲盧本爲一聲之轉。郭注

---

① 王引之：《廣雅疏證》，江蘇古籍出版社 1984 年版，第 366 頁。

② 章太炎：《章太炎全集》（七），上海人民出版社 1999 年版，第 43 頁。

③ “儵”原作“儵”，此從宋本，《宋本山海經》，國家圖書館出版社 2017 年版，第 91 頁。

④ 郝懿行：《山海經箋疏》，台北藝文印書館 2009 年版，第 191 頁。

所引《爾雅》，王引之《廣雅疏證》指出“文有脱誤”，當爲《爾雅·釋蟲》：“果蠃，蒲盧。螟蛉，桑蟲。”並認爲僕纍、蒲盧爲水中蠃蚌，果蠃、蒲盧爲細腰土蜂，並非一物[①]。黄侃先生《爾雅音訓》卷下看法與此相似[②]。實際上果蠃（蠃）、僕纍、蒲盧並爲一聲之轉，果蠃亦非細腰土蜂之專名。果蠃的轉語甚多，對此，程瑤田《果蠃轉語記》論之甚詳[③]。王國維先生《〈爾雅〉草木蟲魚鳥獸釋例下》認爲：“果蠃、果蠃者，圓而下垂之意。”[④] 故凡“圓而下垂”之物皆得以名之爲果蠃。因此，僕纍、蒲盧實以其體形“圓”而得名。

三　以動物的行動特徵而得名

1. 鵸鵌

《南山經》：“又東三百里，曰基山，……有鳥焉，其狀如雞而三首六目，六足三翼，其名曰鵝鵌。”袁珂注：“《御覽》卷五〇引此作鵸鵌，畢沅、郝懿行均校作鵸鵌。”（頁6—7）《廣雅·釋地》：“南方有鳥焉，三首六目，六足三翼，其名曰鶩鵌。”[⑤] 顯即本《山海經》爲説，而作鶩鵌，鶩與鵸同，當以作鵸鵌爲是。鵸鵌，黄侃先生《爾雅音訓》卷下認爲其與蝙蝠、蟞蛈皆自憋怤來，言其飛之急疾也[⑥]，故鵸鵌以其飛之急疾而得名。

2. 猿（猨、蝯）

《南山經》：“又東三百里曰堂庭之山，多棪木，多白猿。”《爾雅·釋獸》：“猱蝯善援”，郭注：“便攀援。”[⑦] 王引之《經義述聞》卷二十

---

① 王引之：《廣雅疏證》，江蘇古籍出版社1984年版，第370頁。

② 黄侃：《爾雅音訓》，上海古籍出版社1983年版，第265—266頁。

③ 詳見《程瑤田全集》第三冊，陳冠明等校點，黄山書社2008年版，第491—504頁。

④ 王國維：《觀堂集林》，中華書局1959年版，第222頁。

⑤ 王念孫：《廣雅疏證》，江蘇古籍出版社1984年版，第296頁。

⑥ 黄侃：《爾雅音訓》，上海古籍出版社1983年版，第291—292頁。

⑦ 郝懿行：《爾雅義疏》第五冊，國學基本叢書簡編本，商務印書館1936年版，第70頁。

八“猱蝯善援，貜父善顧，威夷長脊而泥”條引王念孫云：“此舉其物之情狀，因以著其命名之義。善援故曰蝯。”① 《説文·十三上·虫部》：“蝯，善援。”（頁 282）段注：“許意以蝯善攀援，故偁蝯。”（頁 673）

3. 舉父

《西山經》：“《西次三經》之首，曰崇吾之山，……有獸焉，其狀如禺而文臂，豹虎②而善投，名曰舉父。”郝疏：“《爾雅》云：‘豦，迅頭。’郭注云：‘今建平山中有豦，大如狗，似獼猴，黃黑色，多髯鬣，好奮迅其頭，能舉石擿人，貜類也。’如郭所説，惟能舉石擿人，故經曰善投，因亦名舉父。舉、豦聲同，故古字通用。”（頁 45—47）舉父以善舉石擿人而得名。

《爾雅·釋獸》：“貜父善顧”，郭注：“能攫持人，好顧眄。”③ 即認爲貜父以能攫持人而得名。

王引之《經義述聞》卷二十八“猱蝯善援，貜父善顧，威夷長脊而泥”條云：“虎豹熊羆之屬，皆能攫持人，而不謂之貜，然則貜父之名，非以其能攫持人而命之也。貜之爲言猶瞿也，《説文》：‘瞿，視遽皃。’徐鍇曰：‘左右驚顧也。’《震》上六曰：‘視瞿瞿。’左思《魏都賦》曰：‘吳蜀二客，矅焉相顧。’是瞿爲顧視貌也。貜父善顧，故謂之貜父矣。”④

聞一多先生《爾雅新義》亦同於王氏之説，云：“郭注説貜父‘能攫持人’，似讀貜爲攫，失其義矣。”⑤

貜、舉二字，並屬段玉裁古韻十七部中的第五部（頁 458、603），

---

① 王引之：《經義述聞》，國學基本叢書本，商務印書館 1936 年版，第 1126 頁。
② 袁珂注：“經文虎，疑是尾字之誤。”（頁 46）
③ 郝懿行：《爾雅義疏》第五册，國學基本叢書簡編本，商務印書館 1936 年版，第 70 頁。
④ 王引之：《經義述聞》，國學基本叢書本，商務印書館 1936 年版，第 1126—1127 頁。
⑤ 聞一多：《聞一多全集》第 2 册，生活·讀書·新知三聯書店 1982 年版，第 231 頁。

則貜父當即舉父。《山海經》言舉父“善投”，與豦“能舉石擿人”、貜父“能攫持人”意思相近，因此郭注並非無故。

4. 窫窳

《北山經》：“又北二百里，曰少咸之山，無草木，多青碧。有獸焉，其狀如牛而赤身，人面馬足，名曰窫窳，其音如嬰兒，是食人。”（頁91—92）窫窳，古書無定字，或作猰貐。對於猰貐的命名之義，陸宗達、王寧先生《訓詁與訓詁學》認爲：“《説文·九下·豸部》：‘貐，猰貐。似貙，虎爪，食人，迅走。’‘貙’，又名‘貙豻’。《漢書·司馬相如傳》‘蟃蜒’‘貙豻’。《爾雅·釋獸》‘貙似貍’，郭璞注：‘今貙虎也。大如狗，文如貍。’又説：‘今山民呼貙虎之大者爲貙豻。’‘猰貐’似貙豻，也是虎屬。它的特點是行走快。所以説‘迅走’。《説文·二上·走部》：‘趨，超特也。’‘超特’與‘迅走’義通。‘猰’與‘趨’同源。‘猰貐’是因走得快而得名。”[①]

5. 鱓

鱓即鱔魚。鱓的命名之義，俞敏先生認爲是出於動作“蟺”[②]。《説文·十三上·虫部》：“蟺，夗蟺也。”（頁282）段注：“夗，轉臥也，引申爲凡宛曲之稱。夗蟺疊韻，葢謂凡蟲之冤曲之狀。”（頁671）故鱓得名於其行動時的宛曲之狀。

四 以動物的習性而得名

1. 窮奇

《西山經》：“又西二百六十里，曰邽山。其上有獸焉，其狀如牛，蝟毛，名曰窮奇，音如獋狗，是食人。”（頁75）蔣禮鴻先生《義府續

---

① 陸宗達、王寧：《訓詁與訓詁學》，山西教育出版社1994年版，第73頁。

② 俞敏：《俞敏語言學論文集》，商務印書館1999年版，第432頁。

貂》“檮杌”條云：“窮奇者，傲狠不耦於物也。”[①] 故窮奇以“傲狠不耦於物”而得名。

2. 鳴蛇

《中山經》：“又西三百里，曰鮮山，……其中多鳴蛇，其狀如蛇而四翼，其音如磬。”（頁 147—148）鳴蛇當以“其音如磬”而得名。

第三節 顏色與命名

前文我們在歸納地名、動物名的命名原則及規律時，有意沒有涉及以顏色命名的方式。這是因爲在《山海經》的專名中，根據顏色命名的現象十分普遍，因此我們專闢一節予以探討歸納。

以事物的顏色命名，最直接的方式就是用“顏色名＋類名”來加以表示。如山名中的黄山等；水名中的赤水、黑水、黄水、青水、白水等；植物名中的朱木、白柳、白菅、赤椒、茈草（即紫草）等；動物名中的赤鷩、赤豹、赤蛇、赤鮭、白翰、白雉、白翟、白雞、白鵺、白鶮、白猿、白狗、白鹿、白狼、白虎、白蛇、青鶩、青鳥、青蛇、黄鷩、黄鳥、黄馬、黄蛇、黄貝、玄鳥、黑蛇、玄龜等；礦物名中的黄金、黄堊、白玉、白金、白珠、白堊、白珉、白錫、白丹、赤金、赤銅、赤銀、赤錫、青雘、青碧、青堊、青丹、玄玉等。

上引專名一眼便可看出是以顏色命名的，有些專名經過考察也可看出是根據事物顏色命名的。

① 蔣禮鴻：《義府續貂》，中華書局 1981 年版，第 8 頁。

一 以事物本身之色命名

1. 丹木

《西山經》:"又西北四百二十里,曰峚山,其上多丹木,員葉而赤莖,黄華而赤實。"(頁 48)丹指赤色,典籍常見,不煩舉例。故丹木當爲赤色之木,正與經文所謂"赤莖""赤實"相符。

2. 鶴

《孟子·梁惠王上》引《詩》云:"白鳥鶴鶴"[①]。《楚辭·九嘆·遠遊》:"騰羣鶴於瑤光",王逸注:"鶴,白鳥也。"[②]

《説文·七下·白部》:"皠,鳥之白也。"(頁 161)

《説文·十上·馬部》:"驩,一曰馬白額。"(頁 201)

《説文·二上·牛部》:"犨,白牛也。"(頁 29)

據此,楊樹達先生《釋皠》認爲:"隺聲字多含白義。"[③] 故鶴的命名之義爲白。

3. 竊脂

《中山經》:"又東一百五十里,曰岷山,……有鳥焉,狀如鴞而赤身白首,其名曰竊脂。"郭注:"今呼小青雀曲觜肉食者爲竊脂,疑非此也。"郝疏:"與《爾雅》竊脂同名異物。"(頁 190—191)

《爾雅·釋鳥》:"桑扈,竊脂。"郭注:"俗謂之青雀,觜曲,食肉,好盜脂膏,因名云。"郝懿行《義疏》:"《説文》及《詩·小宛》傳,俱用《爾雅》。《繫傳》引蔡邕《獨斷》云:'桑扈氏趣民養蠶。'鄭箋:'竊脂肉食。'《左傳》疏引李巡云:'竊脂一名桑扈。'又引陸璣《義疏》云:'竊脂,青雀也。好竊人脯肉及筩中膏,故以名竊脂也。'《淮南·

---

① 焦循:《孟子正義》,《諸子集成》第 1 册,上海書店 1986 年版,第 28 頁。

② 洪興祖:《楚辭補注》,中華書局 1983 年版,第 310—311 頁。

③ 楊樹達:《積微居小學述林》,中華書局 1983 年版,第 75 頁。案:宜參張永言《語文學論集》(增補本),語文出版社 1999 年版,第 192 頁。

說林篇》云：‘馬不食脂，桑扈不啄粟，非廉也。’高誘注亦以桑扈爲青雀。……説竊脂者，舊無異議。唯孔穎達《左傳》疏深致駁難，而援《釋獸》虎竊毛之竊，謂竊即古淺字。此説似是而非，訓竊爲淺，但可施於下文竊藍、竊黄而説，竊脂則舛。竊脂非白鳥也。《詩》言‘有鶯其羽’、‘有鶯其翎’，蓋可見矣。《爾雅》所釋，不妨互有異同，竊脂與竊黄、竊藍亦是也。孔疏欲變舊説而失之，故未可從。”[①]

郝説雖辯，實不可從。《中山經》明言竊脂“白首”，與竊脂義爲淺白色適正相符。郝氏顯然也見到此點，但猶固執己説，只好勉強地説《中山經》之竊脂“與《爾雅》竊脂同名異物”。

《爾雅·釋鳥》又云：“春鳸鳻鶞，夏鳸竊玄，秋鳸竊藍，冬鳸竊黄，桑鳸竊脂，棘鳸竊丹，行鳸唶唶，宵鳸嘖嘖。”郭注：“諸鳸皆因其毛色音聲以爲名。竊，藍青色。”[②]

《左傳·昭公十七年》：“九扈爲九農正”，杜預注：“扈有九種也，春扈鳻鶞，夏扈竊玄，秋扈竊藍，冬扈竊黄，棘扈竊丹，行扈唶唶，宵扈嘖嘖，桑扈竊脂，老扈鷃鷃。”孔疏：“竊即古之淺字，但此鳥其色不純，竊玄，淺黑也；竊藍，淺青也；竊黄，淺黄也；竊丹，淺赤也；四色皆具，則竊脂爲淺白也。”[③]

孔説是矣。《爾雅·釋獸》：“虎竊毛謂之虦貓。”郭注：“竊，淺也。”[④]《説文·五上·虎部》：“虦，虎竊毛謂之虦苗。竊，淺也。”（頁103）段注：“《大雅》曰：‘鞹鞃淺幭’，傳曰：‘淺，虎皮淺毛也。’言竊言淺一也。《釋鳥》竊藍、竊黄、竊丹皆訓淺，於六書爲叚借，不得云竊即淺字。”（頁 210）王引之《經義述聞》卷二十八“虎竊毛謂之虦貓”條引王念孫云：“竊、淺聲之轉，淺、虦聲相近，竊與虦皆淺也。

① 郝懿行：《爾雅義疏》第五冊，國學基本叢書簡編本，商務印書館 1936 年版，第 41 頁。
② 同上書，第 46 頁。
③ 阮元等校刻：《十三經注疏》，中華書局 1980 年版，第 2084 頁。
④ 郝懿行：《爾雅義疏》第五冊，國學基本叢書簡編本，商務印書館 1936 年版，第 61 頁。

《爾雅》言竊毛，《詩》傳言淺毛，其義一也。”[①] 可知竊、淺一聲之轉，故竊脂當以其色淺白而得名。

4. 猛（貘）豹

《西山經》：“又西百七十里，曰南山，上多丹粟。丹水出焉，北流注于渭。獸多猛豹。”郭注：“猛豹似熊而小，毛淺，有光澤，能食蛇，食銅鐵，出蜀中。”郝疏：“猛豹即貘豹也，貘豹、猛豹聲近而轉。”（頁 32）

《爾雅·釋獸》：“貘，白豹。”郭注：“似熊，小頭庳腳，黑白駁，能舐食銅鐵及竹骨，骨節強直，中實少髓，皮辟濕。或曰：豹白色者別名貘。”[②]

《說文·九下·豸部》：“貘，似熊而黃黑色，出蜀中。”（頁 198）段注：“即諸書所謂食鐵之獸也，見《爾雅》、《上林賦》、《蜀都賦》注，《後漢書》、《爾雅》謂之白豹，《山海經》謂之猛豹。今四川川東有此獸。”（頁 457）

從諸家注釋來看，貘實際上就是今天所謂的大熊貓。王引之《經義述聞》卷二十八“貘，白豹”條云：“貘之爲言猶白也。”[③] 大熊貓的毛色正是黑白相雜，故貘豹當以其色白而得名。

5. 菟（兔）

兔，或作菟。《大荒西經》郝疏云：“菟、兔通。”（頁 453）段注於“兔”字下云：“俗作菟。”（頁 472）黃侃先生《爾雅音訓》卷下云：“凡稱菟者，皆有白義。菟即兔之隸俗。”[④] 故菟（兔）以其色白而得名。

6. 犂牛

《東山經》：“《東山經》之首，曰樕螽之山，北臨乾昧。食水出焉，而東北流注于海。其中多鳙鳙之魚，其狀如犂牛。”郭注：“牛似虎文者。”（頁 121）王引之《經義述聞》卷三十一“五色之名”條云：“《東山經》

---

① 王引之：《經義述聞》，國學基本叢書本，商務印書館 1936 年版，第 1124 頁。

② 郝懿行：《爾雅義疏》第五冊，國學基本叢書簡編本，商務印書館 1936 年版，第 61 頁。

③ 王引之：《經義述聞》，國學基本叢書本，商務印書館 1936 年版，第 1125 頁。

④ 黃侃：《爾雅音訓》，上海古籍出版社 1983 年版，第 208 頁。

‘鱅鱅之魚，其狀如犂牛’，郭注犂牛曰：‘牛似虎文者。’則犂牛即驪牛矣。《廣韻》：‘黧，黑而黄也。’黧亦與犂通，然則犂牛者，黄黑相雜之牛也。”[①] 劉師培先生《左盦集》卷四“《經義述聞》‘五色之名’條廣義”贊同王説，並補充了一些證據[②]。故犂牛以其色黄黑相雜而得名。

7. 鰕

《説文·一上·玉部》：“瑕，玉小赤也。”（頁 12）《十上·馬部》：“騢，馬赤白雜毛，从馬叚聲，謂色似鰕魚也。”（頁 199）段注：“凡叚聲多有紅義。”（頁 461）段注復於“鰕”字下云：“凡叚聲如瑕、鰕、騢等皆有赤色。”（頁 581）王引之《經義述聞》卷二十八“魵鰕”條云：“《説文》：‘鰕，魵也。’又曰：‘騢，馬赤白雜毛，色似鰕魚也。’然則鰕魚之班文，其赤白相雜與。”[③] 故鰕以其色赤或赤白相雜而得名。

8. 銅

《説文·十四上·金部》：“銅，赤金也。”（頁 293）段注：“銅色本赤，今之白銅點化爲之耳。《食貨志》曰：‘金有三等，黄金爲上，白金爲中，赤金爲下。’孟康曰：‘赤金，丹陽銅也。’按丹陽銅即《吴王濞傳》章郡銅山，《貨殖傳》章山之銅也。”（頁 702）據此，岑仲勉先生《周鑄青銅器所用金屬之種類及名稱》認爲：“‘銅’、‘彤’一義，其得名蓋示其赤色。”“赤色曰‘紅’，金屬之赤色者曰‘銅’，同爲一語所分化者。”[④] 張永言先生《關於詞的“内部形式”》贊同岑説，亦認爲：“‘銅’的内部形式爲‘紅色’”，並舉親屬語言裏同源的紅義詞以爲旁證[⑤]。故銅以其色赤而得名。

---

① 王引之：《經義述聞》，國學基本叢書本，商務印書館 1936 年版，第 1250—1251 頁。

② 劉師培：《劉申叔遺書》，江蘇古籍出版社 1997 年版，第 1234 頁。

③ 王引之：《經義述聞》，國學基本叢書本，商務印書館 1936 年版，第 1115 頁。案：宜參張永言《語文學論集》（增補本），語文出版社 1999 年版，第 202 頁。

④ 岑仲勉：《兩周文史論叢》，商務印書館 1958 年版，第 116 頁。

⑤ 張永言：《語文學論集》（增補本），語文出版社 1999 年版，第 171—172 頁。

9. 鐵

《説文・十四上・金部》："鐵，黑金也。"（頁 293）《禮記・月令》："孟冬之月，……天子居玄堂左个，乘玄路，駕鐵驪，載玄旂，衣黑衣，服玄玉。"鄭注："鐵驪，色如鐵。"[①]《淮南子・時則訓》："孟冬之月，……天子衣黑衣，乘玄驪。"[②] 鐵驪正作玄驪，可見鐵即玄，亦即黑。

《説文・十上・馬部》："驖，馬赤黑色。"（頁 199）段注："此與青驪馬句法同，謂黑色而帶赤色也。驖不見《爾雅》。《秦風》'駟驖孔阜'，傳曰：'驖，驪也。'驪者，深黑色。許説小異。"（頁 462）故鐵以其色黑而得名[③]。

10. 銀

張永言先生《論上古漢語的"五色之名"兼及漢語和台語的關係》云："《爾雅・釋器》：'白金謂之銀。'《説文・金部》：'銀，白金也。''銀'當是得名於白色。"[④]

二 以方位之色命名

在《山海經》以顏色命名的專名中，有一類特殊的專名並非根據自身的顏色而得名，而是根據方位之色而得名。

在古人的觀念中，東、南、西、北四方往往和青、赤、白、黑四種顏色相對應。

《説文・五下・青部》："青，東方色也。"（頁 106）《十下・赤部》："赤，南方色也。"（頁 212）《七下・白部》："白，西方色也。"（頁 160）

---

① 阮元等校刻：《十三經注疏》，中華書局 1980 年版，第 1380—1381 頁。

② 劉安：《淮南子》，《諸子集成》第 7 冊，上海書店 1986 年版，第 80 頁。

③ 宜參王引之《經義述聞》卷三十一"五色之名"條（國學基本叢書本，商務印書館 1936 年版，第 1250 頁）及張永言《語文學論集》（增補本），語文出版社 1999 年版，第 186 頁。

④ 張永言：《語文學論集》（增補本），語文出版社 1999 年版，第 193 頁。

《十上・黑部》:“黑,北方色也。”[1]

《周禮》中的東龜、南龜、西龜、北龜分别因其色青、赤、白、黑而得名[2],即是顯例。

在《山海經》的專名中,我們同樣見到了類似的對應。青色與東方對應,《大荒東經》有“青丘之國”(頁400)。

赤色與南方對應,《大荒南經》有“赤石”(頁433)、“赤馬”(頁441)。

白色與西方對應,《海外西經》有“白民之國”(頁270),《大荒西經》有“白鳥”(頁465)。《西山經》有“白帝少昊”(頁61),少昊爲西方天帝,故稱白帝。《西山經》云:“又北二百二十里,曰孟山,其陰多鐵,其陽多銅,其獸多白狼、白虎,其鳥多白雉、白翟。”(頁71)

黑色與北方對應,《海内經》云:“北海之内,有山,名曰幽都之山,黑水出焉。其上有玄鳥、玄蛇、玄豹、玄虎、玄狐蓬尾。有大玄之山。有玄丘之民。有大幽之國。”(頁525)玄、黑義同,《廣雅・釋器》:“玄,黑也。”[3]

從上面的引述,尤其是《西山經》和《海内經》的記載來看,一些以顔色命名的專名往往與其所處的方位相關,與其本身的顔色可能反而無關。否者就很難理解如《西山經》《海内經》那樣幾乎全體事物都是白色或黑色的情況,因爲這樣的情況在現實世界中幾乎是不可能出現的。

我們現在還很難確知四方與四色相對應的觀念産生的具體時代,但我們知道這種觀念應該是相當後起的。前面我們已經指出,四方是根據太陽的日循環來確立的。西方是太陽降落之地,日落則意味著黑暗,因

① 此從段注本(頁487)。

② 劉興均:《〈周禮〉名物詞研究》,巴蜀書社2001年版,第38頁。

③ 王念孫:《廣雅疏證》,江蘇古籍出版社1984年版,第272頁。案:玄原作元,當是避康熙之諱而改,故本應作玄。

此日入之地被稱爲昧谷、蒙谷，皆以黑暗爲義。這與西方與白色對應適正相反，但西方爲黑暗之地，相比西方爲白色而言，應該是一種更爲古老的觀念。

如果説《山海經》頗多以四方與四色相對應的專名，那麽《山海經》中同時還有根據以日入之地爲黑暗的觀念來命名的地名。

《西山經》："西南三百六十里，曰崦嵫之山。"郭注："日没所入山也，見《離騷》。"袁珂注："《離騷》云：'望崦嵫而勿迫。'王逸注：'崦嵫，日所入山也；下有蒙水，水中有虞淵。"（頁77—78）

《穆天子傳》卷三云："天子遂驅升于弇山"，郭注："弇，弇兹山，日所入也。"[①] 可見崦嵫又作弇兹。《大荒西經》："西海陼中，有神人面鳥身，珥兩青蛇，踐兩赤蛇，名曰弇兹。"（頁459）這位西海陼中的弇兹當以地名爲名。

崦嵫的命名之義爲何？《説文·七上·日部》："晻，不明也。"（頁138）《説文·十上·黑部》："黤，青黑也。"（頁211）《十上·黑部》："黭，果實黭黯黑也。"（頁211）故崦亦當爲黑義。《説文·四下·玄部》："兹，黑也。从二玄。《春秋傳》曰：'何故使吾水兹。'"（頁84）《説文·四上·鳥部》："鷀，鸕鷀也。从鳥兹聲。"（頁81）桂馥《義證》："兹聲者，《爾雅翼》云：'盧與兹皆黑，故名。'"[②] 故嵫亦當爲黑義。因此，崦、嵫應是同義連文[③]，取義和昧谷、蒙谷一致。

《西山經》："又西二百九十里，曰泑山，神蓐收居之。"郭注："泑，音黝黑之黝。"郝疏："李善注《思玄賦》引此經作濛山，蓋即《淮南子》云'日至於蒙谷'是也。"（頁66—67）蓐收爲西方天帝少皞的屬神，其所居之山自然爲日入之處。泑山之泑當讀爲黝黑之黝，

① 《穆天子傳》，洪頤煊校，叢書集成初編本，商務印書館1937年版，第16頁。

② 桂馥：《説文解字義證》，齊魯書社1987年版，第316頁。

③ 詳見張永言《語文學論集》（增補本），語文出版社1999年版，第180、186—187頁。

《說文・十上・黑部》:“黝,微青黑色也。”(頁 211)《廣雅・釋器》:“黝,黑也。”[①] 可見泑山亦以黑暗爲義。

第四節 《山海經》專名的結構

《山海經》全部專名共計 2138 個,如果從音節來劃分,可以分爲單音詞和複音詞兩大類。其中專名爲單音詞的共計 357 個[②],只占全部專名的 16.7%左右,也就是說專名爲複音詞的比例高達 83.3%。據程湘清先生《先秦雙音詞研究》的統計,《論語》的複音詞只占總詞數的 25.1%,《孟子》的複音詞只占總詞數的 29%[③]。因此,向熹先生《簡明漢語史》認爲:“周秦漢語仍然以單音詞爲主”[④]。相對於周秦時期整個詞彙系統而言,《山海經》專名的這種高度複音化現象頗爲引人注目。

專名中的複音詞的比例爲何如此之高呢?《穀梁傳・隱公三年》:“其不名,何也?”范寧集解:“夫名者,所以相別爾。”[⑤] 可見名稱是爲了相互區別。如果專名都是單音詞,而語音有限,勢必陷入同音之名過多而不易區別的困境。同時,有些事物的名稱用單音詞就能表述清楚,而絕大多數事物的名稱只有用複音詞纔能表述正確和清楚,即《荀子・正名》所云:“單足以喻則單,單不足以喻則兼。”楊倞注:“單,物之單名也。兼,複名也。”[⑥] 正如程湘清先生《先秦漢語研究》所說:“人

---

① 王念孫:《廣雅疏證》,江蘇古籍出版社 1984 年版,第 272 頁。

② 《山海經》一書中,同一個專名有時以單音詞出現,有時又以複音詞的形式出現,如“渭”與“渭水”,“河”與“河水”,“犀”與“犀牛”,“麢”與“麢羊”等。在前面的專名統計中,我們都把它們算作一個專名,這裏將其統一計入複音詞内,不作爲單音詞統計。對於“一名異文”的情况,如“猿”“猨”“蝯”,都是單音詞,在前面的專名統計中,我們都把它們算作一個專名,這裏亦只作爲一個單音詞統計。

③ 程湘清:《先秦雙音詞研究》,載氏編《先秦漢語研究》,山東教育出版社 1982 年版,第 110 頁。

④ 向熹:《簡明漢語史》(上),高等教育出版社 1993 年版,第 406 頁。

⑤ 阮元等校刻:《十三經注疏》,中華書局 1980 年版,第 2367—2368 頁。

⑥ 梁啟雄:《荀子簡釋》,中華書局 1983 年版,第 314 頁。

名、地名等多用複音，能夠易於記憶，便於區别，有利於交際。”① 故專名的複音化亦是勢所必至。明白了這一點，《山海經》專名的高度複音化現象就好理解了。

本節主要就是對《山海經》專名中的複音詞的構詞方式進行探討。

從結構上看，《山海經》專名中的複音詞可分爲單純複音詞、重言詞、合成詞以及綜合式四大類②。

一　單純複音詞

《山海經》專名中的單純複音詞，主要是聯綿詞。聯綿詞又可以分爲雙聲、疊韻和非雙聲疊韻三類③。《山海經》專名中的聯綿詞最多的是雙聲、疊韻詞。

對於專名多爲雙聲疊韻的現象，古人已多有論述：

錢大昕《十駕齋養新録》卷五“雙聲疊韻”條云：“古人名多取雙聲疊韻”，“草木蟲魚之名多雙聲”④。

王引之《廣雅疏證》卷十上“鳶尾、烏萐，射干也”條云：“蓋草木之名，多取雙聲疊韻。”⑤

王引之《經義述聞》卷二十八“鼀䵶蟾諸”條云：“古者庶物

① 程湘清：《先秦雙音詞研究》，載氏編《先秦漢語研究》，山東教育出版社 1982 年版，第 110 頁。

② 關於複音詞的分類及定義，我們參考了向熹先生《簡明漢語史》（上），高等教育出版社 1993 年版，第 408—424 頁。向先生把複音詞分爲單純複音詞、重言詞、合成詞三類，這三類多是就雙音節詞而言。考慮到《山海經》專名的特殊性，即有大量的三音節或多音節複音詞，我們借鑒了程湘清先生《〈論衡〉複音詞研究》的提法，將它們另立一類，稱爲“綜合式”（程湘清：《〈論衡〉複音詞研究》，載氏編《兩漢漢語研究》，山東教育出版社 1992 年版，第 328 頁）。

③ 詳見《中國大百科全書·語言文字》“聯綿字”條（周祖謨撰，中國大百科全書出版社 1992 年版，第 258 頁）。

④ 錢大昕：《十駕齋養新録》，江蘇古籍出版社 2000 年版，第 95 頁。

⑤ 王引之：《廣雅疏證》，江蘇古籍出版社 1984 年版，第 349 頁。

之名，多取雙聲疊韻。”①

鄧廷楨《雙硯齋筆記》卷三云：“艸木鳥獸蟲魚之名，多取雙聲疊韻字。”②

之所以專名多爲雙聲疊韻，我們認爲既與前面所説與古人多據動物的鳴叫聲命名之習有關，又與雙聲疊韻之詞在音節上最爲自然連貫，以之命名，便於稱呼有關。

下面我們就將專名按照雙聲、疊韻和非雙聲疊韻三類分别舉例如下。

（一）雙聲

1. 離侖

《西山經》：“又西三百二十里，曰槐江之山。……槐鬼離侖居之。”（頁53）離侖，來紐雙聲。

2. 蘪蕪

《中山經》：“又東南一百二十里，曰洞庭之山，……其草多葌、蘪蕪。”（頁216）蘪蕪，明紐雙聲。

3. 蘡薁

《中山經》：“又東三十里，曰泰室之山。……有草焉，其狀如茮，白華黑實，澤如蘡薁，其名曰䔄草。”汪紱注：“蘡薁蔓生，細葉，實如小葡萄，或以爲櫻桃，或以爲葡萄，皆誤。”郝疏：“蓋即今之山葡萄。”（頁177）蘡薁，影紐雙聲。

4. 鴛鴦

《南山經》：“東五百里，曰禱過之山，……浪水出焉，而南流注于海。其中有虎蛟，其狀魚身而蛇尾，其音如鴛鴦，食者不腫，可以已

① 王引之：《經義述聞》，國學基本叢書本，商務印書館1936年版，第1115頁。

② 鄧廷楨：《雙硯齋筆記》，馮惠民點校，中華書局1987年版，第190頁。

痵。”（頁 18）鴛鴦，影紐雙聲。

5. 貍力

《南山經》：“《南次二經》之首，曰柜山，……有獸焉，其狀如豚，有距，其音如狗吠，其名曰貍力。”（頁 10）貍力，來紐雙聲。

6. 騊駼

《海外北經》：“北海内有獸，其狀如馬，名曰騊駼。”（頁 294）騊駼，定紐雙聲。

（二）疊韻

1. 昆侖

《西山經》：“又西北四百二十里，曰鍾山，其子曰鼓，其狀如人面而龍身，是與欽䲹殺葆江于昆侖之陽。”（頁 50）昆侖，文部疊韻。

2. 具區

《南山經》：“又東五百里，曰浮玉之山，北望具區。”郭注：“具區，今吴縣西南太湖也，《尚書》謂之震澤。”（頁 13）具區，侯部疊韻。

3. 藷藇

《中山經》：“又東北八百里，曰兔牀之山，其陽多鐵，其木多藷藇。”（頁 201）藷藇，魚部疊韻。

4. 芍藥

《北山經》：“又北百里，曰繡山，……其草多芍藥。”（頁 112）芍藥，藥部疊韻。

5. 葶薴

《中山經》：“又西二百里，曰熊耳之山，……有草焉，其狀如蘇而赤華，名曰葶薴。”（頁 158）葶薴，耕部疊韻。

6. 肥遺

《西山經》：“又西七十里，曰英山，……有鳥焉，其狀如鶉，黃身而赤喙，其名曰肥遺。”（頁 28）肥遺，微部疊韻。

7. 青耕

《中山經》:“又西北一百里,曰堇理之山,……有鳥焉,其狀如鵲,青身白喙,白目白尾,名曰青耕。”(頁 203)青耕,耕部疊韻。

8. 鹿蜀

《南山經》:“又東三百七十里,曰杻陽之山,……有獸焉,其狀如馬而白首,其文如虎而赤尾,其音如謠,其名曰鹿蜀。”(頁 4)鹿蜀,屋部疊韻。

9. 蔥聾

《西山經》:“又西八十里,曰符禺之山,……其獸多蔥聾。”(頁 27)蔥聾,東部疊韻。

10. 玃(玃)如

《西山經》:“西南三百八十里,曰臯塗之山,……有獸焉,其狀如鹿而白尾,馬腳人手而四角,名曰玃如。”袁珂注:“王念孫、郝懿行並校玃如當作玃如。”(頁 34—35)《廣雅·釋地》:“西方有獸焉,如鹿,白尾,馬足,人手,四角,其名曰玃如。”[①] 顯即本《山海經》爲説,而作玃如,當以作玃如爲是。玃如,魚部疊韻。

11. 芎藭

《西山經》:“又北百八十里,曰號山,其木多漆、椶,其草多葯、虈、芎藭。”(頁 71)芎藭,東部疊韻。

12. 夫諸

《中山經》:“《中次三經》萯山之首,曰敖岸之山,……有獸焉,其狀如白鹿而四角,名曰夫諸。”(頁 150)夫諸,魚部疊韻。

13. 狙如

《中山經》:“又東三十里,曰倚帝之山,其上多玉,其下多金。有

① 王念孫:《廣雅疏證》,江蘇古籍出版社 1984 年版,第 296 頁。

獸焉，狀如鼣鼠，白耳白喙，名曰狙如。”（頁 207—208）狙如，魚部疊韻。

14. 委維

《大荒南經》：“赤水之東，有蒼梧之野，舜與叔均之所葬也。爰有文貝、離俞、鴟久、鷹賈、委維。”委維，郭注：“即委蛇也。”（頁 420）委維，微部疊韻。

15. 蒲盧

《中山經》：“又東十里，曰青要之山，實惟帝之密都。……南望墠渚，禹父之所化，是多僕纍、蒲盧。”（頁 150—151）蒲盧，魚部疊韻。

（三）非雙聲疊韻

1. 寇脱

《中山經》：“又東北二十里，曰升山，其木多穀、柞、棘，其草多藷萸、蕙，多寇脱。”郭注：“寇脱草生南方，高丈許，似荷葉而莖中有瓤，正白，零桂人植而日灌之以爲樹也。”（頁 162）

2. 鸜鵒[1]

《中山經》：“又西二十里，曰又原之山，其陽多青雘，其陰多鐵，其鳥多鸜鵒。”鸜鵒，郭注：“鴝鵒也。傳曰：‘鴝鵒來巢。’”（頁 197—198）

3. 騶吾

《海内北經》：“林氏國有珍獸，大若虎，五采畢具，尾長于身，名曰騶吾。”（頁 368）騶吾即《詩·召南·騶虞》之騶虞[2]。

二 重言詞

重言詞是由兩個相同的音節構成的複音詞。《山海經》專名中的重

---

① 《王力古漢語字典》以“鴝鵒”爲準疊韻聯綿詞，中華書局 2000 年版，第 1734 頁。

② 阮元等校刻：《十三經注疏》，中華書局 1980 年版，第 294 頁。

言詞可以分爲兩類。

一類是摹聲詞，主要摹仿動物的鳴叫聲，重言詞的兩個字純粹表音，與這些字的本義無關。這類專名主要是獸名，包括辣辣（頁115）、從從（頁122）、狪狪（頁125）、軨軨（頁126）、精精（頁135）等。

一類則與重言詞的字義有關，而且重言與單音的意義基本相同。

1. 虹虹

《海外東經》："虹虹在其北，各有兩首。一曰在君子國北。"袁珂注："虹即虹字之別寫。《爾雅・釋天》云：'螮蝀，虹。'郭璞注云：'俗名爲美人虹。'《詩・蝃蝀》：'蝃蝀在東，莫之敢指。'蝃音帝，蝃蝀即螮蝀也。此在東之蝃蝀蓋暮虹也；虹隨日所映，故朝西而暮東也。見於《海外東經》君子國北之'虹虹'，亦暮虹；云'各有兩首'者，大約並蜺包括言之。《毛詩正義》引《郭氏音義》云：'虹雙出色鮮盛者爲雄，雄曰虹；闇者爲雌，雌曰蜺。'虹霓之見，古人以爲'陰陽交'（《古微書》輯《春秋元命苞》），《淮南・說山篇》云'天二氣則成虹'是也。'兩首'者，亦'交'之象也。故《詩・蝃蝀》以刺奔女。去其封建意識，虹固爲愛情幸福之象徵。《詩・候人》云：'薈兮蔚兮，南山朝隮；婉兮孌兮，季女斯飢。''朝隮'即朝虹也，'斯飢'，飢於愛也：則虹所象徵者，亦已明矣。宋玉《高唐賦》所記巫山神女之言：'妾在巫山之岨，旦爲朝雲，暮爲行雨，朝朝暮暮，陽臺之下。'聞一多《高唐神女傳說之分析》以爲朝雲即朝虹，神女即虹霓之所化，說亦近是。則《爾雅》'螮蝀'郭注所謂'俗名爲美人虹'者，固自有其古傳也。劉敬叔《異苑》云：'晉義熙初，晉陵薛願有虹飲其釜澳，須臾噏響便竭。願輦酒灌之，隨投隨涸，便吐金滿釜，於是災弊日祛而豐富歲臻。'黃休復《茅亭客話》云：'韋中令鎮蜀之日，與賓客宴於西亭，或暴風雨作，俄有虹蜺自空而下，直入于亭，垂首于筵中，吸其食饌且盡焉。其虹蜺首似驢，身若晴霞狀，公懼且惡之。……旬餘就拜中書令。'此雖後起之説，然虹見於人家之爲禎祥則無異辭也。”（頁 302—303）虹有兩首，早已見於甲骨文。虹，甲骨文作，即作兩首且有巨口之形。虹能飲會喝之説，亦已見載於甲骨文：“有出虹自北飲于河。”[①] 䖬䖬“各有兩首”之説，正和虹字甲骨文字形若合符契。可見，䖬䖬當由自然虹神化而來。

2. 蠻蠻

《西山經》：“《西次三經》之首，曰崇吾之山，……有鳥焉，其狀如鳧，而一翼一目，相得乃飛，名曰蠻蠻。”郭注：“比翼鳥也，色青赤，不比不能飛，《爾雅》作鶼鶼鳥也。”（頁 45—47）

《海外南經》：“比翼鳥在其東，其爲鳥青、赤，兩鳥比翼。”吳任臣注：“即蠻蠻也。”（頁 227）

《爾雅・釋地》：“南方有比翼鳥焉，不比不飛，其名謂之鶼鶼。”郭注：“似鳧，青赤色，一目一翼，相得乃飛。”[②] 郭氏顯然是據《山海經》文作注。

郭氏以《山海經》與《爾雅》互注，可見蠻蠻就是鶼鶼。《太平御覽》卷九二七引《博物志》云：“崇吾之山有鳥焉，一足一翼一目，相得乃飛，名曰鶼鶼。”[③] 《太平御覽》所引《博物志》文顯然根據的是《山海經》的記載，而《山海經》之“蠻蠻”，《博物志》作“鶼鶼”，可見蠻蠻應是鶼鶼之音轉，而正字當作鶼鶼。

《爾雅・釋鳥》：“鶼鶼，比翼。”郝懿行《義疏》云：“《釋文》：‘鶼鶼，衆家作兼兼[④]。李云：鳥有一目一翅，相得乃飛，故曰兼兼也。’”[⑤]

---

① 徐中舒主編：《甲骨文字典》，四川辭書出版社 1988 年版，第 1426 頁。

② 郝懿行：《爾雅義疏》第三冊，國學基本叢書簡編本，商務印書館 1936 年版，第 77 頁。

③ 李昉等：《太平御覽》，中華書局 1960 年版，第 4120 頁。

④ 《太平御覽》卷九二七引《爾雅》云：“南方有比翼鳥焉，不比不飛，其名曰兼兼。”（李昉等：《太平御覽》，中華書局 1960 年版，第 4119 頁）亦堪爲證。

⑤ 郝懿行：《爾雅義疏》第五冊，國學基本叢書簡編本，商務印書館 1936 年版，第 53 頁。

故䜌䜌（鵉鵉）以“比翼”“相得乃飛”而得名。䜌䜌（鵉鵉）正是取義於“兼”。

3. 雙雙

《大荒南經》：“有三青獸相並，名曰雙雙。”郭注：“言體合爲一也。《公羊傳》所云：雙雙而俱至者，蓋謂此也。”郝疏：“郭引《宣五年傳》文也。楊士勛疏引舊説云：‘雙雙之鳥，一身二首，尾有雌雄，隨便而偶；常不離散，故以喻焉。’是以雙雙爲鳥名，與郭異也。”（頁418—419）雙雙之得名，蓋以此獸“常不離散”“體合爲一”也。雙雙正是取義於“雙”。

除去上面提到的重言詞專名外，還有一些目前很難判定應歸入哪類。這些專名包括鳥名：灌灌（頁7）、羅羅（頁44），以及獸名：狌狌（頁1）、獥獥（頁131）、峳峳（頁132）、朏朏（頁145）、文文（頁174）、蛩蛩（頁294）、羅羅[①]（頁294）、猎猎（頁483）。

三 合成詞

合成詞由兩個或幾個詞素合成，包括派生詞和複合詞兩類。派生詞也叫附加式合成詞，由詞根和詞綴合成。複合詞則由詞根和詞根合成。複合詞主要有聯合、偏正、述賓、表述等關係。

一 派生詞

有易

《大荒東經》：“有困民國，勾姓而食。有人曰王亥，兩手操鳥，方食其頭。王亥託于有易、河伯僕牛。有易殺王亥，取僕牛。河念有易，有易潛出，爲國于獸，方食之，名曰摇民。帝舜生戲，戲生摇民。”（頁

① 《海外北經》：“有青獸焉，狀如虎，名曰羅羅。”吴任臣注：“《駢雅》曰：‘青虎謂之羅羅。’今雲南蠻人呼虎亦爲羅羅，見《天中記》。”（頁294—295）張永言先生認爲“羅”或許就是今緬彝語群某些語言稱虎的la［張永言：《語文學論集》（增補本），語文出版社1999年版，第274頁］。因此，“羅羅”可能是其他民族語言的漢語譯音。

404）易古與狄通，故有易即有狄[1]。有易（狄）指易（狄）人之地。

二 複合詞

（一）聯合式

聯合式複合詞由兩個地位平等的詞素構成。《山海經》專名中的聯合式複合詞很少，根據其詞素構成的特點，可以分爲三種情況。

1. 由兩個同義的詞素構成

（1）折丹

折丹爲四方之神中的東方之神。第五章“五方天帝及屬神”節已經證明，折通哲，本指日光之義，引申而有光明之義；丹之言旦也，謂其色如日初出時之赤也，引申亦有光明之義。可見折、丹都爲光明之義。

（2）並封（屏蓬）

《海外西經》：“並封在巫咸東，其狀如彘，前後皆有首，黑。”袁珂注：“《大荒西經》云：‘有獸，左右有首，名曰屏蓬。’《周書·王會篇》云：‘區陽以鱉封，鱉封者，若彘，前後皆有首。’是並封、屏逢、鱉封皆聲之轉，實一物也。聞一多《伏羲考》（見《聞一多全集》第一冊）謂並封、屏蓬本字當作‘並逢’，‘並’與‘逢’俱有合義，乃獸牝牡相合之象也，其説甚是。推而言之，蛇之兩頭、鳥之二首者，亦均並封、屏蓬之類，神話化遂爲異形之物矣。”（頁 264—265）可見並封（屏蓬）即並逢，並、逢都爲合義。

2. 由兩個不同義的詞素組成

（1）蓐收

《海外西經》：“西方蓐收，左耳有蛇，乘兩龍。”（頁 273）蓐收爲西方天帝的屬神。《禮記·月令》：“其帝少暤，其神蓐收”，孔疏：“蓐

---

[1] 王國維：《殷卜辭中所見先公先王考》，載氏著《觀堂集林》，中華書局 1959 年版，第 420 頁。

收者，言秋時萬物摧辱而收斂。”① 可見蓐收即摧辱和收斂之義。

（2）句芒

《海外東經》：“東方句芒，鳥身人面，乘兩龍。”（頁 314）句芒爲東方天帝的屬神。《禮記・月令》：“其帝大皞，其神句芒”，孔疏：“木初生之時，句屈而有芒角，故云句芒。”② 可見句芒即句屈和芒角之義。

3. 由兩個反義的詞素組成

耆童（老童）

《西山經》：“又西一百九十里，曰騩山，其上多玉而無石。神耆童居之，其音常如鍾磬。”郭注：“耆童，老童，顓頊之子。”（頁 65）耆童，《大荒西經》作老童（頁 452）。耆、老義近，《説文・八上・老部》：“耆，老也。”（頁 173）《廣雅・釋詁一》：“耆，老也。”③《孟子・梁惠王下》：“乃屬其耆老而告之”④，即以耆老連文。《易・觀》：“童觀”，《釋文》：“童，鄭云：稚也。”⑤《禮記・雜記上》：“稱陽童某甫”，鄭注：“童，未成人之稱也。”⑥《釋名・釋長幼》：“十五曰童”，“六十曰耆”⑦。可知耆（老）與童含義正好相反。

（二）偏正式

偏正式複合詞的前後兩個詞素有偏正關係，偏詞素制約正詞素。《山海經》專名中的偏正式複合詞，如果從構詞形式來看，大部分都是“别名＋類名”的形式，還有一部分是“類名＋别名”的形式，這是《山海經》專名中的偏正式複合詞的主要構詞形式。如果從内部形式看，大致又可以分爲以下幾種情況。

---

① 阮元等校刻：《十三經注疏》，中華書局 1980 年版，第 1372 頁。
② 同上書，第 1353 頁。
③ 王念孫：《廣雅疏證》，江蘇古籍出版社 1984 年版，第 10 頁。
④ 焦循：《孟子正義》，《諸子集成》第 1 冊，上海書店 1986 年版，第 97 頁。
⑤ 高亨：《周易古經今注》（重訂本），中華書局 1984 年版，第 219 頁。
⑥ 阮元等校刻：《十三經注疏》，中華書局 1980 年版，第 1553 頁。
⑦ 王先謙：《釋名疏證補》，上海古籍出版社 1984 年版，第 147、148 頁。

1. 修飾部分説明中心部分的數量

(1) 三身

《海内經》："帝俊生三身，三身生義均。"（頁 532）《海外西經》："三身國在夏后啟北，一首而三身。"（頁 256）可見三身指一人有三個身體。

(2) 四海

《西山經》："又西三百二十里，曰槐江之山。……實惟帝之平圃，神英招司之，其狀馬身而人面，虎文而鳥翼，徇于四海。"郭注："徇謂周行也。"（頁 53—54）在古人心目中，大地四方都是海洋，稱爲四海。因此，《山海經》有"《海内經》"和"《海外經》"之别。

(3) 三淖

《大荒西經》："大荒之中，有龍山，日月所入。有三澤水，名曰三淖。"（頁 457）三淖指有三澤水。

(4) 九部

《西山經》："西南四百里，曰昆侖之丘，是實惟帝之下都，神陸吾司之。其神狀虎身而九尾，人面而虎爪；是神也，司天之九部及帝之囿時。"郭注："主九域之部界、天帝苑圃之時節也。"（頁 55—57）古人認爲天可分爲九個不同的區域，稱爲九部。

(5) 九都

《中山經》："又東二十里，曰和山，其上無草木而多瑶、碧，實惟河之九都。"郭注："九水所潛，故曰九都。"（頁 154—155）

(6) 九陰

《大荒北經》："西北海之外，赤水之北，有章尾山。有神，人面蛇身而赤，直目正乘，其瞑乃晦，其視乃明，不食不寢不息，風雨是謁。是燭九陰，是謂燭龍。"（頁 499）九陰指幽冥之地。稱幽冥之地爲九陰，猶如稱天爲九天一樣，即《孫子・形篇》所云："善攻者動於九天之上。”[①]

（7）九州

《海内經》：“禹、鯀是始布土，均定九州。”（頁 532）古人認爲大地分爲九個不同的區域，謂之九州。

（8）五穀

《海外北經》：“共工之臣曰相柳氏，九首，以食于九山。……禹殺相柳，其血腥，不可以樹五穀種。”（頁 279—280）五穀指五種穀物。

2. 修飾部分説明中心部分的方位或地域

（1）修飾部分爲“東”“南”“西”“北”“下”等方位詞

這類詞有東海（頁 8）、南海（頁 318）、西海（頁 1）、北海（頁 101）、西澤（頁 385）、東極（頁 305）、西極（頁 305）、東胡（頁 343）、西胡（頁 381）、北狄（頁 452）、南山（頁 32）、西山（頁 111）、南嶽（頁 469）、西岳（頁 525）、下都（頁 55—56）等。

（2）修飾部分體現了中心部分所在的地域

①仁羿

《海内西經》：“海内昆侖之虚，在西北，帝之下都。昆侖之虚，方八百里，高萬仞。……在八隅之巖，赤水之際，非仁羿莫能上岡之巖。”（頁 344—345）章太炎先生《文始》三云：“古文仁爲𡰥，夷亦或爲𡰥，……同爲舌音，故得相借。臣鍇引《山海經》‘非人羿莫能上’，今本作‘仁羿’，皆夷羿也。”[②] 于省吾先生《澤螺居詩經新證》卷中“洵美且仁”條云：“仁與𡰥古同字，古文从人从尸往往無别。《孝經・仲尼》釋文：‘𡰥，古夷字也。’《漢書・高祖本紀》：‘司馬𡰥將兵北定楚地’，顔注謂‘𡰥，古夷字’。《説文》‘仁’之古文作‘𡰥’，敦

① 曹操等：《孫子十家注》，《諸子集成》第 6 冊，上海書店 1986 年版，第 56 頁。

② 章太炎：《章太炎全集》（七），上海人民出版社 1999 年版，第 250 頁。

煌隸古定《尚書》中的夷字作𡰥。”[①] 可見仁羿即夷羿，《左傳・襄公四年》即作“夷羿”[②]，亦可爲證。因此，仁（夷）羿的名號顯示了后羿爲東夷之神。

②巴蛇

《海内西經》：“巴蛇食象。”（頁 331）巴蛇指巴地之蛇。

③天犬

《大荒西經》：“有巫山者。有壑山者。有金門之山，……有赤犬，名曰天犬，其所下者有兵。”（頁 465）從“其所下者有兵”來看，天犬當指天上之犬。

3. 修飾部分和中心部分有種屬關係

（1）一類是中心部分是種，修飾部分是屬。

①薰草

《西山經》：“又西百二十里曰浮山，……有草焉，名曰薰草。”（頁 30）《説文・一下・艸部》：“薰，香艸也。”（頁 16）

②葌草

《中山經》：“又東百二十里，曰吳林之山，其中多葌草。”（頁 144）《説文・一上・艸部》：“葌，香艸也，出吳林山。”[③]

③棪木

《南山經》：“又東三百里，曰堂庭之山，多棪木。”袁珂注：“《爾雅・釋木》云：‘棪，樕其。’郭璞注：‘棪，實似柰，赤，可食。’”（頁 2—3）

④榣木

《西山經》：“又西三百二十里，曰槐江之山。……其陰多榣木之有

① 于省吾：《澤螺居詩經新證》，中華書局 1982 年版，第 106 頁。

② 阮元等校刻：《十三經注疏》，中華書局 1980 年版，第 1933 頁。

③ 此從段注本（頁 25）。

若。”郭注：“榣木，大木也。”（頁 53—55）

⑤櫄木

《中山經》：“又東五百里，曰成侯之山，其上多櫄木。”郝疏：“《説文》云，杶，或作櫄，即今椿字也。”（頁 161）

⑥鸞鳥

《西山經》：“西南三百里，曰女牀之山，……有鳥焉，其狀如翟而五采文，名曰鸞鳥，見則天下安寧。”（頁 40）《説文·四上·鳥部》：“鸞，亦神靈之精也，赤色五采，雞形，鳴中五音，頌聲作則至。”（頁 79）

⑦羬羊

《西山經》：“《西山經》華山之首，曰錢來之山，……有獸焉，其狀如羊而馬尾，名曰羬羊。”郭注：“今大月氐國有大羊如驢而馬尾。《爾雅》云：‘羊六尺爲羬’，謂此羊也。”（頁 24）

⑧鱣魚

《西山經》：“又西二百二十里，曰鳥鼠同穴之山，其上多白虎、白玉。渭水出焉，而東流注于河。其中多鰠魚，其狀如鱣魚。”郭注：“鱣魚，大魚也，口在頷下，體有連甲也。”（頁 76）

⑨鮒魚

《北山經》：“又東三百里，曰陽山，……留水出焉，而南流注于河。其中有䱇父之魚，其狀如鮒魚。”（頁 106）鮒魚即鯽魚。

⑩砆石

《南山經》：“又東五百里，曰會稽之山，四方，其上多金玉，其下多砆石。”郭注：“砆，武夫石，似玉。”（頁 14）

⑪璇玉

《中山經》：“又東北二十里，曰升山，……黃酸之水出焉，而北流注于河，其中多璇玉。”郭注：“石次玉者也。”（頁 162—163）

（2）一類是中心部分是屬，修飾部分是種。前人叫作“大名冠小名”[①]。

①竹箭、竹䉋

《中山經》：“又西三百里，曰牡山，其上多文石，其下多竹箭、竹䉋。”（頁158）《説文·五上·竹部》：“箭，矢竹也。”[②]《玉篇·竹部》：“䉋，竹，長節，深根，筍冬生。”[③] 可見箭、䉋並爲竹類之一。

②玉璜

《海外西經》：“大樂之野，夏后啟于此儛九代；乘兩龍，雲蓋三層。左手操翳，右手操環，佩玉璜。”郭注：“半璧曰璜。”（頁253—254）璜是玉器之一。

4. 修飾部分説明中心部分所指事物的原料

旃冠

《海内經》：“有人曰苗民。有神焉，人首蛇身，長如轅，左右有首，衣紫衣，冠旃冠。”（頁518）旃冠即旃冕，《世本》：“黄帝作旃冕。”宋均注：“通帛爲旃。”[④]

5. 修飾部分説明中心部分所指事物的顏色或大小

根據事物的顏色或大小等特徵命名的情況，我們在前面已經作過討論，這裏僅舉“白木”以作示例。

白木

《大荒西經》：“西有王母之山、壑山、海山。有沃之國，沃民是處。沃之野，鳳鳥之卵是食，甘露是飲。凡其所欲，其味盡存。爰有甘華、甘柤、白柳、視肉、三騅、璇瑰、瑶碧、白木。”白木，郭注：“樹色正

① 俞樾《古書疑義舉例》卷三有“以大名冠小名例”條（俞樾等：《古書疑義舉例五種》，中華書局1956年版，第52—53頁），即是指此而言。

② 此從段注本（頁189）。

③ 《宋本玉篇》，中國書店1983年版，第274頁。

④ 《世本》，孫馮翼輯本，叢書集成初編本，中華書局1985年版，第3頁。

白。”（頁 454—456）可見白木爲樹色正白之木。

6. 修飾部分説明中心部分所指事物的形狀特徵

根據事物的形狀特徵命名的情況，我們在前面已經作過討論。如豪彘即以其身有麄豪而命名，箴魚即以其喙如箴而命名。

7. 修飾部分説明中心部分所指人物的身份和地位

（1）水伯

《海外東經》：“朝陽之谷，神曰天吴，是爲水伯。”（頁 303）水伯即水神。

（2）雷神

《海内東經》：“雷澤中有雷神。”（頁 381）

（3）風伯、雨師

《大荒北經》：“有係昆之山者，有共工之臺，射者不敢北鄉。有人衣青衣，名曰黄帝女魃。蚩尤作兵伐黄帝，黄帝乃令應龍攻之冀州之野。應龍畜水，蚩尤請風伯、雨師，縱大風雨。”（頁 490—491）風伯、雨師即風神、雨神。

（4）田祖

《大荒北經》：“叔均乃爲田祖。”郭注：“主田之官。《詩（·大田）》云：‘田祖有神。’”（頁 491、494）田祖即管理農田之官。

8. 修飾部分説明中心部分所指事物的特性或作用

（1）脃石

《中山經》：“又東三十里，曰章山，……皐水出焉，東流注于澧水，其中多脃石。”袁珂注：“脃，俗作脆。”郝疏：“《説文》云：‘脃，小耎易斷也。’此石耎薄易碎，故以名焉。”（頁 210）

（2）箴石

《東山經》：“又南四百里，曰高氏之山，其上多玉，其下多箴石。”郭注：“可以爲砥（砭）針治癰腫者。”（頁 123—124）

（三）支配式

燭陰

《海外北經》：“鍾山之神，名曰燭陰，視爲晝，瞑爲夜，吹爲冬，呼爲夏，不飲，不食，不息，息爲風，身長千里。”燭陰，郭注：“燭龍也，是燭九陰，因名云。”（頁 277）可見燭陰即燭照九陰之義。

（四）表述式

1. 宵明

《海内北經》：“舜妻登比氏生宵明、燭光，處河大澤，二女之靈能照此所方百里。”宵明、燭光，郭注：“即二女字也，以能光照，因名云。”（頁 373）宵明就是夜晚明亮之義。

2. 皮張

《中山經》：“又東四十里，曰豐山，其上多封石，其木多桑，多羊桃，狀如桃而方莖，可以爲皮張。”郭注：“治皮腫起。”（頁 209）可見皮張即皮腫起之義。

四　綜合式

前面我們討論的《山海經》專名中的複音詞，實際上都是雙音節詞。此外，《山海經》專名中還有大量的三音節或多音節複音詞。從詞的結構來看，它們都是兩種或兩種以上的構詞方式合成的。程湘清先生《〈論衡〉複音詞研究》將這類複音詞稱爲“綜合式”①，我們亦采用程先生的擬名，將《山海經》這類專名稱爲“綜合式”。

《山海經》專名中的綜合式複音詞主要是地名，還包括部分神人名、動物名等。《山海經》專名中的綜合式複音詞主要有以下幾個方面的特點。

---

① 程湘清：《〈論衡〉複音詞研究》，載氏編《兩漢漢語研究》，山東教育出版社 1992 年版，第 328 頁。對綜合式複音詞的分析，我們借鑒參考了程文（同上書，第 330—332 頁）。

第一，在“别名＋類名”式的三音節詞的“别名”與“類名”之間往往加助字“之”，構成四音節詞。如《大荒東經》“奢比尸”（頁409），《海外東經》又作“奢比之尸”（頁300）；《海外南經》“羽民國”（頁228），《大荒南經》又作“羽民之國（頁423）；《海外西經》“丈夫國”（頁262）、“女子國”（頁265），《大荒西經》又作“丈夫之國”（頁458）、“女子之國”（頁458）；《海外東經》“君子國”，《大荒東經》又作“君子之國”（頁398）；《海外東經》“昆侖虚”（頁241），《海内西經》又作“昆侖之虚”（頁343）。此外，部分“别名＋類名”式的雙音節詞之間亦加助字“之”，構成三音節詞。如“沃之國”（頁454）、“閼之澤”（頁15）、“嶨之澤”（頁45）、“熊之穴”（頁194）等。

古代學者已經注意到這種加助字的現象，王引之《經傳釋詞》卷九“之”條云：“之，語助也。……《禮記·射義》‘公罔之裘’，鄭注曰：‘之，發聲也。’僖二十四年《左傳》‘介之推’，杜注曰：‘之，語助。’凡《春秋》人名中有‘之’字者，皆放此。”[①] 《山海經》專名中的“之”字亦當是語助詞，並無實義。因此，這類有助字“之”的四音節詞的結構，實際上可以作爲三音節詞來考察；三音節詞的結構可以作爲雙音節詞來考察。

第二，三音節詞或加助字“之”的四音節詞的構成往往有一個共同的特點，就是第三個語素或第四個語素通常是用一個起大類名作用的常用單音詞充當的。如“神人名”中的“飛獸之神”（頁45）、“有窮鬼”（頁53）等；“郡國名”中的“厭火國”（頁233）、“三苗國”（頁235）、“巫咸國”（頁263）、“軒轅之國”（頁266）、“聶耳之國”（頁283）、“開題之國”（頁333）等；“山名”中的“洞庭山”（頁214）、“大運山”

① 王引之：《經傳釋詞》，岳麓書社1985年版，第201頁。楊樹達先生《古書疑義舉例續補》卷一“人姓名之間加助字例”條亦舉有多例（見俞樾等《古書疑義舉例五種》，中華書局1956年版，第186—187頁），茲不具引。

(頁 253)、“登葆山”(頁 263)、“箕尾之山”(頁 8)、“龍首之山”(頁 41)、“區吳之山”(頁 211)等;“水名”中的“漊液水”(頁 115)、“符禺之水”(頁 27)、“牛首之水”(頁 112)、“木馬之水”(頁 114)、“鹽販之澤”(頁 107)、“餘如之澤”(頁 138)、“清泠之淵”(頁 201)、“從極之淵”(頁 369)、“少和之淵”等;“草名”中的“薰華草”(頁 301);“木名”中的“文玉樹”(頁 350)、“琅玕樹”(頁 353)、“蔓居之木”(頁 154)等;“鳥名”中的“滅蒙鳥”(頁 251)、“五采之鳥”(頁 409)等;“獸名”中的“開明獸”(頁 345);“魚名”中的“冉遺之魚”(頁 73)、“何羅之魚”(頁 83)、“鰼鰼之魚”(頁 84)等;“礦物名”中的“嬰垣之玉”(頁 31)、“瑾瑜之玉”(頁 48)等。

第三,綜合式複音詞都是用兩種或兩種以上的結構方式分不同層次構成的。第一層大多數是“別名+類名”的偏正式,第二層是就“別名”而言,其結構方式和前面分析的《山海經》專名中的雙音節複音詞基本一致,同樣包括以下幾種。

(一)單純詞

1. 滅蒙鳥

《海外西經》:“滅蒙鳥在結匈國北,爲鳥青,赤尾。”(頁 251)滅蒙,明紐雙聲。

2. 焦僥之國

《大荒南經》:“有小人,名曰焦僥之國。”(頁 432)焦僥,宵部疊韻。

3. 昆侖之丘

《西山經》:“西南四百里,曰昆侖之丘。”(頁 55)昆侖,文部疊韻。

4. 蔥聾之山

《中山經》:“又東三十五里,曰蔥聾之山。”(頁 143)蔥聾,東部疊韻。

（二）重言詞

1. 䫄䫄之山

《大荒南經》："有䫄䫄之山。"（頁 424）

2. 決決之水

《北山經》："又東北二百里，曰龍侯之山，無草木，多金玉。決決之水出焉，而東流注于河。"（頁 103）

3. 濩濩之水

《北山經》："又北三百里，曰石山，多藏金、玉。濩濩之水出焉，而東流注于虖沱。"（頁 115）

4. 滽滽之水

《中山經》："又東四十里，曰宜蘇之山，……滽滽之水出焉，而北流注于河。"（頁 154）

5. 鰼鰼之魚

《北山經》："又北三百五十里，曰涿光之山，囂水出焉，而西流注于河。其中多鰼鰼之魚。"（頁 84）

6. 䱻䱻之魚

《北山經》："又北二百里，曰少咸之山，……敦水出焉，東流注于鴈門之水，其中多䱻䱻之魚。"（頁 91—92）

7. 鱅鱅之魚

《東山經》："《東山經》之首，曰樕蟸之山，北臨乾昧。食水出焉，而東北流注于海。其中多鱅鱅之魚。"（頁 121）

8. 鮯鮯之魚

《東山經》："又南水行五百里，曰流沙，行五百里，有山焉，曰跂踵之山，……有水焉，廣員四十里皆涌，其名曰深澤，其中多蠵龜。有魚焉，其狀如鯉，而六足鳥尾，名曰鮯鮯之魚，其名自叫。"（頁 134）

（三）合成詞

1. 附加式

有窮鬼

《西山經》："又西三百二十里，曰槐江之山。……東望恒山四成，有窮鬼居之，各在一搏。"郭注："搏猶脅也；言羣鬼各以類聚，處山四脅，有窮其總號耳。"（頁 53、55）有窮爲古之國名，《左傳·襄公四年》："有窮后羿"，杜注："羿，有窮君之號。"孔疏："羿居窮石之地，故以窮爲國號。以'有'配之，猶言'有周'、'有夏'也。"[1] 有窮之"有"爲並無實義的詞綴，故有窮爲附加式結構。

2. 聯合式

（1）崦嵫之山

《西山經》："西南三百六十里，曰崦嵫之山。"（頁 77）前面已經證明，崦、嵫並爲黑義，故崦嵫爲聯合式結構。

（2）風雨之山

《中山經》："又東一百五十里，曰風雨之山。"（頁 193）風雨爲聯合式結構。

（3）門戶山

《大荒東經》："又有門戶山。"（頁 410）門戶爲聯合式結構。

（4）雲雨之山

《大荒南經》："大荒之中，有山名死塗之山，青水窮焉。有雲雨之山。"（頁 432—433）雲雨爲聯合式結構。

（5）日月山

《大荒西經》："大荒之中，有山名曰日月山。"（頁 459）日月爲聯合式結構。

---

① 阮元等校刻：《十三經注疏》，中華書局 1980 年版，第 1933 頁。

（6）黑白之丘

《海内經》："有九丘，以水絡之：名曰……黑白之丘。"（頁 509）黑白爲聯合式結構。

（7）寒暑之水

《大荒西經》："西北海之外，大荒之隅，有山而不合，名曰不周負子，有兩黄獸守之。有水曰寒暑之水。"（頁 443）寒暑爲聯合式結構。

3. 偏正式

（1）三首國

《海外南經》："三首國在其東，其爲人一身三首。"（頁 242）三首爲偏正式結構。

（2）長臂國

《海外南經》："長臂國在其東，捕魚水中，兩手各操一魚。"（頁 245）長臂爲偏正式結構。

（3）松果之山

《西山經》："西四十五里，曰松果之山。"（頁 25）松果爲偏正式結構。

（4）天帝之山

《西山經》："又西三百五十里，曰天帝之山。"（頁 34）天帝爲偏正式結構。

（5）牛首之水

《北山經》："又東北二百里，曰錫山，其上多玉，其下有砥。牛首之水出焉。"（頁 112）牛首爲偏正式結構。

（6）五采之鳥

《大荒東經》："有五采之鳥。"（頁 409）五采爲偏正式結構。

4. 支配式

（1）貫匈國

《海外南經》："貫匈國在其東，其爲人匈有竅。"（頁 237）貫匈爲支配式結構。

（2）交脛國

《海外南經》："交脛國在其東，其爲人交脛。" 郭注："言腳脛曲戾相交，所謂雕題、交趾者也。"（頁 238）交脛爲支配式結構。

（3）拘纓之國

《海外北經》："拘纓之國在其東，一手把纓。" 郭注："言其人常以一手持冠纓也。或曰纓宜作癭。" 袁珂注："纓正宜作癭。癭，瘤也，多生於頸，其大者如懸瓠，有礙行動，故須以手拘之，此'拘癭之國'之得名也。作拘纓者，同音通假，實亦拘癭，非如郭注所云'常以一手持冠纓'也。《山海經》所記殊方異域之人，非異形即異稟，無爲以'一手持冠纓'而亦列爲一國之理，是不足深辨亦已明矣。"（頁 288）拘纓（癭）爲支配式結構。

（4）鼓鍾之山

《中山經》："東三百里，曰鼓鍾之山，帝臺之所以觴百神也。" 郭注："舉觴燕會，則於此山，因名爲鼓鍾也。"（頁 171）鼓鍾爲支配式結構。

此外，還有少數幾個專名中的綜合式複音詞，第一層雖然不是"別名＋類名"的形式，但仍然屬於偏正式的結構。如"西王母"（頁 59），其結構方式就是"偏＋正（偏＋正）"。

總之，從構詞形式上加助字"之"，從意義上采用加類名的方法，從結構上采取分層次的形式，是《山海經》專名中的綜合式複音詞的主要特點。

第五節 《山海經》專名的名實關係

名實關係即名稱與事物之間的關係，究竟是怎樣的呢？根據早期神話傳説的記載，名稱是由上帝或聖人制定的。

《聖經·舊約·創世記》的第一章説，上帝親自爲事物命名。第二章記載的另一種説法則是，上帝造出人類始祖亞當後，就將野地各樣走獸和空中各樣飛鳥都帶到亞當面前，亞當叫它們什麽，什麽就是它們的名字[①]。

無獨有偶，我國古代同樣有著與此相似的記載。《禮記·祭法》："黄帝正名百物。"孔疏："黄帝正名百物者，上雖有百物而未有名，黄帝爲物作名。"[②] 陳澔《禮記集説》云："正名百物者，立定百物之名也。"[③] 可見古人認爲百物之名都是黄帝制定的。

《尚書·吕刑》："禹平水土，主名山川。"僞孔傳云："禹治洪水，山川無名者主名之。"[④]《大戴禮記·五帝德》亦云："禹敷土，主名山川。"[⑤]《爾雅·釋水》："從《釋地》已下至九河，皆禹所名也。"[⑥] 可見古人認爲山川之名多爲禹所制定。

我們可以把這種認爲萬物之名由神制定的看法稱爲"名稱神定説"。爲何在中西文化中都産生了"名稱神定説"這種相似的認識呢？

英國學者詹·喬·弗雷澤《金枝》説："未開化的民族對於語言和事物不能明確區分，常以爲名字和它們所代表的人或物之間不僅是人的思想概念上的聯繫，而且是實在的物質的聯繫，從而巫術容易通過名字，猶如通過頭髮指甲及人身其他任何部分一樣，來爲害於人。事實上，原始人把自己的名字看作是自身極重要的部分，因而非常注意保護它。"[⑦] 可

① 《聖經》，新標點和合本，中國基督教協會 1995 年版，第 1—3 頁。

② 阮元等校刻：《十三經注疏》，中華書局 1980 年版，第 1590 頁。

③ 《四書五經》（中），中國書店 1985 年版，第 255 頁。

④ 阮元等校刻：《十三經注疏》，中華書局 1980 年版，第 248 頁。

⑤ 方向東：《大戴禮記匯校集解》，中華書局 2008 年版，第 718 頁。

⑥ 郝懿行：《爾雅義疏》第四冊，國學基本叢書簡編本，商務印書館 1936 年版，第 21 頁。案：《十三經注疏》本以此爲郭璞注文（阮元等校刻：《十三經注疏》，中華書局 1980 年版，第 2620 頁）。

⑦ ［英］詹·喬·弗雷澤：《金枝》，徐育新等譯，中國民間文藝出版社 1987 年版，第 362 頁。

以看出，初民認爲名稱是事物天然的組成部分，或者説名稱和事物是一體的，不能分割。正是因爲初民認爲名稱與事物之間有神秘的内在聯繫，從而產生了種種關於名稱的禁忌。我國古代對於名字的避諱，正是初民名稱禁忌習俗的延續[①]。名稱在初民心目中是如此神秘、如此重要，因此他們認爲只有神纔有資格、有能力爲事物制定名稱。反之，只有神制定的名稱，纔有合法性，纔能獲得大家普遍的認同。這正是爲什麼中西文化都有"名稱神定説"記載的真正原因。

至於《尚書·吕刑》孔疏云："山川與天地並生，民應先與作名，但禹治水，萬事改新，古老既死，其名或滅，故當時無名者，禹皆主名之。"[②] 蓋未達"名稱神定説"之旨也。

隨著人類認識的不斷進步，人們逐漸放棄了"名稱神定説"這種神話式的認識，開始了關於名稱與事物關係的真正科學意義上的探討。

公元前4世紀，在大哲學家蘇格拉底周圍，曾發生過一場關於名稱與事物關係的爭論。在柏拉圖（前427—前347）的對話錄《克拉底洛篇》（*Kratylos*）裏保留著對這一爭論的回憶。《克拉底洛篇》全名《克拉底洛——論詞的正確性問題》，共分六個部分，即：①序言（爭論的目的）；②語言產生於約定；③按本質的命名；④原始名稱和派生名稱；⑤對問題的重新考察；⑥結語。"按本質的命名"這一部分論述得最詳盡，約占全部篇幅的一半。其中論及荷馬傳説和古典傳統的名稱，以及上帝、魔鬼、英雄、各種事物、概念等等的名稱的來歷。爭論的中心問題是：事物的名稱是根據事物的性質被賦予的呢，還是根據協商而規定的？

爭論是在克拉底洛、赫爾摩根和蘇格拉底三個人之間展開的。克拉

① 鄭振鐸：《釋諱篇》，載氏著《鄭振鐸古典文學論文集》，上海古籍出版社1984年版，第158—179頁；宜參李安宅《語言的魔力·名的魔力》，載氏著《語言·意義·美學》，四川人民出版社1991年版，第6—9頁。

② 阮元等校刻：《十三經注疏》，中華書局1980年版，第248頁。

底洛與赫爾摩根兩人的觀點針鋒相對。《克拉底洛篇》中敍述説："克拉底洛宣稱，存在著一種由每一事實的本質產生的名稱的原始的正確性；如果某些人想用什麼語音稱謂一個事物就這樣稱謂，那就不成其爲名稱了；名稱的某種正確性，原始地存在於希臘人，也存在於野蠻人，對一切人都是一樣的。"

赫爾摩根則相反，他認爲事物的名稱是按規定產生的。他説："我不相信名稱的正確性在於別的什麼東西而不在於約定俗成。因爲我認爲，如果有誰確定一個名稱，那個名稱也就是正確的名稱；若是他在後來改用別的名稱而不再使用原先的名稱來稱呼，那麼後來這個名稱的正確性絲毫也不次於前者，這正如我們改變奴隸的名字一樣，因爲任何人的某個名字都不是按本質產生的，它乃是在法律和習慣的基礎上屬於這種習慣，並且這樣稱謂它的人們的。"

蘇格拉底在這場爭論中的態度有點模棱兩可。他先是同意克拉底洛的看法，認爲確實存在"名稱的本質的正確性"。可是，在《克拉底洛篇》的最後部分，蘇格拉底又説詞的"按本質的正確性"實際上並不存在，因爲只有對事物的本質有正確的深入的認識，纔可能創造出具有正確性的詞，而這對最初創造詞的先民來説，實在是很難做到的。可以看出，蘇格拉底實際上是遊移於"按本質"和"按規定"論兩者之間的。

這一關於"按本質"和"按規定"的爭論，在後來的哲學家中不斷引起反響。例如，亞力士多德是贊成"按規定"論的，伊壁鳩魯基本上同意"按本質"論，但有時又向"習慣"讓步，似乎有點類似蘇格拉底的調和態度。公元前 4 世紀末形成的大哲學學派斯多葛派堅決主張語言"按本質"而產生，懷疑論者則反對斯多葛派的主張，認爲語言是由"協商"（即"按規定"）而取得自己的意義的。後來的語言學家也不時回到這個問題上來。這充分證明《克拉底洛篇》所記錄的這場爭論，不斷地刺激著人們去思索語言問題，這也説明了這一論題的重要性。[①]

幾乎與此同時，我國學者也開始了對名實關係問題的熱烈探討。這時正是我國的春秋戰國時期，正處於一個激烈的變革時代，好些事物舊有的“名”已經不能適應新的内容“實”了，而各種新起的名還沒有得到社會的公認。這種情況，在社會生活領域内表現得特别突出，而在意識形態上便形成了“名”“實”之爭。老子在《道德經》中提出了“名可名，非常名。無名，天地之始。有名，萬物之母”的觀點，所謂“常名”，是指與客觀事物有本質聯繫的概念，而“可名”則指名稱，即語言中的詞。老子認爲可名（即名稱）與客觀事物沒有本質聯繫，它只是表達概念的符號。語言在開始時，天爲什麽叫天，地爲什麽叫地，名稱和客觀事物是沒有必然的聯繫的，所以老子説：“無名，天地之始。”但是，老子並沒有否定“名”的意義和作用，他指出“有名，萬物之母”，是我國歷史上第一個指出“名”“實”不可分的人，也是我國語言學史上第一個比較科學地指出名稱和客觀事物之間的關係的人。他的這種對“名”“實”的看法，對後世有較大的影響，在他以後的一些哲學家、思想家，有的接受了他的看法，有的發展了他的看法。

例如，墨子在《貴義篇》中説：“瞽不知白黑者，非以其名也，以其取也。”意思是説，盲人不知道黑白，並不是由於他們不知道黑白的名稱。

楊朱説：“實無名，名無實，名實僞而已矣。”意思是説，事物本來是沒有名字的，名稱不是事物，名稱只不過是假定的符號而已。

可見，墨子、楊朱接受了老子的看法，著重指出名稱和客觀事物間沒有本質、必然聯繫的一面。

到了公孫龍子，他對“名”“實”的看法又進了一步。他在《名實

① 徐志民：《歐美語言學史》，學林出版社 1990 年版，第 14—16 頁。

論》中説："正其所實者，正其名也，其名正則唯乎其彼此焉。謂彼而彼，不唯乎彼，則彼謂不行。謂此而此，不唯乎此，則此謂不行。"這段話的意思是説，客觀事物的名稱是人們定出來的，某一事物在名稱未定之前，可以以此稱彼。例如，在未定名稱之前，我們可能稱天爲地的；但是，各個事物既定名稱之後，就不可以以此呼彼了，也就是説天就是天，地就是地，不可以改變，也不能改變了。

關於"名"與"實"問題的討論，直到戰國末年的荀子，纔在諸子的基礎上，提出了科學的看法。他在《正名》中説："名無固宜，約之以命，約定俗成謂之宜，異於約則謂之不宜。"這段話對"名"和"實"的關係，也就是名稱和事物的關係，説得非常透徹，可以説對我國古代先秦諸子的"名""實"之爭，進行了科學的總結。

荀子指出"名無固宜"，就是説名稱和客觀事物之間的關係，在一開始時，是沒有本質聯繫、必然聯繫的，否則世界上各種語言都應該一樣。事實上各種不同的語言，是用各種不同的詞語形式來表達同一客觀事物的。可見，名稱不過是人類社會爲了表達客觀事物而假定的各種符號，即"約之以命"。但是，這個假定並不是個人意志的武斷的假定，而是人類社會的"約定俗成"。事物的名稱，一旦經人類社會"約定俗成"以後，任何人就不可以也不可能隨便改變了，正如荀子所指出"異於約，則謂之不宜"。因爲語言是人類社會交際、交流思想的工具，個人是無法隨便改變語言的。在這裏，荀子深刻地揭示了"名"和"實"的辯證關係，"名"對於"實"既不是本質聯繫，也不是個人意志的武斷符號。客觀事物一旦經人類社會"約定俗成"定下名稱以後，就具有客觀内容和社會内容，而不再是什麼假定的符號了。[①]

可以説，早在公元前 3 世紀，荀子就徹底地、科學地解決了"名"

---

① 濮之珍：《中國語言學史》，上海古籍出版社 1987 年版，第 41—49 頁。

“實”關係的問題[①]，這在世界語言學史上是十分罕見的。

直到20世紀，瑞士語言學家費爾迪南·德·索緒爾在其廣受學界好評的《普通語言學教程》中説：“能指和所指的聯繫是任意的，或者，因爲我們所説的符號是能指和所指相聯結所產生的整體，我們可以更簡單地説：語言符號是任意的。”“能指對它所表示的觀念來説，看來是自由選擇的，相反，對使用它的語言社會來説，卻不是自由的，而是強制的。語言並不同社會大衆商量，它所選擇的能指不能用另外一個來代替。”[②] 索緒爾所論和荀子的“名無固宜”“約定俗成”之説，其内涵實際上是一致的。

無論是荀子還是索緒爾，他們認爲名稱與事物的關係爲“名無固宜”“約定俗成”，或“能指和所指的聯繫是任意的”等看法，對原生詞來説，是完全適用的，但對於派生詞來説，卻並非如此。

沈兼士先生《聲訓論》云：“凡義之寓於音，其始也約定俗成，率由自然，繼而聲義相依，展轉孳乳，先天後天，交錯參互，殊未可一概而論，作如是觀，庶幾近於真實歟。”[③]

洪誠先生《訓詁學》云：“就語言發生的起點看，音義的結合關係是偶然的，就詞彙發展的過程看，很多是非偶然的。因爲一定的事物之間有聯繫，有共同點；聲音單位與聲音單位之間有聯繫，有共同點。人們既用某種聲音規定爲某種事物的名稱，因而對與此有關的事物，也用與此名稱相近的聲音來表示。”[④]

王力先生《漢語史稿》云：“在人類語言的原始時代，詞義和語音是沒有必然的聯繫的。但是，等到語言的詞彙初步形成以後，舊詞與新

---

① 何九盈：《中國古代語言學史》，廣東教育出版社2000年版，第6頁。

② ［瑞士］費爾迪南·德·索緒爾：《普通語言學教程》，高名凱譯，商務印書館1980年版，第102、107頁。案：著重號爲原文所有。

③ 沈兼士：《沈兼士學術論文集》，中華書局1986年版，第259頁。

④ 洪誠：《訓詁學》，江蘇古籍出版社1984年版，第70頁。

詞之間決不是沒有聯繫的。有些詞的聲音相似（雙聲疊韻），因而意義相似。這種現象並非處處都是偶然的。相反地，聲音相近而意義又相似的詞往往是同源詞。”①

張永言先生《詞彙學簡論》云：“詞和所表者之間本來沒有必然的聯繫，某一語音形式表達某一意義內容是偶然的，未必有道理可講的。可是，在語言的發展過程中陸續產生的新詞則多半是在已有的詞和概念的基礎上形成的，因而它們的意義之間的關係就不全是任意的；也就是說，用什麽語音來表示什麽概念往往是有‘理據’可説的。只有這樣，新產生的詞纔容易爲人們所理解，語言也纔能很好地發揮它作爲社會交際工具的作用。”②

趙振鐸先生《訓詁學綱要》云：“儘管事物和它的名稱之間沒有必然的聯繫，但是在社會發展的進程中人們給事物命名可以利用事物之間的關係和聯繫，用原有的名稱來表示新的事物。”③

從諸家所論來看，對於名稱與事物之間的關係，或者説音與義之間的關係，我們應該分爲不同的層次來看待，而不是一概而論。王寧先生就明確將漢語詞彙的發生與積累分爲三個階段，即原生階段、派生階段與合成階段。這三個階段之間沒有決然分清的時代界限，只是在不同的歷史階段，各以一種造詞方式爲主要方式。原生階段是漢語詞彙的原始積累時期，這個時期所產生的原生詞，其音義結合不能從語言内部尋找理據，它們遵循的原則一言以蔽之，即所謂“約定俗成”。派生階段是漢語詞彙積累最重要的階段。這一階段，漢語由已有的舊詞大量派生出單音節的新詞。周秦時代是漢語詞彙派生的高峰，在紛繁的派生活動中，積累了大量的同源詞。合成階段主要是在兩漢以後，合成造詞取代

① 王力：《漢語史稿》，中華書局 1980 年版，第 541 頁。
② 張永言：《詞彙學簡論》，華中工學院出版社 1982 年版，第 26 頁。
③ 趙振鐸：《訓詁學綱要》，陝西人民出版社 1987 年版，第 102 頁。

了派生造詞，成爲漢語主要的造詞方式。隨之而來的，是漢語由單音節詞爲主逐漸轉變爲雙音節詞爲主。[①]

前面我們已經證明，《山海經》的產生時代是在戰國時期，正處於王寧先生所説的漢語詞彙的派生階段。作爲詞彙的一種形式之一，《山海經》專名的造詞方式毫無疑問應該和這個階段的主要造詞方式，即派生造詞相一致。而“派生詞的音與義是以根詞和源詞[②]的已經結合了的音與義爲依據的，因此，根詞、源詞與派生詞之間，以及同源派生詞彼此之間，都存在著音近義通的關係”[③]。正因爲如此，我們在前面就是主要通過系聯同源詞的方式來探求《山海經》專名的命名之義的。

同時，由於專名的特殊性，《山海經》的專名是以“别名＋類名”的合成詞爲主，而“别名＋類名”的合成詞的命名之義主要是通過“别名”這個參構詞素來體現的。對“别名”的詞源義，我們同樣可以通過系聯同源詞的方式來探求。“别名”的詞源義搞清楚了，也就意味著“别名＋類名”式的專名的命名之義搞清楚了。

當然，《山海經》專名中還保留了一些原生詞，它們音義之間的關係是約定俗成的，自然，它們的命名之義實際上是很難探求的。

可以看出，通過區分階段，按不同層次來認識名實之間的關係，爲我們對《山海經》專名的命名之義的探求提供了堅實的理論基礎，而我們前面對《山海經》專名的命名之義的探求反過來也證明了通過區分階段，按不同層次來認識名實之間的關係的觀點是正確的。

---

① 王寧：《訓詁學原理》，中國國際廣播出版社 1996 年版，第 146—148 頁。

② 王寧先生在《訓詁原理概説》一文中爲“根詞”所下的定義是：“指最早派生其他詞的總根，它的音與義是按約定俗成的規律結合起來的，這種詞我們稱作原生詞。原生詞的音與義是它所派生的同源詞音義的淵源。”爲“源詞”所下的定義是：“在同源詞中，直接派生他詞的詞稱作源詞。”（王寧：《訓詁學原理》，中國國際廣播出版社 1996 年版，第 49 頁）

③ 王寧：《訓詁學原理》，中國國際廣播出版社 1996 年版，第 148—149 頁。

參考文獻

《宋本山海經》，郭璞注，國家圖書館出版社 2017 年版。

《山海經》，郭璞注，《四部叢刊》初編縮本，上海商務印書館縮印江安傅氏雙鑑樓藏明成化刊本 1936 年版。

《山海經》，郭璞注，載《正統道藏》第三十七冊，台灣新文豐出版公司 1977 年版。

《山海經》，黄永年校點，新世紀萬有文庫，遼寧教育出版社 1997 年版。

楊慎：《山海經補注》，載《百子全書》，浙江古籍出版社據 1919 年上海掃葉山房本影印 1998 年版。

汪紱：《山海經存》，杭州古籍書店據清光緒二十一年樵立雪齋原本石印本影印 1984 年版。

畢沅：《山海經新校正》，《二十二子》，上海古籍出版社 1986 年版。

郝懿行：《山海經箋疏》，台北藝文印書館 2009 年版。

袁珂：《山海經校注》，巴蜀書社 1993 年版。

袁珂：《山海經校譯》，上海古籍出版社 1985 年版。

袁珂：《山海經全譯》，貴州人民出版社 1991 年版。

許慎：《説文解字》（大徐本），中華書局 1963 年版。

徐鍇：《説文解字繫傳》，叢書集成初編本，中華書局 1985 年版。

段玉裁：《説文解字注》，上海古籍出版社 1981 年版。

段玉裁：《説文解字讀》，朱小健、張和生點校，北京師範大學出版社 1995 年版。

朱駿聲：《説文通訓定聲》，武漢古籍書店 1983 年版。

桂馥：《説文解字義證》，齊魯書社 1987 年版。

王筠：《説文句讀》，上海古籍出版社 1983 年版。

王筠：《説文釋例》，武漢古籍書店 1983 年版。

張舜徽：《説文解字約注》，中州書畫社 1983 年版。

郝懿行：《爾雅義疏》，國學基本叢書簡編本，商務印書館 1936 年版。

遲鐸：《小爾雅集釋》，中華書局 2008 年版。

王先謙：《釋名疏證補》，上海古籍出版社 1984 年版。

揚雄：《輶軒使者絕代語釋别國方言》，郭璞注，戴震疏證，叢書集成初編本，商務印書館 1937 年版。

錢繹：《方言箋疏》，上海古籍出版社 1984 年版。

王念孫：《廣雅疏證》，江蘇古籍出版社據清嘉慶王氏家刻本影印 1984 年版。

《宋本玉篇》，中國書店 1983 年版。

司馬光等編：《類篇》，中華書局 1984 年版。

陳彭年：《鉅宋廣韻》，上海古籍出版社 1983 年版。

丁度等：《宋刻集韻》，中華書局 2005 年版。

陸德明：《經典釋文》，上海古籍出版社 1985 年版。

戴侗：《六書故》，黨懷興、劉斌點校，中華書局 2012 年版。

《程瑤田全集》，陳冠明等校點，黄山書社 2008 年版。

王念孫：《釋大》，載《高郵王氏遺書》，江蘇古籍出版社 2000 年版。

阮元等校刻：《十三經注疏》，中華書局 1980 年版。

李鼎祚：《周易集解》，中國書店 1984 年版。

高亨：《周易大傳今注》，齊魯書社 1979 年版。

高亨：《周易古經今注》（重訂本），中華書局 1984 年版。

袁梅：《詩經譯注》，齊魯書社 1985 年版。

杜預：《春秋經傳集解》，上海古籍出版社 1988 年版。

孫詒讓：《周禮正義》，王文錦、陳玉霞點校，中華書局 1987 年版。

方向東：《大戴禮記匯校集解》，中華書局 2008 年版。

《尚書大傳》，陳壽祺輯校，叢書集成初編本，中華書局 1985 年版。

孫穀：《古微書》，守山閣叢書，清道光二十三年刊本。

黃懷信、張懋鎔、田旭東：《逸周書彙校集注》，上海古籍出版社 2007 年版。

《穆天子傳》，洪頤煊校，叢書集成初編本，商務印書館 1937 年版。

徐元誥：《國語集解》，王樹民、沈長雲點校，中華書局 2002 年版。

董增齡：《國語正義》，巴蜀書社 1985 年版。

范祥雍：《戰國策箋證》，上海古籍出版社 2006 年版。

馬王堆漢墓帛書整理小組編：《戰國縱横家書》，文物出版社 1976 年版。

《世本》，張澍稡集補注，叢書集成初編本，中華書局 1985 年版。

《世本》，孫馮翼輯本，叢書集成初編本，中華書局 1985 年版。

司馬遷：《史記》，中華書局點校本 1959 年版。

王先謙：《漢書補注》，中華書局 1983 年版。

王先謙：《後漢書集解》，中華書局 1984 年版。

盧弼：《三國志集解》，中華書局 1982 年版。

房玄齡等：《晉書》，中華書局點校本 1974 年版。

劉昫等：《舊唐書》，中華書局點校本 1975 年版。

歐陽修、宋祁：《新唐書》，中華書局點校本 1975 年版。

徐宗元：《帝王世紀輯存》，中華書局 1964 年版。

羅泌：《路史》，《四部備要》綫裝本，中華書局。案：《四部備要》綫裝本爲中華書局於1924—1931年陸續出版，原書無出版年月。
馬驌：《繹史》，王利器整理，中華書局2002年版。
梁玉繩：《史記志疑》，叢書集成初編本，商務印書館1937年版。
周生春：《吳越春秋輯校彙考》，上海古籍出版社1997年版。
陳橋驛：《水經注校釋》，杭州大學出版社1999年版。
劉琳：《華陽國志校注》，巴蜀書社1984年版。
顧炎武：《天下郡國利病書》，《四部叢刊》三編第23册，上海書店1985年版。
曹學佺：《蜀中名勝記》，叢書集成初編本，商務印書館1936年版。
浦起龍：《史通通釋》，《四部精要》第11册，上海古籍出版社1993年版。
杜佑：《通典》，王文錦等點校，中華書局1988年版。
鄭樵：《通志》，《四部精要》第11册，上海古籍出版社1993年版。
章學誠：《校讎通義通解》，王重民通解，傅傑導讀，田映曦補注，上海古籍出版社2009年版。
葉瑛：《文史通義校注》，中華書局1985年版。
梁玉繩等：《史記漢書諸表訂補十種》，中華書局1982年版。
陳國慶編：《漢書藝文志注釋彙編》，中華書局1983年版。
長孫無忌等：《隋書經籍志》，叢書集成初編本，中華書局1985年版。
王堯臣等：《崇文總目》，叢書集成初編本，商務印書館1937年版。
紀昀：《四庫全書總目》，《四部精要》第10册，上海古籍出版社1993年版。
范希曾編：《書目答問補正》，上海古籍出版社1983年版。
《周髀算經》，文物出版社據宋嘉定六年本影印1980年版。
馬王堆漢墓帛書整理小組編：《老子》，文物出版社1976年版。
陳鼓應：《老子注譯及評介》，中華書局1984年版。
朱謙之：《老子校釋》，中華書局1984年版。

《老子河上公章句》，王卡點校，中華書局 1993 年版。
張純一：《晏子春秋校注》，《諸子集成》第 4 冊，上海書店 1986 年版。
劉寶楠：《論語正義》，《諸子集成》第 1 冊，上海書店 1986 年版。
焦循：《孟子正義》，《諸子集成》第 1 冊，上海書店 1986 年版。
戴望：《管子校正》，《諸子集成》第 5 冊，上海書店 1986 年版。
郭沫若等：《管子集校》，載郭沫若《郭沫若全集·歷史編》第 5—8 卷，人民出版社 1984 年版。
孫詒讓：《墨子閒詁》，《諸子集成》第 4 冊，上海書店 1986 年版。
郭慶藩：《莊子集釋》，中華書局 1961 年版。
銀雀山漢墓竹簡整理小組編：《孫子兵法》，文物出版社 1976 年版。
曹操等：《孫子十家注》，《諸子集成》第 6 冊，上海書店 1986 年版。
汪繼培：《尸子輯本》，《二十二子》，上海古籍出版社 1986 年版。
王先謙：《荀子集解》，《諸子集成》第 2 冊，上海書店 1986 年版。
梁啟雄：《荀子簡釋》，中華書局 1983 年版。
王先慎：《韓非子集解》，《諸子集成》第 5 冊，上海書店 1986 年版。
《尹文子》，《諸子集成》第 6 冊，上海書店 1986 年版。
陳奇猷：《吕氏春秋校釋》，學林出版社 1984 年版。
畢沅：《吕氏春秋新校正》，《諸子集成》第 6 冊，上海書店 1986 年版。
劉安：《淮南子》，《諸子集成》第 7 冊，上海書店 1986 年版。
賈誼：《新書》，《二十二子》，上海古籍出版社 1986 年版。
王利器：《新語校注》，中華書局 1986 年版。
焦延壽：《焦氏易林》，《四部叢刊》初編縮本，商務印書館 1936 年版。
班固：《白虎通義》，《四部精要》第 12 冊，上海古籍出版社 1993 年版。
黄暉：《論衡校釋》，中華書局 1990 年版。
董仲舒：《春秋繁露》，《四部精要》第 12 冊，上海古籍出版社 1993 年版。
王利器：《風俗通義校注》，中華書局 2010 年版。

王符：《潛夫論》，《諸子集成》第 8 冊，上海書店 1986 年版。

陳士珂：《孔子家語疏證》，叢書集成初編本，商務印書館 1939 年版。

楊伯峻：《列子集釋》，中華書局 1979 年版。

孫啟治：《中論解詁》，中華書局 2014 年版。

王明：《抱朴子内篇校釋》，中華書局 1985 年版。

楊明照：《抱朴子外篇校箋》（下），中華書局 1997 年版。

王利器：《顏氏家訓集解》，上海古籍出版社 1980 年版。

范寧：《博物志校證》，中華書局 2014 年版。

王嘉：《拾遺記》，齊治平校注，中華書局 1981 年版。

干寶：《搜神記》，汪紹楹校注，中華書局 1979 年版。

段成式：《酉陽雜俎》，中華書局 1981 年版。

崔豹：《古今注》，商務印書館 1956 年版。

蘇鶚：《蘇氏演義》，商務印書館 1956 年版。

洪興祖：《楚辭補注》，中華書局 1983 年版。

朱熹：《楚辭集注》，上海古籍出版社 1979 年版。

游國恩主編：《天問纂義》，中華書局 1982 年版。

聞一多：《天問疏證》，上海古籍出版社 1985 年版。

聞一多：《九章解詁》，上海古籍出版社 1985 年版。

蕭統編：《文選》，李善注，上海古籍出版社 1986 年版。

龔斌：《陶淵明集校箋》（修訂本），上海古籍出版社 2011 年版。

曹植：《曹子建集》，《四部精要》第 17 冊，上海古籍出版社 1993 年版。

韓愈：《昌黎先生集》，《四部精要》第 18 冊，上海古籍出版社 1993 年版。

《朱熹集》，郭齊、尹波點校，四川教育出版社 1996 年版。

洪邁：《容齋隨筆》，上海古籍出版社 1978 年版。

王觀國：《學林》，田瑞娟點校，中華書局 1988 年版。

焦竑：《焦氏筆乘》，叢書集成初編本，商務印書館 1935 年版。

胡應麟：《少室山房筆叢》，上海書店出版社 2001 年版。

汪中：《述學》，《四部叢刊》初編縮本，商務印書館 1936 年版。

《戴震集》，湯志鈞校點，上海古籍出版社 1980 年版。

錢大昕：《潛研堂集》，呂友仁校點，上海古籍出版社 2009 年版。

錢大昕：《十駕齋養新錄》，江蘇古籍出版社 2000 年版。

阮元：《揅經室集》，鄧經元點校，中華書局 1993 年版。

王念孫：《讀書雜誌》，萬有文庫本，商務印書館 1930 年版。

王引之：《經義述聞》，國學基本叢書本，商務印書館 1936 年版。

鄧廷楨：《雙硯齋筆記》，馮惠民點校，中華書局 1987 年版。

宋翔鳳：《過庭錄》，梁運華點校，中華書局 1986 年版。

孫詒讓：《札迻》，梁運華點校，中華書局 1989 年版。

俞樾：《諸子平議》，上海書店 1988 年版。

俞樾等：《古書疑義舉例五種》，中華書局 1956 年版。

羅竹風主編：《漢語大詞典》，上海辭書出版社、漢語大詞典出版社 1986—1993 年版。

中國大百科全書總編輯委員會《語言文字》編輯委員會編：《中國大百科全書·語言文字》，中國大百科全書出版社 1992 年版。

中國大百科全書出版社《簡明不列顛百科全書》編輯部譯編：《簡明不列顛百科全書》第九卷，中國大百科全書出版社 1986 年版。

嚴可均：《全上古三代秦漢三國六朝文》，中華書局 1958 年版。

徐堅等：《初學記》，中華書局 1962 年版。

歐陽詢：《藝文類聚》，汪紹楹校，上海古籍出版社 1982 年版。

李昉等：《太平御覽》，中華書局 1960 年版。

朱起鳳：《辭通》，上海古籍出版社 1982 年版。

徐中舒主編：《甲骨文字典》，四川辭書出版社 1988 年版。

方述鑫等編：《甲骨金文字典》，巴蜀書社 1993 年版。

趙誠：《甲骨文簡明詞典——卜辭分類讀本》，中華書局 1988 年版。

高亨：《古字通假會典》，董治安整理，齊魯書社 1989 年版。

馬天祥、蕭嘉祉：《古漢語通假字字典》，陝西人民出版社 1991 年版。

王力主編：《王力古漢語字典》，中華書局 2000 年版。

岑仲勉：《兩周文史論叢》，商務印書館 1958 年版。

鄧少琴：《巴蜀史迹探索》，四川人民出版社 1983 年版。

丁山：《商周史料考證》，龍門聯合書局 1960 年版。

丁山：《中國古代宗教與神話考》，龍門聯合書局 1961 年版。

段渝：《四川通史》第一冊，四川大學出版社 1993 年版。

段渝：《政治結構與文化模式——巴蜀古代文明研究》，學林出版社 1999 年版。

傅懋勣：《傅懋勣先生民族語文論集》，中國社會科學出版社 1995 年版。

高亨、董治安：《上古神話》，中華書局 1963 年版。

高名凱：《漢語語法論》，開明書店 1951 年版。

顧頡剛編：《古史辨》第一冊，上海古籍出版社 1982 年版。

管錫華：《〈史記〉單音詞研究》，巴蜀書社 2000 年版。

郭沫若：《十批判書》，人民出版社 1954 年版。

郭沫若：《殷契粹編》，科學出版社 1965 年版。

郭錫良：《漢字古音手冊》，北京大學出版社 1986 年版。

何九盈：《中國古代語言學史》，廣東教育出版社 2000 年版。

何九盈：《漢字文化學》，遼寧人民出版社 2000 年版。

洪誠：《訓詁學》，江蘇古籍出版社 1984 年版。

洪誠：《洪誠文集》，江蘇古籍出版社 2000 年版。

胡厚宣：《甲骨學商史論叢初集》，河北教育出版社 2002 年版。

黄侃：《黄侃論學雜著》，上海古籍出版社 1980 年版。

黄侃：《文字聲韻訓詁筆記》，上海古籍出版社 1983 年版。

黄侃：《爾雅音訓》，上海古籍出版社 1983 年版。

賈彦德：《漢語語義學》，北京大學出版社 1999 年版。

蔣禮鴻：《義府續貂》，中華書局 1981 年版。

蔣禮鴻、任銘善：《古漢語通論》，浙江教育出版社 1984 年版。

蔣紹愚：《古漢語詞彙綱要》，北京大學出版社 1989 年版。

姜亮夫：《楚辭今繹講錄》，北京出版社 1981 年版。

姜亮夫：《古史學論文集》，上海古籍出版社 1996 年版。

康有爲：《諸天講》，樓宇烈整理，中華書局 1990 年版。

李安宅：《語言・意義・美學》，四川人民出版社 1991 年版。

李零：《長沙子彈庫戰國楚帛書研究》，中華書局 1985 年版。

李零：《中國方術考》，東方出版社 2001 年版。

李零：《中國方術續考》，東方出版社 2000 年版。

李平心：《李平心史論集》，人民出版社 1983 年版。

李學勤：《東周與秦代文明》，上海人民出版社 2007 年版。

李學勤：《失落的文明》，上海文藝出版社 1997 年版。

劉師培：《劉申叔遺書》，江蘇古籍出版社 1997 年版。

劉興均：《〈周禮〉名物詞研究》，巴蜀書社 2001 年版。

劉又辛、李茂康：《訓詁學新論》，巴蜀書社 1989 年版。

柳詒徵：《中國文化史》，東方出版中心 1988 年版。

魯迅：《古小説鈎沈》，齊魯書社 1997 年版。

陸宗達：《訓詁簡論》，北京出版社 1980 年版。

陸宗達：《説文解字通論》，北京出版社 1981 年版。

陸宗達、王寧《古漢語詞義答問》，甘肅人民出版社 1986 年版。

陸宗達、王寧：《訓詁與訓詁學》，山西教育出版社 1994 年版。

羅常培：《語言與文化》，語文出版社 1989 年版。

茅盾：《神話研究》，百花文藝出版社 1981 年版。

呂思勉:《先秦史》,開明書店 1947 年版。

呂思勉:《呂思勉讀史札記》,上海古籍出版社 1982 年版。

呂思勉、童書業編:《古史辨》第七冊,上海古籍出版社 1982 年版。

呂子方:《中國科學技術史論文集》下冊,四川人民出版社 1984 年版。

毛遠明:《左傳詞彙研究》,西南師範大學出版社 1999 年版。

蒙文通:《巴蜀古史論述》,四川人民出版社 1981 年版。

蒙文通:《蒙文通文集》第四卷《古地甄微》,巴蜀書社 1998 年版。

濮之珍:《中國語言學史》,上海古籍出版社 1987 年版。

錢鍾書:《談藝錄》,中華書局 1984 年版。

裘錫圭:《古代文史研究新探》,江蘇古籍出版社 1992 年版。

裘錫圭:《文史叢稿》,上海遠東出版社 1996 年版。

饒宗頤:《梵學集》,上海古籍出版社 1993 年版。

任乃強:《四川上古史新探》,四川人民出版社 1986 年版。

沈兼士:《沈兼士學術論文集》,中華書局 1986 年版。

宋永培:《〈説文〉漢字體系研究法》,廣西教育出版社 1999 年版。

宋永培:《〈説文〉與上古漢語詞義研究》,巴蜀書社 2001 年版。

宋永培、端木黎明:《中國文化語言學辭典》,四川人民出版社 1993 年版。

宋兆麟、黎家芳、杜耀西:《中國原始社會史》,文物出版社 1983 年版。

湯炳正:《屈賦新探》,齊魯書社 1984 年版。

唐蘭:《殷虛文字記》,中華書局 1981 年版。

唐作藩:《上古音手冊》,江蘇人民出版社 1982 年版。

童恩正:《古代的巴蜀》,四川人民出版社 1979 年版。

王艾录、司富珍:《語言理據研究》,中國社會科學出版社 2002 年版。

王國維:《觀堂集林》,中華書局 1959 年版。

王國維:《古史新證》,清華大學出版社 1994 年版。

王昆吾:《中國早期藝術與宗教》,東方出版中心 1998 年版。

王力：《龍蟲並雕齋文集》，中華書局 1980 年版。

王力：《漢語史稿》，中華書局 1980 年版。

王力：《同源字典》，商務印書館 1982 年版。

王寧：《訓詁學原理》，中國國際廣播出版社 1996 年版。

王寧、謝棟元、劉方：《〈説文解字〉與中國古代文化》，遼寧人民出版社 2000 年版。

王獻唐：《炎黄氏族文化考》，齊魯書社 1985 年版。

王孝廉：《神話與小説》，台北聯經出版公司 1986 年版。

聞一多：《聞一多全集》，生活・讀書・新知三聯書店 1982 年版。

吴承仕：《經典釋文序録疏證》，中華書局 1984 年版。

向熹：《簡明漢語史》，高等教育出版社 1993 年版。

蕭兵：《中國文化的精英——太陽英雄神話比較研究》，上海文藝出版社 1989 年版。

蕭兵：《楚辭文化》，中國社會科學出版社 1990 年版。

徐旭生：《中國古史的傳説時代》（增訂本），科學出版社 1960 年版。

徐志民：《歐美語言學史》，學林出版社 1990 年版。

徐中舒：《先秦史論稿》，巴蜀書社 1992 年版。

楊琳：《漢語詞彙與華夏文化》，語文出版社 1996 年版。

楊樹達：《積微居甲文説》，中國科學院 1954 年版。

楊樹達：《積微居小學述林》，中華書局 1983 年版。

俞敏：《俞敏語言學論文集》，商務印書館 1999 年版。

于省吾：《甲骨文字釋林》，中華書局 1979 年版。

于省吾：《澤螺居詩經新證》，中華書局 1982 年版。

袁珂：《神話論文集》，上海古籍出版社 1982 年版。

袁珂：《中國神話史》，上海文藝出版社 1988 年版。

袁珂：《袁珂神話論集》，四川大學出版社 1996 年版。

詹鄞鑫：《神靈與祭祀——中國古代宗教綜論》，江蘇古籍出版社 1992 年版。

章太炎：《國故論衡疏證》，龐俊、郭誠永疏證，中華書局 2008 年版。

章太炎：《章太炎全集》（七），上海人民出版社 1999 年版。

章太炎：《章太炎學術論著》，浙江人民出版社 1998 年版。

張世祿：《張世祿語言學論文集》，學林出版社 1984 年版。

張雙棣：《呂氏春秋詞彙研究》，山東教育出版社 1989 年版。

張舜徽：《鄭學叢著》，齊魯書社 1984 年版。

張岩：《〈山海經〉與古代社會》，文化藝術出版社 1999 年版。

張永言：《詞彙學簡論》，華中工學院出版社 1982 年版。

張永言：《訓詁學簡論》，華中工學院出版社 1985 年版。

張永言：《語文學論集》（增補本），語文出版社 1999 年版。

趙振鐸：《訓詁學綱要》，陝西人民出版社 1987 年版。

鄭振鐸：《鄭振鐸古典文學論文集》，上海古籍出版社 1984 年版。

朱天順：《中國古代宗教初探》，上海人民出版社 1982 年版。

［美］愛德華·薩丕爾：《語言論》，陸卓元譯，商務印書館 1985 年版。

［瑞士］費爾迪南·德·索緒爾：《普通語言學教程》，高名凱譯，商務印書館 1980 年版。

［德］漢斯·比德曼：《世界文化象徵辭典》，劉玉紅等譯，灕江出版社 2000 年版。

［法］克洛德·萊維-斯特勞斯：《結構人類學》第二卷，俞宣孟、謝維揚、白信才譯，上海譯文出版社 1999 年版。

［德］利普斯：《事物的起源》，汪寧生譯，四川民族出版社 1982 年版。

［英］李約瑟：《中國科學技術史》第四卷《天學》第一分冊，《中國科學技術史》翻譯小組譯，科學出版社 1975 年版。

［法］列維-布留爾：《原始思維》，丁由譯，商務印書館 1981 年版。

［德］威廉·馮·洪堡特：《論人類語言結構的差異及其對人類精神發展的影響》，姚小平譯，商務印書館 1999 年版。

［德］W. 施密特：《原始宗教與神話》，蕭師毅、陳祥春譯，上海文藝出版社 1987 年版。

［英］詹·喬·弗雷澤：《金枝》，徐育新等譯，中國民間文藝出版社 1987 年版。

陳夢家：《古文字中之商周祭祀》，《燕京學報》1936 年第十九期。

陳夢家：《商代的神話與巫術》，《燕京學報》1936 年第二十期。

程湘清：《先秦雙音詞研究》，載氏編《先秦漢語研究》，山東教育出版社 1982 年版。

程湘清：《〈論衡〉複音詞研究》，載氏編《兩漢漢語研究》，山東教育出版社 1992 年版。

何觀洲：《〈山海經〉在科學上之批判及作者之時代考》，《燕京學報》1930 年第七期。

胡文輝：《〈山海經〉札記》，載王元化主編《學術集林》卷十，上海遠東出版社 1997 年版。

賈雯鶴：《太陽循環神話及其相關問題》，《思想戰綫》2004 年第 1 期。

蔣禮鴻：《讀〈山海經〉偶記》，《文獻》1990 年第 2 期。

江林昌：《太陽循環與甲骨文四方風及一些哲學術語新探》，《煙台大學學報》1995 年第 2 期。

遼寧省文物考古研究所：《遼寧牛河梁紅山文化女神廟與積石冢羣發掘簡報》，《文物》1986 年第 8 期。

淩純聲：《昆侖丘與西王母》，載馬昌儀編《中國神話學文論選萃》下編，中國廣播電視出版社 1994 年版。

孟蓬生：《論同源詞語音關係的雙重性》，《古籍整理研究學刊》2000 年第 6 期。

宋兆麟：《納西族的刻劃符號》，《化石》1981 年第 4 期。

萬羣：《從漢語史角度看〈山海經〉的成書年代》，《中國典籍與文化》2013 年第 2 期。

王暉：《古文字中計數使用“又”字的演變及其斷代作用考》，《陝西師大學報》1991 年第 2 期。

王建軍：《從存在句再論〈山海經〉的成書》，《南京師大學報》2000 年第 2 期。

王寧：《關於漢語詞源研究的幾個問題》，載《紀念王力先生百年誕辰學術論文集》編輯委員會《紀念王力先生百年誕辰學術論文集》，商務印書館 2002 年版。

王寧、黄易青：《詞源意義與詞彙意義論析》，《北京師範大學學報》2002 年第 4 期。

衛聚賢：《山海經的研究》，載氏編《古史研究》第二集上册，商務印書館 1934 年版。

楊琳：《四方神名及風名與古人的四方觀念》，載《中國民間文化》1993 年第 4 期，學林出版社 1993 年版。

葉林生：《少昊考》，《蘇州大學學報》1994 年第 3 期。

葉舒憲：《〈山海經〉的方位模式與書名由來》，載苑利主編《二十世紀中國民俗學經典・神話卷》，社會科學文獻出版社 2002 年版。

張步天：《〈山海經〉“南西北東”順序辨》，《益陽師專學報》1998 年第 3 期。

鄭文光：《中國古代的自然哲學與天文學思想》，載《中國哲學》第二輯，生活・讀書・新知三聯書店 1980 年版。

朱國理：《〈廣雅疏證〉的“命名之義”》，《語言研究》2000 年第 3 期。

後　記

1994年，我從四川大學畢業，進入四川省社會科學院文學所，擔任著名神話學家袁珂先生（1916—2001）的學術助手。《山海經》是中國神話最重要的一部經典，而袁先生所著《山海經校注》是《山海經》的最好注本。因此，在學習和研究神話的過程中，《山海經校注》成了需要隨時翻看的典籍。

2001年9月，我進入四川大學中文系，師從宋永培先生（1945—2005）攻讀漢語言文字學專業的博士學位。我依照宋先生所開列的閱讀書目，按圖索驥，一本本地認真閱讀。兩年多下來，我通讀了《説文解字注》《爾雅義疏》《釋名疏證補》《方言箋疏》，點讀了叢書集成初編本的《廣雅疏證》等小學專書。翻讀了《日知録》《十駕齋養新録》《讀書雜誌》《經義述聞》《札迻》等學術筆記。著重精讀了章太炎、劉師培、黄侃、沈兼士、吴承仕、陸宗達、洪誠、徐復、張永言、向熹、王寧、宋永培等先生的相關著述。通過閱讀，可以明顯感到，自許、鄭以下，我國的傳統語言文字之學，其學術脈絡是清晰的、一以貫之的，即去除浮言、崇尚實證。我相信，新一代學者只有在前賢往哲所開闢的正確的學術道路上前行，纔能有所作爲。

我選擇“《山海經》專名”作爲自己的研究對象，一則是自己對

《山海經》著意多年，用力較多；再則是學者們對專書專名研究措意者不多，此研究無疑有較大的開拓價值。起初，我還以爲，憑著多年的積累，可以比較輕鬆地完成任務。然而一旦進入研究中，我纔發現殊非易事，頓感茫然。宋先生及時地爲我撥開迷霧，指引了正確的路向，使我避免了多歧亡羊的危險。不但如此，先生還從謀篇佈局，到材料取捨，一一加以指點，使我順利地完成了論文寫作。

博士畢業後，我知道這篇論文還有諸多不如意之處，因此沒有出版，而是放在身邊，時加修訂，希望能夠盡量減少疏失。

近年來，我將主要精力放在了《山海經》文獻研究上面，發現傳世《山海經》存在著不少的文獻錯誤，有些已經影響到專名的判定上。如《大荒東經》云："有司幽之國。帝俊生晏龍，晏龍生司幽，司幽生思士不妻，思女不夫。"歷來都是將"思士"和"思女"當作司幽的後代，是兩個神人名稱。然而，通讀《山海經》，發現《大荒經》紀諸國世系，凡云"有某某國"者，其所敍世系皆止於"某某"。僅以《大荒東經》而論，如"有中容之國。帝俊生中容，中容人食獸、木實"，止於中容；"有白民之國。帝俊生帝鴻，帝鴻生白民，白民銷姓，黍食"，止於白民；"有黑齒之國。帝俊生黑齒，姜姓，黍食"，止於黑齒：皆可爲證。此云"有司幽之國"，世系亦當止於"司幽"，而不當止於"思士"，故知"司幽生思士"之"生"必爲衍文。《御覽》卷五十引此經無"司幽生"三字，正無"生"字可證，而無"司幽"二字當爲重文符號脫去所致，可證宋初尚有不誤之本。《列子·天瑞篇》注引此經作"有思幽之國，思士不妻，思女不夫"，似所見亦爲不誤之本。"生"字既爲衍文，則"司幽思士不妻，思女不夫"之義爲何？學者據出土文獻，指出"思"與"使"義通。沈培進一步指出此經"思士""思女"之"思"，亦當用作"使"義（《周原甲骨文裏的"囟"和楚墓竹簡裏的"囟"或"思"》，《漢字研究》第一輯，學苑出版社2005年版）。沈說是也，上博楚簡《容成氏》“思民不惑”“思民不疾”與此經文例正同，而“思”字據孟蓬生説亦爲“使”義（《上博竹書（二）字詞劄記》，“簡帛研究”網站，2003 年 1 月 14 日），正可爲證。今本之誤，蓋後人不明“思”字之義，以“思士”爲人名，而妄添一“生”字矣。因此，歷來以“思士”“思女”爲神人之名的看法是錯誤的。

又如《北山經》云：“又北二百里，曰童戎之山。皋涂之水出焉，而東流注于溇液水。”如果沒有文獻錯誤，“溇液水”自然是一水名。然而前文又云：“又北三百里，曰泰戲之山……虖沱之水出焉，而東流注于溇水。液女之水出于其陽，南流注于沁水。”汪紱《山海經存》云：“前溇水、液水兩分，此又合言溇液水，豈此皋涂之水分入於二水而約言之邪?”可知“溇水”“液女之水”爲不同之水，而河水無流注二水之理，知必有誤。元鈔本“溇液水”無“液水”二字，上文“泰戲之山”之“溇水”，元鈔本亦無“水”字，可知“液水”二字必爲衍文。因此，以“溇液水”爲一水名自然是錯誤的。

又如《西山經》云：“又西三百二十里，曰槐江之山……北望諸魮，槐鬼離侖居之，鷹賈之所宅也。”“鷹賈”原作“鷹鸇”，“鷹鸇”即鷹和鸇，屬於兩個專名。然而，根據元鈔本《山海經》，則作“鷹賈”。通觀《山海經》一書，“鷹”字凡三見，除此處外，另外兩處見於《大荒南經》，云：“有阿山者。南海之中，有氾天之山，赤水窮焉。赤水之東，有蒼梧之野，舜與叔均之所葬也。爰有文貝、離俞、鴟久、鷹賈、委維、熊、羆、象、虎、豹、狼、視肉。”又云：“帝堯、帝嚳、帝舜葬于岳山。爰有文貝、離俞、鴟久、鷹賈、延維、視肉、熊、羆、虎、豹。”“鷹”皆與“賈”字連文作“鷹賈”。因此可以判定元鈔本作“鷹賈”是正確的。而且“鷹賈”上下文皆爲雙音節詞，可以判定“鷹賈”爲一物之名，而不是“鷹”和“賈”兩個專名。

從上面三個例子來看，文獻一旦發生錯誤，必然會影響到依據文獻所作的相關研究。雖然根據自己關於《山海經》文獻研究的成果，我已經相應地對論文作了必要的修訂，但囿於學力，錯誤一定難免。最近，在網上看到中國人民大學教授李炳海先生 2015 年在首都師範大學所作的一個學術講座“古典文學研究中的名物辨析”，他說：“國内的名物考證有悠久的歷史，但是作爲古代文學來講，這些年來研究的不是很熱，我接觸的還是四川大學有幾個人，有個人叫宋永培，講《説文》講的特别好，他有本書叫《〈説文〉漢字體系研究法》，這裏面涉及一些，談了些名物，但不是專門談這個。後來他的學生寫了本書《〈周禮〉名物考》（雯鶴案：即劉興均師兄的《〈周禮〉名物詞研究》），還有賈雯鶴 2004 年四川大學博士論文《〈山海經〉專名研究》，寫得不錯，它這裏面對《山海經》裏的名物作了考證。我比較欣賞四川大學有這個傳統，而且做了研究。”看了素未謀面的李先生的評價，我頗受鼓勵。這篇論文在名物研究這個小的領域裏還是有一點價值的，因此我決定將它出版，以求得到更多的批評指正。

中國社會科學出版社對本書的出版給予大力支持，責編陳肖静女士以精湛的專業知識和嚴謹的工作作風使本書減少了無謂的疏失，付出了許多心血。對此，我謹表示衷心的感謝！

賈雯鶴

2018 年 9 月 26 日